Unterwegs in
KANADA

Unterwegs in Kanada

Vorwort

Eine bezaubernde Vielfalt: endlose Wälder in British Columbia, farbenprächtige Tundra im wilden Yukon Territory, mächtige Rocky Mountains in Alberta, weite Prärien in Saskatchewan und Manitoba, geschäftige Metropolen und seenreiche Wildnis in Ontario und Québec, maritime Landschaften und schroffe Küsten in den Atlantik-Provinzen sowie arktische Einsamkeit im weiten Norden. Auf Vancouver Island, den Queen Charlotte Islands und anderen Inseln vor der Küste Kanadas entfaltet sich eine Vielfalt der Flora und Fauna, wie man sie nur noch in seltenen Paradiesen unserer Erde findet. Unterwegs in Kanada zu sein bedeutet eine Einladung zum Entdecken dieser Vielfalt aus Natur und Kultur, aus Historie und Zukunftsgewandtheit.

Inhalt

DIE SCHÖNSTEN REISEZIELE

Yukon	10
Northwest Territories	34
Nunavut	54
British Columbia	76
Alberta	138
Saskatchewan	166
Manitoba	190
Ontario	212
Québec	250
Newfoundland and Labrador	276
New Brunswick	296
Prince Edward Island	310
Nova Scotia	322

DIE SCHÖNSTEN REISEROUTEN

Route 1: Nordwestpassage – durch die nordamerikanische
    Arktis   340

Route 2: Westkanada   344

Route 3: Auf Klondike und Dempster Highway   346

Route 4: Kanadischer Abschnitt der Panamericana   348

Route 5: Trans-Canada: von Vancouver über die Großen
    Seen zum Atlantik   350

Route 6: Der Osten Kanadas   356

REISEATLAS   358

Register   390
Bildnachweis, Impressum   392

Bild oben: Idyllisch reihen sich die Bootshütten in Malpeque Bay.
Bilder auf vorherigen Seiten: S. 2/3: Ehrfurchtsvoll steht man als
Wanderer vor dem Mount Assiniboine; S. 4/5: Der Stanley Park
in Vancouver zeigt kunstvolle Totempfähle.

HIGHLIGHTS

❶ Ivvavik National Park
Riesige Karibu-Herden ziehen durch die raue, reizende Natur des Nationalparks.

❷ Baffin Island
Berge und Eis prägen die fünftgrößte Insel der Erde, die zahlreichen arktischen Tieren eine Heimat bietet.

❸ Vancouver
Hippe Großstadt, entspannte Grünflächen, Traditionen der First Nations, Wassersport – das und mehr kann Vancouver bieten.

❹ Jasper National Park
Der Park ist ein Paradebeispiel für die malerische Natur der Canadian Rockies.

❺ Valley of the Ten Peaks
Im Banff National Park findet sich dieses Naturwunder aus zehn Bergriesen, die sich anmutig über Bergseen erheben.

❻ Regina
Die Provinzhauptstadt von Saskatchewan ist ein historisches Kleinod.

❼ Clearwater Lake Provincial Park
Über zehn Meter tief kann man in das klare Wasser des Sees blicken.

❽ Agawa Canyon
Ein eindrucksvoller Anblick ist der Canyon. Auch die Spuren indigener Kulturen machen ihn attraktiv.

❾ Killarney Provincial Park
Saphirblaue Seen, Sümpfe, von Kiefern überzogene Berge locken in den Park.

❿ Toronto
Wahrzeichen Torontos ist zweifelsohne der CN Tower – aber keineswegs der einzige Grund, die kosmopolitische Kulturmetropole zu besuchen.

⓫ Bonaventure Island and Percé Rock National Park
Der natürliche Torbogen des Percé Rock und die zahlreichen Wasservögel locken an die spektakuläre Felsküste.

⓬ St. John's
Malerisch und traditionsbewusst zeigt sich diese Küstenstadt, die eine der ältesten Städte Nordamerikas ist.

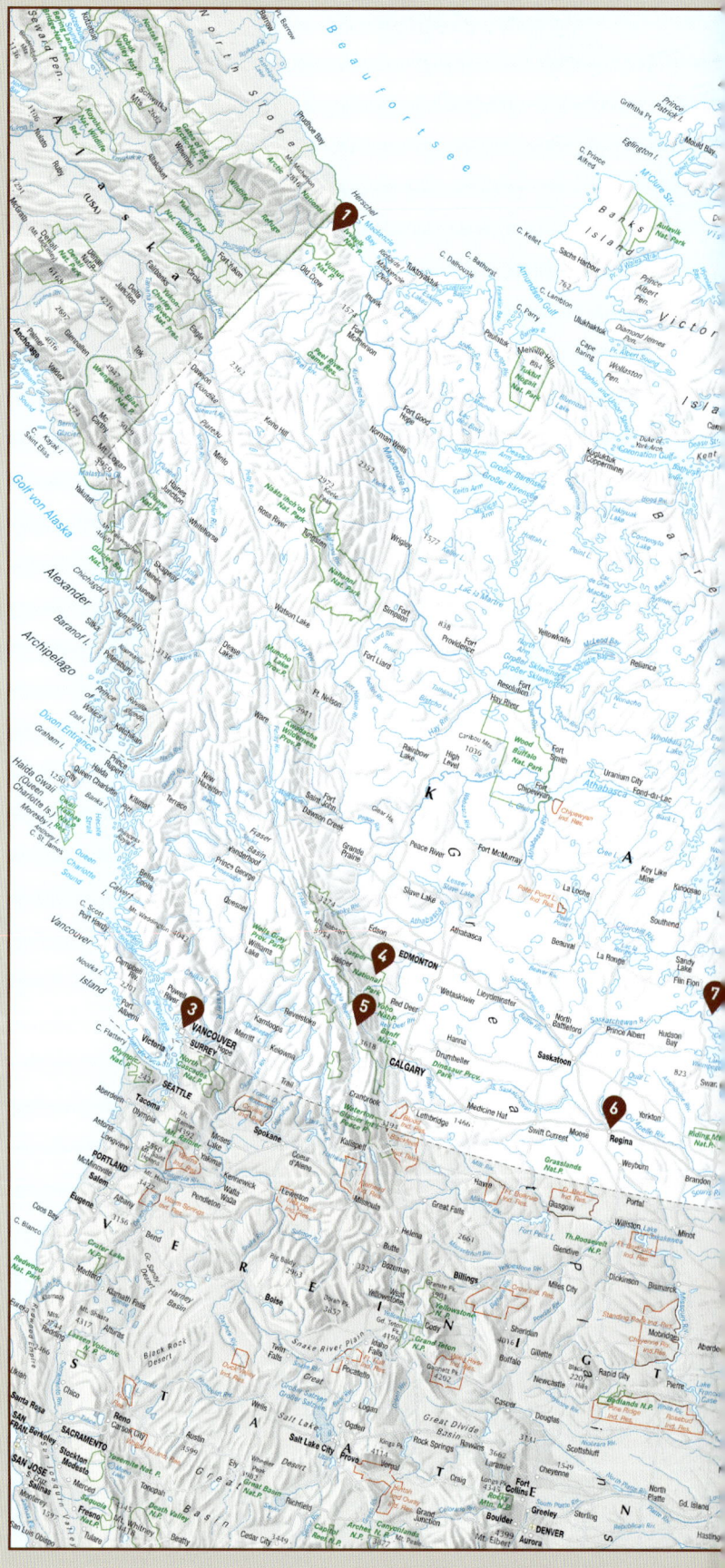

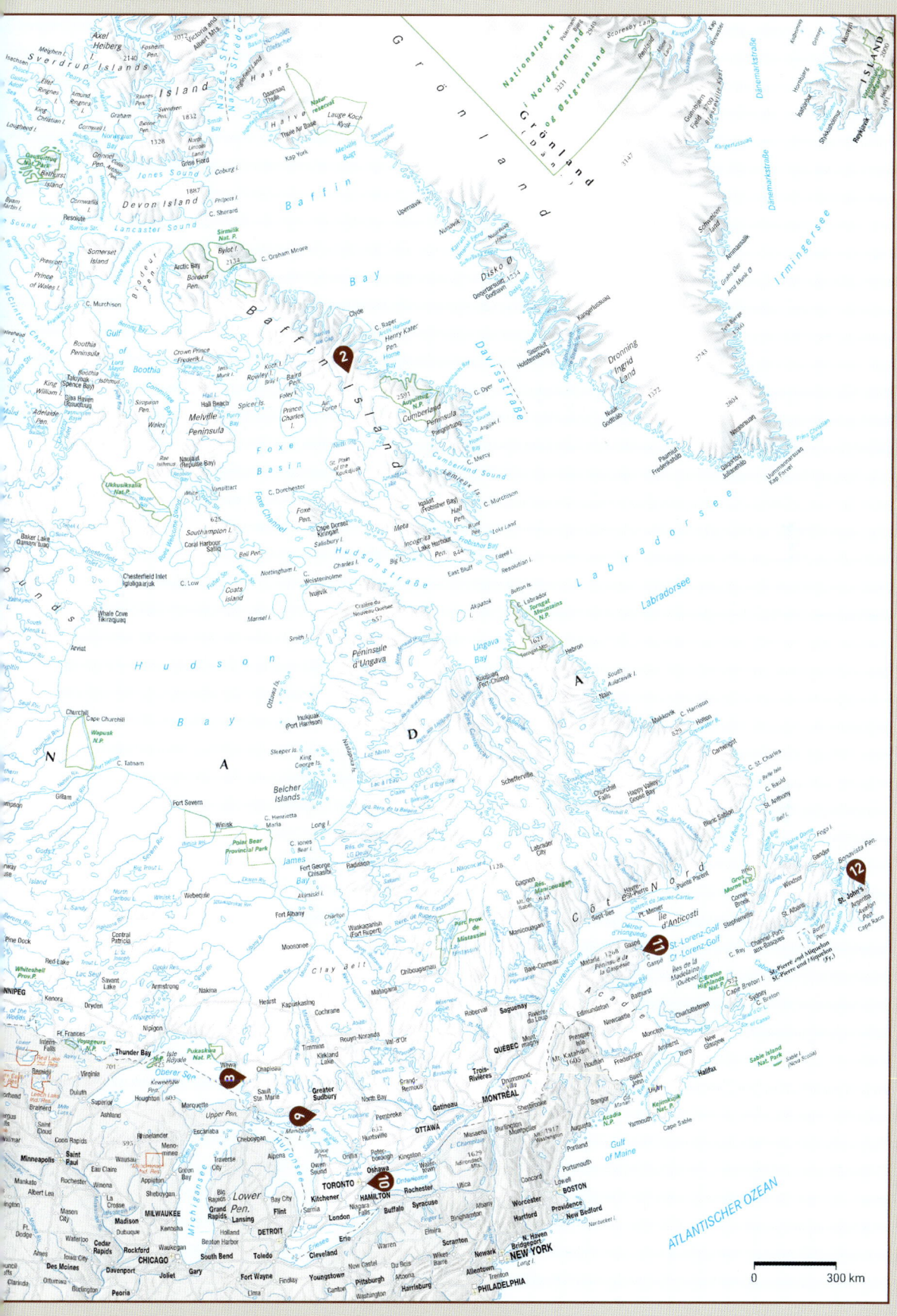

Die schönsten Reiseziele

Entdeckergeist und Abenteuerlust lassen sich in den fast grenzenlos erscheinenden Weiten Kanadas genussvoll erleben. Hier verzaubern endlose Wälder in British Columbia, die sommerlich farbenprächtige Tundra im Yukon, die markanten und gewaltigen Rocky Mountains in Alberta, aber auch die goldenen Prärien in Manitoba. Doch auch das Leben in den Städten fasziniert die Besucher: Montreal, Toronto und das einzigartige Québec City begeistern ebenso wie das glitzernde Vancouver, herrlich einladend vor den Bergen gelegen. In den weltberühmten Nationalparks lassen sich auf zahlreichen Wanderwegen die vielseitige Landschaft und eine einzigartige Tierwelt entdecken.

Yukon

»Der Yukon« – vor mehr als 100 Jahren war er das Sehnsuchtsziel rauer Männer, die schnellen Reichtum suchten. Zwar währte der Goldrausch von 1896 nur wenige Jahre und die Bevölkerung dünnte sich bald wieder aus, doch der Mythos blieb. Viele Häuser sehen noch genauso aus wie auf den alten Schwarz-Weiß-Bildern, die Natur ist einsam und wild wie damals – und das Territorium ganz im Nordwesten pflegt dieses Image, lockt es doch die wichtigen Touristen ins Land. Im Bild: Lockender Kluane-Nationalpark.

Yukon

INFO

Hauptstadt:
Whitehorse
Fläche:
482 443 km²
Einwohner:
36 000
Zeitzone:
Mountain Standard Time
Höchster Berg:
Mount Logan (5959 m)
Längster Fluss:
Yukon River (2554 km)
Blume:
Schmalblättriges Weidenröschen
Vogel:
Kolkrabe
Baum:
Felsengebirgstanne
Mineral:
Lazulith

Wer Yukon hört, denkt zuerst an den Goldrausch und dann an die Coast Mountains, jene Gebirgskette am Pazifik, die sich parallel zu den berühmten Rockies bis an die Südspitze von British Columbia zieht. Mit etwas über 480 000 Quadratkilometern ist der Yukon das kleinste der drei Territorien Kanadas. Nicht sehr viel mehr als 30 000 Menschen sind hier zu Hause. Zu Zeiten des Goldrauschs, Ende des 19. und Anfang des 20. Jahrhunderts, lag die Zahl um ein Vielfaches höher. Der Nachbar zur Linken ist Alaska, also ein einsames Stückchen USA. Ein fremder Nachbar? Nein, man kann davon ausgehen, dass Alaska mit dem Yukon mehr gemein hat als mit seinem Mutterland im Süden.

Die Geschichte des Landes beginnt vor über 10 000 Jahren, als es noch eine Landverbindung zwischen Asien und dem jetzigen Alaska gab. Menschen jagten Mammuts hinterher und landeten im heutigen Nordamerika. Ihre Nachfahren machen etwa 20 Prozent der Bevölkerung aus. Viele von ihnen leben an der Hauptschlagader des Territoriums, dem gewaltigen Yukon River, dessen Name in verschiedenen Sprachen der First Nations mit »großer Fluss« oder auch »weißer Fluss« übersetzt werden kann. Doch egal, wie man ihn nun nennen möchte, eines ist sicher: In guten Zeiten ist er regelrecht gefüllt von Lachsen.

Fast noch berühmter als der Yukon-Fluss ist sein kleiner Nebenarm, der Klondike. Denn in seinem Tal spielte sich der größte Goldrausch aller Zeiten ab. Mehr Menschen als heute im gesamten Yukon leben, überrannten damals die eilig gegründete Siedlung Dawson und machten sie Ende des 19. Jahrhunderts zur größten Stadt in einem Umkreis von über 2000 Kilometern. Der Zauber dauerte allerdings nur wenige Jahre. In dieser Zeit war Dawson City nur über gefährlich vereiste Pässe oder per Floß, oft selbst zusammengezimmert, auf tosenden Flüssen zu erreichen. Nicht alle schafften es bis ans Ziel, und noch wenigere der Stampeders, wie man die Goldsucher nannte, wurden reich. Von den wenigen Glücklichen, die eine Menge Geld machten, gaben es viele noch vor Ort wieder aus. Für Frauen, Whisky und Glücksspiel.

Bis 1953 war Dawson City die Hauptstadt des Territoriums. Mit nicht viel mehr als 1000 Einwohnern ist sie immerhin noch die zweitgrößte Stadt. Und sie ist definitiv ein Muss für Yukon-Besucher. Einige der Gebäude von vor etwas über 110 Jahren sind liebevoll restauriert. Der Discovery Claim, der Ort der ersten Goldfunde, ist ebenso erhalten wie die Hütten einiger Schriftsteller, darunter die von Jack London, die in Dawson City aufgebaut wurde. Spätestens am Abend im Diamond Tooth Gertie's, dem nördlichsten Spielkasino der Welt, fühlt sich jeder wie ein Stampeder.

Doch Yukon ist weit mehr als nur Goldrausch und Glücksspiel. Im Kluane-Nationalpark findet sich unweit der Grenze zu Alaska der mit knapp unter 6000 Metern höchste Berg Kanadas, der Mount Logan. Auch die größten nichtpolaren Eisfelder der Erde sind im Kluane-Nationalpark zu bestaunen. Am Alaska Highway liegt Watson Lake. Im Winter der beste Ort, um das Nordlicht zu genießen. Wer im Sommer kommt, kann das ebenfalls im einzigen Zentrum Nordkanadas tun, das sich spannend und durchaus wissenschaftlich mit dem Himmelsphänomen beschäftigt. Einen ersten Überblick über die Historie des Yukon bekommt man nirgends besser als im MacBride Museum in der Hauptstadt Whitehorse. Dort ist auch der Schaufelraddampfer »S.S. Klondike« zu besichtigen, der einst von Whitehorse den Yukon hinauf bis Dawson City schipperte.

Nicht zuletzt hat Whitehorse als Startpunkt des legendären Hundeschlittenrennens »Yukon Quest« Bedeutung. Es ist ein unvergessliches Erlebnis, eine Stadt voller vor Aufregung und Lauflust jaulender Hunde zu sehen! Nur einmal dürfen die Musher auf ihrem beschwerlichen Weg nach Alaska übrigens Proviant aufnehmen. Und das ist – wie sollte es anders sein – in Dawson City.

Direkt unterhalb der Mündung des Klondike Rivers in den Yukon liegt Dawson City, Dreh- und Angelpunkt zur Zeit des Goldrausches.

Die unendliche Weite aus weißer Wildnis ist, neben den Tieren selbst, der einzige Begleiter bei einer Fahrt mit dem Hundeschlitten.

Unterwegs im Norden Yukons

Große Teile des nördlichen Yukon werden von ursprünglicher Natur bedeckt, zu dessen Schutz Nationalparks wie Ivvavik und Vuntut eingerichtet wurden. Wald, Seen, Flüsse und raue Bergketten prägen allesamt diesen bevölkerungsarmen Landstrich.

* **Herschel Island** Erstaunliche Mengen an Treibholz, vom Salzwasser des Meeres hellgrau gebleicht, säumen die Küste von Herschel Island. Es sind Stämme, die über den Mackenzie aus der Waldzone Kanadas nach Norden ins Meer getrieben werden. Die kleine Insel am Westrand der Mackenzie Bay, von den Einheimischen Qikiqtaruk genannt, ist nur wenige Quadratkilometer groß. Während des kurzen Sommers zeigt sich hier die Tundra in ihrer ganzen Farbenpracht. Die Insel mit ihrem geschützten Ankerplatz wurde von Walfängern und Forschungsreisenden häufig angelaufen und entwickelte sich, begünstigt durch die Ansiedlung von Inuit, zu einem Versorgungszentrum für die gesamte Region. Heute wohnen nur noch Park Ranger auf der Insel, seit sie 1987 zum Territorial Park ernannt wurde.

** **Dempster Highway** Der Dempster Highway durchzieht seit 1979 den Norden des Yukon-Territoriums. Von der früheren Hauptstadt Dawson City aus zieht sich die Schotterstraße über 738 Kilometer nach Norden, bis nach Inuvik am Mündungsdelta des Mackenzie River. Im Winter gefrieren der sumpfige Boden und kleine Wasserflächen, sodass der Highway dann zusätzliche 194 Kilometer übers Eis führt – bis zur Inuit-Siedlung Tuktoyaktuk an der Eismeerküste. Über weite Strecken verläuft »der Dempster« durch Tundra und zwischen den Kuppen der Ogilvie und Richardson Mountains hindurch. Er folgt einer traditionellen Hundeschlittenspur; diese nutzte auch der Polizist William Dempster, dessen Namen der Highway trägt. Von den schwierigen Bedingungen beim Bau zeugen auch die 21 Jahre Bauzeit für Kanadas erste befestigte Straße über den Polarkreis. Auch wegen der stets wechselnden Aussicht ist der Highway bei Touristen sehr beliebt. Dazu tragen auch die Jahreszeiten bei: Der Sommer etwa zaubert leuchtendes Gelb in die Region.

Auch wenn der Name »Highway« mehr erwarten lässt, ist der Dempster eine gute Möglichkeit, die Region zu entdecken.

Elche

Im Spätsommer frisst er den ganzen Tag, um sich Speckvorräte zuzulegen. Schon im Sommer braucht der Elch etwa 20 kg Gras, Kräuter oder junge Buschtriebe pro Tag. Dann futtert er, was er kriegen kann, denn danach beginnt für ihn eine harte Zeit: zunächst die Brunft und dann der kalte Winter. Mit einer Schulterhöhe von bis zu 2,20 m ist der Elch das größte Landtier Nordamerikas. Besonders beeindruckend sind die Bullen mit ihrem breiten Schaufelgeweih. Es wächst jedes Jahr von Neuem. Die Elchkuh trägt kein Geweih. Beide Geschlechter ziehen vorwiegend als Einzelgänger durch ihr Revier. Die Kälber kommen im Frühjahr zur Welt und folgen der Mutter, bis die nächste Geburt ansteht. Ausgewachsen müssen sie Feinde wie Wölfe und Bären nicht mehr fürchten.

Polarfuchs im Sommerkleid.

Tombstone Territorial Park

Das im Jahr 2000 eingerichtete, 2200 km² große Naturschutzgebiet liegt nordöstlich von Dawson City im Yukon und wird vom Dempster Highway in zwei Hälften geteilt.

Seinen schaurigen Namen trägt dieser Park, weil der Tombstone Mountain (2196 Meter) einem großen Grabstein ähnelt. Mitten im Yukon-Territorium umschließt er seit dem Jahr 2000 rund 2200 Quadratkilometer vielgestaltiger Landschaft. Neben Bergen, Feuchtregion und Wald sorgt der Permafrostboden für bizarre Hügelformen: die Pingos und Palsas. Flora und Fauna der Tundra sind ungewöhnlich vielfältig für diese Breiten: Karibus nutzen sie als Winterquartier, während Dall-Schafe hier ihre Lämmer werfen. Elche, Grizzlys und Schwarzbären durchziehen die Landschaft, Steinadler, Gerfalke und rund 130 andere Vogelarten regieren die Lüfte. Im Chandindu River laicht der Königslachs, im Mackenzie River die Rotforelle. Der Dempster Highway von Dawson City nach Inuvik durchläuft den Park und macht ihn auch für Nicht-Abenteurer gut zugänglich.

Highlights
Benannt wurde das Areal nach dem 2196 Meter hohen Tombstone Mountain im westlichen Teil des Parks. Am Hart River (Dempster Highway, km 80) sieht man mit ein bisschen Glück einige der hier lebenden Karibus.

Tipps
Wer allein die abenteuerliche Wildnis diesseits und jenseits des Highways erkunden will, sollte in jedem Fall die auf der Homepage einsehbaren Sicherheitstipps (»Stay Safe«) der Parkverwaltung berücksichtigen.

Praktische Informationen
Anreise über Dawson City in östlicher Richtung zunächst auf dem Klondike Highway (Hwy. 2) und weiter auf dem hier auch Yukon Highway (Hwy. 5) genannten, knapp 740 km weit bis nach Inuvik im Mackenzie-Delta (Northwest Territories) führenden Dempster Highway. Es gibt kein als solches bezeichnetes Visitor Centre, aber ein »Tombstone Interpretive Centre« (Dempster Hwy., km 70), in dem man unter anderem Auskünfte über den Straßenzustand, geführte Trails und mehr erhält.

Abenteurer und Zivilisationsmüde genießen die einsame Wildnis des Tombstone Valley.

Ivvavik National Park

Der 10 168 km² große, 1984 im äußersten Nordwesten des Territoriums gegründete Nationalpark ist der erste, der als Folge von Verhandlungen zwischen der kanadischen Regierung und der indigenen Bevölkerung zum Schutz von deren Lebensraum entstand.

In der nordwestlichsten Ecke Kanadas gelegen, schützt der Park einen Rückzugsort für eine der großen Herden der Alaska-Karibus. Der Name Ivvavik bedeutet in der Sprache der hier lebenden Inuvialuit »Ort für die Geburt«. Tausende Karibus ziehen auf ihrer langen Wanderung von den Winterweidegründen durch die Flusstäler und queren den Firth River im Zentrum des Parks. Der wilde Strom, beliebt für tagelange Rafting-Touren, entspringt in den schroffen Felsen der Brooks Range. Nach engen Canyons durchquert er die wildreiche Tundra bis zur Mündung in die Beaufortsee. Dieser Nationalpark mit rund 10 200 Quadratkilometern entstand 1984 als erster Park Kanadas, bei dem die Regierung sich mit den Ureinwohnern über Gebietsansprüche geeinigt hatte. Die Inuvialuit im Mackenzie-Gebiet vermitteln den Parkbesuchern gern die Besonderheiten ihrer eigenen Kultur.

Auf mehrtägigen Bootstouren oder beim Wandern lässt sich das fast menschenleere, unbesiedelte Gebiet sehr gut erkunden.

Highlights

Der Name des Parks bezieht sich auf die jährlich im Juni/Anfang Juli hier kalbenden Karibus. Neben diesen Tieren sind auch Grizzlybären und, an der Küste, Eisbären im Park heimisch. Hauptattraktion für sportlich aktive Besucher ist eine Raftingtour auf dem Firth River (130 km, ca. 13 Tage). Die Saison dauert von Ende Juni bis Anfang August, die Touren starten am Margaret Lake nahe der Grenze zu Alaska und führen nach Nunaluk Spit am Nordpolarmeer.

Tipps

Im Park gibt es keine markierten Wanderwege und keinerlei Serviceeinrichtungen. Besucher müssen darauf vorbereitet sein, sich jederzeit selbst versorgen zu können.

Praktische Informationen

Anreise mit dem Charterflugzeug von Inuvik (200 km östlich des Parks) nach Sheep Creek, Margaret Lake, Komakuk Beach oder Stokes Point. Im Park gibt es kein Visitor Centre und keine als solche ausgewiesenen Campingplätze. Auskünfte erteilt das Parks Canada Office in Inuvik, www.pc.gc.ca/en/pn-np/yt/ivvavik

Die Abendsonne taucht die Landschaft am rauschenden Firth River in liebliche Farben. Der Fluss ist einer der wildesten Wasserläufe ganz Kanadas.

Vuntut National Park

Der 4345 km² große, 1995 im Nordwesten des Yukon Territory gegründete Vuntut National Park schützt eine arktische Landschaft voller Feuchtgebiete, gewundener Flüsse und sanft ansteigender Berghügel – die Heimat der Vuntut Gwitchin First Nation.

Unberührte Wildnis wie vor Jahrtausenden bieten die 4350 Quadratkilometer des Parks: grüne Täler, gewundene Flüsse, sanfte Berghänge am Horizont, keine Straßen. Von Oktober bis Mai ist diese Landschaft von Schnee bedeckt. Doch darunter findet die riesige Karibuherde der Region ausreichend Gräser, Flechten und Moose, bevor sie zum Kalben in den nördlich gelegenen Ivvavik-Park zieht. »Inmitten der Seen« heißt Vuntut in der Gwitchin-Sprache. Dieser indigene Stamm einigte sich mit Kanada erst 1995 über Landrechte und gründete den Park. Die Seenlandschaft und Feuchtwiesen des Old Crow River ziehen jährlich eine halbe Million Vögel an, besonders hörenswert sind die Pfeifschwäne. Auch unzählige Bisamratten, Elche und Bären, Luchse, Vielfraße und Wölfe bevölkern das Land. Menschen durchziehen den Park vor allem per Kajak oder zu Fuß. Der Blick schweift über die weite Landschaft der British Mountains, an deren Hängen die felsige Tundra vorherrscht. Im Westen grenzt der Park an Alaska, im Norden an den Ivvavik-Nationalpark. Hier erleben die Besucher ursprüngliche Natur, befestigte Straßen gibt es nicht.

Highlights

Vuntut liegt auf der Route einer rund 123 000 Tiere umfassenden, nach dem Porcupine River benannten Karibuherde, die jährlich von Yukon nach Alaska und wieder zurück wandert – dabei jeweils die unsichtbare internationale Grenze überschreitend. Eng verbunden mit dieser »Stachelschwein«-Herde (so der Name) sind das Leben und die Kultur der hier lebenden First Nations.

Tipps

Wer sich vor der Besichtigung über die Vuntut Gwitchin First Nation informieren möchte, der erfährt auf deren Website www.oldcrow.ca einiges Wissenswerte über ihre Kultur.

Praktische Informationen

Anreise mit dem Flugzeug (die dem Park am nächsten gelegene Straße, der Dempster Highway, ist 175 km entfernt) von Whitehorse nach Old Crow, einem kleinen, am Zusammenfluss von Crow und Porcupine River gelegenen Flugplatzdorf. Dort befindet sich auch das Visitor Centre.

Flechten setzen farbige Akzente an den Felsen im Vuntut National Park und kontrastieren schön mit dem umgebenden Grün. Jäger nutzten einst die Steine zu ihrem Vorteil.

Unterwegs im Zentralen Yukon

Überall trifft man hier auf die Spuren des Goldrausches: Sei es durch die Flüsse, die das kostbare Edelmetall in sich trugen, oder die Relikte in Orten wie Dawson City in Form von restaurierten Hotels, Goldgräberbaracken oder Casinos.

Five Finger Rapids, die Felsformationen im Yukon River, die zur Zeit des Goldrausches noch gefürchteter waren als heute.

Das »Downtown Hotel« im historischen Stil stammt zwar von 1982, ersetzt aber den kurz zuvor abgebrannten Vorgänger von 1902.

** **Klondike Valley** Kurz vor den ersten Goldfunden war die Region im Nordwesten des Kontinents so »menschenleer und unbedeutend«, dass die USA den genauen Grenzverlauf zwischen Alaska und Kanada für unwichtig hielten. Für Jahrtausende hatten hier Ureinwohner in den fruchtbaren Bergtälern gejagt und im Klondike River gefischt. Doch die Funde an seinen Nebenflüssen 1896 änderten alles, lösten den größten Goldrausch Nordamerikas aus und veränderten die Weltwirtschaft. Weil der Landweg aus Südkanada zu lange dauerte, kamen Hunderttausende per Schiff nach Alaska, um dann wochenlang über die Berge zu den Goldfeldern zu gelangen. Wie Dagobert Duck, der hier fiktiv Nuggets schürfte, mussten sie den kurzen, warmen Sommern und langen arktischen Wintern trotzen. Heute ist der Weg nach Klondike ein Tagesausflug und die wieder »leere Wildnis« ein Besucherziel.

Auch Karibus und Elche streifen heute wieder durch das menschenarme Gebiet rund um den Klondike River. Häuser sind selten, manche stehen noch auf Fundamenten der Goldgräberzeit. Die Hütte von Jack London, den die Region damals zu »Wolfsblut«, »Ruf der Wildnis« und »Lockruf des Goldes« inspirierte, steht heute in Dawson City

** **Yukon River** Im Sommer 1897 lockten die Goldfunde am Klondike, der östlich in den Yukon River mündet, viele Abenteurer nach Norden. Heute, mehr als 100 Jahre später, gilt der Yukon als Mekka für zivilisationsmüde Aussteiger, von denen viele auch aus Europa anreisen, um hier die Ursprünglichkeit der Natur zu erfahren. Das gesamte Flusssystem des Yukon River misst 3185 Kilometer. Als breiter Strom sprudelt der »Große Fluss« (so eine von mehreren Übersetzungen des Namens Yukon) im Hochsommer durch enge Schluchten und ergießt sich in weite Täler. Er durchfließt das Yukonplateau und mündet nach vielen Richtungswechseln in dem über 20 000 Quadratkilometer großen Delta in das Beringmeer. Bis zur Stadt Whitehorse, Hauptstadt des Yukon Territory, ist der Strom schiffbar, allerdings aufgrund der Vereisung meist nur etwa drei Monate im Jahr.

* **Five Finger Rapids** Nördlich von Carmacks erheben sich die steilen Felsen der Five Finger Rapids aus dem Yukon River: Für manchen Goldsucher bedeuteten sie das dramatische Ende seiner Reise. In den Stromschnellen zerbrachen selbst stabile Boote. Heute sind die Five Finger Rapids ein sehr beliebtes Ausflugsziel. Einst stellten sie für die Raddampfer des letzten Jahrhunderts ein echtes Hindernis dar,

Nachtleben zur Goldrauschzeit

Eine Horde Männer, die sich durch Schneestürme gekämpft hatte, der Nervenkitzel des Goldsuchens, ein Haufen Geld – beste Voraussetzungen für ein wildes Nachtleben. In den Bordellen und Bars von Dawson City nahmen Tanzmädchen den Abenteurern die Einsamkeit und brachten sie nicht selten um ein Vermögen. Berühmt waren Klondike Kate oder Gertie Lovejoy, die funkelnde Diamanten zwischen den Schneidezähnen trug. Noch heute kann man im Diamond Tooth Gertie's pokern oder eine Show der Gaslight Follies im Palace Grand Theatre besuchen. Zweifelhafte Berühmtheit erlangten »Swiftwater Bill« Gates, der in Champagner badete, und Jim Hall, der ein Luxushotel baute und es wegen der Unachtsamkeit einer rauchenden Tänzerin verlor.

heute sind sie, auch aufgrund einer Sprengung, problemlos passierbar.

*** **Dawson City** Dawson City, nach einem Landvermesser benannt, war nah dran am Klondike-Goldrausch, liegt es doch am Ostufer des Yukon River an der Mündung des Klondike River. Erst 1896 gegründet und schwer erreichbar, wurde es wie erwartet zum Ziel und Knotenpunkt vieler Goldsucher. Hier mussten sie ihre Claims anmelden oder Vorräte auffüllen. Schon zwei Jahre später war Dawson die Hauptstadt des Yukon und wuchs als »Paris des Nordens« auf bis zu 16 000 Einwohner an. Andere Erzminen verhinderten später den Verfall zur Geisterstadt und als 1953 das südlicher gelegene Whitehorse Hauptstadt wurde, begannen Erhalt und Rekonstruktion historischer Gebäude. Die heute 1300 Einwohner leben vom Tourismus: Besucher suchen am Bonanza Creek, dem Ort der ersten Goldfunde, selbst Gold, erleben im Museum Geschichte oder erforschen per Kanu, zu Fuß oder mit dem Rad das Umland.

*** **Klondike Highway** Der historische Highway folgt den Spuren der Goldsucher, die ab 1896 von der Alaska-Küste bis zu den Goldfeldern am Klondike River zogen, durch eine grandiose Landschaft. Von Skagway (Alaska) führt der Highway vorbei am türkisfarbenen Emerald Lake, einem Gletschersee in der zerklüfteten Landschaft nördlich von Carcross. Das verschlafene Nest am Highway war noch vor einigen Jahrzehnten ein bedeutendes Jagdcamp der First Nations. Am Ufer des Yukon River entlang geht es nach Norden. Im Winter ist der Klondike Highway eine einsame Straße inmitten unberührter Natur, im Sommer ein verlockender Trail für zivilisationsmüde Urlauber, die den Spuren der »Stampeders« nach Dawson City folgen. Der Lake Laberge, ein riesiger See, ist im Winter mit Eis bedeckt. Nördlich von Carmacks, einigen Baracken am Flussufer, wird die Landschaft aufregender. Pelly Crossing ist ein kleines Dorf der First Nations. Die Straße führt über den Pelly River und am Steilufer entlang. Eine eiserne Brücke spannt sich bei Stewart Crossing über den Fluss, im Sommer ein beliebter Haltepunkt für Nordlandfahrer, die sich im kleinen Laden der Tankstelle noch einmal mit Proviant versorgen. Einige Kilometer westlich von Minto führt ein schmaler Feldweg zu einer verlassenen Kutschenstation. Ein eingefallenes Blockhaus inmitten der Wildnis, ein Überbleibsel aus der Zeit des Goldrausches, als fast doppelt so viele Menschen am Yukon wohnten. In Dawson City, der ehemaligen Boomtown, endet schließlich der abenteuerliche Highway.

Goldrausch: der Traum vom schnellen Glück

Wer den ersten Nugget aus dem Bonanza Creek gezogen hat, ist bis heute umstritten. George Carmack, ein Goldsucher aus Kalifornien, sowie Skookum Jim und Tagish Charley, seine indigenen Mitstreiter, kämpfen um die Ehre, zuerst an diesem 16. August 1896 fündig geworden zu sein. Sie steckten einen Claim ab, füllten ihre Rucksäcke mit Gold. Über Nacht

wurde der Nordwesten von einer offenbar ansteckenden »Krankheit« mit Namen »Klondicitis« befallen. Selbst hohe Regierungsbeamte ließen von heute auf morgen ihre Geschäfte im Stich, um ihr Glück zu versuchen. Einer der entlegensten Winkel der Erde bekam auf einmal eine magische Anziehungskraft. Die klassische Route zum Klondike führte über den Chilkoot Pass und den Yukon River. Tausende von Goldgräbern fuhren während der Sommermonate des Jahres 1897 nach Dyea an der Küste von Alaska, quälten sich den Pass hinauf, »aneinandergeschmiedet wie Galeerensklaven in einer Kette von Verdammten« (Jack London). Über zehn Millionen Dollar wurden aus den Bächen des Klondike gewaschen.

Unterwegs im Süden Yukons

So malerisch sich der Süden Yukons heute gerne zeigt, so gefährlich und gnadenlos galt er zur Zeit des Goldrausches, als ihn zahlreiche Abenteurer auf dem Weg zu ihrem vermeintlichen Reichtum durchqueren mussten. Abenteuer kann man trotzdem bis heute erleben.

Die Carcross Desert, die kleinste Wüste der Welt. Eine der wenigen Pflanzen, die hier wachsen, ist Kinnikinnick, eine Unterart der Bärentraube.

Der Emerald Lake trägt seinen Namen zu Recht: Schön wie ein Smaragd glänzt das Wasser, in dem sich der Uferwald spiegelt.

*** **Emerald Lake** Wer über den South Klondike Highway fährt, kann nicht anders, als am Emerald Lake zu halten. Etwa ab Mai, wenn sich Eis und Schnee zurückziehen, zeigt sich das Wasser des Sees in den schillerndsten Farben. Beinahe unnatürlich leuchtet es am Seeufer grün und türkis. Das Geheimnis ist Mergel, ein Sedimentgestein aus Ton und Kalk, das sich am Boden des Emerald Lake absetzt. Vor 14 000 Jahren zogen sich die Gletscher zurück, die die Region bedeckten. Sie schufen das Bett des heutigen Sees. Sie haben aber auch große Mengen Kalk zurückgelassen. Weiterer Kalk erodierte aus den umliegenden Bergen. Diese bestanden einst aus riffbildenden Korallen, die im warmen Meer vor 200 Millionen Jahren zusammen mit einer speziellen Alge immer weiter in Richtung Sonne wuchsen. Scheint nun die Sonne auf den See, leuchtet die Mischung aus abgestorbenen Algen und Kalk.

** **Carcross und Carcross Desert** In dem kleinen Ort Carcross mit seinen nur rund 150 Einwohnern befindet sich das älteste Geschäft des Yukon. Auf Touristen ist man hier am Klondike Highway bestens eingestellt. Wer will, bekommt einen Stempel des urtümlichen Ladens in seinen Reisepass. Der Ortsname deutet auf die Vergangenheit hin, als ihn riesige Karibuherden durchzogen. »Caribou Crossing« wurde zu Carcross.

Während des Goldrauschs wurden hier Güter, die über Land ankamen, auf Dampfer umgeladen und über Seen bis hinauf in den Yukon River gebracht. Das ist lange her. Heute lockt eine Naturattraktion Besucher an: die kleinste Wüste der Welt. Eingebettet zwischen den Wäldern des Yukon bedeckt sie nur wenige Quadratkilometer. Ein Eiszeit-See lagerte hier Sand ab. Aufgrund extremer Winde vom nahen Lake Bennett türmt sich der Sand zu Dünen auf, Pflanzen können – mit wenigen Ausnahmen – nicht Fuß fassen. Leider ist die kleinste Wüste bedroht. Touristen haben sie als Revier für Motorräder und Allradfahrzeuge entdeckt.

** **Whitehorse** Whitehorse wuchs während des Zweiten Weltkriegs zur Hauptstadt des Yukon Territory heran. Damals war die Siedlung ein wichtiges Versorgungslager für amerikanische Soldaten, die den Alaska Highway bauten. Heute leben 22 000 Menschen in der größten Stadt am Yukon. Inmitten der Wildnis wirkt sie wie eine geschäftige Metropole. An der Hauptstraße leuchten die Neonschilder von Fast-Food-Ketten, und auf der Main Street haben die Andenkenläden selbst im Winter geöffnet. Im Februar startet der »Yukon Quest«, das härteste Schlittenhunderennen der Welt, auf der Second Avenue. Das Rennen, eines der größten Sportereignisse, wird live übertragen. Der Goldrausch lässt den Besucher auch in der Hauptstadt des Yukon Territory nicht los. Im MacBride Museum liegen Goldklumpen und werden die Abbaumethoden in anschaulichen Schaubildern erklärt; am Miles Canyon erinnern aufgetürmte Eismassen daran, dass die Stampeders auch auf dem Yukon noch nicht gewonnen hatten. Der Name Whitehorse wurde von den schäumenden Stromschnellen abgeleitet, die sich damals wie die wehenden Mähnen weißer Pferde durch die Schlucht zogen. Nur wenige Kilometer außerhalb der Stadt zeigt dann der Yukon wieder seinen gewohnten ungezähmten, ursprünglichen Charakter.

* **Haines Highway** Ab Haines in Alaska schlängelt sich der Haines Highway in die bergigen Ausläufer der Alsek Range und erreicht bei Porcupine die Grenze zu British Columbia. Wenig später ist auf 1065 Metern Höhe der Chilkat Pass erreicht. Auf der Westseite der

Der historische Raddampfer »SS Klondike« kann – heute fest vertäut – besichtigt werden.

First Nations

Die ersten Amerikaner sollen während der letzten Eiszeit vor ungefähr 30 000 Jahren von Sibirien nach Alaska gekommen sein. Damals waren die beiden Kontinente durch eine Landbrücke verbunden. Die sibirischen Jäger folgten dem Wild in die Neue Welt und entwickelten dort eine Kultur, die stark von der Umgebung geprägt war: Im Westen errichteten sie ihre Dörfer vornehmlich an Flussufern und stellten Karibus, Elchen und Bären nach. Lachse und Forellen wurden als Wintervorrat getrocknet und geräuchert. Sie waren in Clans organisiert, die von erfahrenen Kriegern und Jägern angeführt wurden. Ihre Häuser und Boote fertigten sie aus Birkenrinde. »First Nations« ist seit den 1970er-Jahren als Überbegriff für die kanadischen indigenen Völker (ohne Inuit) gebräuchlich.

Straße erstreckt sich nun die Tatshenshini-Alsek Wilderness Preserve, die die Verbindung zwischen dem Glacier Bay National Park im Süden und dem Kluane National Park im Norden schafft. An diesen schließt nordwärts nahtlos der Wrangell–St. Elias National Park in Alaska an – die Verantwortlichen beiderseits der Grenze haben damit das größte zusammenhängende Schutzgebiet auf dem nordamerikanischen Kontinent geschaffen. Es erstreckt sich über 700 Kilometer Luftlinie von Gustavus an der Südspitze des Glacier Bay National Park bis zum Richardson Highway im Norden. Im gesamten Schutzgebiet gibt es keine Straße, wohl aber bis zu 6000 Meter hohe Berge, riesige Gletschergebiete und unberührte Wälder. Das 500-Seelen-Dorf Haines Junction entstand als Soldatencamp beim Bau des Alaska Highway. Hier trifft der Haines Highway auf den von Whitehorse kommenden Alaska Highway.

Karibus

Bei den Karibus tragen auch die Weibchen stattliche Geweihe – eine Besonderheit unter den Hirscharten. Jedes Jahr aufs Neue werfen die Tiere ihre Geweihe ab: die Männchen zum Winter, die Weibchen meist erst im Frühjahr. Diese Unterart des Rentiers hat sich ganz auf die Tundra Alaskas und Nordkanadas spezialisiert. Rund eine Million Karibus leben hier

in großen Herden und ziehen Anfang September aus ihren Sommerquartieren der Tundra zurück in die Taiga. Dabei nutzen die Karibus zumeist dieselben Strecken. Wenn es sein muss, überwinden sie Hindernisse wie Flüsse auch schwimmend. Die manchmal bis zu 100 000 Tiere starken Herden sind in einigen Nationalparks in Kanada gut zu beobachten.

Und selbst wenn Karibus nicht auf Wanderung sind, durchstreifen die Tiere ein großes Territorium: Auf der Suche nach Gras, Moosen und Flechten können sie bis zu 80 Kilometer täglich zurücklegen. Je weiter nördlich sie leben, desto kleiner und heller sind die Unterarten. Das Peary-Karibu bekommt gar ein weißes Winterfell.

Yukon Quest

Das härteste Schlittenhunderennen der Welt führt von Whitehorse über Dawson City nach Fairbanks (Alaska) und hat dort einen ähnlichen Stellenwert wie ein Fußball-Endspiel in Europa. Mit vollbepackten Schlitten, von 14 Huskys gezogen, kämpfen sich die Musher – die Lenker eines Hundegespanns – durch klirrende Kälte, eisigen Wind und treibenden Schnee. Ungefähr 16 Tage brauchen sie für den rund 1600 Kilometer langen Trail, bei Temperaturen bis zu –40 Grad Celsius. Der Yukon Quest wird seit 1984 veranstaltet. Er soll an die unerschrockenen Männer und Frauen erinnern, die zuerst in die Wildnis am Yukon River vorstießen: die Goldgräber, die Siedler, die Abenteurer. Ohne Hundeschlitten wären sie alle damals nicht vorangekommen.

Eine Fahrt mit der White Pass and Yukon Route Railroad bietet fantastische Ausblicke.

***White Pass and Yukon Route Railroad** Mindestens eine »Tonne«, 907 Kilogramm an Verpflegung und Ausrüstung, war um 1897 Pflicht für Goldsucher: Mit weniger durften die Abenteurer nicht über die Grenze von Alaska in den kanadischen Yukon. Um die Lasten über die Berge zu bringen, waren Packpferde, Zughunde und der eigene Rücken im Einsatz. Erst im Mai 1898 begann der Bau einer Bahnlinie für Menschen und Erze. Mit einer schmalen Spurweite konnte sie sich an Felshänge anschmiegen und brauchte weniger Platz für Trasse und Tunnel. Dennoch waren allein bis zum White Pass 450 Tonnen Sprengstoff nötig. Über tiefe Taleinschnitte entstanden abenteuerlich hohe Gleisbrücken, die noch heute den Reiz der malerischen Strecke verstärken. Schon im Februar 1899 erkletterten die ersten Passagiere der WP&YR die 880 Höhenmeter bis zum White Pass per Bahn. Im August 1900 war die 177 Kilometer lange Strecke bis Whitehorse fertig – und der Goldrausch so gut wie vorbei. Doch dank Silber-, Blei-, Kupfer- und Zinkminen in der Region wurde die Bahn erst 1982 stillgelegt. Wenige Jahre später entdeckten Kreuzfahrttouristen Skagway und nutzten im Sommer wieder die historischen Züge. Seit 2007 erreichen sie Carcross. Die Verlängerung bis Whitehorse ist möglich, bis dahin sind Busse über den Klondike Highway im Einsatz.

* **Chilkoot Pass** Vor allem zwei Wege führten zu den Goldfeldern am Yukon: Von Skagway aus wand sich der White Pass Trail durch unwegsame Schluchten, von Dyea führte ein schmaler Pfad zum Chilkoot Pass empor. Über dreißig Grad betrug die Steigung, und ständig pfiff ein schneidender Wind über die schneeverwehten Hänge. Bis zu 30 Mal bezwangen die Männer den Berg, jedes Mal mit über 100 Pfund Gepäck beladen. Einer nach dem anderen stiegen sie die Stufen hinauf, die irgendjemand in das Eis gehauen hatte. Ein Abenteuer, das auch heute noch auf wagemutige Wanderer wartet, allerdings nur im Sommer, wenn der Trail eisfrei ist. Drei bis vier Tage braucht man für die 50 Kilometer zwischen dem Friedhof von Dyea und dem Lake Bennett. Auf den zerklüfteten Berghängen wird man mit einer grandiosen Rundsicht belohnt.

** **Bennett Lake, Nares Lake** Ein Netz lang gestreckter Seen am Ende einer langen, anstrengenden Bergstrecke war das ersehnte Zwischenziel der Goldgräber. Hatten sie ihre schweren Lasten von der Küste über den White Pass oder Chilkoot Pass transportiert, sammelten sie am Ufer des Bennett Lake und Lindemann Lake wieder Kräfte – heute folgen ihnen Wanderer begeistert auf denselben Wegen. Die Abenteurer bauten damals am Ufer Boote oder Flöße für den langen Rest der Strecke über den Yukon bis nach Whitehorse und Dawson City. Schnell entstand der Ort Bennett, den auch die White Pass & Yukon Route Railroad als Station ansteuerte. Wo der Bennett Lake an einer Landbrücke in den Nares Lake übergeht, liegt der Ort Carcross. Jahrtausendelang zogen Karibuherden vorbei und nährten die ansässigen Ureinwohner. Heute halten hier wieder Touristenzüge am Bahnhof und beleben den Ort neu.

Für die White Pass and Yukon Route Railroad wurde in Carcross 1900 die markante Drehbrücke erbaut.

Kluane National Park

Das 22 013 km² große, im Jahr 1972 im Yukon Territory gegründete Naturschutzgebiet bildet mit den Nationalparks Tatshenshini-Alsek (British Columbia, Yukon) sowie Wrangell-St. Elias und Glacier Bay in Alaska das erste binationale Welterbe der UNESCO.

Das wildromantische Naturschutzgebiet erstreckt sich über 22 000 Quadratkilometer im äußersten Südwesten des Yukon, in der Wildnis der Northern Coastal Mountains Natural Region. Ein Teil seiner nördlichen Grenze wird durch den Alaska Highway gebildet. Im Hinterland wartet eine zerklüftete Berglandschaft mit dem Mount Logan (5959 Meter), dem höchsten Berg Kanadas, und eindrucksvollen Gletschern. Der Alsek River fließt durch tiefe Schluchten und Täler. Vor dem imposanten Lowell Glacier schwimmen Eisberge im Wasser. Die Berge des Parks gehören zur Wrangell-St.-Elias-Kette, die bis nach Alaska reicht. In Alaska geht Kluane nahtlos in den Wrangell-St.-Elias National Park über. Das Naturschutzgebiet wurde 1976 gegründet und ist über den Alaska Highway erreichbar. Kluane wurde von der UNESCO zur Weltnaturerbestätte erklärt.

Highlights
In südöstlicher Richtung durchziehen den Park die Icefield Ranges mit dem Mount St. Elias (5488 m) und dem mächtigen Mount Logan (5959 m), Kanadas höchster Erhebung.

Tipps
Ein unvergessliches Panorama bietet ein Rundflug über die mächtigen Gletscherströme des Parks und die majestätischen Berggipfel der Icefield Ranges (www.yukoninfo.com). Angler schätzen den im Südosten bei Tachäl Dhäl an den Park angrenzenden, ungewöhnlich fischreichen Kluane Lake.

Praktische Informationen
Anreise mit dem Flugzeug von Vancouver nach Whitehorse (160 km vom Nationalpark entfernt) und mit dem Auto weiter auf dem Highway 1 (Alaska Highway) in westlicher Richtung. Visitor Centres in Haines Junction, und bei Tachäl Dhäl am Sheep Mountain (74 km nördlich von Haines Junction).

Das Slims River Valley mit den St. Elias Mountains im Hintergrund.

Auch der Kaskawulsh-Gletscher verliert aufgrund des Klimawandels an Volumen.

Yukon | Süden

Northwest Territories

Raue Natur bestimmt die Nordwest-Territorien. Hier ziehen die größten Karibuherden des Kontinents durch das Land, kaum gestört von den nur rund 42 000 menschlichen Einwohnern. Als die europäischen Einwanderer die kanadische Landfläche von Südosten aus besiedelten, war ihnen der Rest so unbekannt, dass sie ihn schlicht als »Nordwest-Territorien« zusammenfassten, bis im Westen der Goldrausch begann und Yukon 1898 eigenständig wurde.

NORTHWEST TERRITORIES

INFO

Hauptstadt:
Yellowknife
Fläche:
1 346 106 km²
Einwohner:
41 800
Zeitzone:
Mountain Standard Time
Höchster Berg:
Nahteni Shih (2773 m)
Größter See:
Great Bear Lake
Symbol:
Eisbär
Blume:
Weiße Silberwurz
Tier:
Arktische Äsche
Vogel:
Gerfalke
Baum:
Ostamerikanische Lärche
Mineral:
Diamant

Auf den ersten Blick mag man annehmen, das Land, das sich um den nördlichen Polarkreis windet, habe aufgrund seines polaren bis subpolaren Klimas nur karge, feindliche Landschaft zu bieten. Falsch. Geschützt von Schnee und Eis, kann sich die Pflanzenwelt schon im Winter in Ruhe auf ihren großen Auftritt vorbereiten. Schmilzt dann die kalte Pracht, tauchen unzählige blühende Sträucher und Blüten die Tundra in knallbunte Farben. Und erst die Tierwelt! Karibus, Rotwild, Grizzlybären, Biber, Silberfüchse und Elche sind hier ebenso zu Hause wie rund 200 Vogelarten, die in den Northwest Territories ihr Sommerquartier beziehen. Dagegen nehmen sich die nur etwas über 41 000 Menschen auf 1,3 Millionen Quadratkilometern Fläche geradezu bescheiden aus.

Ein Drittel der Einwohner sind sogenannte First Nations, indigene Völker, und Métis. Letztere sind die Nachkommen europäischer Pelzhändler und indigener Frauen. Der Pelzhandel hat in den Nordwest-Territorien von jeher eine bedeutende Rolle gespielt. Wer in einem Land lebt, in dem Temperaturen von –40 Grad nichts Ungewöhnliches sind, weiß die Felle von Nerz, Marder und Luchs zu schätzen! Ende des 18. Jahrhunderts entstanden Handelsposten zwischen Europäern und zahlreichen Stämmen. Es gab Felle im Überfluss. Die First Nations tauschten sie gegen Waffen und Munition, aber auch gegen Tee, Mehl, Tabak und Rum. Weite Teile des Landes gehörten dem Handelsunternehmen Hudson's Bay Company. Dieses Unternehmen hatte die Region im 18. Jahrhundert erforscht und in Besitz genommen. 1870 verkaufte sie Gebiete an die kanadische Regierung. Die Northwest Territories erstreckten sich zu der Zeit noch über den größten Teil Kanadas, wie wir es heute kennen. Aufgrund von Abspaltungen entstanden nach und nach die verschiedenen Provinzen und 1999 die aktuellen Grenzen der Nordwest-Territorien.

Seit 1967 ist Yellowknife die Hauptstadt. Gut 19 000 Menschen leben hier. Der Name (»gelbes Messer«) erinnert an die aus Kupfer gefertigten Waffen der Ureinwohner. Kupfer spielt in der Wirtschaft der Stadt, in der rund die Hälfte aller Einwohner des Territoriums leben, keine Rolle. Nachdem die letzte Goldmine geschlossen wurde, sind es nun Diamanten, die Geld in die Kassen spülen. Um die Bodenschätze zu transportieren, wird im Winter eigens eine Straße errichtet, die zur Attraktion der Gegend wurde: die 568 Kilometer lange »Tibbitt to Contwoyto Winter Road«, die längste Eisstraße der Welt, die überwiegend über zugefrorene Seen führt. Eine Herausforderung und ein Wunschziel unzähliger Fernfahrer!

Deutlich gemütlicher geht es im Prince of Wales Northern Heritage Centre in Yellowknife zu. Dort lässt sich nachempfinden, wie das Leben der First Nations in den Northwest Territories gewesen sein mag, lange bevor die ersten Europäer auftauchten.

Besucher wird es dann jedoch mit großer Sicherheit von der Stadt weg in die Natur ziehen. Seen von 30 000 Quadratkilometern Größe und mehr, vier Nationalparks, von denen zwei sich UNESCO-Weltkulturerbe nennen dürfen, und nicht zuletzt die 400 Kilometer lange Waterfall Route gehören zu den Hauptattraktionen des Landes. Wem Tierbeobachtungen und Wanderungen nicht genug sind, schnallt sich im Winter Schneeschuhe oder Langlaufski unter oder geht in den kurzen Sommern zum Rafting. Die gesamten Northwest Territories sind zudem einer der besten Orte der Welt, um das faszinierende Nordlicht zu sehen. Besonders schön anzusehen sind sie im Herbst und im Winter.

Am Abend entspannt man bei einem Teller Elcheintopf und hört den Menschen des Nordens zu, wenn sie Lieder über die Jagd oder ihr Land singen und dazu trommeln. Kultur ist hier überall zu finden. Ein kleines Stück davon kann man mitnehmen. Die lebensnahe Schnitzerei aus Speckstein oder ein Gefäß aus Birkenrinde lassen auch im fernen Europa von den einsamen, wilden und dennoch faszinierenden Northwest Territories träumen.

Als Mekka für Nordlichtbewunderer bezeichnen sich die Northwest Territories selbst gerne.

Nicht ganz 100 Meter stürzt sich der South Nahanni River bei den Virginia Falls in die Tiefe.

Unterwegs in der Inuvik Region

Die Winter sind lang, doch sobald die Schneeschmelze einsetzt, explodiert die spärliche Tundrenvegetation regelrecht beim Aufblühen. Mit einigen großen Inseln und zahlreichen Nationalparks lockt die Inuvik Region ebenso wie mit der jahrtausendealten Kultur der Inuit.

* **Banks Island** Die fünftgrößte Insel Kanadas gehört zu den Canadian Arctic Islands in den Northwest Territories und ist vom Festland durch den Amundsen Gulf getrennt. Ihren Namen verdankt sie dem Seefahrer William Perry, der sie nach dem Botaniker Joseph Banks benannte. Vor dem 20. Jahrhundert war die Insel nur von Inuit bewohnt.
Auf der westlichsten Insel des kanadischen Archipels, die fast so groß wie Irland ist, leben Zehntausende Moschusochsen. Der Südwesten ist ein Vogelschutzgebiet. Seit 1929 gibt es die kleine Siedlung Sachs Harbour, die ihren Namen von einer kanadischen Arktis-Expedition hat. Im Banks Island Museum erfährt man einiges über interessante archäologische Funde. Immerhin war die Insel bereits 2000 v. Chr. besiedelt.

* **Holman Island** Nach einer Fahrt von 250 Kilometern öffnen sich die teils engen Meeresstraßen zum Amundsen Gulf – damit ist der schwierigste Abschnitt der Nordwestpassage bewältigt. Hier verläuft auch die Grenze zwischen dem kanadischen Inuit-Territorium Nunavut und den Northwest Territories. Holman Island rühmt sich des nördlichsten Golfplatzes der Erde, auf dem jeden Sommer sogar Wettbewerbe mit Teilnehmern aus aller Welt stattfinden. Erstaunlich ist auch, dass sich Holman Island zu einem Kunstzentrum entwickelt hat, in dem sich mehrere Künstler vor allem der Druckgrafik widmen. Lithografien, Radierungen bis hin zum Linolschnitt und weitere grafische Techniken werden genutzt, um Motive aus der Welt der Arktis darzustellen. Vorläufer der heutigen Siedlung war ein Handelsposten, dessen noch bestehende Bauten auf Read Island besichtigt werden können.

** **Mackenzie River Delta** In der Tundra der kanadischen Northwest Territories mündet nördlich des Polarkreises der Mackenzie River in die Beaufortsee, die ein Teil des Nordpolarmeeres ist. Der 1800 Kilometer lange Fluss ist einer der größten Flüsse Kanadas und entspringt im Großen Sklavensee; seine größten Zuflüsse sind der Peace River und der Athabasca River. Von Oktober bis Mai ist der Strom zugefroren. Das Mackenzie-Delta – eine von Flüssen und Bächen durchzogene sumpfige Seenlandschaft – hat eine West-Ost-Ausdehnung von rund 80 Kilometern und nimmt eine Fläche von rund 13 500 Quadratkilometern ein. Im flachen, fächerförmigen Delta mäandern die Hauptarme des Flusses durch eine weitläufige Seenlandschaft Richtung Meer. Überall dort, wo die Tundrenböden morastig oder dauerhaft gefroren sind, gedeihen kaum Bäume. Wenn im Sommer das Erdreich oberflächlich auftaut, kann das Stauwasser weder versickern noch abfließen: Unzählige Seen bilden sich in den natürlichen Vertiefungen. Gebildet wurde das Delta über Tausende von Jahren durch die Ablagerung von Sand, nach der Schneeschmelze verändert es sein Aussehen. Am Übergang vom Mackenzie-Delta zur lang gezogenen Tuktoyaktuk-Halbinsel liegt die kleine Siedlung Tuktoyaktuk mit lediglich 900 Einwohnern.

* **Inuvik** Die kleine Stadt im Mackenzie-Delta wurde nach den Erdöl- und Erdgasfunden in den 1950er-Jahren aus dem Boden gestampft. Selbst die katholische Kirche ist hier einem Iglu, der traditionellen Hausform der Inuit, nachempfunden. Und dort tragen sogar die Statuen der Maria und des Jesuskindes einen wärmenden Pelz.

Wie ein heller Spiegel legt sich das Mackenzie River Delta inmitten der tiefgrünen Wälder dem Himmel zu Füßen.

An Kälte sind die Bewohner Inuviks bestens gewöhnt.

Inuit auf Walfang

Bereits vor über 1000 Jahren waren die Inuit in den kanadischen Polarregionen auf den Walfang angewiesen. Sie fuhren in großen Booten auf das Meer hinaus und jagten mit Harpunen. Die Beute wurde unter allen Bewohnern eines Dorfes geteilt. Das fette Fleisch der Wale war notwendig für ein Überleben in der Arktis. Aus dem Speck wurde Tran hergestellt, den man als Brennstoff für die Specksteinlampen nutzte. Die Knochen nutzten die Inuit als Baumaterial für Wohnhütten sowie zur Herstellung von Werkzeugen und Waffen. Um die Wale vor der Ausrottung zu bewahren, gelten heute strenge Fangquoten. Für die Inuit und die First Nations des nördlichen Kanada gelten jedoch Ausnahmeregelungen. Sie dürfen bis heute bestimmte Walarten jagen.

Aulavik National Park

In der Sprache der Inuit bedeutet »Aulavik« »Ort, wo die Menschen reisen«. Mehr als 12 000 km² groß ist der Nationalpark mit dem Thomsen River als Herzstück. Das seit mehr als 3400 Jahren besiedelte Land wurde 1992 schließlich zum Naturschutzgebiet ernannt.

Der »Ort, wo Menschen reisen«: Im Aulavik-Nationalpark auf der Banks-Insel zogen schon vor 3400 Jahren Jäger und Sammler durch die Polarwüste. Heute beherbergt die Insel die weltweit höchste Dichte an Moschusochsen: 70 000 bis 80 000 der Tiere leben hier, rund ein Fünftel davon im Park. Seine mehr als 12 200 Quadratkilometer reichen von wechselhaften Hügel- und Küstenlandschaften bis zum kargen Hochlandplateau. Mitten hindurch fließt der Thomsen River, ein beliebtes Ziel für Paddler, Angler und für Wanderer, die in den baumlosen Weiten nordische Tiere beobachten. Es gibt zwei große Nistplätze, an denen unzählige kleine Schneegänse leben. Für den Menschen hingegen erscheint der Park sehr abgelegen, es gibt keine Wege, Straßen oder Campingplätze. Die Besucher reisen in der Regel mit einem kleinen Wasserflugzeug von Inuvik an und genießen dann die Einsamkeit und weite Landschaft. Im Winter weiß, im Sommer

braun, scheinen die hier lebenden Polarfüchse stets mit der Tundra zu verschmelzen. Immer hell sind dagegen die Peary-Karibus, die kleinsten aller Rentiere. Auch im Aulavik-Nationalpark, dessen Land wie ein frostiges Aquarell in die Beaufortsee übergeht, wandern sie zwischen den Wintergebieten und den sommerlichen Kalbgebieten herum. Allerdings gestaltet sich ihre Nahrungssuche als immer schwerer und die Population nimmt dramatisch ab. Durch den menschengemachten Klimawandel steigen im Winter die Temperaturen immer wieder über den Gefrierpunkt – im Schnee entstehen so Eisschichten, durch die die Karibus nicht mehr den nahrhaften Boden darunter erreichen können.

Highlights
Die Tundrenvegetation des arktischen Tieflands ist nicht nur atemberaubend schön, sondern auch die Lebensgrundlage für eine artenreiche Fauna, deren spektakulärste Vertreter mehrere Zehntausend Moschusochsen sind. Auch Karibus, Polarfüchse, arktische Wölfe und Lemminge prägen die Tierwelt des Parks. Über 35 000 Jahre alt sind die archäologischen Zeugnisse der Prä-Dorset-Zeit, die sich bei einem Ausflug zum Shoran Lake besichtigen lassen.

Tipps
Am besten lässt sich der Park per Kajak oder Kanu erkunden. Dabei paddelt man übrigens auf einer der nördlichsten Wasserstraßen der Welt: Etwa 7 bis 10 Tage braucht man für die rund 150 km lange Fahrt auf dem Thomsen River von der Südgrenze bis nach Castel Bay.

Praktische Informationen
Anreise nur von Juni bis Mitte August mit einer Chartermaschine via Whitehorse oder Yellowknife und Inuvik. Es gibt mehrere Anbieter dieser Flüge.

Baumlos zeigt sich der Aulavik National Park im Norden der Banks Island. Dafür prägt umso mehr das Wasser die Region.

Ab und zu findet man im Tuktut Nogait National Park die bleichen Karibugeweihe, die sich vor der herbstlich gefärbten Tundra abheben.

Tuktut Nogait National Park

Tuktut Nogait, 170 km nördlich des Polarkreises gelegen, ist einer der abgeschiedensten Nationalparks Kanadas. Eine weite, offene Tundrafläche und spektakuläre Canyons prägen den im Jahr 1996 gegründeten, 16 340 km² großen Park.

.»Tuktut nogait« bedeutet »junges Karibu« und ist der Name eines riesigen Naturschutzgebiets im Nordosten der Nordwest-Territorien. Immense Bluenose-West-Karibu-Herden, aber auch Bären, Wölfe und Moschusochsen ziehen über die wilde Tundra, die mehr als die Hälfte des Parks bedeckt. Die arktische Landschaft ist durch felsige Hänge, spärlichen Pflanzenwuchs und Dauerfrostböden gekennzeichnet. Lediglich Moose, Flechten und einige niedrige Sträucher wachsen hier. Die Sommer sind in der Regel extrem kurz, die Winter lang und dunkel. Während des durchgehenden Tageslichts im Sommer wachsen bunte Wildblumen. Die Weiden und Birken werden keinen Meter hoch. Nur in den Flussniederungen findet man Zwergbirken. Zahlreiche archäologische Funde berichten von der Kultur der Inuit.

Highlights
Eingerichtet wurde das Schutzgebiet, um den im Frühsommer zur Welt kommenden Karibus einer hier heimischen Herde mit mehr als 120 000 Tieren (»Tuktut nogait« bedeutet auf Inuktitut »Junges Karibu«) einen guten Start zu ermöglichen. Drei wilde Flüsse graben sich auf ihrem Weg zum Nordpolarmeer in die Tundra. Am eindrucksvollsten ist der Hornaday River: Flussabwärts verwandelt er sich in eine rund 45 Kilometer lange Wildwasserstrecke und strömt vorbei an bis zu 120 Meter hohen roten Felswänden durch eine gerade mal 3 Meter breite Schlucht, ehe er sich in den mächtigen Wasserfall La Roncière ergießt.

Tipps
Hunderte von archäologischen Fundplätzen belegen, dass seit Tausenden von Jahren Menschen in dieser unwirtlichen Region leben.

Praktische Informationen
Anreise mit dem Wasserflugzeug von Inuvik (460 km nordöstlich vom Park). Visitor Centre in Paulatuk (40 km östlich).

Arktische Tundra

Die Tundra in den subpolaren Gebieten zeichnet sich durch Permafrost und spärliche Vegetation aus. Den arktischen Winter überleben die Pflanzen dort, weil sie von einer dicken Schneedecke geschützt sind. Im Mai und Juni aber beginnt die Schneeschmelze längs der Küste. Schon ab null Grad setzt die Entwicklung der Vegetation explosionsartig ein, weil

die Pflanzen in ihren Schneetunneln aktiv bleiben und dort bereits Knospen und Blätter anlegen. Das Aufblühen erfolgt deshalb sehr schnell. In den feuchten Gebieten spielen Torfmoose eine große Rolle, an trockenen Stellen gedeihen Flechten und niedrige Sträucher, die im Herbst Beeren tragen. An steinigen Südhängen, die von der tief stehenden Sonne stark erwärmt sind, breiten sich Blumenteppiche aus. Über 100 verschiedene Vogelarten brüten im Sommer am nördlichen Polarkreis. Ab April ziehen Karibuherden aus den Wäldern Kanadas in die Tundra. Kleine Säugetiere wie Lemminge, Wühlmäuse oder Schneehasen vermehren sich stark, was wiederum Raubmöwen, Schnee-Eulen und Polarfüchse anlockt.

Unterwegs in der Dehcho Region

Die First Nations haben in der Region bereits seit Jahrtausenden eine Heimat gefunden. Und auch wenn die Landschaft von rauen Felsen, reißenden Flüssen und teils karger Vegetation geprägt ist, findet sich hier auch eine große Zahl an tierischen Bewohnern.

Pastellfarben schweben sanfte Wolken über die Virginia Falls hinweg, die sich gegenteilig zeigen: ungestüm und alles andere als sanft.

Nahanni National Park

Seit dem Jahr 1978 steht Nahanni auf der Welterbeliste der UNESCO, erst zwei Jahre zuvor wurde das 30 050 km² große, sich 500 Kilometer westlich von Yellowknife entlang des South Nahanni River erstreckende Gebiet zum Nationalpark ernannt.

Der South Nahanni River entspringt einem Nebengebirge der Mackenzie Mountains und gehört sicherlich zu den schönsten Flüssen dieser Erde. Das ausgedehnte Gebiet des nach ihm benannten Nationalparks, das sich auf einem relativ schmalen Streifen etwa 320 Kilometer entlang der beiden Ufer erstreckt, beginnt erst südlich des Mount Wilson: Über 120 Kilometer schlängelt sich der Fluss durch eine mit Gräsern, Flechten und Zwergsträuchern bewachsene offene Tundra. Der Fluss jagt dabei über viele Stromschnellen hinweg – mit mehr als 90 Metern Fallhöhe zählen die Virginia Falls zu den beeindruckendsten Katarakten. Atemberaubend sind auch die drei Hauptcanyons: Bis zu 1300 Meter ragen ihre Seitenwände steil nach oben. Bizarre Felsformationen und Höhlen kennzeichnen die Landschaft, die der Fluss durchmisst, ehe er sich nahe der Südgrenze in viele Nebenarme teilt.

Vom Rabbitkettle Lake aus mäandert der Fluss bei geringem Gefälle auf 118 Kilometern weiter. Auf einer mehrtägigen Bootstour oder aber mit einem Wasserflugzeug gelangt man direkt an die Virginia-Wasserfälle. Die besondere Geologie des Nationalparks zieht zudem nicht nur Wissenschaftler und Interessierte an, sondern ist für viele Kletterer ebenso ein beliebtes Ziel. Die reichen Fischvorkommen im Nahanni locken Angler an, die sich im Vorfeld jedoch eine Erlaubnis einholen müssen.

* **Virginia Falls** Kartografiert wird er offiziell als Virginia Falls – nach der Tochter jenes Abenteurers, der die Region 1928 erforschte und vermaß. Doch das Volk der Dene nannte ihn passender »Na'ili Cho«, das »große fallende Wasser«. Der Name ist noch heute in Gebrauch. Nachdem der South Nahanni River über mehrere Stromschnellen an Tempo aufgenommen hat, stürzt er auf rund 260 Metern Breite fast abrupt nach unten, über 90 Meter tief. Dabei sorgt der konstante Sprühnebel in der Luft für fruchtbare Ufer. Wer sich dem enormen Wasserfall zu Fuß nähert, entdeckt eine erstaunlich vielfältige Natur im sonst so kargen Norden. Bereits die Anreise ist ein Abenteuer: Entweder gelangt man per tagelanger Wanderung dorthin oder lässt sich per Wasserflugzeug zu einem Landeplatz in der Nähe tragen. Der Flug hat den Vorteil, dass er das rauschende Naturwunder obendrein aus der Luft zeigt.

* Cirque of the Unclimbables Im Südwesten der Territorien, mitten in den Mackenzie Mountains, liegt der »Kessel der Unerklimmbaren«. Bis zu 800 Meter reichen seine Felswände in die Höhe, genug, um Bergsteiger in den 1950er-Jahren noch zu ernüchtern. Heute aber gelingt gut trainierten Kletterern der Weg bis in die Granitgipfel, begleitet nur von Greifvögeln oder Bergziegen – bis ihnen eine fantastische Felslandschaft weit unten zu Füßen liegt. Wohl am bekanntesten ist der »Lotus Flower Tower«, doch auch Gipfel wie »Power of Silence« oder »Vampire Spires« locken Extremsportler in die Höhe. Wanderer zieht es ebenfalls in die einsame Region, wo die Sommertage lang und hell sind und Waldkaribus, Bären oder auch, seltener, Dall-Schafe den Weg kreuzen können. Ausgangspunkt ist immer der Glacier Lake, der per Wasserflugzeug erreicht wird. Dort startet ein langer Fußweg zum Bergkessel.

Highlights
Der auf 1600 m Höhe in den Mackenzie Mountains entspringende South Nahanni River zählt zu den besten Wildwasserrevieren der Welt. Kanu-, Kajak- und Raftingtouren dauern 8 bis 21 Tage und starten an den Moose Ponds, den Island Lakes, dem Rabbitkettle Lake und den Virginia Falls.

Tipps
Beste Reisezeit: Mitte/Ende Juni bis August; davor bis Anfang Juni enormes Schlechtwetterrisiko und große Chancen auf Frühjahrshochwasser.

Praktische Informationen
Anreise mit dem Flugzeug über Yellowknife (500 km westlich vom Park) nach Fort Simpson, von dort geht es weiter mit dem Wasserflugzeug zum South Nahanni River. Visitor Centre in Fort Simpson, https://fortsimpson.com

Steile Felswände prägen den Nahanni National Park. Von oben bieten sich dann eindrucksvolle Aussichten.

Beim Anflug erhält man einen ersten Blick über den Cirque of the Unclimbables.

Naats'ihch'oh National Park Reserve

Das riesige Schutzgebiet mit seinen 4850 Quadratkilometern Fläche liegt im Norden der Northwest Territories und grenzt an den Yukon. Es wurde 2012 in den Nationalparkstatus erhoben.

Erst im August 2012 wurde der Nationalpark als schützenswertes Ökosystem gegründet. Er vereint zwei Aspekte: Aufklärung über die Kultur der Region und deren Bewahrung sowie Schutz von Tieren – hier sind es insbesondere Grizzlybären und Karibus – und deren Lebensraum. Der neue Park ist insofern ein perfekter Ausgangspunkt für alle, die die Nordwest-Territorien kennenlernen und verstehen wollen. Höhepunkte des Parks sind der Nááth'ihch'oh Mountain, eine spirituelle Stätte der First Nations, und der South Nahanni River, eins der weltweit wildesten Kajak-Reviere – temporeiche Touren sind garantiert!

Highlights
Obwohl einer der jüngsten kanadischen Nationalparks, hat die Region eine lange Geschichte: Seit Jahrhunderten wurde das Gebiet bereits von den Shutagot'ine (Mountain Dene) bereist und bejagt, die ihm auch einen großen spirituellen Wert beimessen. Dem Berg, von dem der Park seinen Namen hat, werden besondere spirituelle Kräfte zugemessen.

Tipps
Das Gebiet ist Heimat von Dall-Schafen, Grizzlybären, Elchen und Waldkaribus sowie von Trompeterschwänen. Diesen kann man beim Kanufahren oder Rafting auf einem der Flüsse oder beim Wandern und Klettern durch das teils mit Nadelwald bestandene Gebirge begegnen.

Praktische Informationen
Der Park ist das ganze Jahr geöffnet, aber nur per Flugzeug erreichbar. Flüge können ab Norman Wells oder Fort Simpson gechartert werden.

Rentiere können in dem riesigen, waldreichen Gebiet des Naats'ihch'oh-Parks weite Strecken zurücklegen. Ihr Anblick ist für viele Besucher des Nationalparks ein Highlight.

Nordlicht

In alten Beschreibungen wird das Polarlicht als eine überirdische magisch-mystische Erscheinung aufgefasst und in Sagen als göttliches Zeichen gedeutet. Doch die Wissenschaft hat diese Erklärungsversuche längst entzaubert: Polarlicht ist eine durch Anregung von Sauerstoffatomen und Stickstoffmolekülen entstehende Leuchterscheinung am Nacht-

himmel in einer Höhe von 70 bis 500 Kilometern. Farbe und Aussehen variieren, am häufigsten sind bandartige Strukturen sowie grüne und rote Farbtöne. Polarlicht tritt als Nordlicht (Aurora borealis) und Südlicht (Aurora australis) vor allem nach starker Sonnenfleckentätigkeit auf, wenn die Teilchen des Sonnenwinds in den Polargebieten in das Erdmagnetfeld eintreten: Die Sauerstoffatome emittieren grünes und rotes Licht, die Stickstoffmoleküle schwächeres blaues und violettes. Am häufigsten sind Polarlichter im Winterhalbjahr zu beobachten. Die Nordlichtzone erstreckt sich gürtelartig von Nordskandinavien über Island und die Südspitze Grönlands durch das nördliche Kanada, Alaska und über Sibirien.

Unterwegs in der North Slave Region & South Slave Region

Als »Großer Sklavensee« hat sich auch im Deutschen die falsche Assoziation festgesetzt, denn eigentlich stammt der Name von einer Gruppe der First Nations. Zwei Regionen teilen sich den großen See, seine Ufergebiete und die weite Landschaft um ihn herum.

Rund 30 Meter hoch sind die Alexandra Falls, die gemeinsam mit den Louise Falls dem Twin Falls Gorge Territorial Park seinen Namen gaben.

** North Arm Territorial Park Im Süden der Territorien liegt die Wasserfläche des Great Slave Lake mitten im Land – mit 614 Metern ist er der tiefste ganz Nordamerikas. Sein Name übrigens bürgerte sich auch auf Deutsch falsch als »Großer Sklavensee« ein, er hat statt mit Sklaven eigentlich mit den First Nations zu tun: mit dem hiesigen Volk der »Slavey«. Die Menschen gehörten wohl auch zu jenen, die das gelbliche Kupfer der Region zu Messern schmiedeten und mit europäischen Siedlern handelten. Daher stammt der Name des Yellowknife River, der in den See mündet, wie auch der der gleichnamigen großen Stadt, die mit dem Goldrausch der 1930er-Jahre entstand. Am sumpfigen Westufer fließt das Seewasser über den Mackenzie River ab, der es schließlich direkt ins Nordpolarmeer befördert. Der kleine Territorial-Park im Norden des Sees lockt Besucher von Mai bis September vor allem zu Bootstouren. Auch wer auf dem Highway 3 unterwegs ist, hält hier gerne für eine kleine Pause an, die man am Seeufer genießen kann.

* Yellowknife Die Hauptstadt der Northwest Territories liegt am Great Slave Lake. Über ein Drittel aller Menschen in den Northwest Territories lebt in der »Metropole des Hohen Nordens«, die ihre Existenz dem Pelzhandel sowie den Gold- und Diamantenfunden in den Jahren 1935 und 1966 verdankt. Nördlich der Stadt kann man die Giant Yellowknife Mine besichtigen. Auf dem See verkehren Ausflugsschiffe, über den Ingraham Trail fährt man zum Tibbet Lake, der Highway 3 schlängelt sich am Ufer entlang.

* Prince of Wales Heritage Centre Das Museum in Yellowknife informiert über die Kultur der First Nations und den Pelzhandel im 18. und 19. Jahrhundert. Sehr interessant ist die Gesteinssammlung aus archäologischen Funden.

* Lady Evelyn Fall Territorial Park Ein kleiner Territorial-Park schützt das Gelände rund um Lady Evelyns Wasserfall, der zur »Waterfall Route« der Region gehört. Er bietet einen Campingplatz für alle, die den Sonnenauf- oder -untergang am rauschenden Wasser erleben wollen oder gleich mehrere Tage in der Natur bleiben. Doch auch für Menschen, die nach dem langen Mackenzie Highway nur eine Fahrtpause brauchen, ist der Fußweg zur Kaskade zu empfehlen: Rund sieben Kilometer führt er durch dunklen Nadelwald und an hellen Lich-

Inukshuk

Spätestens als Logo der Olympischen Spiele 2010 in Vancouver ging das Inukshuk rund um die Welt: als menschenähnlicher Steinturm und Symbol der kanadischen Arktis. Im hohen Norden ist es oft zu finden, teils schon Jahrtausende alt. Die Gebilde stehen auf Bergkuppen oder an Küsten, um Vorbeiziehenden die Richtung zu weisen. In der Sprache der kanadischen Inuit bedeutet Inukshuk »wie ein Mensch« – und gibt Auskunft, wenn sonst niemand da ist. Der richtige Plural der Steinhaufen lautet dabei »Inuk-shuit«, so wie ein Mensch ein »Inuk« ist und zwei Menschen »Inuit«. Nicht jede der Steinfiguren ähnelt einem Menschen mit ausgebreiteten Armen, traditionell ist diese Form selten. Ein seitlich herausragender Stein kann eine Richtung weisen.

Besonders unter der Dämmerung wirken die Lady Evelyn Falls äußerst verwunschen.

tungen vorbei. Die heute unbekannte Lady Evelyn liebte Vorhänge: Der Wasserfall, der ihren Namen trägt, rauscht wie ein Schleier über eine breite Abbruchkante. Mutige wagen sich via schmaler Stufen in die Höhle am Fuße des Wasserfalls.

Direkt am Wasserfall geht es über steiles Gelände zum Ufer, Abenteurer seilen sich ein kleines Stück ab. Am Flussufer versuchen Angler ihr Glück, denn im Wasser tummeln sich Barsch, Hecht und Arktische Äsche. Manchmal sind sie sogar mit kleinen Käschern in den natürlichen Becken am Fuß des Wasserfalls zu fangen. Wer Erfolg hat, grillt sie gleich vor Ort am Lagerfeuer.

** Twin Falls Gorge Territorial Park Die namensgebenden »Zwillingswasserfälle«, Louise Falls und Alexandra Falls, haben eine dritte, unbekanntere Schwester: die kleine, aber ebenso sehenswerte Wasserstufe am Escarpment Creek, der von Norden in den Hay River mündet. Dessen tiefe Schlucht bleibt für das Volk der Dene ein heiliger Ort. Sie glauben, dass hier zwei Schutzgeister leben: Großvater und Großmutter. Beide behüten die Natur und verweilen so lange, wie die Wasserfälle existieren. Diese sind alle drei bequem vom Highway aus zu erreichen, an den beiden großen Fällen bieten Plattformen die beste Aussicht. Doch auch der Wanderweg am Nordufer entlang enthüllt viele andere schöne Aus- und Einblicke. Und zahlreiche Schilder liefern weitere Geschichten über den Ort und die Dene. Im Herbst bereichert das bunt gefärbte Pappel- und Espenlaub vor dunklem Nadelwald das Panorama mit leuchtenden Farbtönen. Honigfarben leuchtet das Wasser, das über mehrere Stufen durch die Hay River Gorge rauscht. Die Schlucht, auch Hay River Canyon genannt, hat der Fluss über Jahrmillionen tief in das Schichtgestein genagt. Vom Wanderweg am nördlichen Canyonrand aus wirkt dies besonders eindrucksvoll.

Im Winter, wenn der Great Slave Lake im North Arm Territorial Park teilweise zugefroren ist, hebt sich die Sonne kaum hoch ins Firmament.

Nunavut

Nunavut, im Nordosten Kanadas, wurde im April 1999 gegründet. Damals wurden mehr als zwei Millionen Quadratkilometer der Nordwest-Territorien abgetrennt, um den Inuit bessere Möglichkeiten zur autonomen Verwaltung ihres Landes zu geben. Kälte, Permafrostboden und geringe Niederschläge führen zu einer spärlichen Vegetation. Neben Karibus und Moschusochsen leben in der Tundra Eisbären, arktische Wölfe und Polarfüchse. Die Küstengewässer sind reich an Fisch und Meeressäugern.

NUNAVUT

Nunavut ist das jüngste Territorium Kanadas. Am 1. April 1999 wurde das von unzähligen Seen durchzogene Festland mit seinen großen und kleinen Inseln 13. Mitglied der Konföderation. Im Südosten grenzt der Staat an Manitoba, seine Ostküste trifft auf die berühmte Hudson Bay. Die Hauptstadt Iqaluit, die früher Frobisher Bay hieß, liegt mit Nordschweden auf einer geografischen Höhe, nämlich auf dem 66. Breitengrad. Fährt man von dort ein Stück gen Norden, überschreitet man schnell den nördlichen Polarkreis. Nur die rund 300 Kilometer breite Davisstraße trennt Nunavut hier von Grönland.

INFO

Hauptstadt:
Iqaluit
Fläche:
2 038 722 km^2
Einwohner:
35 900
Motto:
Nunavut Sanginivut
(Unser Land, unsere Stärke)
Zeitzone:
Mountain Time, Central Time, Eastern Time
Höchster Berg:
Barbeau Peak (2616 m)
Größte Insel:
Baffin Island
Symbol:
Inukshuk
Blume:
Gegenblättriger Steinbrech
Tier:
Canadian Eskimo Dog
Vogel:
Alpenschneehuhn

Hauptanliegen bei der Gründung des Landes war es, den Ureinwohnern, den Inuit, die Chance zu geben, sich möglichst unabhängig und vor allem selbstbestimmt zu verwalten. Leider ist die kanadische Regierung diesen Schritt nicht freiwillig und aus tiefer Überzeugung gegangen. Noch in der Mitte des 20. Jahrhunderts versuchte man, den Inuit die vermeintlich moderne Lebensweise der Kanadier südlicher Provinzen aufzuzwingen. Kinder wurden von ihren Eltern ohne deren Einverständnis getrennt, um sie in Internaten zu erziehen.

Die Inuit-Kultur drohte verloren zu gehen. Doch die Ureinwohner im Osten haben sich mit großer Kraft und vor allem großer Einigkeit gewehrt. Da genau diese Einigkeit im Westen fehlte, kam es schließlich zur Teilung der Northwest Territories. Die Menschen im Osten verhandelten weiter mit der Regierung, bis schließlich ein über zwei Millionen Quadratkilometer großes Gebiet zum eigenständigen Territorium erklärt wurde, mit eigenem Parlament und eigener Verwaltung. Gesetze werden von unabhängigen Volksvertretern gemacht, die sowohl das Kabinett als auch den Premierminister aus ihrem Kreis wählen. Ein Parteiensystem gibt es nicht. Dafür legt man noch heute Wert auf den Rat der Ältesten. Dank der im Rahmen des Nunavut-Vertrages zugesicherten Jagd-, Fischerei- und Schürfrechte ist das Auskommen der rund 30 000 Einwohner gesichert. Dennoch: Rund ein Drittel der Menschen von Nunavut, was in der Inuit-Sprache »unser Land« bedeutet, sind arbeitslos. Aufgrund des Eingriffs in ihre Kultur und ihre Lebensweise als Nomaden sind die Probleme auch heute noch groß: Sowohl die Selbstmordrate als auch der Missbrauch von Alkohol und anderen Drogen sind hoch.

Glücklicherweise hat das Land, das so groß ist wie ganz Westeuropa, viel Schönes zu bieten. Touristen sind herzlich willkommen, das flächenmäßig größte kanadische Land zu entdecken, in dem gleichzeitig die wenigsten Menschen leben. Und das lohnt sich! Dort oben im hohen Norden, wo Sommer nicht Hitze, Strand und Straßencafé bedeutet, sondern eigentlich nur die Abwesenheit von Schnee und Eis, ist alles ein bisschen anders als im Rest von Kanada. Im Mittelpunkt steht immer die spektakuläre Natur. Narwale mit ihren märchenhaft wirkenden gedrehten Zähnen, Moschusochsen, Robben und natürlich Eisbären lassen sich in ihrem natürlichen Lebensraum beobachten. Die nahezu menschenleere Weite kann man mit einem Hundeschlittengespann oder auch per Schneemobil erkunden. Nahe des Polarkreises sind die Voraussetzungen perfekt zum Fischen, Kajaken in eindrucksvollen Fjorden, Eisklettern oder Kite-Skiing. Im Sommer geht die Sonne 24 Stunden lang nicht unter, im Winter verzaubert das Polarlicht das Land.

Zwischen Mai und Juni bricht das Eis auf und ermöglicht spektakuläre Touren. Perfekter Ausgangspunkt ist die Hauptstadt Iqaluit auf Baffin Island. Die Insel beeindruckt mit 2000 Meter hohen Gletscherbergen. Im Südosten liegt der Auyuittuq-Nationalpark mit schroffen Granitfelsen und 100 Jahre jungen Seen.

Auf die unendliche Weite aus grauer Wasserfläche blickt die Eisbärenfamilie nahe der Baffin Island.

Das dunkle Gestein der Berge auf Baffin Island kontrastiert mit dem Schnee, der hier nicht nur in den Wintermonaten liegt.

Im Nordosten des Festlandanteils von Nunavut liegt der sehenswerte Ukkusiksalik National Park.

Unterwegs in der Qikiqtaaluk Region

Rund 19 000 menschliche Einwohner besitzt die Region – bedeutend größer ist die Zahl der tierischen Bewohner, sei es im Meer oder auf den zahlreichen Inseln, aus denen sich die Landmasse der Qikiqtaaluk Region zusammensetzt, darunter die Baffin-Insel.

Zahlreiche Fjorde reichen in das Land der Ellesmere Island hinein.

** Ellesmere Island Im äußersten Norden von Nunavut, nur 800 Kilometer vom Nordpol entfernt, liegt ein arktisches Paradies mit schroffen Bergen, tief eingeschnittenen Fjorden und weiten Gletschern. Im Norden ragen die felsigen Berge des Grant Land empor, fest umschlossen von einer 900 Meter dicken Eisdecke aus der letzten Eiszeit. Der Barbeau Peak (2616 Meter) ist der höchste Berg im östlichen Nordamerika. Nach Süden fällt das Land zum Hazen Plateau mit dem spektakulären Lake Hazen ab, dem größten See der kanadischen Polarregion. Das Klima auf der Insel ist extrem; lediglich am Lake Hazen gilt der kurze Sommer als einigermaßen erträglich. Bereits vor 4000 Jahren lebten Inuit auf der Insel, im 10. Jahrhundert sollen hier angeblich Wikinger gelandet sein. 1616 entdeckte sie der englische Seefahrer William Baffin für Europa, aber erst 1852 wurde sie auf Inglefields Expedition nach Francis Egerton (1800–1857), dem ers-

Als wäre das Eismeer nördlich der Ellesmere Island eine gemütliche Badewanne...

Die tief stehende Sonne bringt die weiten Flächen der Eisschollen im Lancaster Sound zum Funkeln.

ten Grafen von Ellesmere, benannt. Die Küste von Ellesmere Island ist stark gegliedert. Weit ziehen sich die Fjorde und Meerengen ins Inselinnere hinein. Der größte ist der von Nordwesten kommende Nansen Sound, der sich dann in zahlreichen schmaleren Fjorden ins Landesinnere vortastet.

* Dundas Harbor Dundas Harbor liegt an der Südostküste der Devon-Insel auf nahezu 75 Grad nördlicher Breite. Bereits 1922 wurde hier ein Militärposten mit zwei Mann Besatzung begründet, um Kanadas Hoheitsrechte in der Arktis zu unterstreichen und eventuellen Ansprüchen der USA zuvorzukommen. Der Posten wurde zwar 1932 aufgegeben, doch besteht in der Frage der Hoheitsrechte in den arktischen Gewässern immer noch Uneinigkeit. Das Gebiet nördlich von Dundas Harbor steigt bis auf nahezu 1900 Meter an und ist völlig vergletschert. Die Küstenregion war bereits vor Jahrtausenden Lebensraum von Menschen, wie prähistorische Funde aus der Zeit der Dorset- und der Thulekultur belegt haben.

Dundas Harbor ist ein idealer Platz, um die arktische Tierwelt kennenzulernen. Walrosse und Seehunde an der Küste und an Land Moschusochsen gehören zu den eindrucksvollsten Fotomotiven. Mit den Eisbären, die gleichfalls hier leben, sollte man jedoch lieber keine allzu enge Bekanntschaft machen. An Land sind die plündernden Wanderer allerdings sowieso seltener zu sehen, denn ihre Beutezüge betreiben sie meist von den Eisschollen aus.

Walrosse

Massig, mit langen Stoßzähnen und an Land sehr behäbig: Das Walross wirkt wie ein schwer manövrierbarer Koloss. Über drei Meter lang, fast zwei Tonnen schwer und sein Kopf scheint erst mit dem Maul zu beginnen, so kennt man die Tiere. Bei den kleinen Ohren und Augen sticht die große Schnauze mit ihrem dicken Oberlippenbart und den massiven Hauern umso deutlicher ins Auge. Ihre dicken Tasthaare am Maul helfen, auch in trübem Wasser Beute zu finden. Die bis zu einem Meter langen Stoßzähne, die erst im Laufe der Kindheit zu wachsen beginnen, nutzen die Tiere beim Kampf gegen Fressfeinde und um von unten Atemlöcher in die Eisdecke zu brechen. Eindruck machen sie auch auf Artgenossen: Wer die längeren Hauer hat, ist überlegen.

** Beechey Island Die Insel wurde 1819 von dem Seefahrer William Edward Parry entdeckt und nach einem Offizier der Schiffsbesatzung benannt. Sie hat in der Geschichte der Erforschung der kanadischen Arktis eine wichtige Rolle gespielt. 1845 fand der Polarforscher John Franklin hier einen günstigen Platz für seine Schiffe zur Überwinterung. Als 1851 eine Suchexpedition bis hierher vorstieß, fand man zwar die durch Steine gekennzeichneten Gräber von drei Mitgliedern der Expedition, jedoch keinen Hinweis auf das Schicksal der übrigen Besatzung. 1980 wurden die sterblichen Überreste der drei Männer wissenschaftlich untersucht. Dabei stellte sich heraus, dass sie vermutlich an einer Bleivergiftung gestorben waren. Die mit Blei verlöteten Lebensmittelkonserven, von denen die Mannschaft monatelang gelebt hatte, waren wohl die Ursache der Vergiftung. Allerdings entdeckte man auch Anzeichen einer Lungenerkrankung, die gleichfalls zum Tode geführt haben könnte. Im Jahr 1979 wurde Beechey Island zum historischen Ort der kanadischen Nordwest-Territorien erklärt und gehört heute wie große Teile im Nordosten Kanadas zum 1999 geschaffenen Territorium Nunavut. Die Gräber der verstorbenen Seeleute auf Beechey Island sind bis heute ein ganz besonderer Anziehungspunkt für Arktisreisende.

* Lancaster Sound Am Lancaster Sound führt die südliche Route der Nordwestpassage vorbei. Nur etwa drei Monate im Jahr ist das Wasser im Sund nicht vereist. Der Sound bildet den 80 Kilometer breiten Hauptzugangsweg zur Nordwestpassage. Mit einer Tiefe von über 1000 Metern ist dies der tiefste Abschnitt der gesamten Passage, deren Meeresstraßen in der Regel nur Tiefen von weniger als 300 Metern aufweisen.

Quttinirpaaq National Park

Der mit 37 775 km² Fläche zweitgrößte (nach dem Wood Buffalo) und nördlichste Nationalpark Kanadas wurde zunächst im Jahr 1988 als Ellesmere Island National Park Reserve eingerichtet. Seit 1999 trägt er den Namen Quttinirpaaq, der aus dem Inuktitut übersetzt etwa »Gipfel der Welt« bedeutet.

»Gipfel der Welt« bedeutet der Name der Inuit für das raue, menschenleere Land – weiter nördlich liegt nur noch der Nordpol. Der Forscher Robert Peary startete 1909 seine Expedition von hier. Tatsächlich bildet das zerklüftete Ellesmere Island das obere Ende Nordamerikas, sein Norden wurde 1988 geschützt. Mit seinen 37 775 Quadratkilometern ist der Quttinirpaaq Kanadas zweitgrößter Nationalpark und ist nur per Flugzeug oder im Sommer auch per Schiff zu erreichen. Die letzte Eiszeit vertrieb auch die Inuit, und Flora und Fauna entwickelten sich zum einzigartigen Ökosystem. Insbesondere um den 70 Kilometer langen Lake Hazen, an dessen Ufern es im kur-

zen Sommer schon mal bis zu 23 Grad warm werden kann. Die Polarwüste beherbergt viele Moose und Flechten, von denen sich Karibus und Moschusochsen, Lemminge, Polarhasen und zahlreiche Vogelarten ernähren.

Highlights
Höchster Gipfel des von einer 1000 Meter dicken Eiskappe bedeckten Parks ist der 2616 Meter hohe Barbeau Peak. Einer der größten und tiefsten Seen rund um den Pol ist der Lake Hazen, an dem die Temperaturen im Sommer bis auf 23 °C ansteigen können.

Tipps
Mitte Juni bis Mitte August ist die beste Zeit für Wanderer, mögliche Absetzpunkte hierfür befinden sich am Tanquary Fiord und am Lake Hazen.

Praktische Informationen
Die Anreise in den sich über die Nordspitze von Ellesmere Island erstreckenden Nationalpark erfolgt per Flugzeug von Ottawa, Montreal, Yellowknife und Edmonton nach Iqaluit, der Hauptstadt von Nunavut, und von dort weiter nach Resolute Bay, dem letzten per Linienflug erreichbaren Flughafen dieser Reise. Von dort in den knapp 800 Kilometer weiter nordöstlich gelegenen Park geht es dann nur noch per Charterflug – zehnsitzige Twin Otters bringen den (zahlungskräftigen) Gast nach Tanquary Fiord. Im Park gibt es kein Visitor Centre und auch keine als solche ausgewiesenen Campingplätze.

Wie ein Koloss schiebt sich die Eiskappe Ad Astra im Quttinirpaaq National Park Stück für Stück in Richtung Wasser.

Inuit: Nomaden in Eis und Schnee

Die Arktis, das unwirtliche Land im hohen Norden. Und doch leben Menschen in dieser eisigen Umgebung. Ihre selbstgewählte Eigenbezeichnung Inuit, was »Volk« oder »Menschen« bedeutet, hat sich mittlerweile weitestgehend etabliert. Die meisten ihrer Kleidungsstücke waren aus Karibufell gefertigt, weil es warm hielt, im Wasser auftrieb und mit den

bloßen Händen vom Eis befreit werden konnte. Ihre Anoraks (ein Inuit-Wort) und Hosen hingen locker vom Körper, damit sich Wärme in den Leerräumen ansammeln konnte. Mit Hundeschlitten aus Treibholz oder Knochen fuhren sie auf die Jagd und warteten mit ihren schussbereiten Harpunen auf das Auftauchen von Robben. In offenen Robbenfellbooten (Umiaks) gingen sie auf Walfang. Nur in einer Gemeinschaft, in der alle Nahrung geteilt wurde, konnten sie überleben. Erst mit der Ankunft der Weißen ging ihre Kultur unter. Das Snowmobil ersetzt schon seit vielen Jahren den Hundeschlitten, in Supermärkten werden Lebensmittel für den täglichen Bedarf angeboten.

** Baffin Island Die durch Buchten und Fjorde gegliederte Baffin Island ist die größte Insel der kanadischen Arktis. Die meisten ihrer Bewohner leben in der Hauptstadt Iqaluit. Im langen Winter leuchten magische Nordlichter über dem kargen Land. Frostige Gletscher und ewiges Polareis treffen in der felsigen Bergwildnis des Auyuittuq-Nationalparks zusammen, einer einsamen, aber sehr eindrucksvollen Bergwildnis. Das Gebiet im Süden der Insel steht seit 1976 unter Naturschutz. Über den Akshayuk-Pass ziehen die Inuit seit Tausenden von Jahren auf denselben Pfaden auf der Suche nach jagdbaren Tieren. Die wenigen Touristen, die sich nach Baffin Island wagen, wandern in der rauen Bergwildnis, um sich an einer Natur zu erfreuen, die immer noch im Urzustand zu verharren scheint.

*** Iqaluit Der Name der Hauptstadt auf Baffin Island, des früheren Frobisher Bay, bedeutet »Ort der vielen Fische«. In der kleinen Siedlung leben vor allem Inuit. Die St. Jude Cathedral ist wie ein Iglu geformt.

** Pond Inlet Am schmalen Pond Inlet liegt die gleichnamige Siedlung im Norden der Baffin-Insel. Die erst vor einigen Jahrzehnten gegründete Siedlung heißt in der Sprache der Inuit, die die überwiegende Mehrheit der rund 1300 Einwohner bilden, Mittimatalik. Für einige Jahre bestand hier Anfang des 20. Jahrhunderts eine Walfangstation, die jedoch schon bald wieder aufgegeben wurde. Trotz des unwirtlichen Klimas lebten in der Region um Pond Inlet schon vor mindestens vier Jahrtausenden Menschen. Archäologen konnten bei ihrer Forschungsarbeit gemachte Funde der Dorset- und der Thulekultur zuordnen. Seit dem Jahr 1929 bemühen sich Missionare der anglikanischen sowie der katholischen Kirche um die Verbreitung und Festigung christlicher Glaubenslehren.

Wie die meisten Orte der Arktis besteht Pond Inlet aus verstreut liegenden nüchternen Zweckbauten, von denen kein besonderer Reiz ausgeht. Umso eindrucksvoller aber ist die Lage der Siedlung, die von einer großartigen Bergkulisse überragt wird. Im Süden steigen die Berggipfel bis über 1500 Meter Meereshöhe auf. Im Norden, auf der nicht minder steil aufragenden Nachbarinsel Bylot Island, werden Höhen von mehr als 2000 Meter erreicht. Hier liegt der Ursprung mehrerer Gletscher, die dem Meer gewaltige Eismassen zuführen. Der Eclipse Sound und der zu ihm hinführende

Vier Seehunde zeigen sich auf der weiten Eisfläche von Pond Inlet.

Auf kargem Boden aus zweckmäßigen Häusern erbaut wurde die Siedlung Pond Inlet.

Pond Inlet, die Bylot Island von der Baffin-Insel trennen, sind auch im Sommer mit Treibeis und Eisbergen übersät. Faszinierend ist nicht nur der Anblick der arktischen Landschaft. Gebannt wird der Besucher auch von der unerwartet reichen Tierwelt in den Meeresarmen. Belugas, Narwale und gelegentlich sogar Grönlandwale sind hier zu beobachten. Auch Pottwale und Orcas wurden schon gesichtet. Hinzu kommen weitere Meeressäuger, vor allem Walrosse und verschiedene Robbenarten. Das Nattinak Centre in Pond Inlet ist ein interessant gestaltetes Informationszentrum, in dem man profund über die Möglichkeiten des Naturerlebens im Vogelschutzgebiet und im Sirmilik-Nationalpark aufgeklärt wird.

* **Bylot Island** Das benachbarte Bylot Island ist als Vogelschutzgebiet bekannt. In die Hunderttausende geht die Zahl der Dickschnabellummen und Dreizehenmöwen, die auf den Klippen nisten. Fahrten zur Vogel- und Walbeobachtung können von Pond Inlet aus organisiert werden. Angeboten werden außerdem Bootstouren für Angler und im Frühjahr auch Fahrten mit Schneemobil und Hundeschlitten.

* **Resolute** Der auf Cornwallis Island gelegene Ort gehört mit seinen rund 250 Einwohnern (überwiegend Inuit) zu den am weitesten nördlich gelegenen Siedlungsplätzen der Erde. Der Flughafen, der auch von großen Flugzeugen angeflogen werden kann, ist eines der wichtigsten Drehkreuze des Luftverkehrs in der kanadischen Arktis. Resolute erinnert daran, welche Strapazen und Schicksale zu erleiden waren, bis schließlich die Nordwestpassage bezwungen war.

Der Ort ist nach einem der zahlreichen Schiffe benannt, die zur Suche nach den Verschollenen der Franklin-Expedition eingesetzt wurden. Zwei Winter lang war die »Resolute« im Eis eingeschlossen. Um einer dritten Überwinterung in Dunkelheit und Kälte zu entgehen, verließ Kapitän Belcher mit seiner Mannschaft das Schiff und kehrte mit einem anderen Schiff der Suchflotte nach England zurück. Die »Resolute« selbst wurde 1855 vom Packeis befreit und unversehrt von einem amerikanischen Walfänger aufgefunden.

Wichtig ist Resolute als Standort von Wetter- und Forschungsstationen. Erst in den 1950er- und 1960er-Jahren wurde die Ansiedlung von Inuit-Familien von der kanadischen Regierung betrieben; sie leben heute abseits der Wissenschaftler und Techniker im sogenannten Village, von wo aus sie der Tradition gemäß auf die Jagd gehen.

Nur 150 bis 200 Kilometer westlich von Resolute befand sich in den 1960er- und 1970er-Jahren auf der Nachbarinsel Bathurst der magnetische Nordpol, sodass Resolute ein günstig gelegener Ausgangspunkt für geophysikalische Forschungen zum Magnetfeld der Erde wurde. Inzwischen hat sich der magnetische Nordpol weit über den 80. Breitenkreis nach Norden verlagert. Geophysikalische Forschungseinrichtungen und Wetterstationen werden aber auch heute noch in Resolute betrieben. An Bedeutung gewann Resolute als Verkehrsknoten und Versorgungsbasis für die auf Bathurst Island gelegene Polaris Mine, dem zeitweilig nördlichsten Erzbergwerk der Erde. Abgebaut wurden Buntmetalle wie Blei und Zink, doch im Jahr 2003 wurde der Bergbau, weil nicht mehr lohnend, eingestellt.

Bergsteigen auf Baffin Island

Wem der Kilimandscharo zu warm und der Himalaja zu überlaufen ist, den zieht es zum Klettern vielleicht in Kanadas hohen Norden. Dabei sind die Gipfel auf Baffin Island nur um die 2000 Meter hoch. Doch sie bieten beste Granithänge, zerklüftete ebenso wie steil abfallende. Die ersten Kletterer eroberten in den 1950er-Jahren die Region – vor allem Mount Asgard und den höchsten Berg der Insel, Mount Odin (2147 Meter). Ihre Berichte lockten schnell weitere Abenteurer an. Schon 20 Jahre später hatte sich das »Bigwall Climbing« etabliert, bei dem lange Steigrouten das Übernachten in der Wand erfordern: Die Biwaks wirken wie festgezurrte Hängematten am senkrechten Fels. In ihnen lässt sich die einsame Landschaft genießen.

Auyuittuq National Park

Der Name des im Nunavut-Territorium liegenden Auyuittuq-Nationalparks bedeutet »Land, das niemals schmilzt«. Die 19 089 km² große Permafrostregion in der Baffin Bay hat die höchsten Gipfel im Arktischen Schild und wurde 1976 zum Nationalpark erklärt.

Das »Land, das niemals schmilzt«, wie die Inuit sagen, ist Heimat zahlreicher Gletscher. Einen Teil seiner Granitfelsen bedeckt die Penny-Eiskappe. Dies lässt wenig Raum für Pflanzen, auch die Tierwelt im 21 470 Quadratkilometer großen Park ist vor allem auf Kleintiere wie Schneehasen, Wiesel, Lemminge und Polarfüchse sowie zahlreiche Vogelarten spezialisiert. An der Küste – gegenüber von Grönland – tummeln sich Robben und Wale. Bei Abenteurern ist der Park im Osten der Baffin-Insel beliebt, im Sommer erklettern sie Berge wie den Mount Asgard (2625 Meter), bekannt aus dem berühmten James-Bond-Film »Der Spion, der mich liebte«. Geschätzt sind auch Wanderungen entlang des Akshayuk-Passes. Im Frühjahr können hier Skitouren unternommen werden. Der Park – übrigens der fünftgrößte Nationalpark des Landes – ist von Pangnirtung und Qikiqtarjuaq aus erreichbar.

Highlights
Eine natürliche Route durch den zu rund 85 Prozent aus Fels und Eis bestehenden Nationalpark bietet der Akshayuk-Pass. Dieser die Penny Ice Cap in der Mitte durchschneidende Pass bildet den Zugang zu einer grandiosen Bergwelt mit von Gletschern gespeisten Flüssen und Seen. Hier findet man die höchsten Gipfel des Kanadischen Schilds. Thor Peak und Mount Asgard gelten als Traumziele für Kletterer. In den Küstenfjorden leben Meerestiere wie Narwale und Robben.

Tipps
Die Saison für Expeditionen auf die Eiskappe dauert von Mitte März bis Ende April – danach ist das Eis zu brüchig. Ende Juni und im Juli ist der Park wegen seiner Blütenpracht und der vielfältigen Meereswelt besonders empfehlenswert.

Praktische Informationen
Anreise mit dem Boot oder Motorschlitten über Pangnirtung, 38 Kilometer südlich des Parks, oder über Qikiqtarjuaq, 34 Kilometer nordöstlich des Parks. Ein Visitor Centre befindet sich in Pangnirtun.

Der prächtige Pangnirtung-Fjord führt inmitten schroffer Berghänge tief in das wilde Herz des Auyuittuq-Nationalparks.

Sirmilik National Park

Der mit rund 22 000 km² Fläche drittgrößte (nach dem Wood Buffalo und dem Quttinirpaaq) Nationalpark Kanadas erstreckt sich über weite Teile der Nordspitze von Baffin Island und wurde im Jahr 2001 zum Schutzgebiet erklärt.

Gletscher kalben ins Meer, Eisberge treiben vorbei, raue Felslandschaften und im Sommer blühende Weiten: Dieser 22 200 Quadratkilometer große Nationalpark ist zwar nach seinem Eis benannt, Simirlik heißt »Ort von Gletschern«. Doch berühmt ist das Gebiet rund um Bylot Island ganz besonders als Vogelparadies. Die hier aufeinandertreffenden Meeresströmungen bilden eine »Polynya«, eine große, immer eisfreie Wasserfläche. Zusammen mit steilen Klippen und feuchter Tundra der Insel hat sich hier ein idealer Ort für Meeres- und Zugvögel und eine der vielfältigsten Vogelwelten des Globus entwickelt. Schon 1965 zum Schutzgebiet erklärt, entstand der Park offiziell im Jahr 2001. Im Wasser tummeln sich Robben, Walrosse, Belugas und Narwale, deren Leben direkt an der Eiskante beobachtet werden kann. Die Weiten des Nationalparks laden zu Wanderungen und Skitouren gleichermaßen ein, die Gewässer sind bei Kajakfahrern beliebt. Zu erreichen ist der Park nur per Boot oder per Motorski.

Highlights
Bevorzugte Wanderregion des Parks ist das Mala River Valley auf der Borden Peninsula. An deren Nordküste zeugen aus Stein, Walknochen und Grassoden errichtete Häuser von der Kultur der North Baffin Inuit.

Tipps
Zum Nationalpark gehört auch das gemeinsam von Parks Canada und dem Canadian Wildlife Service unterhaltene Bylot-Island-Vogelschutzgebiet – Brutstätte von mehr als 40 Zugvogelarten. Darüber hinaus ist diese Insel auch eine beliebte »Sommerfrische« von Eisbären, auf deren Speisezettel nicht nur Fische stehen, sondern auch Seehunde und Walrosse. Spektakulär sind im Frühjahr geführte Kajakexkursionen zum Rand der Eisdecke bei Bylot Island.

Praktische Informationen
Anreise mit dem Flugzeug von Iqaluit nach Pond Inlet oder Arctic Bay (über Nanisivik). Von dort weiter per Boot oder Motorschlitten. Visitor Centre in Pond Inlet und in Arctic Bay.
www.pc.gc.ca/en/pn-np/nu/sirmilik

Eisfelder lösen sich im beginnenden Sommer in der Baffin Bay vor Bylot Island und treiben dann frei auf die tiefblaue See hinaus.

Nordwestpassage

Über 400 Jahre dauerte die Suche nach der Nordwestpassage – ein entbehrungsreiches Unternehmen, das zahlreiche Menschenleben kostete. Vor allem englische Seefahrer suchten nach einer Verbindung zwischen dem Atlantik und dem Pazifik im kanadischen Norden, die ihnen die beschwerliche Fahrt um Südamerika auf der wichtigen Handelsroute nach

China ersparen würde. Den Anfang machte allerdings eine dänische Expedition im Jahr 1473, die bis nach Neufundland vorstieß. Zwischen 1576 und 1578 suchte der Engländer Martin Frobisher nach der Durchfahrt. Henry Hudson stieß 1620 bis zu der nach ihm benannten Bucht vor, wurde dort von der meuternden Mannschaft ausgesetzt und nie mehr gesehen. Nur der eisige Winter verhinderte die Durchfahrt für James Cook, der zwischen 1776 und 1779 von der Pazifikseite kam. Tragische Berühmtheit erreichte die Expedition von John Franklin, der 1845 im Norden strandete: Zahlreiche Expeditionen suchten vergeblich nach ihm. Die erste Durchfahrt gelang schließlich dem Norweger Roald Amundsen.

Unterwegs in der Kitikmeot Region & Kivalliq Region

Während die Region Qikiqtaaluk vorwiegend aus Inseln besteht, besitzen Kitikmeot im Westen Nunavuts und Kivalliq im Südosten auch Anteile am kanadischen Festland. Nichtsdestotrotz sind auch diese beiden Regionen vom Arktischen Ozean geprägt.

Bis heute bahnen sich Eisbrecher ihren Weg durch die eisige Nordwestpassage, hier in der Franklin Strait.

Roald Amundsen

Der norwegische Polarforscher Roald Amundsen (1872–1928) machte sich 1903 mit nur sechs Mann Besatzung zur Durchquerung der Nordwestpassage auf. Sein Schiff, die Gjøa, war ein umgebauter Fischkutter von nur 47 Tonnen Tragfähigkeit. Als 1905 Herschel Island erreicht war, hatte er die Passage bezwungen. Amundsen war es auch, der 1911 als Erster den Südpol erreichte. Mit dem Engländer Robert Falcon Scott lieferte er sich ein erbittertes Wettrennen in der Antarktis, das Scott und seine Mannen mit dem Leben bezahlten. Amundsen war im Gegensatz zu Scott mit Schlittenhunden unterwegs. Ein Trick, den er sich bei den Inuit abgeschaut hatte. 1928 stürzte er bei einer Rettungsaktion für den Polarforscher Umberto Nobile vermutlich mit dem Flugzeug ab.

* Gjoa Haven Der um die kleine Siedlung Gjoa Haven gelegene historische Park erinnert mit Schautafeln und Erinnerungsstücken an die Geschichte der Erkundung der Nordwestpassage. Der Ort ist nach dem Schiff »Gjøa« benannt, mit dem Roald Amundsen 1903 bis 1906 als Erster die Nordwestpassage durchfuhr. Bei der heutigen Siedlung fand Amundsen einen sicheren Ankerplatz, um Untersuchungen zum Erdmagnetfeld durchzuführen. Eine Wanderung im historischen Park lässt die Besucher teilhaben an Leben und Werk des berühmten Polarforschers.

** Victoria Island Mitten im Nordpolarmeer liegt Victoria Island, Kanadas zweitgrößte Insel. Sie bildet den Übergang zwischen der Festlandküste der Nordwest-Territorien und der kargen, meist eisbedeckten Inselwelt Nunavuts im Osten. Obwohl ihre Fläche größer ist als Großbritannien, leben hier nur rund 1800 Menschen – vor allem Inuit – in den Orten Iqaluktutiak (früher Cambridge Bay) und Ulukhaqtuuq (früher Holman). Von hier aus starten Besucher in die arktische Natur, viele zur Vogelbeobachtung. Zugvögel genießen die Sommermonate und brüten in der kargen Tundra, die sich dann für kurze Zeit in ein üppiges Blütenmeer verwandelt. Landtiere wie Polarfüchse, Schneehasen und Moschusochsen sind hingegen auch im Winter zu beobachten. Wer auf seiner Tour auf Kreise aus groben Steinbrocken stößt, hat die Fundamente uralter Sommerhütten der frühen Copper-Inuit gefunden.

* Franklin Strait Benannt ist die Meeresstraße nach dem Entdecker John Franklin, der 1845 eine Expedition in die Inselwelt der kanadischen Arktis anführte, um zu beweisen, dass ein Seeweg zwischen Atlantik und Pazifik existiert. Seine Schiffe, »Erebus« und »Terror«, wurden nördlich der Baffin-Insel noch von einem Walfänger gesichtet, waren dann aber im Packeis der Meeresstraßen verschollen. Immer wieder bemühten sich Suchexpeditionen um die Rettung der Vermissten, doch erst 1859 wurde das Schicksal geklärt, als man die Tagebuchaufzeichnungen fand. Demnach befuhr die Franklin-Expedition nach der ersten Überwinterung vor Beechey Island den Peel Sound und die Franklin Strait. Im September 1846 wurden die Schiffe dann in der Victoria Strait vom Eis umschlossen. Beim Versuch, zu Fuß nach Süden zu gelangen, kamen alle Expeditionsteilnehmer ums Leben.

An der Westküste der Victoria Island liegt der 400-Seelen-Ort Ulukhaktok.

** **Ikaluktutiak** Ikaluktutiak, auch Cambridge Bay genannt, liegt an der Südküste der Victoria-Insel und bietet dank der geschützten Lage am Ende der Bucht einen günstigen Ankerplatz. Die kleine Siedlung mit 1500 Einwohnern – meist Inuit – hat sich zu einem Zentrum des Kunsthandwerks entwickelt. Das Nunavut College of Fine Arts bietet auch für Touristen Kurse zur Einführung in die hier gepflegten Techniken an, wobei die Teilnehmer mit den traditionellen Motiven und Stilrichtungen der Inuit vertraut gemacht werden. Für die Schmuckherstellung werden Steine der Umgebung, insbesondere der leicht zu bearbeitende Serpentin, und Knochen der Meeressäuger verwendet. Auch die Verarbeitung von Kupfer, das an verschiedenen Stellen auf der Insel vorkommt, ist den Inuit seit Längerem bekannt. Die Einbeziehung anderer Metalle und sonstiger moderner Materialien hat neue Elemente in die Kunst der Inuit gebracht. In der Umgebung von Cambridge Bay findet man die Reste alter Inuit-Behausungen, »qarmaq« genannt, die aus Fels und Erdsoden errichtet wurden. Einen merkwürdigen Fremdkörper bildet das Schiffswrack der »Maud« in der Bucht. Mit diesem Schiff unternahm Amundsen zwei Forschungsreisen in die Arktis; später als Versorgungsschiff eingesetzt, sank es jedoch 1930. Seit 1947 sorgt ein Leuchtturm für sichere Einfahrt in die Bucht. Vorläufer der Siedlung waren ein kleiner Polizeiposten, der in den 1920er-Jahren begründet wurde und die kanadische Hoheit über diesen Teil der Arktis sichtbar machen sollte, sowie ein Handelsposten der Hudson's Bay Company. Die zuvor verstreut im weiteren Umkreis lebenden Inuit ließen sich erst ab den 1950er- Jahren in Cambridge Bay nieder. Der Ort ist ein idealer Standort, um von hier aus die arktische Tier- und Pflanzenwelt zu erkunden. Bei einem Ausflug mit dem Geländewagen über die Pisten der Umgebung kann man ganze Herden von Moschusochsen zu Gesicht bekommen.

* **Ross Point** Durch die Dease Strait und den Coronation Gulf geht die Nordwestpassage längs der Südküste von Victoria Island weiter nach Westen. Falls am Ross Point Gelegenheit zum Landgang besteht, sollte man diese Möglichkeit zu einer kleinen Wanderung nutzen, um hier, weitab von jeder Siedlung, einen Eindruck von der Tier- und Pflanzenwelt der Tundra zu gewinnen. Eindrucksvollste Vertreter der Tierwelt sind Moschusochsen, nicht selten in kleinen Gruppen oder ganzen Herden anzutreffen.

Am Morgen schickt die Sonne ein warmes Leuchten über den Schnee bis zu den niedrigen Häusern von Ikaluktutiak.

An den unerschrockenen Roald Amundsen und seine ebenso tapferen Expeditionsteilnehmer erinnert das Wrack der Maud bei Ikaluktutiak.

Ukkusiksalik National Park

Das Gebiet des 20 500 km² großen, 2003 gegründeten Nationalparks umschließt die Wager Bay – eine 100 Kilometer lange Seitenbucht der Hudson Bay, wo seit Jahrhunderten nomadisierende Inuit lebten und frühe Forschungsreisende oft unter Einsatz des eigenen Lebens nach der Nordwestpassage suchten.

Der südlichste und jüngste Nationalpark der Nordprovinz Nunavut, 20 500 Quadratkilometer groß, ist jener mit der intensivsten menschlichen Besiedlungsgeschichte. Hier finden sich Hunderte archäologischer Spuren der Inuit und ihrer Vorfahren. Sie lebten und jagten in dem flachen Land rund um die Wager Bay, eine 100 Kilometer weit ins Inland reichende Seitenbucht der Hudson Bay. Ukkusalik heißt auf Inuktitut »wo es Material für Steingefäße gibt«. Gemeint ist der Steatit, Speckstein, aus dem die wandernden Inuit Kochtöpfe und Tranlampen

für Zelt und Iglu schnitzten. Heute ist der Park unbewohnt und nur per Flugzeug erreichbar. Die Tierwelt ist keine menschlichen Jäger gewohnt und deshalb wenig scheu. Sehenswert sind zudem die starken Gezeitenströmungen, die das Wasser an den »Reversing Falls« auch wieder bergauf fließen lassen.

Highlights
Archäologische Spuren der vom Fang in den an Meerestieren reichen Gewässern der Wager Bay lebenden Inuit sind ebenso im Park erhalten wie die historischen Überreste des einzigen von einem Inuit geleiteten Handelspostens der Hudson's Bay Company.

Tipps
Juli und August sind die besten Reisemonate; eine unvergessliche Erfahrung ist es, die Mitternachtssonne im Park zu erleben.

Praktische Informationen
Anreise mit dem Flugzeug von Winnipeg oder Yellowknife über Edmonton nach Rankin Inlet und von dort oder von Baker Lake weiter per Charterflug in den Park. Auch mit dem – ebenfalls gecharterten – Motorboot erreicht man von Rankin Inlet, Repulse Bay, Chesterfield Inlet, Baker Lake oder Coral Harbour aus den Park, in dem es kein Visitor Centre gibt. Auskünfte erteilt das Parkbüro in Repulse Bay.

Auf der Suche nach Nahrung durchstreift dieses Barrenground-Karibu den baumlosen Ukkusiksalik National Park.

British Columbia

Kanadas südwestliche Ecke beherbergt eine der vielfältigsten Provinzen mit unberührten Naturlandschaften ebenso wie großstädtischer Kunst und Kultur. Vancouver Island hat milde Winter, die Nordküste bietet üppigen Regenwald, während die Rocky Mountains Skisportler, sogar auf olympischen Anlagen, erfreuen, Weinfreunde heimische Tropfen verkosten und Angler im Fischparadies weilen. Die Schutzgebiete beherbergen Wale, Bären oder Bisons.

BRITISH COLUMBIA

INFO

Hauptstadt:
Victoria
Fläche:
944 735 km²
Einwohner:
4,6 Millionen
Motto:
Splendor sine occasu
(Pracht ohne Einschränkung)
Zeitzone:
Mountain Standard Time/Pacific Standard Time
Höchster Berg:
Mount Fairweather (4671 m)
Größte Stadt:
Vancouver (2,5 Millionen Einwohner)
Blume:
Nuttals Blüten-Hartriegel
Tier:
Kermodebär
Vogel:
Diademhäher
Baum:
Riesen-Lebensbaum
Mineral:
Jade

Pracht ohne Einschränkung, lautet das Motto der Provinz British Columbia. Und dieses Motto ist mehr als berechtigt. Denn BC, wie viele nur sagen, besitzt nicht nur die berühmten Rocky Mountains, sondern auch Kanadas Pazifikküste mit einem großen Teil der nicht minder bekannten Coast Mountains. So vielfältig die Landschaft, so bunt ist auch die Mischung der Menschen, die einem hier begegnen. Für Touristen ist die westlichste Provinz wie ein überdimensionaler Vergnügungspark mit traumhaftem Sportangebot und nahezu unendlich vielen Sehenswürdigkeiten und Attraktionen. Für Einheimische, insbesondere Studenten und Rentner, ist sie der ideale Lebensraum. Junge dynamische Städte mit Spitzen-Universitäten vereinen sich mit einem stellenweise sehr milden Klima, wie etwa in der Hauptstadt Victoria. Kein Wunder, dass Immobilien in British Columbia so viel kosten wie sonst kaum in Kanada.

Die First Nations kamen vor Tausenden Jahren vermutlich über die damals noch existierende Landverbindung von Asien nach Alaska und zogen weiter gen Süden. Der erste bedeutende Einschnitt in ihr Leben erfolgte 1778, als Europäer über Vancouver Island ins Land kamen. Sie brachten nicht nur fremde Waren und den Wunsch mit, mit den Ureinwohnern Handel zu treiben, sondern auch ansteckende Krankheiten, wie etwa die Pocken, die einen erheblichen Teil der Bevölkerung dahinrafften.

1843 ist die zweite Jahreszahl, die für British Columbia von großer Bedeutung ist. Die einflussreiche Hudson's Bay Company hatte sich in Camosack niedergelassen. 1843 errichtete sie den Pelzhandelsposten Fort Victoria und legte damit den Grundstein für die heutige Hauptstadt der Provinz. Nicht zuletzt der Goldrausch sorgte für eine rasante Entwicklung, bei der die First Nations tragischerweise auf der Strecke blieben. Der Indian Act wurde verabschiedet, ein Gesetz, das die Rechte der indigenen Bevölkerung regelt und der kanadischen Regierung erlaubt, den First Nations Land zuzuteilen. Der zweite Boom nach dem Goldrausch setzte Mitte des 20. Jahrhunderts als Folge der Industrialisierung ein. Die Städte wuchsen, der Trans-Canada Highway wurde fertiggestellt, Straßen und Brücken sorgten dafür, dass nahezu jeder Punkt des Landes rascher erreicht werden konnte.

Einer der Magnete British Columbias ist sicher Vancouver, auch »Hollywood des Nordens« genannt. Dass hier tatsächlich viele Filme gedreht werden, liegt neben den geringen Lohnkosten vor allem an der atemberaubenden Verbindung von Ozean, Bergen und inspirierender Großstadt. Direkt vor der Haustür liegt Vancouver Island, das neben Wäldern, Seen – die man am besten mit dem Wasserflugzeug erreicht –, Bergen und Strand auch wilden Regenwald zu bieten hat. Wer Wale oder Vögel beobachten will, ist auf der Pazifikinsel mit 3400 Kilometern Küstenlänge genau richtig.

Nördlich von Vancouver liegt die Cariboo Chilcotin Coast, ein Gebiet, geprägt von Goldsuchern und Cowboys. Deutlich lieblicher ist die Gegend zwischen Vancouver und Calgary. Thompson Okanagan ist im Winter ein Paradies zum Skifahren oder Schneeschuhwandern, im Sommer kommen die Golfer in die fruchtbare Region, die für ihr Obst und ganz besonders auch für ihren Wein bekannt ist. Und dann sind da noch die berühmten Kootenay Rockies. Hier soll es den besten Pulverschnee weit und breit geben. Ganz sicher gibt es hier vier sehenswerte Nationalparks: Mount Revelstoke, Glacier, Yoho und Kootenay. Im Yoho-Nationalpark ist der Tunnel zu bestaunen, der Anfang des 20. Jahrhunderts für die Canadian Pacific Railway durch die Rockies getrieben wurde. Im Kootenay National Park dagegen entspannt man in heißen Quellen, wie etwa in denen von Radium Hot Springs.

Der türkisgrüne Lake O'Hara im Yoho National Park erhält seine intensive Färbung durch Gesteinspartikel im Schmelzwasser der Gletscher.

Ein Nebeneinander von Alt und Neu prägt die Millionenstadt Vancouver an der Pazifikküste.

Unterwegs in Northern British Columbia

Weder große Städte noch Touristenmengen kann Northern British Columbia aufweisen. Doch umso ursprünglicher ist die Natur, wegen der die meisten Besucher in diese Region kommen. Ein Provincial Park reiht sich hier an den nächsten, allesamt sind sie eindrucksvoll.

Golden legt sich die Sonne hinter dem schneebedeckten Atlin Mountain zur abendlichen Ruhe.

** Tatshenshini-Alsek Provincial Park

Die beiden Flüsse Tatshenshini und Alsek bilden eines der großartigsten Flusssysteme der Erde im äußersten Nordwesten von British Columbia. Der bis zu anderthalb Kilometer breite Tatshenshini River schlängelt sich durch eine schroffe Bergwildnis, in der die Gletscher bis dicht an den Fluss heranreichen und Eisberge ins Wasser schieben. Der Alsek River windet sich durch eine nicht minder dramatische Landschaft. Gemeinsam mit den drei Nationalparks Kluane (im Yukon), Wrangell-St. Elias und Glacier Bay (beide in Alaska) bildet der im Jahr 1993 gegründete, rund 10 000 Quadratkilometer große Park Tatshenshini-Alsek das erste binationale Welterbe der UNESCO und das größte auf dem Festland gelegene Naturschutzgebiet der Erde. Für seine Einrichtung hatten sich sowohl kanadische als auch US-amerikanische Naturschutzorganisationen eingesetzt. Der Park wird heute in Kooperation mit den lokalen First Nations der Champagne und Aishihik verwaltet.

* Atlin Provincial Park

Das 3011 Quadratkilometer große Naturschutzgebiet an der Grenze zum Yukon wurde im Jahr 1973 eingerichtet. »Atlin« ist eine anglisierte Version von »Áa Tlein« und bedeutet in der Sprache der hier ansässigen Tlingit so viel wie »eine große Menge Wasser«. Was sich auf den Atlin Lake beziehen dürfte, der mit 775 Quadratkilometer Fläche der größte natürliche Süßwassersee in British Columbia und nicht nur für seinen Wasser-, sondern auch für seinen Fischreichtum bekannt ist. Inmitten der gigantischen Gletscherfelder des Parks liegen aber noch viele andere Seen. Rund ein Drittel des riesigen geschützten Areals bedecken die Gletscher Llewellyn und Willison. Die Siedlung Atlin im nördlichen Teil des Geländes verdankt ihre Existenz dem gegen Ende des 19. Jahrhunderts mit den ersten Funden im Klondike River einsetzenden Goldrausch. Am Talende breitet sich der mächtige Llewellyn-Gletscher aus. Davor ist das ehemalige Gletschertal mittlerweile mit Nadelwald und niedrigen Büschen bewachsen. Der Gletscher im Hintergrund prägt das Tal und lässt schon aus der Ferne vermuten, wie mächtig das Eis ist. Doch es schrumpft drastisch; zuletzt brach 2018 ein kilometergroßes Stück ab und stürzte in den Atlin Lake.

* Mount Edziza Provincial Park

Vor 10 000 Jahren floss das letzte Mal Lava aus dem Gipfel des 2787 Meter hohen Mount Edziza. Sie erstarrte zu einem Pfropfen und seither prägt vor allem Erosion die Landschaft aus Vulkankratern und Basaltplateaus. Kleine Eruptionen erschufen Aschekegel. Besonders hübsch sind der »Eve Cone« und die dunklen »Coffee & Cacao Craters«. Der Park umfasst im Nordwesten British Columbias 2700 Quadratkilometer der Tahitan Highlands. So abgeschieden liegt er, dass Besucher ihn nur über lange Wandertouren oder den Luftweg erreichen. Doch er belohnt es mit einer reichen Flora und Fauna: Der Bewuchs variiert mit der Höhenlage und bietet Bären, Wölfen und Schafen einen reichen Lebensraum. Besonders bunt ist die Vogelwelt, auch in den fünf Seen, die den Park zieren. Das galt offenbar schon zu prähistorischen Zeiten, wie zahllose Funde von Steinklingen und Pfeilspitzen zeigen. Die farbigen Hänge der Mount-Edziza-Region können ihren vulkanischen Ursprung nicht verbergen. Das Rhyolith-Gestein schimmert je nach Schwefel- und Mineralgehalt in leuchtendem Gelb, Rot oder Violett, als Krönung kommt im Winter Schnee hinzu.

* Stikine River Provincial Park Steile Schluchten, reißende Stromschnellen, erodiertes Vulkan- und Sedimentgestein – die geologischen Strukturen des Parks gelten als einzigartig in Kanada. Bis zu 300 Meter tief fallen die Canyonwände ab, unten rauscht der kaum befahrbare Stikine River wild durch die Felsen. Über Jahrmillionen hat sich der Fluss samt seinen zahlreichen Seitenarmen tief in den Untergrund geschnitten. Diesen wilden Oberlauf umfasst der 2170 Quadratkilometer große Park, bevor der Fluss vorbei am Mount Edziza und dem Great Glacier Provincial Park schließlich in Alaska in den Pazifik mündet. Zwei der eindrucksvollsten Schluchten im Stikine Park sind am Nordrand sogar per Auto zugänglich: der Grand Canyon, der unterhalb der Highway-37-Brücke beginnt, und der malerische Telegraph Creek, durch den einst eine Telegrafenleitung Richtung Yukon verlaufen sollte.

** Spatsizi Plateau Wilderness Provincial Park Ein unbekannter Riese in den Bergen ist dieser Park, weil er so abgelegen die Skeena Mountains im Norden British Columbias krönt. Dabei vergleichen ihn die Einheimischen wegen seiner Größe und Vielfalt an großen Wildtieren oft mit dem Serengeti-Nationalpark in Tansania. Hier sind es Grizzlys und Elche, Wölfe und die größte Waldkaribu-Herde der Provinz, die in purer Wildnis Besucher anlocken. Ganz speziell sind aber die Bergziegen, die dem Plateau ihren Namen gaben: »Spatsizi« ist verkürzt das Wort der First Nations für »rote Ziege«, denn die hiesigen Geißen rollen sich gern im ockerroten Staub, der ihr weißes Fell färbt. Für das Volk der Tahltan war dieses bis zu 2000 Meter hoch gelegene Plateau im Norden traditionelles Jagdgebiet. Es bildet den Hauptteil des Parks, der mit 9580 Quadratkilometern größer ist als alle sieben Nationalparks der Provinz zusammen. Im Norden schmiegt sich der Stikine River an den Park und der 2500 Meter hohe Mount Will gehört zur »Eaglenest Range« im Nordwesten. Zu seinen Füßen liegt das »Gladys Lake Ecological Reserve«, ein geschütztes Gebiet zur Beobachtung von Bergziegen und Steinschafen.

Weißkopfseeadler

Majestätisch schwebt der Weißkopfseeadler durch die Lüfte und kann im Flug leicht andere Vögel erbeuten. Immerhin erreicht er ein Tempo von bis zu 60 km/h. Besonders beeindruckend aber sind seine Balzflüge. Die Adler leben monogam und schwingen sich in der Paarungszeit hoch in die Luft, das Männchen packt sein Weibchen an den rund 2,50 Meter breiten Flügeln, und gemeinsam lassen sich die Tiere in die Tiefe trudeln. In der Vogelwelt ist der nach dem Kondor zweitgrößte Vogel Amerikas sehr dominant. So zwingt er etwa Geier, ihm Aas zu überlassen. Sie nisten vor allem in der Nähe von Wasser, vom Norden Mexikos bis in den Süden Kanadas. Besonders die Jungvögel legen weite Distanzen zurück und können bis ans andere Kontinentende auswandern.

Stolz erhebt sich die Kusawak Range im Tatshenshini-Alsek-Park.

Die Landschaft im Mount Edziza Provincial Park ist von außerirdischer Schönheit.

* Muncho Lake Provincial Park Im Zentrum des knapp 861 Quadratkilometer großen, im Jahr 1957 gegründeten Muncho Lake Provincial Park liegt der gleichnamige, zwölf Kilometer lange und an seiner breitesten Stelle sechs Kilometer breite See, dessen Ostufer sich eng an den Alaska Highway schmiegt. Die Einheimischen nennen Muncho Lake eigentlich nur Blue Lake, und schnell wird beim Anblick klar, dass dieses Gewässer seinem Namen alle Ehre macht, blauer könnte ein See wohl kaum sein. Seine auffallende, teils auch ins Jadegrün übergehende Farbe verdankt der über 200 Meter tiefe, von den nördlichen Bergen der kanadischen Rocky Mountains eingerahmte Muncho Lake dem aus dem Gestein ausgewaschenen Kupferoxid. Drei an seinem Ufer gefundene Ausgrabungsstätten weisen darauf hin, dass die Kaska hier schon früh ihre Lager aufgeschlagen hatten. Die ersten europäischen Trapper und Fallensteller dürften um das Jahr 1800 diese herrliche Naturlandschaft entdeckt haben. Mit dem Bau des Alaska Highways ab 1942 wurden die Besucher dann zahlreicher.

Kanutouren sind eine gute Möglichkeit, den Muncho Lake Provincial Park zu erkunden.

* Stone Mountain Provincial Park Wo der Alaska Highway mit 1295 Metern seinen höchsten Punkt erreicht, am Summit Pass, verläuft er noch in Kanada und heißt auch British Columbia Highway 97. Für 13 Kilometer kreuzt er den Stone Mountain Provincial Park, der in den Ausläufern der Rocky Mountains eine 257 Quadratkilometer große beeindruckende Bergwildnis schützt. Idealer Startpunkt für Wanderer, um die karge Tundra in hochalpinen Tälern zu erobern. Schon weit unterhalb der höchsten Gipfel von bis zu 2550 Meter Höhe ist die Baumgrenze erreicht, Flechten und Moose bedecken raue Felsen, gelegentlich ragen Alaska-Rhododendren ins Bild, die im kurzen Sommer leuchtend rot blühen. Die Sommer- und Herbstfarben der Alpenwiesen bilden einen reizvollen Kontrast zum Steingrau der Kalksteinfelsen und dem Graugrün der Gletscherbäche und Gipfelseen: Upper Lakes, Rocky Crest Lake, Flower Springs Lake und Summit Lake. Wind und Wetter haben auch hoch im Norden spitze »Hoodoos« aus dem Fels genagt, etwa am Wokkpash Creek – sie sind eigentlich mehr aus den warmen Trockenwüsten des Kontinents bekannt, wie etwa beim Bryce Canyon in den USA.

Am Alaska Highway warnen Schilder vor querenden Bisons.

* Kwadacha Wilderness Provincial Park Zwei Wanderwege führen in diese abenteuerliche Wildnis am Alaska Highway: Der eine beginnt nördlich von Trutch und folgt dem Prophet wie dem Muskwa River zum Fern Lake, der andere beginnt westlich von Sikanni Chief und mündet in den ersten Trail. Der Park ist für seine Bären und Wölfe bekannt.

** Alaska Highway 2446 Kilometer Wildnis zwischen Dawson Creek in British Columbia und Fairbanks in Alaska. Ehemals eine Herausforderung für Abenteurer, machen der brüchige Asphalt und der festgestampfte Schotter heute kaum noch zu schaffen. Erbaut wurde der Alaska Highway im Sommer 1942, als die Amerikaner in den Zweiten Weltkrieg eintraten und eine Versorgungsroute bis nach Alaska brauchten. In knapp sechs Monaten stampften sie die Straße aus der Wildnis, eine holprige Piste, die bei Sonnenschein im Staub und bei Regen im Schlamm erstickte. 1948 wurde sie dann dem öffentlichen Verkehr übergeben.

** Stewart-Cassiar Highway Der Stewart-Cassiar Highway (Highway 37) startet südlich von Kitimat, einer Küstenstadt im Nordwesten von British Columbia, und führt von einer Abzweigung des Yellowhead Highway (in der Nähe von Kitwanga) bis nach Watson Lake am Alaska Highway. Man fährt durch eine urwüchsige Natur mit vielen Gletschern, Seen und weiten Tälern. Bei Dease Lake, rund 65 Kilometer nördlich von Iskut, überquert die Straße die nationale Wasserscheide. Im Norden warten die malerischen Gipfel der Cassiar und der Skeena Mountains. Angelegt wurde der Highway bereits in den 1960er-Jahren. Seit seiner Vollendung im Jahr 1972 gilt er als abenteuerliche Alternative zum Alaska Highway – und als eine der schönsten Autorouten in ganz Kanada. Der Stewart-Cassiar Highway ist 749 Kilometer lang. Der Highway 37A zweigt bei Meziadan Junction nach Stewart ab. 448 Kilometer sind asphaltiert, der übrige Highway ist mit Schotter und festgestampfter Erde bedeckt.

* Bear Glacier Der Bear Glacier schlängelt sich teils parallel am Stewart-Cassiar Highway entlang und unweit der kleinen Bergbausiedlung Salmon beeindruckt der Salmon Glacier.

** Salmon Glacier Zwar liegt der Salmon-Gletscher nahe am Stewart-Cassiar Highway, doch um ihn aus der Nähe zu betrachten, ist

Wie ein breites Band zieht sich die Eisfläche des Salmon Glacier durch die bergige Landschaft an der Grenze zu Alaska.

von dort ein langer Umweg nötig – die Landschaft aus Eis und Schnee lohnt diesen Abstecher jedoch allemal.

** Kitwancool 'ksan Historical Village

Kitwancool, ein abseits des Stewart-Cassiar Highway im Kitwanga-Tal gelegenes historisches Dorf der First Nations, ist für seine schönen Totempfähle bekannt. Der vermutlich älteste wurde um das Jahr 1850 errichtet, heißt »Hole-in-the-Ice« und erzählt symbolisch die Geschichte eines umsichtigen Fischers, der während einer schlimmen Kälteperiode ein Loch in das Eis des zugefrorenen Flusses hackte, um mit den dadurch geangelten Fischen die Dorfbewohner vor dem drohenden Hungertod zu bewahren. Im 'ksan Historical Village and Museum, einem im Jahr 1970 in der Nähe von New Hazelton errichteten Museumsdorf, führen Angehörige der First Nations die Besucher durch den Ort, erklären die ausgestellten Schnitzereien, Kleidungsstücke, Totems und Masken. Die in dieser Region lebenden Gitxsan, sind das am weitesten östlich beheimatete Volk der kanadischen Westküste.

Steinschafe

Die Dall-Schafe im Westen Kanadas stehen auf der Liste gefährdeter Arten – noch seltener sogar ist ihre Unterart, die Steinschafe (Ovis dalli stonei). Sie leben vor allem im Grenzgebiet von British Columbia und dem Yukon. Statt überwiegend weißen Fells zeigen die Steinschafe eine graubraune Färbung mit hellem Gesicht, Bauch und Hinterteil. Die Weibchen sind leicht von den Männchen zu unterscheiden, sind sie doch kleiner und leichter, mit kleineren, geraderen Hörnern. Zudem sind es stets Weibchen mit Jungtieren, wenn sich Herden von rund 20 Tieren im Gelände zeigen. Junge Männchen bilden kleinere Gruppen, ältere Böcke sind meist Einzelgänger. Sie fechten ab dem Spätherbst heftige Kämpfe aus, nur die Sieger dürfen für Nachwuchs sorgen.

Inside Passage

Die seit vielen hundert Jahren populärste Wasserstraße vor der kanadischen Westküste windet sich durch zahlreiche Fjorde, Buchten und Kanäle von Vancouver Island bis hinauf nach Alaska. Mehrere Eiszeiten haben das Land zerklüftet und gespalten und so der Küste ihr dramatisches Gesicht gegeben. First Nations der Haida und Tlingit steuerten ihre Kanus

durch diese Gewässer, berühmte Seefahrer und Entdecker suchten hier nach einer Durchfahrt, weiße Fischer gründeten kleine Siedlungen auf den Inseln und jagten Wale und Lachse. Die Nachfahren dieser Fischer leben noch immer hier, obwohl die Lachse aus vielen Buchten ganz verschwunden sind, und verdienen mühsam ihren Lebensunterhalt. Auf den Fährschiffen fahren die meisten Menschen nur noch zum Vergnügen durch die Inside Passage. Am beliebtesten ist die Route aber bei den großen Kreuzfahrtschiffen, die meist in Vancouver oder Seattle ihre Tour beginnen und auf ihrem Weg nach Alaska durch die Inside Passage mit ihren Fjorden und bewaldeten Gebirgszügen fahren.

** Great Bear Rainforest British Columbia beherbergt den längsten gemäßigten Küstenregenwald der Welt. Damit das auch so bleibt, tauften Umweltschutzorganisationen wie Forest Ethics, Greenpeace und der Sierra Club BC diese sich an der kanadischen Westküste bis hoch nach Alaska ziehende Region »Great Bear Rainforest« und setzten sich in einer beispielhaften Kampagne gemeinsam mit Vertretern der First Nations für ein Abkommen ein, das den dauerhaften Schutz eines großen Teils dieses durch Holzeinschlag gefährdeten Regenwalds sichern soll. Nach einer dreijährigen Umsetzungsphase des im Februar 2006 verkündeten Schutzabkommens teilte Greenpeace 2009 mit: »British Columbia stellt 2,1 Millionen Hektar Wald ... dauerhaft unter Schutz, und weitere 700 000 Hektar sind für

Als National Historic Site bietet Fort St. James einen authentischen Blick in die Vergangenheit.

Bergbau und Forstwirtschaft gesperrt.« Damit ist dieser Naturschatz hoffentlich endgültig vor Zerstörung sicher. Die Landschaft ist ein fast unberührtes Paradies, in dem sich Flora und Fauna heute ungehindert ausbreiten können, und so leben hier auch Bären und die vor allem tagsüber sehr scheuen Wölfe. Industriell darf der Holzbestand in diesem einzigartigen Gebiet nicht genutzt werden, für den Eigenbedarf der First Nations sind Nutzungen erlaubt.

* **Yellowhead Highway** Der Yellowhead Highway führt von Winnipeg bis auf die Queen Charlotte Islands und wird als Alternativroute zum weiter südlich verlaufenden Trans-Canada Highway angeboten. In British Columbia verläuft das Kernstück der Straße zwischen Prince Rupert und Prince George. Der Highway führt durch einige der schönsten Gebiete in ganz Kanada.

* **Prince Rupert** Mit dem größten natürlichen Hafen der Nordwestküste gilt die Stadt als wirtschaftliches Zentrum der Yellowhead-Region. Sie wurde im Jahr 1906 von Charles Hays, dem Manager der Grand Trunk Pacific Railway, gegründet. Im Hafen legen die großen Fährschiffe aus British Columbia und Alaska an. Der Hafen gilt auch heute noch als größte Sehenswürdigkeit der Industriestadt. Die Sonnenuntergänge über dem Pazifik und die vielen Parks und Wälder in der Umgebung geben Prince Rupert einen romantischen Anstrich und lassen erkennen, warum man sie auch die »Stadt des Regenbogens« nennt.

* **Museum of Northern British Columbia** In dem kleinen Museum in Prince Rupert sind über 10 000 Artefakte unter anderem aus der Kultur der Tsimshian ausgestellt.

* **Hazelton** Das alte Hazelton, eine ehemalige Pionierstadt am Yellowhead Highway, erinnert mit seinen überdachten Gehsteigen und falschen Fassaden an eine Hollywood-Filmkulisse. In dem nahen Morricetown Canyon, einer felsigen Schlucht, kann man jungen First Nations beim Harpunieren von Lachsen zuschauen.

* **Smithers** Eine Überraschung wartet auf den Reisenden in Smithers, das man nach einer herrlichen Fahrt durch Wälder und Täler erreicht. Direkt an der Hauptstraße grüßt das steinerne Denkmal eines Schweizer Alphornbläsers. Die Häuser an der Main Street sind im Fachwerkstil gehalten, die Gehsteige sind mit roten Ziegeln ausgelegt, und an den Fenstern hängen die Fahnen aller Schweizer Kantone. Das alpenländische Image soll Touristen aus den USA anlocken – mit Erfolg.

* **Fort St. James** Fort St. James wurde im Jahr 1805 von dem Pelzhändler und Entdecker Simon Fraser errichtet. Das Fort entwickelte sich zum wichtigsten Handelszentrum des damaligen New Caledonia und ging 1821 in den Besitz der Hudson's Bay Company über. Der Handelsposten wurde originalgetreu nachgebaut. Ranger berichten über die bewegte Geschichte des Handelspostens und zeigen wertvolle Pelze.

* **Prince George** Hier kreuzt die Panamericana den Cariboo Highway (Hwy. 97). Aus dem einstigen Außenposten von Fort St. James entwickelte sich im 19. Jahrhundert eine recht lebhafte Stadt. Grund war der Eisenbahnbau, der zahlreiche neue Siedler und Abenteurer anlockte. Das Railway Museum widmet sich diesem Thema und zeigt auch einen historischen Dampfzug.

Dank engagierter Naturschützer und den First Nations dürfen sich die Bären im Great Bear Rainforest sicher fühlen.

Unterwegs auf den Haida Gwaii

Bis 2009 lautete der offizielle Name dieser vor der Küste British Columbias liegenden Inselgruppe noch Queen Charlotte Islands. Rund zweihundert Inseln umfasst das Archipel, das in der Tradition der Haida Nation eine zentrale Rolle spielte.

Von dem Haida-Wort für »lange Nase« erhielt der Naikoon Provincial Park auf Graham Island seinen Namen.

*** Haida Gwaii (Queen Charlotte Islands) Die Queen Charlotte Islands, seit 2009 offiziell Haida Gwaii genannt, liegen rund 100 Kilometer vor der Küste von British Columbia. Die schmale Wasserstraße des Skidegate Channel teilt im Norden Graham Island vom südlichen Nachbarn Moresby. Die »Misty Islands«, wie sie von den Einheimischen genannt werden, sind nur knappe 50 Kilometer von Alaska entfernt. Hinzu kommen etwa 200 weitere kleinere vorgelagerte Inseln. Auf der westlichen Seite erheben sich die Berge der Queen Charlotte und San Christoval Range. South Moresby wurde 1988 zum »Gwaii Haanas National Park« erklärt – ein Erfolg der Naturschützer, die den Regenwald bewahren wollen. Die östliche Küste ist für ihren Regen und Nebel bekannt. Über dem zerklüfteten Land schweben Seeadler und Falken, und durch die Wälder streifen Bären und Rehe. In den Küstengewässern tummeln sich Wale und Delfine. Die Queen Char-

1928 gestrandet, heute als Schiffswrack ein Wanderziel im Naikoon Provincial Park: die Pesuta.

lottes sind ein Naturparadies und werden auch als »Galapagos des Nordens« angepriesen. Ihren Namen erhielten sie von George Dixon, einem englischen Offizier, der James Cook auf dessen dritter Entdeckungsreise begleitete und mit seinem Schiff »Queen Charlotte« an die englische Königin erinnern wollte.

*** **Anthony Island** Südlich der Inseln liegt Anthony Island. Dort findet man die Überreste einer untergegangenen, 2000 Jahre alten Kultur (UNESCO-Welterbe): Die 32 Totempfähle und zehn Zedernholzhäuser des Dorfs Ninstints sind das eindrucksvollste Zeugnis der hier einst vom Fischfang und von der Jagd lebenden First Nations, der Haida.

* **Haida Gwaii Museum** Das Museum in Skidegate ist für seine wunderschönen Totempfähle der Haida bekannt. Die verschiedenen Ausstellungen vermögen auf eindrucksvolle Art Brücken zu schlagen zwischen der uralten Kultur und der Gegenwart.

* **Naikoon Provincial Park** Im Nordosten der Queen Charlottes lockt der Naikoon Provincial Park mit Wanderwegen, einem Schiffswrack und einem Muschelstrand. Am Ufer des Yakoun River in der Nähe von Port Clements verzaubern golden leuchtende Sitka-Fichten die Landschaft; südlich des Ortes führt eine Schotterstraße zu einer Waldlichtung, auf der ein altes Haida-Kanu besichtigt werden kann. Das Erbe dieser First Nations und die üppige Natur sind die größten Attraktionen der sagenumwobenen Inseln.

* **Johnstone Strait, Queen Charlotte Strait** Die Johnstone Strait, ungefähr 110 Kilometer lang und zwischen zweieinhalb und fünf Kilometer breit, trennt Vancouver Island vom Festland. Weiter nördlich mündet sie in die Queen Charlotte Strait und in die Inside Passage, die übliche Wasserstraße für die Fährschiffe nach Alaska. Besonders beliebt sind die Gewässer bei Kajakfahrern, die zwischen den vielen kleinen Inseln ein ideales Revier für ihren Sport finden. Die einstige Heimat der Kwakwaka'wakw ist ein beliebter Tummelplatz für Orcas: Über 150 Schwertwale kommen jeden Sommer in die Johnstone Strait. Besonders gut kann man sie im Boughton Archipelago Pacific Marine Park im Norden beobachten. »Eines der besten Tauchgebiete der Welt« nannte Jacques Cousteau die Gewässer am Browning Pass im God's Pocket Marine Provincial Park, der Crane Island und etliche andere kleine Inseln der Johnstone Strait umfasst.

Seelöwen

Mit geschickter Taktik erbeuten die Seelöwen Fische und Oktopusse. Sie gehen in Gruppen auf die Jagd und kreisen ihre Beute ein, packen sie und verspeisen sie gleich. Dabei können die Säugetiere bis 40 Meter tief tauchen und bis zu 15 Minuten unter Wasser bleiben. Schnell sind sie obendrein, schwimmend erreichen manche bis zu 40 km/h. Während sie an Land manchmal eher behäbig wirken, werden sie im Wasser zu eleganten Schwimmern. Von ihren Verwandten, den Seehunden, unterscheiden sie sich vor allem durch die ausgeprägten Ohren, zudem können sie auf allen vieren watscheln. Das können sie übrigens gleich von Geburt an, schwimmen allerdings müssen die Jungtiere erst lernen. Dafür suchen sie meistens ruhige Buchten auf.

Haida Nation

Bevor weiße Pelzjäger die Haida-Gwaii-Inselgruppe entdeckten, lebten rund 8000 Haida auf dem Archipel, aufgeteilt in zwei Clans, von denen der Clan des Raben in 22, der des Adlers in 23 Familien unterteilt war. Eine Familie bestand aus ungefähr 40 Mitgliedern. Innerhalb eines Clans wurden die Jagd- und Fischgründe und die Dörfer vererbt, auch bestimmte Legenden und Lieder sowie Namen und die Art der besonders aufwendigen Tätowierungen. Nach dem Glauben dieser First Nations erschuf der Rabe die Menschheit. Er pickte die ersten Menschen einfach aus Muscheln heraus, die er am Strand gefunden hatte. Danach flog er ins Reich des Himmelsgottes und stahl diesem die Sonne, den Mond und die Sterne. Auch die Kunst des Hausbaus, die er von den Bibern übernommen hatte, soll der Rabe gelehrt haben. Die Haida lebten in stabilen Holzhäusern aus Zedernholz, mit einem Totempfahl vor jedem Haus. Der Sommer gehörte der Jagd sowie dem Wal- und Fischfang. In gewaltigen Kanus, die aus einem einzigen Zedernstamm erbaut wurden, stellten sie den Walen nach. Die Haida waren auch gefürchtete Krieger. Sie verwickelten ihre Feinde, denen sie in ihren stabilen Kanus weit überlegen waren, in Seeschlachten.

Gwaii Haanas National Park

Seit 2009 heißen die Queen Charlotte Islands offiziell Haida Gwaii (»Schöne Inseln«); der den Archipel schützende, im Jahr 1988 gegründete Nationalpark trägt seit 2010 offiziell den Namen Gwaii Haanas National Park Reserve and Haida Heritage Site. Die Verwaltung teilen sich die First Nations mit der kanadischen Regierung.

Als weltweit einziges Schutzgebiet reicht der Gwaii-Haanas-Nationalpark von Berggipfeln bis in die Meerestiefe. Sein Name bedeutet »Inseln der Schönheit« in der Sprache seiner Ureinwohner – der Haida. Der südliche Teil des Haida-Gwaii-Archipels umfasst 138 kleine und große waldreiche Inseln. Der Nationalpark ist ein besonderes Beispiel für zwei sehr verschiedene, aber eng verwobene Ökosysteme: Dichte, moosüberwucherte Fichten- und Zedernwälder an einer sehr artenreichen Gezeitenküste hängen direkt voneinander ab. Lachse laichen in den Waldbächen, dort fressen Adler, Bären und andere Räuber die Fische, deren Reste wiederum Riesenfarne und anderen Unterwuchs dün-

gen. Rund 5000 Menschen leben auf den Inseln, Straßen gibt es keine, der Besuch ist nur angemeldet per Boot oder Flugzeug möglich. Die Haida, die Bewohner des Archipels, sind für ihre außergewöhnliche Schnitzkunst bekannt; eindrucksvoll sind die Pfähle, auch wenn sie durch das Klima schnell stark verwittern. Die vielleicht schönste Art, den Nationalpark zu erkunden ist auf dem Wasser mit einem Kajak. Von dort bieten sich eindrucksvolle Anblicke.

Highlights
Die beiden Hauptinseln des Archipels sind Graham Island und Moresby Island. Auf der seit den 1980er-Jahren zum UNESCO-Welterbe zählenden Insel SGang Gwaay (Anthony Island) findet man Zeugnisse der faszinierenden, jahrtausendealten Haida-Kultur.

Tipps
Im Frühling sind die Bedingungen für eine Erkundung der faszinierenden Unterwasserwelt ideal: Moresby Explorers, http://moresbyexplorers.com

Praktische Informationen
Die Anreise erfolgt mit dem Flugzeug von Vancouver nach Sand Spit und Masset auf Graham Island; zwischen Prince Rupert (Kaien Island) und Masset verkehren Wasserflugzeuge, von Prince Rupert nach Skidgate (Graham Island) fährt eine Fähre. Das Visitor Centre des Nationalparks befindet sich in Queen Charlotte (Graham Island), Haida Heritage Centre: 60 Second Beach Road, Skidegate, www.haidaheritagecentre.com

Seetang bedeckt die Wasserfläche am Poole Point im Südosten des Archipels. Hierher lockt unter anderem eine Meereshöhle.

Unterwegs an der Cariboo Chilcotin Coast

Von der Küste bis weit ins Landesinnere, nahezu bis an die östliche Grenze von British Columbia, erstreckt sich die Region Cariboo Chilcotin Coast. Man trifft hier auf Bären, historische Orte voller Cowboy-Flair und traumhafte Gewässer.

** Tweedsmuir Provincial Park Das Naturschutzgebiet am Highway 20 verdankt seinen Namen John Buchan Tweedsmuir, dem 15. Generalgouverneur Kanadas. Als Tweedsmuir im August 1937 durch diese faszinierende Natur ritt, notierte er: »Ich bin durch ganz Kanada gereist und war in vielen schönen Gegenden, aber ich habe niemals etwas Schöneres und Eindrucksvolleres als diese Wildnis gesehen.« Wie ein Keil ragt der knapp 500 Kilometer nordwestlich von Vancouver gelegene Naturpark in die kanadische Wildnis.

Wolkenfetzen bleiben an den Kitimat Ranges öfters hängen. Von dort blicken sie auf die ursprüngliche Wildnis des Tweedsmuir Provincial Park.

Die Erhabenheit der umgebenden Berge und die Stille auf dem Turner Lake machen die Kanutour zu einer Inspirationsfahrt.

Mit 9819 Quadratkilometern Fläche ist er der größte Provincial Park in British Columbia. Ausgangspunkt für Erkundigungen des in einen relativ gut erschlossenen Südteil und einen von mehreren Stauseen begrenzten, weitgehend unberührten Nordteil aufgeteilten Areals ist der am Ende eines tief ins Küstengebirge eindringenden Fjords der Inside Passage gelegene kleine Fährhafen Bella Coola. Im Park können außerdem mehrtägige Kanutouren auf dem Turner Lake gemacht werden.

Kermodebär

»Geisterbären« heißen sie, denn wenn im Wald das Unterholz knackt und ein tiefes Schnaufen zu hören ist, erwartet wohl kaum jemand, im nächsten Moment ein weißes Tier zu Gesicht zu bekommen. Was auf den ersten Blick wie ein Eisbär wirkt, ist ein waschechter Schwarzbär – kleiner, breiter und mit runderer Stirn. Der weiße Schwarzbär ist aber auch kein Albino, denn Augen, Maul und Pfoten zeigen auch dunkle Pigmente. Vielmehr trägt die Unterart, der Kermodebär (Ursus americanus kermodei), eine Mutation des Fellfarben-Gens. Weder wurden die Tiere von anderen Bären verdrängt, noch hat sie der Mensch ausgerottet. Das ist den Ureinwohnern zu verdanken, die diese Bärenart als »Spirit Bear« verehrten, und den Pelzjägern nie von ihm erzählten.

Schwarz- und Braunbären

Die im Westen Kanadas vorkommenden Großbären sind allesamt Braunbären – also Echte Bären der Gattung Ursus. Aber sie sind keineswegs alle braun: Denn zu dieser Gattung gehören der Grizzly- ebenso wie der Kodiak-, der Schwarzbär und sogar der Eisbär mit seinem weißen Fell. Prominentester Vertreter der Braunbären im kanadischen Westen ist der von den First Nations zum Teil kultisch verehrte Grizzlybär, der zwar nicht der größte, aber der stärkste seiner Gattung ist. Je höher man in den Norden kommt, desto größer werden die Grizzlys: Mit einer Kopf-Rumpf-Länge von bis zu 2,5 Metern, einer Schulterhöhe von etwa 1,5 Metern und einem stattlichen Körpergewicht von bis zu 680 Kilogramm sind die Grizzlys eine imposante Erscheinung, die man lieber aus der Ferne beobachten sollte. Hält man sich strikt an die in allen kanadischen Nationalparks ausgegebenen Verhaltensmaßregeln, braucht man die Tiere, die außerhalb der Paarungszeit als Einzelgänger unterwegs sind und sich vorwiegend vegetarisch ernähren, aber nicht zu fürchten. Doch Vorsicht ist auch bei den Schwarzbären, der zweiten im Westen Kanadas häufig vorkommenden Großbärenart, stets angebracht.

Ein tiefes Tal hat sich der Fluss nahe Williams Lake in die wald- und felsenreiche Landschaft gegraben.

* Kleena Kleene Die Clearwater Lake Lodge bei Kleena Kleene (am Highway 20) steht für kanadischen Aktiv-Urlaub: im Kanu über Seen und Flüssen, im Buschflugzeug über die Gletscher, Rindertreiben auf der Ranch, Wandern in den nahen Bergen. In der urgemütlichen Lodge und in den Blockhäusern am Clearwater Lake kommt dann im Anschluss an die tagsüber erlebten Abenteuer so etwas wie Jack-London-Feeling auf.

* Cariboo Road Der Highway 97, die neue »Cariboo Road«, folgt dem Trail der Goldsucher um das Jahr 1850. Von Cache Creek führt sie durch ein Land, das sich seit den Tagen des Goldrauschs kaum verändert hat. Clinton, eine verträumt wirkende Westernstadt bei Meile 47, ist das Versorgungszentrum für die Ranches des umliegenden Weidelandes und verzaubert den Reisenden mit sprödem Cowboy-Charme. Der Weg nach Norden führt durch eine wenig ansehnliche Steppe, vorbei an Rinderherden und Nestern mit fantasielosen Namen wie zum Beispiel »100 Mile House«. Die Goldgräber beschränkten sich auf die Angabe der Meilen, die sie bisher auf der Cariboo Road zurückgelegt hatten.

Maultierhirsche

Seine großen Ohren erinnern tatsächlich an Maultiere, deshalb trägt die im Westen Kanadas vorkommende Art den Namen Maultierhirsch. Zu sehen sind die grazilen Tiere im Morgengrauen, wenn sie in den Wäldern von British Columbia oder in den Rocky Mountains äsen. Die Männchen mit ihrem prachtvollen Geweih führen ein Leben als Einzelgänger. Besonders beachtlich ist die Geschwindigkeit, die Maultierhirsche erreichen können: Bei Gefahr flüchtet das Tier mit einem Tempo von knapp 60 km/h. Der bislang nachweislich älteste Maultierhirsch war eine Hirschkuh in British Columbia, die das Alter von 22 Jahren erreichte. Unter den natürlichen Fressfeinden, wie Kojoten, Wölfe und Bären, ist der Puma vermutlich der wichtigste.

* Williams Lake Die Hauptstadt des Weidelandes heißt Williams Lake und liegt an der Abzweigung ins Chilcotin Country. Der Highway 20, auch im 21. Jahrhundert noch immer nicht durchgehend asphaltiert, führt in den Busch hinein und endet in Bella Coola, einem Haltepunkt der Inside-Passage-Fähre. Williams Lake ist eine Cowboystadt, das wird besonders am Canada Day, dem 1. Juli, deutlich, wenn das

größte Rodeo von British Columbia in der Stadt stattfindet, die »Williams Lake Stampede«. Die Cowboys kommen oft von weit her, um bei den nostalgischen Reiterspielen ihre Kraft und Geschicklichkeit zu messen. Rund 10 000 Menschen wohnen in der Regel in der Stadt, aber während des Rodeos sind es mindestens doppelt so viele.

Die traditionelle Kleidung der Cowboys gehört bei der Williams Lake Stampede dazu.

* **Barkerville** Benannt wurde die einstige Goldgräbersiedlung nach Billy Barker, einem Seemann aus Cornwall, der hier im Jahr 1862 eine Menge Gold fand. Barkerville entwickelte sich zur Boomtown, jeder Meter des Bachbetts wurde durchwühlt, und Barker machte ein Vermögen, das er aber zusammen mit seiner lebenslustigen Frau wieder durchbrachte, bis er schließlich in einem Armengrab in Victoria bestattet wurde. 20 Jahre lang währte der Boom, dann zogen die Glücksritter weiter, und der Ort verfiel. Heute dient Barkerville, eine knappe Autostunde östlich von Quesnel gelegen und nach historischen Plänen wiederaufgebaut, als Freilichtmuseum. Urige Kneipen vermitteln den Lebensstil einer Zeit, als täglich Hunderte eintrafen, um sich den Traum vom schnellen Reichtum zu verwirklichen.

* **Quesnel Museum** Auch das nahe Quesnel Museum erinnert an die wilden Tage des Goldrausches. »Living History« nennt man diesen Museumstyp, und »lebendig« wird die Geschichte hier durch vorbildlich rekonstruierte Straßenzüge, in denen es alte Karren, Blockhütten und sogar eine Kirche zu besichtigen gibt. Schauspieler in originalen Kostümen fahren im Pferdegespann durch den Ort und sorgen für eine lebendige Atmosphäre.

** **MacKenzie Trail** Auf seiner Suche nach der Nordwestpassage wanderte der schottisch-kanadische Entdecker Alexander MacKenzie schon im Jahr 1793 über die alten Pfade der Ureinwohner durch die kanadische Wildnis. Ihm zu Ehren wurde 1987 der Alexander Mackenzie Heritage Trail eingerichtet, ein abenteuerlicher Wanderweg von der Mündung des Blackwater River westlich von Quesnel bis zum Sir Alexander Mackenzie Provincial Park im Dean Channel nördlich von Bella Coola. Der etwa 450 Kilometer lange Trail besteht aus Highways, Forststraßen, Feldwegen, Flüssen und erscheint noch genauso wild wie zu Zeiten des Entdeckers. Im Tweedsmuir Park führt der Trail über alpine Bergwiesen. Viele historische Stätten erinnern an die Kultur der First Nations.

** **Bowron Lake Provincial Park** Der im Jahr 1961 gegründete, 1492 Quadratkilometer große Bowron Lake Provincial Park liegt nordöstlich von Barkerville in den westlichen Ausläufern der Cariboo Mountains. Benannt wurde er nach John Bowron, einem während des Goldrausches in Barkerville für die Kronkolonie British Columbia tätigen Beamten. Bekannt ist er vor allem für den in der Regel von Mitte Mai bis Ende September befahrbaren »Bowron

Lake Canoe Circuit«, einen 116 Kilometer langen Rundkurs für Kanu- und Kajakfahrer. Sechs bis zehn Tage lang dauert die Fahrt, die nur von erfahrenen Kanuten unternommen werden sollte. Für viele gehört der Kanurundkurs in diesem Park zu einem der schönsten weltweit. Da das Wetter hier sehr wechselhaft sein kann, sind eine gute Ausrüstung und paddlerisches Können wichtige Voraussetzungen, dass die Tour zu einem unvergesslichen Erlebnis wird.

Im westlichen Teil des Parks erstrecken sich die Hügel der Quesnel Highlands. In den hoch gelegenen Wäldern wachsen Gebirgstannen und Weißfichten. Zu den am häufigsten im Park vorkommenden Tieren gehören Rotwild, Elche, Bären, Bergziegen und Biber.

Für erfahrene Kanuten ist British Columbia ein wahres Eldorado.

Überall in Barkerville trifft man auf die Relikte lang vergangener Zeiten.

In Barkerville hört die Zurschaustellung der Vergangenheit nicht etwa bei den originalgetreuen Häusern auf.

British Columbia | Cariboo Chilcotin Coast

Cowboyland

Vor allem das westliche Kanada ist mit seinen gewaltigen Bergen und eisigen Gletschern, den dichten Fichtenwäldern und dem sattgrünen Weidegras, den Wasserfällen und Seen noch heute Cowboyland. Hier gibt es kaum Straßen und nur eine Handvoll verstreuter Dörfer, Ranches und Lodges. In der ungezähmten Wildnis kommt man hoch zu Ross noch viel-

fach am besten voran: Vor allem das Chilcotin Country ganz im äußersten Südwesten von British Columbia wehrt sich hartnäckig gegen die Zivilisation. Dort begegnet man etwa der Rancherin Joyce Dawson, die meint: »Im Chilcotin Country habe ich mein Paradies gefunden. Hier gibt es noch die weiten Ebenen, wie man sie aus Westernfilmen kennt, hier kannst du bis zum Horizont sehen, ohne durch einen Zaun gestört zu werden. Wir haben Flüsse und Seen, Wälder und offenes Grasland. Hier stimmt alles.« Natürlich hat sich einiges geändert seit den Tagen der kanadischen Pioniere. Die Kälber werden in Trucks nach Williams Lake gebracht und dort an die Käufer versteigert, besonders wertvolle Stiere online verkauft.

Unterwegs auf Vancouver Island

Vancouver Island ist eines der letzten Paradiese dieser Erde: eine Insel der Hoffnung für alle, die weitab von den großen Städten, aber in unmittelbarer Nähe der Zivilisation die Natur genießen wollen, ein ideales Land für Camper und Outdoor-Freunde und außerdem ein Tummelplatz für Sportfischer, die im Campbell River und bei Port Alberni die größten Lachse der Welt fangen.

Bereits vom Hafen Victorias aus fällt der Blick auf das stattliche Parlamentsgebäude aus dem 19. Jahrhundert.

*** **Victoria** Victoria wurde im Jahr 1843 als Handelsfort der Hudson's Bay Company gegründet und 1868 zur Hauptstadt der Kronkolonie British Columbia erhoben. Am Inner Harbour im Zentrum der nach der damaligen englischen Königin benannten Stadt erinnern das historische Parlamentsgebäude und das gewaltige »Empress Hotel« an längst vergangene viktorianische Zeiten. In der angrenzenden, in den letzten Jahren liebevoll herausgeputzten Altstadt, »Old Town« genannt, fühlt man sich wie in eine typische englische Kleinstadt versetzt.

* **Parliament** Das Parlamentsgebäude wurde im Jahr 1897 von Francis M. Rattenbury, einem aus Yorkshire stammenden Architekten, gebaut. Es wird abends mit Lichterketten, bestehend aus 3300 Lampen, illuminiert. Repräsentativ sind auch die Räume im Inneren, wie der Plenarsaal und die prachtvolle Rotunde.

Längst eine Touristenattraktion ist das Chinatown von Victoria geworden.

** **Inner Harbour** Im herrschaftlich anmutenden, 1908 am Hafen eröffneten und ebenfalls von Rattenbury für die Canadian Pacific Railway Company konzipierten »Empress Hotel« wird nachmittags der Five o'Clock Tea aus silbernen Kännchen eingeschenkt.

** Royal British Columbia Museum Die zwischen dem Parlamentsgebäude und dem Empress Hotel im Heritage Court untergebrachte Sammlung gilt als das beste natur- und kulturhistorische Museum Westkanadas – sieben Millionen Exponate gehören zum Repertoire. Mit modernster Technik wird hier den Besuchern die Entwicklung der Provinz veranschaulicht: von der Urlandschaft mit prähistorischen Tieren über dampfenden Regenwald an der Westküste bis hin zu alten Dörfern der First Nations und einer Pionierstadt aus dem 19. Jahrhundert: Dort wartet man in einem Bahnhof auf einen Dampfzug, in einem Sägewerk werden Baumstämme verarbeitet, in einem Grand Hotel scheint die Zeit stehen geblieben zu sein. Auch das Schiff von Captain Vancouver, die »Discovery«, wurde originalgetreu nachgebaut. Hinzu kommen Sonderausstellungen, die sich auch mit der Tierwelt der Region befassen.

* Thunderbird Park Im Thunderbird Park hinter dem Museum stehen ein Langhaus der Küstenureinwohner, in dem traditionelle Tänze aufgeführt werden, und moderne Totempfähle. Die mit Schnitzereien verzierten, bemalten Holzpfähle der Haida werden als »Totempfähle« bezeichnet; ethnografisch korrekt handelt es sich aber um Wappenpfähle, weil die dargestellten Tiere, die Wappentiere einer Familie, nicht kultisch verehrt werden.

* Chinatown Als 1858 im Cariboo District Gold gefunden wurde, suchten auch zahlreiche Arbeiter aus Chinas armem Süden hier ihr Glück. Erfolgreich oder nicht, ließen sich einige am Rande des Ortes Victoria nieder. Dieses Chinatown blühte binnen weniger Jahrzehnte auf, umwuchert vom ebenfalls wachsenden Victoria, bis ein Brand 1883 die meist hölzernen Häuser vernichtete. Viele der Ziegelgebäude, die sie ersetzten, sind noch heute erhalten und bilden den Kern von Kanadas ältestem und besterhaltenem Chinatown. Die verruchten Zeiten, als Opiumhöhlen und Gangster das Viertel beherrschten, sind vorbei. Nur der Name der schmalen Glücksspielgasse Fan Tan Alley erinnert daran. Heute tummeln sich Künstler, Touristen und Einheimische auf den Märkten zwischen Souvenirs, Restaurants und Kanadas ältestem buddhistischem Tempel, der der Göttin Tam Kung gewidmet ist.
Wer sich Chinatown von Osten nähert, trifft auf das »Gate of Harmonious Interest«, das »Tor der in Einklang gebrachten Interessen«. Gestaltet wurde es in den 1980er-Jahren in der Partnerstadt Suzhou. Die Zeichen nennen den Namen, das unterste bedeutet »Tor«.

Butchart Gardens

Die auf der Halbinsel Saanich bei Brentwood Bay nördlich von Victoria gelegenen Butchart Gardens bezaubern mit Blumenrabatten und exotischen Pflanzen. Im Frühling blühen hier Tausende Tulpen, Vergissmeinnicht, Rhododendren und Dogwood-Sträucher, im Sommer liegt der Duft von Rosen, Fuchsien und Begonien über der Anlage, im Herbst bezaubern Dahlien und Chrysanthemen. Das bunte Blütenparadies verdankt seine Existenz der Frau eines Steinbruchbesitzers: Jenny Butchart. Als ihr Mann allen Kalkstein abgetragen hatte, ließ Jenny die ersten Blumen über der hässlichen Erdnarbe anpflanzen. Im Jahr 1904 wurden die Gartenanlagen erstmals der Öffentlichkeit vorgestellt, 2004 ernannte man sie zu einer National Historic Site Kanadas.

Eindrucksvoll ragen die Totempfähle im Thunderbird Park in die Höhe.

** Goldstream Provincial Park, Cowichan Valley, Strathcona Provincial Park
Gleich um Victoria herum beginnt die Wildnis. Im Regenwald des Goldstream Provincial Park, rund 16 Kilometer nordwestlich vom Zentrum der Provinzhauptstadt entfernt, fühlt man sich fernab von aller Zivilisation. Dschungelartige Wälder sowie rauschende Wasserfälle gehören zu den Attraktionen dieses Naturschutzgebietes. Zwischen Oktober und Dezember strömen Tausende von Lachsen im Fluss zu ihren Laichplätzen. Im Cowichan Valley an der Westküste von Vancouver Island lebt die Tradition der First Nations weiter. Hauptort ist Duncan, 60 Kilometer nördlich von Victoria gelegen. Dort werben über 80 Totempfähle für die Kunst der Ureinwohner. Der im Jahr 1911 fast im Zentrum von Vancouver Island etablierte Strathcona Provincial Park ist das älteste Naturreservat in British Columbia und mit fast 2500 Quadratkilometern Fläche das größte auf Vancouver Island.

Wege führen im Goldstream Provincial Park mitten hinein in urwaldartige Szenerien mit Douglasien und bis zu 60 Meter hohen Riesen-Lebensbäumen, aber auch zu Wasserfällen und Aussichtspunkten, von denen man einen guten Blick auf den Ozean hat. Hier wie im Strathcona Provincial Park kann man gelegentlich auch Weißkopfseeadler beobachten.

** MacMillan Provincial Park Mindestens 900 Jahre alt und mit Umfängen von rund neun Metern an der Stammbasis wirken die größten der Baumriesen fast unbezwingbar – und sind doch sehr verletzlich, wie ein heftiger Sturm 1997 zeigte. Genau zum 50-jährigen Parkjubiläum zerstörte er rund jeden zehnten Baum. Auch zu viele Besucher können dem moosbewachsenen Feucht-Urwald schaden, wenn sie die Wege und Stege zwischen Douglasien, Riesenlebensbäumen und den Tannenarten verlassen. Viele kommen zu Tagesausflügen, denn der Park im Zentrum von Vancouver Island ist leicht über den Highway 4 zu erreichen und sogar Kreuzfahrtpassagieren, die vor Port Alberni ankern, gelingt der kurze Trip. Der kleine Schutzpark umfasst nur drei Quadratkilometer. Statt mit seinem offiziellen Namen, nach einem Holzfabrikanten, heißt er in der Region meist nur »Cathedral Grove«: Wie Säulen eines Kirchenschiffs ragen die Stämme in die Höhe. Das hat ihnen den Spitznamen »Kathedralen-Hain« eingebracht. Die Ureinwohner hatten ihn für Zeremonien genutzt, davon zeugen Spuren an den Rinden einiger Baumsenioren, die bis ins Jahr 1137 datiert werden konnten.

* Elk Falls Provincial Park Nach dieser Vergangenheit würden zwischen Campbell und Quinsam River nur wenige einen Naturschutzpark vermuten, geschweige denn den beliebtesten von Vancouver Island: Die ersten Holzfäller in den 1920er-Jahren schlugen bevorzugt diese Region großflächig kahl, weil sich die Stämme auf dem Campbell River bestens fortschaffen ließen. Es folgten ein mächtiger Waldbrand, der die Region zerstörte, und schließlich ein Wasserkraftwerk mit dem »John Hart Lake« als Stausee, und nicht zuletzt durchschneidet der Highway 28 den Park. Dennoch bietet der wieder aufgeforstete Bereich nahe der Stadt Campbell River eine große Vielfalt an Baumarten und seltener Flora im Unterholz. Das Gebiet ist ein Anglerparadies: Hier laichen Buckel-, Silber- und Königslachse sowie Forellen – und so gilt der Park manchem als die »Lachs-Hauptstadt der Welt«.

Aus 25 Metern donnern die Elk Falls in die Tiefe und schleudern Tröpfchenwolken in die Luft, die die Felsen zum Glänzen bringen. Der Wasserfall, der dem nur knapp elf Quadratkilometer

Gemäßigter Regenwald

Als Regenwald bezeichnet man Wälder mit einem jährlichen Niederschlag von rund 2000 Millimetern. Diese Bedingung ist vorwiegend in den Tropen erfüllt, weshalb tropischer Regenwald auch den Löwenanteil ausmacht. Aber auch in gemäßigten Klimazonen gibt es Regenwald, etwa an der Westküste der USA und Kanadas. Nirgends gibt es so viele Küstenregenwälder wie dort. Neben mehrere Hundert Jahre alten Douglasien zeichnen sich diese Forste besonders durch eine extrem üppige Flora und Fauna mit schier undurchdringlichem Unterwuchs und vielen Moosen und Flechten in den Baumkronen aus. Auch in Europa gab es einmal temperierte Regenwälder, wie sie auch genannt werden, nämlich in Irland, Schottland und im Süden Norwegens.

großen Park seinen Namen gab, ist seine wohl wichtigste Attraktion für Tagestouristen.

* Tofino Tofino, der herrlich auf einer Halbinsel zwischen dem Tofino Sound und dem Pazifischen Ozean gelegene kleine Fischerort, gilt als das Mekka für Walbeobachter. Mehr als 20 000 dieser riesigen Säugetiere kommen Jahr für Jahr zwischen März und Mai an der Küste vorbei, rasten auf ihrer Wanderung von Mexiko nach Alaska im Clayoquot Sound. In der Stadt leben vor allem Fischer und frühere Holzfäller, außerhalb liegen die Dörfer der Tla-o-qui-aht und Ahousaht. Streit zwischen diesen beiden Gruppen schien in früheren Jahren vorprogrammiert zu sein, heute lebt man vorwiegend vom Tourismus. Außer dem beschaulichen Hafen locken vor allem die versteckten Buchten, Fjorde und Meerengen der näheren Umgebung wie der Nootka Sound, in den der britische Kapitän James Cook im März 1778 auf seiner dritten Weltumseglung als erster Europäer einfuhr.

Hängebrücken führen über die tiefen Canyons im Elk Falls Provincial Park.

Grimmig blickende Tierfiguren prägen die Totempfähle, hier im Cowichan Valley.

Der Hafen von Tofino ist Ausgangspunkt für Walbeobachtungen.

Pacific Rim National Park

Der im Jahr 1970 eingerichtete, rund 511 km² große Nationalpark gliedert sich in drei Teile: das Gebiet um den kilometerlangen Sandstrand von Long Beach, den 100 kleinste Inseln zählenden Archipel Broken Group Islands und das Gebiet am West Coast Trail.

Stark gebleichtes Treibholz am South Beach: Ähnlich sah die Küste wohl aus, als Captain James Cook 1778 hier ankerte. Auch heute noch kann hier der Blick über unverbaute Landschaft in die Ferne schweifen. Direkt an den Rand des Pazifiks grenzt der gleichnamige Nationalpark und zieht sich 130 Kilometer an der Westküste Vancouver Islands entlang. Schon 1970 gegründet, wurde er 2001 zu einem Reservat, in welchem auch die Ureinwohner der Region – vor allem die Nuu-chah-nulth – mitbestimmen dürfen. Direkt am Meer ist das Klima kühl und feucht, so entstand unter riesigen Sitka-Fichten mit Farnen und Moos ein üppiger Regenwald. Große Wale wie Orcas und Grauwale ziehen im Frühjahr und Herbst vorbei, was für viele Touristen einen Höhepunkt darstellt. Die meisten Besucher tummeln sich im Norden des dreiteiligen Parks, am Long Beach bei Tofino, wo weitläufige Sandstrände und Waldwege zum Spazieren einladen. Weiter südlich liegen die Broken Group Islands wie hingewürfelt. Und dann folgt einer von Kanadas berühmtes-

ten Wanderwegen, der 75 Kilometer lange West Coast Trail. Dieser Trail war ursprünglich ein Rettungspfad für Schiffbrüchige und wurde bereits 1907 angelegt. Mit ihm sollten die unfreiwillig Gestrandeten schnell ihren Weg zurück in die Zivilisation finden. Heute lässt man sich bewusst darauf ein, etwa eine Woche dem Trail zu folgen.

Highlights
Der in einer mindestens siebentägigen Wanderung von Port Renfrew nach Bamfield führende West Coast Trail (Mai–Oktober Zutritt limitiert) wurde Anfang des 20. Jahrhunderts als Rettungsweg für Seeleute angelegt. Auch empfehlenswert: Bootsausflüge in die Inselwelt der Broken Group Islands (Start in Port Alberni).

Tipps
Whale Watching: Dank seiner Lage an einer der großen Wanderrouten gehört der Nationalpark zu den besten Whale-Watching-Gebieten der Welt. Eine originelle Übernachtungsmöglichkeit bieten die restaurierten Kajüten der »Canadian Princess« im Hafen von Ucluele.
www.canadianprincess.com

Praktische Informationen
Anreise in den zwischen Tofino und Port Renfrew liegenden Park mit dem Auto auf dem Highway 4 nach Long Beach und von Victoria aus auf dem Highway 14 bis Port Renfrew. Visitor Centre in Tofino, 121 Third Street/Ecke Campbell Street.
www.tourismtofino.com

Seefahrerromantik versprühen die Treibholzbestände am South Beach im Pacific Rim National Park.

Whale Watching

Nur an wenigen Stellen der Erde kann man sie besser beobachten – die Könige der Meere. Von mehreren Orten entlang der kanadischen Pazifikküste aus werden Walbeobachtungen im Rahmen von mehrstündigen Bootsausflügen organisiert, so etwa von Prince Rupert aus. Viele Grauwale ziehen zwischen März und Juli entlang der nordamerikanischen Westküste nach Norden, wo sie in den kalten Gewässern vor British Columbia und Alaska reiche Nahrungsgründe finden. Auch Schwertwale und Zwergwale zeigen sich regelmäßig in den küstennahen Gewässern. Buckelwale sind sicherlich die verspieltesten Besucher: Für ihren Beutefang wagen sie oft akrobatische Sprünge in die Luft.

Insbesondere der historische Teil des Hafens von Nanaimo ist ein beliebtes Ziel zum Flanieren und Entspannen.

* Nanaimo Diese Urlaubsstadt ist die zweitgrößte Stadt der Insel. Die Inselmetropole lockt mit dem mildesten Klima von ganz Kanada. Die sieben einsamen Palmen der Stadt sind der beste Beweis dafür, und in den Parks blühen Rhododendren und Azaleen. Der Harbourside Walkway führt am Hafen und an ruhigen Buchten entlang. Er bietet herrliche Ausblicke auf Gabriola und Newcastle Island, zwei vorgelagerte Inseln, auf denen es kilometerlange Wanderwege gibt. An die einstige Pionierzeit erinnert ein ehemaliges Fort der Hudson's Bay Company.

* Chemainus Überdimensionale Wandgemälde, sogenannte »murals«, haben Chemainus zu einem vielbesuchten Reiseziel gemacht. Die Idee, die Häuser dieses abgelegenen Fischerdorfes zu bemalen, hatte ein Österreicher. Als im Jahr 1985 das Sägewerk geschlossen wurde und der Ort finanziell im Ruin zu enden drohte, erinnerte sich der ausgewanderte Geschäftsmann Karl Schulz an die Lüftlmalereien in seiner Heimat. Von weiteren Unterstützern getragen, wurde Chemainus zur »City of Murals« und so gleicht jeder Spaziergang durch die Stadt einem Besuch im Kunstmuseum – mit frischer Luft statt Eintrittsgeld.

* Native Heritage Centre Das Native Heritage Centre in Duncan, von Ureinwohnern gegründet, berichtet über Geschichte und Kultur der First Nations. Die Cowichan sind sehr stolz auf ihre Vergangenheit. In Duncan werben 60 Totempfähle für ihre Kunst und das Cowichan Valley. Der größte Totempfahl – ein »Geschichtsbuch« aus Holz – hat einen Durchmesser von über zwei Metern und steht vor dem Gerichtsgebäude.

* Juan de Fuca Provincial Park Ähnlich malerisch und dramatisch wie heute dürfte diese Küste ausgesehen haben, als vor rund 420 Jahren der Seefahrer Juan de Fuca vorbeisegelte. Abwechslungsreich ist sie in den geschützteren Lagen wie in der Meerenge südlich

Viele der rund 40 »murals« in Chemainus nehmen Bezug auf die Geschichte des Ortes.

von Vancouver Island, der »Strait of Juan de Fuca«. Der Park schützt Flora und Fauna an der Küste zwischen Sooke und Port Renfrew, darunter auch Bären und Pumas, Wölfe, Rehe und Seelöwen. Jenseits des Meeres ragen die Gipfel des Olympic-Nationalparks auf. Seit 1996 sind hier vier frühere Kleinstparks zusammengefasst, darunter der Botanical Beach, an dem seit 1901 Universitäten die biologische Vielfalt vor Ort studieren. Der angeblich artenreichste Abschnitt der Westküste ist der 47 Kilometer lange Küstenwanderweg »Juan de Fuca Trail«, er führt von verwunschen grünen Regenwaldpfaden bis zu Gezeitentümpeln an felsigen Sandstränden. Spektakuläre Küstenformen mit verwitterten Sandsteinfelsen offenbaren dunkle Basaltplateaus und kühle Regenwälder, deren Wasser in rauschenden Fällen über die Klippen stürzt, und Strände und Felswatt, die bei Ebbe eine enorme Vielfalt an Meerestieren offenbaren.

* Hakai Recreation Area Der Marinepark liegt zwischen Vancouver Island und Bella Coola und schützt ein Meeresparadies mit verträumten Lagunen und weiten Sandstränden. Über 100 Vogelarten wurden in dem Park beobachtet. Von Booten aus sieht man Wale und Delfine, die sich hier ebenfalls gern aufhalten.

Orcas

Wenn der Zug der Rotlachse die Küste vor Vancouver Island erreicht, ist ihnen schon ein großer Verfolger auf der Spur: der Orca. Der Große Schwertwal ernährt sich von Fischen und Säugetieren. Das bis zu neun Meter lange und bis zu acht Tonnen schwere Tier braucht verständlicherweise viel Nahrung. Ein ausgewachsener Bulle muss mindestens jeden dritten Tag einen Seelöwen vertilgen, um satt zu werden. Da der aus der Familie der Delfine stammende Wal an der Spitze der Nahrungskette steht, hat sein Hunger enormen Einfluss auf die Populationen der Fische, Robben oder Schildkröten in seiner Heimat. Die Orcas jagen mit raffinierter Technik. In größeren Gruppen umzingeln sie riesige Lachsschwärme, sodass möglichst wenig Fische entkommen können. Mit hochfrequenten Tönen betäuben die Schwertwale anschließend ihre Beute. Wer Glück hat, kann vor der Küste von British Columbia diese Geräusche hören. Für die Beutetiere sind diese Töne ein Todeszeichen. Orcas schießen urplötzlich aus dem Wasser, um ihr Opfer zu attackieren. Das hat ihnen den unschönen Namen Killerwal eingebracht. Seine ganz speziellen Jagdtechniken übt das größte Raubtier der Welt in Familienverbänden aus, die sich nach der Blutlinie der Mutter richten.

Der Name ist Programm: Am Mystic Beach stürzen kleine Wasserfälle direkt ins Meer und verwandeln den Strand in einen fast mystischen Ort.

Gulf Islands National Park

2003 wurden 15 in der nördlichen Salish Sea gelegene Inseln plus eine Vielzahl kleiner Eilande und Riffs zum 62 km² großen Nationalpark erklärt. Davon entfallen 36 km² auf Insel- und 26 km² auf Meeresfläche. Geschützt wird eine bemerkenswerte Vielfalt an Flora und Fauna.

Einer der jüngsten Nationalparks Nordamerikas – und mit 62 Quadratkilometern auch einer der kleinsten – schützt seit 2003 den Großteil der Gulf Islands vor der Küste British Columbias. Die Inselgruppe und ihre Riffe bieten vor allem Robben und Seevögeln einen ungestörten Rückzugsort. Das artenreiche Ökosystem galt lange als stark gefährdet, denn es liegt mitten in der viel befahrenen Straße von Georgia, die Vancouver Island vom Festland trennt: direkt zwischen der Metropole Vancouver und der Provinzhauptstadt Victoria. So ist der Park mit seinen alten Wäldern und kleinen Buchten ein beliebtes Ausflugsziel. Seine geschützte Lage in der Wasserstraße ermöglicht ein fast medi-

terranes Klima: Delfine, Otter und Seelöwen teilen sich das Wasser mit Seglern und Paddlern. Erstere ankern gern an den Tumbo- und Cabbage-Inseln. An Land treffen Wanderer mit etwas Glück auf Rotwild, Fledermäuse oder Raubvögel. Auch der Austernfischer hält hier oft Ausschau nach Nahrung. Mit seinem kräftigen Schnabel kann er gut die Bodenschicht durchpflügen, selbst Muscheln hackt er damit auf. Mit ihrer außergewöhnlich intensiven Farbenpracht faszinieren die Seesterne und Seeigel. Auch die Fauna beeindruckt: Einige Arten gibt es nirgendwo sonst in Kanada.

Highlights
Die größte, am wenigsten erschlossene Insel der südlichen Gulf Islands ist Saturna Island. An der Klippe unterhalb des Leuchtturms am East Point findet man ein Meeres-Eldorado, in dem sich Robben und Orcas beobachten lassen. Auf Sidney Island locken zwei Sandbänke am nördlichen Ende, Sidney Spit und Hook Spit.

Tipps
Im Sommer ist auf allen Gulf Islands das Trinkwasser knapp. Denken Sie deshalb daran, genügend Vorrat mitzunehmen.

Praktische Informationen
Anreise mit der Fähre von Swartz Bay (bei Victoria) oder dem von Vancouver aus zu erreichenden Tsawwassen-Fährhafen zu den größeren Gulf Islands im Süden; die übrigen öffentlichen Parks sind nur privat mit Wassertaxen, einem Boot oder im Kanu zu erreichen. Zehn Campingplätze sind über die Inseln verteilt für Backpacker und Wasserwanderer.

Blick auf die Inselwelt des Parks vom Mount Warburton Pike auf Saturna Island.

Unterwegs in Vancouver

Mit 560 000 Einwohnern ist Vancouver die größte Stadt in British Columbia. Die Innenstadt liegt auf einer Halbinsel im Südwesten der Provinz und ist von weit ins Land reichenden Buchten wie von schneebedeckten Bergen der Coast Mountains umgeben.

Fast wirkt es, als wollte Vancouver mit seiner Skyline die Coast Mountains imitieren.

Eisbahn am abendlichen Robson Square.

Golden spiegeln sich Skyscraper und das Museum »Telus World of Science« im False Creek.

*** Vancouver Hoher Freizeitwert, kühne Architektur, reges Kulturleben und erstklassige Restaurants: Vancouver gilt als eine der schönsten Städte der Welt. Sie ist auch eine betriebsame Metropole. Am lautesten schlägt ihr Herz in Downtown, am Robson Square und in der Robson Street, der legendären Einkaufsstraße, die ihren Namen von den deutschen Einwanderern hat, die früher diesen Stadtteil dominierten. Heute beeindruckt die ethnische Vielfalt. Viele kleine Läden, ausgefallene Boutiquen, Märkte und Restaurants locken die Besucher an. Gegenüber dem Pacific Centre wurde eine zweistöckige Betonlandschaft mit farbenprächtigen Blumenbeeten, sprudelnden Wasserfällen und Brunnen in eine blühende Großstadtoase verwandelt. Die historische Art Gallery spiegelt sich in den Glasfassaden der Geschäftshäuser wider. Auffälligstes Gebäude ist Canada Place, das futuristische Handelszentrum am Burrard Inlet. Die mit Teflon beschichteten Kunststoffsegel ragen wie bei einem Windjammer aus dem Komplex.

** False Creek »False Creek« heißt ein ungefähr zwei Kilometer langer Meeresarm, der Downtown Vancouver von der restlichen Stadt trennt und durch drei Brücken mit der Burrard-Halbinsel verbunden ist. Seinen Namen (»Falscher Bach«) erhielt er von George Henry Richards, der um das Jahr 1859 Vermessungen in diesem Gebiet durchführte. Während des Ersten Weltkriegs ließen die Great Northern Railway und die Canadian Northern Pacific Railway den östlichen Teil des Meeresarms auffüllen, um Platz für ihre Verschiebebahnhöfe zu haben. Ein großes Sägewerk und Lagerhallen kamen dazu. Bis in die 1950er-Jahre galt False Creek als industrielles Zentrum der Stadt, dann schwand seine Bedeutung. Erst in den 1970er-Jahren einigte man sich auf ein Stadtentwicklungsprogramm, das die Umwandlung in ein attraktives Wohn- und Geschäftszentrum zur Folge hatte. An einem Ende des False Creek erwartet Besucher nun die Telus World of Science. Das in einer geodätischen Kuppel von Richard Buckminster Fuller untergebrachte Museum informiert über naturwissenschaftliche Phänomene in wechselnden Ausstellungen. Das auffällige Gebäude spielte bei der Weltausstellung 1986 in Vancouver eine große Rolle.

Besuchermagnete des Stanley Park sind, neben dem Aquarium, die kunstvoll gestalteten Totempfähle.

❷ *** **Stanley Park** Dieser rund 400 Hektar große Stadtpark, die grüne Lunge von Vancouver, wurde nach Lord Stanley benannt, der in den Jahren 1888 bis 1893 Generalgouverneur von Kanada war. Ungefähr eine halbe Million mächtiger Bäume schaffen eines der attraktivsten Stadterholungsgebiete der Welt. Dass die jahrhundertealten Rotzedern, Hemlocktannen und Douglasien im westlichen Teil des an drei Seiten vom Ozean umgebenen Parks den Äxten der Holzfäller entgingen, verdanken sie zum einen der Tatsache, dass man sie einst schonen wollte, um für notwendige Reparaturen an den Segelschiffen der britischen Marine gewappnet zu sein, und zum anderen dem Weitblick des 1886 neu gebildeten Stadtrats, der die Umwandlung des zuvor militärisch genutzten Areals in einen heute durch ein dichtes Wegenetz gut erschlossenen Park veranlasste.

❸ ** **Gastown** Die ältesten Gebäude des heutigen Vancouver liegen in Gastown, der restaurierten Altstadt. Die Siedlung wurde von dem britischen Siedler John (»Gassy Jack«) Deighton aus dem Boden gestampft, der im September 1867 mit einem Kanu voller Whiskyfässer anlegte und am späteren Maple Tree Square, wo heute eine Statue an ihn erinnert, einen ersten Saloon eröffnete. Bald entwickelte sich die Siedlung zu einem wichtigen Handelszentrum. Erst 1866 wurde sie in Vancouver umgetauft. Seit 1971 steht Gastown unter Denkmalschutz. Clevere Geschäftsleute ließen die historischen Gebäude restaurieren und schufen ein romantisches Viertel mit Boutiquen, Restaurants, Antiquitätenläden und Straßencafés. Zum Markenzeichen des neuen Gastown wurde die Steam Clock an der Ecke Cambie Street und Water Street, eine alle fünfzehn Minuten weiße Schwaden ausstoßende Dampfuhr.

❹ * **Chinatown** Vancouvers Chinatown ist nach denen von San Francisco und New York die drittgrößte chinesische Siedlung auf dem amerikanischen Kontinent. Grell leuchtende Neonschilder mit chinesischen Schriftzeichen prägen das Viertel, mit fantasievollen Drachen und Pagodendächern verzierte Hauseingänge saumen die Straßen. Chinesen hatten entscheidenden Anteil an der Besiedlung, halfen beim Bau der Canadian Pacific Railway und gehören heute zu den größten eingewanderten Volksgruppen in Kanada. Als Zeichen der Verbundenheit zwischen Kanadiern und Chinesen entstand der Garten des Dr. Sun Yat-sen, den chinesische Handwerker der Bevölkerung schenkten. Benannt wurde diese friedvolle Oase nach dem chinesischen Revolutionär und Politiker Sun Yat-sen, der als »Vater des modernen China« gilt und sich mehrfach in Vancouver aufhielt. Essens- und Verkaufsstände laden zum abendlichen Shopping ein. Das »Millennium Gate« markiert den westlichen Eingang in Vancouvers Chinatown und steht symbolisch für eine den Blick in die Vergangenheit wie in die Zukunft ermöglichende Zeitenwende.

❺ *** **Granville Island** Die aufgeschüttete Insel liegt unter der Granville Bridge, die Vancouvers Innenstadt mit den südlichen Vororten verbindet. In den späten 1970er-Jahren wurden Lagerhallen und Fabrikgebäude in dem ehemaligen Industrieviertel restauriert und in kleine Restaurants, Boutiquen und Shops aufgeteilt. Maler, Töpfer und andere Künstler und Hand-

Totempfähle

Die bis zu 20 Meter hohen Totempfähle der First Nations an der Nordwestküste Kanadas sind stark schematisierte Darstellungen der Totemtiere eines Clans, etwa von Adler, Rabe, Bär, Wolf, Biber oder Wal. Die Pfähle wurden zu besonderen Anlässen geschnitzt, etwa beim Tod einer bedeutenden Persönlichkeit. Dabei wurden die auf das jeweilige Totemtier bezogenen Mythen vorgetragen. Vor allem repräsentieren die Pfähle jedoch den sozialen Status ihres Eigentümers – und so sind sie auch eher Wappenpfähle als »Totempfähle«. Das Wort »totem« selbst ist einer Algonkin-Sprache entlehnt und bedeutet so viel wie »sein Familienverband«. Mithilfe der Totems konnte auch Unaussprechliches symbolisch dargestellt werden – etwa Kriege, Morde oder Verluste.

Kunst und Kultur

In Vancouver fühlt man sich der Geschichte des westlichen Kanada verpflichtet: In vielen Museen beschäftigt man sich mit der Kunst und Kultur der First Nations an der Küste und dem Leben der ersten Einwanderer. Dies gilt auch für das Vancouver Museum, dessen äußere Form an die kegelförmigen Kopfbedeckungen erinnern soll, die von den First Nations einst getragen wurden. Während in diesem größten städtischen Museum des Landes die Geschichte Vancouvers von der ersten indigenen Siedlung bis in die Gegenwart anschaulich gemacht wird, illustriert man nebenan im H.R. MacMillan Space Centre den Weg zu den Sternen. Im Museum of Anthropology findet man eine der bedeutendsten Sammlungen der First Nations der Nordwestküste mit Totempfählen und Kunst.

Das Millennium Gate begrüßt die Besucher von Chinatown.

Steam Clock im Stadtteil Gastown.

werker richteten sich in den Schuppen häuslich ein, kleine Kunstgalerien und ein Theater entstanden. Als gelungenes städtebauliches Experiment feierte man Granville Island nicht nur in Kanada. Die Insel entwickelte sich zu einem beliebten Ausflugsziel und zieht nun jährlich mehrere Millionen Besucher an. Konzerte und Musicals kommen zur Aufführung. Der »Granville Island Public Market« überrascht mit einem sehr üppigen Angebot an frischem Obst und Gemüse sowie mit ausgesuchten Spezialitäten. Entlang der Promenade am False Creek findet man viele Restaurants, und bei gutem Sommerwetter sitzen die Gäste im Freien.

* Fort Langley Der historische Handelsposten der Hudson's Bay Company liegt ungefähr 40 Kilometer östlich von Vancouver und erinnert an das frühe 19. Jahrhundert, als die Fallensteller der Handelsgesellschaft vor allem Biber jagten. Deren Fell wurde für die Herstellung der damals populären Zylinder benötigt. Einen weiteren Schub gab dem Handelsposten der Goldrausch am Fraser River, der um das Jahr 1858 herum unzählige Siedler in diese Gegend brachte. Am 19. November 1858 erklärte James Douglas in Fort Langley die Provinz British Columbia zur Kronkolonie. Die gleichnamige Siedlung ist heute ein Freilichtmuseum mit originalgetreu nachgebautem Handelsposten, zwei Museen, einem alten Bahnhof, einer Farm und zahlreichen anderen historischen Gebäuden. Auch in historischen Kostümen demonstriert man das Leben der kanadischen Siedler im 19. Jahrhundert. Ursprünglich wurde das Fort 1827 am Ufer des Fraser River errichtet, zwölf Jahre später verlegte man es an den heutigen Standort. Von den acht Gebäuden des heutigen Freilichtmuseums ist nur ein altes Lagerhaus aus den 1840er-Jahren original erhalten. Über das Jahr verteilt finden immer wieder Re-Enactments statt, die in die Vergangenheit entführen.

Unterwegs in Whistler

Mit dem Mount Whistler und seinen umgebenden hohen Nachbarn ist die gleichnamige Region ein beliebtes Wintersportzentrum. Mit historischen Ortschaften und einem berühmten Canyon hat sie allerdings auch im Sommer viel zu bieten.

* Lillooet Zur Zeit des Goldrausches gehörte Lillooet mit seinen 13 Saloons, zahlreichen Holzhäusern und Zelten zu den größten Siedlungen des Landes. Bis zum Bau der Cariboo Wagon Road galt die Stadt als Ausgangspunkt für den wochenlangen Marsch zu den Goldfeldern im Norden. Ein Meilenstein im Zentrum von Lillooet markiert noch heute den Ausgangspunkt des langen Trails. Die »Brücke der 23 Kamele« erinnert an ein kurioses Unternehmen in den Tagen des Goldrausches, als ein paar Männer auf die Idee kamen, ihre schweren Lasten von Kamelen nach Barkerville transportieren zu lassen. Lillooet ist eine Pionierstadt geblieben. Zentrum ist immer noch die Main Street, eine Straße mit Läden, Kneipen und Saloons. Das Hotel Victoria wurde 1981 nach alten Plänen wiederaufgebaut.

Einblick in vergangene Zeiten geben die hübschen Häuschen in Lillooet.

** Duffy Lake Road Von Pemberton nach Lillooet lohnt sich ein Umweg über die Duffy Lake Road. Im Südwesten leuchten die Joffrey Ice Fields. James Duffy entdeckte den ehemaligen Trail der First Nations um das Jahr 1860.

* Mount Whistler Das bekannteste Skigebiet von British Columbia – hier wurden schon Weltcup-Rennen gefahren – liegt 120 Kilometer nördlich von Vancouver und ist über eine besonders schöne Küsten- und Bergstraße (Highway 99) erreichbar. Die herrlichen Abfahrten auf dem Mount Whistler und dem Mount Blackcomb wurden schon mehrfach von Skimagazinen ausgezeichnet. Am Blackcomb befindet sich der steilste Skihang Nordamerikas. Die Skilifte starten hier gleich neben den Hotels. Im Sommer locken Wanderwege.

** Fraser River Valley Wie das benachbarte Chilliwack River Valley gilt auch das Fraser River Valley als eines der landwirtschaftlichen Zentren der Provinz. Im Norden des Tals liegt Hell's Gate, eine tiefe Schlucht, die an ihrer engsten Stelle nur 35 Meter breit ist: Simon Fraser, der große Teile der heutigen Provinz British Columbia kartografierte und nach dem auch der Fraser River benannt ist, vermutete im Jahr 1808, dies sei das Tor zur Hölle. Der Canyon und die tief eingeschnittenen Täler entstanden während der Eiszeit und waren schon vor Ankunft der Europäer dicht besiedelt. Nachdem im Jahr 1857 im Thompson River Gold gefunden worden war, trieb der Goldrausch die Besiedlung voran und führte zu zahlreichen Stadtgründungen an den Anlegeplätzen der Dampfschiffe aus Vancouver. Eine dieser Städte war die heutige Metropole Chilliwack.

Sowohl von der Brücke, als auch aus der Seilbahn bietet sich ein guter Blick auf Hell's Gate.

* Hell's Gate Simon Fraser erreichte die enge Schlucht als erster Weißer – den First Nations war sie bereits ein beliebter Angelplatz – und nannte sie »Tor zur Hölle«. Dieser Name blieb dem nur 34 Meter breiten Canyon erhalten. Im Jahr 1971 baute man eine Seilbahn, die sogenannte »Hell's Gate Airtram«, über den Fluss, die zu einer der beliebtesten Attraktionen im südwestlichen British Columbia wurde.

Von viel Grün umgeben wird der knapp 20 Kilometer lange Harrison River, ein Nebenfluss des Fraser River.

Garibaldi Provincial Park

Die eindrucksvollen Gipfel der sich nördlich der Kaskadenkette überwiegend entlang der kanadischen Pazifikküste bis zum Alaska Panhandle ziehenden Coast Mountains prägen dieses bereits im Jahr 1927 eingerichtete, knapp 1950 km² große Naturparadies.

Der rund 13 Kilometer nördlich von Squamish, einer alten Holzfällersiedlung am Ende des Howe Sounds, gelegene Park umfasst ein knapp 1950 Quadratkilometer großes Gebiet in den Coast Mountains, das von faszinierenden Seen und Wäldern sowie von Gletschern und Bergspitzen geprägt wird, für deren Entstehung prähistorische Vulkanausbrüche verantwortlich waren. Zentrales Bergmassiv ist der – wie der Park selbst nach dem italienischen Freiheitskämpfer Giuseppe Garibaldi benannte – Mount Garibaldi (2678 Meter); die höchste Erhebung ist mit 2891 Metern der Wedge Mountain. Vom Highway 99 zwischen Squamish und Whistler führen mehrere Stichstraßen

in den Park, der in fünf große Hauptwandergebiete unterteilt ist: Black Tusk/Garibaldi Lake gilt als das schönste, die anderen heißen Wedgemount Lake, Singing Pass, Cheakamus Lake und Diamond Head.

Auf dem neun Kilometer langen Garibaldi Lake Trek kann man die faszinierende Naturlandschaft des Parks erwandern. Der gut ausgeschilderte Weg überwindet etwa 800 Höhenmeter und bietet nach etwa sieben Kilometern einen schönen Rastplatz. Der Weg ist moderat, doch alle Anstrengungen werden mit dem Ausblick wieder wettgemacht.

Highlights
Hauptattraktion ist die Wanderregion Black Tusk/Garibaldi Lake: Auf kleinem Radius findet man hier einen ungewöhnlichen Reichtum an Naturschönheiten: Black Tusk, Panorama Ridge, Helm Glacier, The Sphinx, Guard Mountain, Garibaldi Lake, The Table, Sentinel Glacier, Sphinx Glacier, Castle Towers.

Tipps
Die beste Zeit, um in diesem Schutzgebiet die alpine Blütenpracht zu erleben, sind die Monate Juli und August.

Praktische Informationen
Anreise von Vancouver nördlich in Richtung Whistler; zwischen Squamish und Pemberton liegen am Highway 99 – in diesem Abschnitt auch Sea-to-Sky Highway genannt – die fünf Zugangspunkte des Parks (von Süd nach Nord: Diamond Head, Black Tusk/Garibaldi Lake, Cheakamus Lake, Singing Pass, Wedgemount Lake). Es gibt kein Visitor Centre.

Wandermöglichkeiten bieten sich rund um den bis zu 300 m tiefen Lake Garibaldi.

Unterwegs in Thompson Okanagan

Thompson Okanagan ist für seine kulinarischen Schätze berühmt – allem voran der Wein genießt einen guten Ruf. Im zentralen Süden von British Columbia gelegen, lässt es sich in der Region auch hervorragend Golfen, Skifahren und Angeln.

Im 19. Jahrhundert wurde in der Region bereits Wein angebaut, bis heute prägen die Rebenhänge das Landschaftsbild.

* Chasm Provincial Park Rote und braune, aber auch gelbliche und violette Streifen ziehen sich hier kilometerweit die Felswand entlang: Die zentrale Kluft des nur 30 Quadratkilometer großen Parks heißt »The Painted Chasm«, die »bemalte Schlucht«. Hier gruben sich das Schmelzwasser der letzten Eiszeit und ein Flüsschen rund 300 Meter tief in den Boden und legten die farbenreiche Erdgeschichte der Region frei. Statt Sedimentschichten zeigt das Chasm Creek Valley bunte Lagen erstarrter Lava – ein Eldorado für Wanderer und Fotografen. Gerahmt ist die acht Kilometer lange und bis zu 600 Meter breite Schlucht von Kiefernwald sowie flachen Regionen mit Seen und Sümpfen. Sie sind Heimat zahlreicher Vogelarten, auch Elch und Maultierhirsch, Schwarzbär, Kojote und Dickhornschaf sind hier anzutreffen. Zugänglich ist die wahrhaft malerische Schlucht über den nahen Cariboo Highway.

* Kamloops Die First Nation der Secwépemc nannten den Ort einst Cumloops (»wo sich die Wasser treffen«), da er am Zusammenfluss von South- und North Thompson liegt. In ihre Vergangenheit, Sprache und Kultur eintauchen kann man dank des »Secwépemc Museum and Heritage Park«.

* Okanagan Valley, Shuswap Lake Area
Zu den fruchtbarsten Regionen im westlichen Kanada gehört das Okanagan Valley, das durch den gleichnamigen Fluss gebildet wird. Pater Charles Marie Pandosy pflanzte dort im Jahr 1859 Weinreben an, und um die Jahrhundertwende standen bereits mehr als eine Million

Zwölf Meter hoch ragt die Skulptur »Spirit of Sail« von Robert Dow Reid in Kelowna auf.

Im fruchtbaren Okanagan Valley liegt die Ortschaft Osoyoos inmitten der Weinberge.

Obstbäume. Das trockene Klima begünstigte den Reifungsprozess und schuf ideale Bedingungen für Obst- und Weinbau. Heute liegen mehr als 20 Weingüter in dem fruchtbaren Gebiet zwischen Osoyoos, Winfield und Keremeos. Vier große Seen – Shuswap, Adams, Mara und Mabel Lake – bilden ein Wassersportparadies mit zahlreichen Stränden. Salmon Arm liegt inmitten anmutiger Landschaften und ist die größte Stadt der Region. Sicamous wurde als »House Boat Capital of the World« bekannt. Der Name des Okanagan Valley leitet sich von dem gleichnamigen Stamm der First Nations ab.

* **O'Keefe Historic Ranch** Die nördlich von Vernon gelegene Ranch wurde im Jahr 1867 gegründet und gehört zu den größten Viehbetrieben im Okanagan Valley. Zahlreiche Gebäude, darunter die Schmiede und die historische St. Anne's Church, wurden originalgetreu aufgebaut.

* **Kelowna** Kelowna bedeutet Grizzlybär. So wurde August Gillard genannt, der hünenhafte Schmied der jungen Siedlung, weil er so groß und zottelig wie ein Bär aussah und auch ähnliche Geräusche von sich gab. »Kim-ach-touch« riefen die Angehörigen der First Nations den Schmied und meinten damit auch das Land, das er besiedelt hatte. Die Weißen taten sich schwer mit dem Wort und machten daraus Kelowna. Für die Kanadier wurde es zu einem Synonym für den Sommer. Die helle und freundliche Stadt lockt mit zahlreichen Stränden, einem bunten Jachthafen, interessanten Läden und Restaurants sowie Parks.

Auch in den einstigen Schulalltag bietet das Heritage Centre der O'Keefe Ranch Einblicke.

British Columbia | Thompson Okanagan

Wells Gray Provincial Park

Erloschene Vulkane, Basaltkegel, Lavafelder und Mineralquellen künden von der bewegten Erdgeschichte dieser waldreichen, von Flüssen durchzogenen Region. 1939 zum Provincial Park erklärt, umfasst das Schutzgebiet in den Cariboo Mountains heute 5400 km².

Majestätische Berge und Gletscher, klare und stille Seen, rauschende Flüsse, tosende Wasserfälle und tiefe, während der letzten Eiszeit vom Schmelzwasser ausgewaschene Schluchten: Mehr als 5000 Quadratkilometer groß ist dieses im Jahr 1939 gegründete Naturparadies in den Cariboo Mountains, das bisher nur zum Teil erschlossen wurde und seinen Besuchern in einer eigenen Broschüre mit gutem Grund »Regeln zur Bärenbeobachtung« mit auf den Weg gibt. Neben Grizzlys kann man hier auch noch viele andere Tierarten – Biber, Maultierhirsche, Elche – beobachten. Geologisch bemerkenswert ist das vor rund dreieinhalb Millionen Jahren entstandene und seitdem kontinuierlich weiter wachsende Wells Gray-Clearwater Volcanic Field: Erloschene oder ruhende Vulkane, Basaltkegel, erkaltete Lavaströme und Mineralquellen bezeugen die bewegte Erdgeschichte dieser Region. Zu den Naturschönheiten des Wells Gray Provincial Park gehören auch spektakuläre Wasserfälle wie die 140 Meter tief vom Murtle Plateau in eine von schwarzen Basaltwänden gerahmte Schlucht stürzenden, nach einem für die Hudson's Bay Company arbeitenden britischen Arzt benannten Helmcken Falls.

Highlights

Hauptattraktion des Parks sind die nach dem deutschstämmigen, für die Hudson's Bay Company tätigen Arzt John Sebastian Helmcken benannten Helmcken Falls. Aber auch die Dawson Falls und Moul Falls sind beeindruckend!

Tipps

Bei Clearwater am Rand des Naturschutzgebietes gelegen, bietet die Wells Gray Guest Ranch (www.wellsgrayranch.com) ein- und mehrtägige Trail Rides, Hiking Trips und Kanutouren durch die Wildnis an. Die Ranch gehört zu den ältesten ihrer Art in der Region, der »Old West« ist noch überall zu spüren.

Praktische Informationen

Anreise in den im Osten von British Columbia gelegenen Park mit dem Auto, Bus oder Zug nach Clearwater; östlich davon biegt die 63 km lange Zufahrtsstraße (Clear Water Valley Road) in nördlicher Richtung vom Highway 5 ab und führt bis zum Clearwater Lake in den Park hinein. Ein Visitor Centre ist bei Clearwater an der Zufahrtsstraße zum Park zu finden.

141 Meter tief fällt das Wasser des Murtle River über das gleichnamige Plateau und bildet so die Helmcken Falls. Ihr lautes Rauschen kündigt sie schon von Weitem an.

Mount Robson Provincial Park

Auch der 2249 km² große Mount Robson Provincial Park gehört seit dem Jahr 1990 zum UNESCO-Welterbe »Kanadische Rocky Mountains«. Eingerichtet wurde das Naturschutzgebiet rund um den mit 3954 Metern höchsten Gipfel dieser Region bereits im Jahr 1913.

Der 3954 Meter hohe Mount Robson ist neben dem 2911 Meter hohen Mount Fitzwilliam der höchste Berg des Parks und in den kanadischen Rocky Mountains. Nicht selten zeigt er sich in Wolken verhüllt, seine wuchtige Gestalt ist dennoch eindrucksvoll. »Yuh-hai-has-hun« (»Berg des gewundenen Weges«) nannten die First Nations den Giganten, in Anspielung auf seine sich wie Serpentinen nach oben windenden Felsschichten. Die Weißen nannten ihn »Mount Robson«, um John Robson zu ehren, der 1889 bis 1892 Premierminister der Provinz war. Im Jahr 1913 erklärte die Regierung das im Osten direkt an den Jasper National Park in Alberta angrenzende, über 2200 Quadratkilometer große Areal zum Mount Robson Provincial Park, 1990 wurde der Park von der UNESCO in die erweiterte Weltnaturerbestätte »Kanadische Rocky Mountains« aufgenommen. Geschützt wird damit auch die charakteristische Fauna, zu der unter anderem 182 Vogelarten, Grizzlys und Karibus gehören. Das Wahrzeichen des Provincial Parks, die Schneeziege, zeigt sich Besuchern nur äußerst selten.

Highlights
Eine der schönsten Bergtouren im kanadischen Westen ist der etwa 2 Kilometer talaufwärts am Robson River (Parkplatz) beginnende, am Kinney Lake (Campingplatz am nordöstlichen Ufer) vorbei zum Berg Lake führende Berg Lake Trail (22 Kilometer einfach, 795 Meter Höhenunterschied). Sieben Campgrounds befinden sich entlang der Strecke.

Tipps
Achtung Zeitumstellung: Der Yellowhead Pass markiert die Grenze zwischen dem in Alberta gelegenen Jasper National Park, in dem die Mountain Time gilt, und dem Mount Robson Provincial Park, hier gilt die Pacific Time.

Praktische Informationen
Anreise mit dem Auto in das im Westen direkt an den Jasper National Park angrenzende Naturschutzgebiet auf dem Yellowhead Highway (Highway 16). Nur einige Autominuten östlich von Téte Jaune Cache liegt direkt an der viel befahrenen Fernstraße das Visitor Centre.

Gletscher speisen den 1628 Meter hoch gelegenen Berg Lake. Auch mitten im Hochsommer treiben noch Eisberge im See. Im Hintergrund thront der dem Park seinen Namen gebende Mount Robson.

Unterwegs in den Kootenay Rockies

Einige der berühmtesten und spektakulärsten Nationalparks liegen in dieser südöstlichen Ecke von British Columbia. Als ideales Gebiet zum Wandern, Skifahren, Klettern, Wildwasser-Raften und mehr locken die Rockies das ganze Jahr über Aktivsportler an.

Ein abenteuerliches Unterfangen ist eine Fahrt der Canadian Pacific Railway, sobald sie den Kicking Horse Pass erreicht.

** Kicking Horse Pass Am Kicking Horse Pass östlich von Golden liegen die berühmten »Spiral Tunnels« der Canadian Pacific Railway. In vielen Windungen und durch zahlreiche Tunnels führen die Schienen den steilen Berg hinauf. Einen langen Güterzug kann man oben aus einem Tunnel herausfahren sehen, während hundert Meter weiter unten sein anderes Ende im Fels verschwindet. Außerdem markiert der Kicking Horse Pass gleich zwei Grenzen: Zum einen trennt er British Columbia und Alberta, zum anderen verläuft hier die Kontinentale Wasserscheide von Nordamerika. Seinen Namen erhielt der Pass – ebenso wie der nahe Kicking Horse River – vom Mediziner und Geologen Sir James Hector. Er war 1858 Teilnehmer der von John Palliser geleiteten Exkursion, bei der der Gebirgspass erstmals von Weißen entdeckt wurde. Bei einer Flussquerung wurde Hector von einem panischen Pferd gegen die Brust getreten – der Name war geboren.

Skifahren in den Rocky Mountains

Längst haben europäische Ski-Fans die kanadischen Rocky Mountains für sich entdeckt. Nicht nur die: Im lockeren Schwung die Pisten hinabzuwedeln, ist auch in den Coast Mountains und im amerikanischen Teil der Rockies ein Vergnügen. Warum? In erster Linie wegen des Pulverschnees, Powder genannt, der hier besonders leicht und weich sein soll. Weniger Luftfeuchtigkeit plus mehr Kälte ergeben ein langes Skivergnügen. Hinzu kommen gut gepflegte, meist leere Pisten. Das größte Skigebiet der kanadischen Rockies ist das in Alberta gelegene Lake Louise/Banff, nordwestlich von Calgary. Aufgrund seiner Nähe ist es ideal mit dem in BC befindlichen Kicking Horse, einem äußerst anspruchsvollen Gebiet, kombinierbar.

Bugaboo Provincial Park

Der Bugaboo Provincial Park liegt im Südosten von British Columbia. Zum Schutz der imposanten Hochgebirgslandschaft und ihrer Ökosysteme wurde der 136 km² große Provincial Park aus mehreren bestehenden Schutzgebieten zusammengeschlossen.

Für Goldgräber ein Horror, für Bergsteiger heute ein Kletterparadies: Die Bugaboos liegen als Bergkette der Purcell Mountains ganz im Südosten British Columbias. An den malerischen, aber kargen Hängen hofften erste Einwanderer noch Ende des 19. Jahrhunderts, mit Bodenschätzen reich zu werden. Sie fanden nur Katzengold und Bleiglanz. Enttäuschung, Erschöpfung und das schnee- und regenreiche Wetter führten wohl zu dem schottischen Namen der Region: »bugaboo« für »Schreckgespenst«. Doch schon 1910 entdeckten erste Bergsteiger die markanten dunklen Felsnadeln und Granittürme, die die Erosion über Jahrmillionen aus weicherem Deckgestein herausgegraben hatte. Die Beliebtheit bei Sportlern wuchs, zum Schaden der fragilen Natur – 1969 entstand ein erstes Schutzgebiet. Heute umfasst der Bugaboo-Park rund 136 Quadratkilometer, ein Gebiet, das im Winter stark lawinengefährdet ist. Der Snowpatch Spire lockt Bergsteiger und Freeclimber aus aller Welt. Im Winter kommen Heli-Skifahrer oder Skitourengeher in die für ihren guten Schnee bekannte Region.

Highlights

Nur etwa eine gute Autostunde südöstlich von Golden zweigt eine 44 Kilometer lange, vom Columbia Valley westwärts bergan führende Schotterstraße ab, an deren Ende sich die Granitfelsen der Bugaboos erheben. Vor allem abends, wenn die an ihrem höchsten Punkt, dem Howser Spire, 3412 Meter hohen Felszacken im letzten Tageslicht geradezu magisch leuchten, versteht man, weshalb Kenner diesen Park für eines der schönsten Naturschutzgebiete Westkanadas halten.

Tipps

Einige der Felstürme wie der Pigeon Squire gelten unter Bergsteigern als Klassiker.

Praktische Informationen

Anreise mit dem Auto über Golden; im Winter ist die Anreise nur mit dem Hubschrauber möglich. Visitor Centre in Golden, 1000 Trans Canada Highwa, www.tourismgolden.com

Der teils gefrorene See unterhalb der Tamarack Ridge kündet schon vom Winter.

Yoho National Park

Neben Banff, Jasper und Kootenay ist der 1310 km² große, bereits im Jahr 1886 gegründete Yoho National Park der vierte und kleinste der von der UNESCO zur Welterbestätte »Kanadische Rocky Mountains« zusammengefassten Nationalparks.

Der im Jahr 1886 gegründete, 1313 Quadratkilometer große Yoho-Nationalpark ist der kleinste der – mit Jasper, Banff und Kootenay – vier Nationalparks, die im Jahr 1984 gemeinsam als »Kanadische Rocky Mountains« von der UNESCO auf die Liste des schützenswerten Erbes der Welt gesetzt wurden, um diese faszinierende Naturlandschaft mit ihrer noch weitgehend unberührten Tier- und Pflanzenwelt zu bewahren. 1990 wurde die Weltnaturerbestätte noch um die Provinzparks Mount Robson, Mount Assiniboine und Hamber erweitert. Ungeachtet seiner Größe halten ihn viele für den schönsten der vier. Sein Kerngebiet setzt sich aus zwei vom Kicking Horse River und vom Yoho River geformten Tälern zusammen. Einen landschaftlichen Glanzpunkt setzen die Takakkaw Falls, wo das Schmelzwasser des Daly Glacier über eine Felswand 254 Meter in die Tiefe stürzt. Kein Wunder, dass als Name des Nationalparks das Wort der Cree für »Erstaunen« oder »Ehrfurcht« gewählt wurde. Denn egal, ob man nun eine mehrtägige Backpacking-Reise durch den Nationalpark unternimmt oder als Tagestourist die Region besucht – in sprachloses Staunen wird einen die spektakuläre Natur in jedem Fall versetzen. Daran ändert auch die Tatsache nichts, dass sowohl der Trans Canada Highway, als auch eine Bahnstrecke der Canadian Pacific Railway durch den Park führen.

Highlights
Vom Lake Louise über den Kicking Horse Pass kommend, teilt der Trans-Canada Highway den Park in zwei Hälften. Nicht versäumen sollte man Abstecher zu Naturschönheiten wie Natural Bridge und den Hoodoos, Yoho Valley und Takakkaw Falls, Wapta Falls, Lake O'Hara oder Emerald Lake.

Tipps
Eine der besten Adressen in den kanadischen Rockies ist die Lake O'Hara Lodge am Südwestufer des gleichnamigen Sees,. www.lakeohara.com

Praktische Informationen
Anreise: Mit dem Auto von Calgary rund 1200 Kilometer in westlicher Richtung auf dem Trans-Canada Highway bis nach Field, der einzigen kleinen Ortschaft des Parks, in der sich auch das Visitor Centre befindet.

Der Takakkaw Falls sind nur einer der vielen Höhepunkte im Nationalpark. Sie stürzen über 380 Meter in die Tiefe und werden vom Daly-Gletscher gespeist.

Mount Revelstoke National Park

Etwa auf halbem Weg von Calgary nach Vancouver inmitten der beeindruckenden Selkirk Mountains gelegen, wurde der 260 km² große, im Osten in den ungleich größeren Glacier National Park übergehende Nationalpark bereits im Jahr 1914 gegründet.

Der Nationalpark liegt in den Selkirk Mountains, umfasst ein Gebiet von rund 260 Quadratkilometern und wurde im Jahr 1914 gegründet. Eine Panoramastraße – der auch »Summit Road« genannte, 26 Kilometer lange »Meadows in the Sky Parkway« – zweigt etwa eineinhalb Kilometer östlich des Orts Revelstoke in nördlicher Richtung vom Trans Canada Highway ab und windet sich dann durch Wälder und über Bergwiesen hoch zum Park. Hier gedeihen bis zu 1000 Jahre alte Rotzedern und die außerhalb der Naturschutzgebiete gefährdeten Hemlocktannen. In den subalpinen Föhren tummeln sich Vögel und Eichhörnchen. Weiter oben überziehen bunte Blumenteppiche die Wiesen. Vom Mount Revelstoke (1860 Meter) blickt man auf schneebedeckte Felshänge und scharf gezackte Gletscherspalten. In den dunklen Tälern des Nationalparks leben Grizzlys, Bergziegen und Karibus. Der Hochgebirgspark ist nur im Sommer zugänglich, wenn die Straßen schneefrei sind. Während der Wintermonate liegt hier etwa acht Monate eine dicke, schützende Schneedecke.

Highlights
Vom Gipfel des 1938 Meter hohen Mount Revelstoke bietet sich ein herrliches Panorama auf die umliegenden Bergspitzen und – Anfang August in prächtigster Blüte stehenden – Wildblumenwiesen. Auf den Gipfel führt der 26 Kilometer lange Meadows in the Sky Parkway. Auch nicht versäumen sollte man den Giant Cedars Boardwalk Trail mit informativen Tafeln entlang des Weges zur Flora und Fauna des Zedernwaldes sowie den 1,2 Kilometer langen Rundweg Skunk Cabbage Boardwalk Trail im Sumpfgebiet des Illecllewood River.

Tipps
Wo Pulverschneeträume wahr werden: Revelstoke, ein Hotspot für Heli-Skiing-Fans.
www.revelstokemountainresort.com
www.selkirk-tangiers.com

Praktische Informationen
Anreise mit dem Auto oder Bus auf dem Meadows in the Sky Parkway von der Stadt Revelstoke aus in östlicher Richtung. Das Visitor Centre befindet sich am Parkway.

Am Ostrand des Parks führt der Giant Cedars Boardwalk Trail, ein nur 500 Meter langer Naturlehrpfad, zu bis zu 800 Jahre alten Baumriesen. Die Riesen-Lebensbäume wachsen bis zu 70 Meter in die Höhe, ihre Stämme können einen Umfang von bis zu 6 Meter erreichen.

Glacier National Park

Gemeinsam mit dem Yoho-Nationalpark gehört der im Jahr 1886 eingerichtete, 1349 km² große Glacier National Park zu den ältesten Naturschutzgebieten Kanadas. Schon im Jahr zuvor wurde das Gebiet von der Eisenbahn erschlossen.

Der im Jahr 1886 gegründete Nationalpark umfasst ein rund 1350 Quadratkilometer großes Gebiet in den Columbia Mountains und schützt mehr als 400 Gletscher, die einen großen Teil des Geländes permanent mit Eis bedecken. Eis, Regen und Schnee bestimmen denn auch in weiten Teilen das Areal, das gleichwohl ein begehrtes Ziel für Bergsteiger und Wanderer ist. Ausgangspunkt für Touren im Park und sportliche Aktivitäten wie Wildwasser-Rafting auf den hier zusammenfließenden Flüssen Kicking Horse und Columbia ist der kleine Ort Golden. Als einzige Straße führt der Trans-Canada-Highway durch den Park und auf den 1330 Meter hohen, von steilen Dreitausendern umgebenen Rogers Pass. Dieser wurde im Jahr 1881 für die Canadian Pacific Railway entdeckt und unter größten Mühen erschlossen. Sehens-

wert sind zudem die Nakimu Caves, ein weitverzweigtes Höhlensystem. Der Mount Sir Donald ähnelt nicht nur dem Matterhorn, es waren auch Schweizer Bergsteiger, die ihn 1890 erstmals erklommen. An seinen Hängen fließt der Illecillewaet-Gletscher hinab, der auf einem etwa einstündigen Trail erkundet werden kann.

Highlights

An den Bau des Trans-Canada Highway erinnert die Rogers Pass National Historic Site. 5 Kilometer nordwestlich vom Rogers Pass liegen die Nakimu Caves, ein im Jahr 1902 entdecktes Kalksteinhöhlensystem. Ein fantastisches Gletscherpanorama erschließt der als 13 Kilometer langen Rundweg (ca. 7 Stunden, Übernachtungsmöglichkeit auf der Asulkan Cabin) angelegte Asulkan Trail.

Tipps

Herrliche Ausblicke in einer atemberaubend schönen Hochgebirgswelt bietet die Glacier Park Lodge am Rogers Pass. Hauptlebensraum der im Park heimischen Grizzlys ist das Balu Valley.
www.glacierparklodge.ca

Praktische Informationen

Anreise mit dem Auto oder Bus über den Trans-Canada Highway, der den Park durchquert. Im Park sind drei Visitor Centre zu finden, die teilweise nur im Sommer geöffnet sind: Am östlichen und westlichen Eingang und an der Going-to-the-Sun Road.

Die markante Pyramidenform des Mount Sir Donald und der Illecillewaet Glacier bilden bei Wanderungen treue Gefährten, ihr Panorama begleitet stetig durch den Park.

Kootenay National Park

Kootenay in den Rocky Mountains gehört zu den landschaftlich vielseitigsten Nationalparks des Landes. Zudem zählt das im Jahr 1920 gegründete, 1406 km² große Naturschutzgebiet seit den 1980er-Jahren zum UNESCO-Welterbe.

Der im Jahr 1920 gegründete, 1406 Quadratkilometer große Kootenay-Nationalpark liegt im Südwesten der kanadischen Rocky Mountains. Das Herzstück des Areals bilden die Täler des Kootenay und des Vermilion River. Am 1637 Meter hohen Vermilion Pass kann man am nur einen Kilometer langen Fireweed Trail beobachten, wie sich die Natur auch nach verheerenden Bränden wieder zu regenerieren weiß. Selbst die Tierwelt ist mit zahlreichen Säugetierarten und knapp 200 Vogelarten beachtlich. Südlich des Passes ist die Gegend um den Stanley Glacier auch für ihre Fossilienfunde bekannt. Sehenswert sind zudem der 37 Meter tief in den Kalkstein gegrabene Marble Canyon, die »Paint Pots«, aus deren eisenhaltigem Lehm die First Nations einst Körperfarbe machten, und die leicht radioaktiven Thermalquellen im heutigen Kurort Radium Hot Springs am südlichen Ende des Parks: Schon die Ureinwohner versprachen sich von ihnen eine heilende, spirituelle Wirkung.

Highlights

Am einfachsten erkundet man den Park von Ost nach West auf dem Highway 93. Die Fahrt (1,5 Stunden) führt über den Vermilion Pass, für den Halt im Marble Canyon und an den Paint Pots sollte man weitere zwei Stunden einplanen.

Tipps

Größte Entspannung bietet ein Besuch von Kanadas größtem, bei Radium Hot Springs gelegenen, Thermalbad (www.radiumhotsprings.com). An Mineralien wie Sulphat und Calcium reich, bietet es Erholung und Entspannung in malerischer Kulisse.

Praktische Informationen

Anreise mit dem Auto oder Bus von Calgary (143 Kilometer vom Park entfernt) auf dem Trans-Canada Highway in westlicher Richtung bis zur Kreuzung mit dem Highway 93 zwischen Banff und Lake Louise. Visitor Centre in Radium Hot Springs, 7556 Main Street East, www.radiumhotsprings.com

Das erste Licht der Morgensonne scheint die Konturen der Felswände im Kootenay National Park besonders deutlich herauszumeißeln. Die hiesigen Felsengebirgslärchen und der Schnee setzen grüne und weiße Farbtupfer in die Szenerie aus Grau-Braun.

Mount Assiniboine Provincial Park

1922, elf Jahre nach der Erstbesteigung des Mount Assiniboine, wurde das heute 391 km² große Areal rund um den 3618 Meter hohen Berg zum Naturschutzgebiet erklärt. Seit dem Jahr 1990 gehört dieses zur Welterbestätte »Kanadische Rocky Mountains«.

Mit seinen 3618 Metern Höhe gehört der Mount Assiniboine zu den höchsten Bergen der kanadischen Rocky Mountains. Seinen Namen bekam der von der Form her an eine Pyramide erinnernde Berg von dem kanadischen Wissenschaftler George Mercer Dawson (1849 bis 1901), der in den Jahren 1883 bis 1884 im Regierungsauftrag durch die kanadischen Rockies reiste, um dort die größeren Berge, Pässe und bedeutenden Flüsse zu kartieren. Als Dawson vor dem Berg stand, erinnerten ihn die Wolken oberhalb des Gipfels an die über den Tipis der hier ansässigen First Nations der Assiniboine aufsteigenden Rauchwolken, weshalb er den Berg »Mount Assiniboine« nannte.

Nach ihm wurde auch der im Jahr 1922 gegründete, 390 Quadratkilometer große, zum UNESCO-Weltnaturerbe »Kanadische Rocky Mountains« gehörende und von keiner Straße durchquerte Provincial Park benannt.

Highlights

Hauptattraktion des Parks und ein Ziel für Bergsteiger und Kletterer ist zunächst der namensgebende Berg selbst. Das umliegende Gebiet gilt als ein Naturparadies für Wanderer, Skifahrer und Schneeschuhgänger. Zwei einfachere von mehreren unterschiedlich schwierigen Trails führen über den Og Pass und den Wonder Pass zur Mount Assiniboine Lodge.

Tipps

Da das Wetter in dieser Region rasch umschlagen kann, sollten sich die Besucher mit Kleidung und Proviant für alle Eventualitäten ausstatten. Selbst im Sommer ist man vor Hagel- oder Schneestürmen und Gewittern nicht gefeit.

Praktische Informationen

Anreise mit dem Auto in den zwischen den Nationalparks Banff im Westen und Kootenay im Osten gelegenen Provinzpark von Banff auf der Straße nach Sunshine Village. Am Parkplatz Bourgeau muss man seinen Wagen abstellen; das Naturschutzgebiet selbst ist nur zu Fuß auf kräftezehrenden Pfaden zugänglich. Dort gibt es zudem weder ein Visitor Centre noch befestigte Straßen. Unterkunft: Mount Assiniboine Lodge beim Lake Magog,
 https://assiniboinelodge.com

Der passenderweise Sunburst Peak (»Sonnenbündel«) genannte Berg erstrahlt im letzten Licht der Abendsonne.

Tierwelt der kanadischen Rockies

In den Bergwäldern Westkanadas finden Bären, Elche, Waldbisons, Karibus und Wapitihirsche noch viel ungestörten Lebensraum. Ihnen zu begegnen und diese Tiere in freier Wildbahn zu erleben, gehört zu den Highlights einer jeden Reise in den kanadischen Westen. Doch immer sollte bei Bären, aber auch bei Elchen und Bisons Vorsicht geboten sein. Die großen Tiere können viel schneller rennen als ein Mensch. Weniger augenfällig, aber umso zahlreicher sind Pelztiere wie Biber, Marder, Füchse und Dachse. Auf den Seen sind zahlreiche Wasservögel heimisch. Angler zieht es zu den guten Lachsbeständen der Flüsse – ebenso wie die ebenfalls fischliebenden Grizzlys.

Zu den zahlreichen Gletschern im Provinzpark gehört der Toby Glacier, der sich in den gleichnamigen Toby Creek entwässert.

** Purcell Wilderness Conservancy Provincial Park

Erst im Jahr 1974, als bereits die Bulldozer in die Täler der Purcell Mountains drangen, schafften es verantwortungsvolle Regierungsbeamte und Umweltschützer, die Bergwildnis unter Naturschutz zu stellen und eine kommerzielle Ausbeutung des Gebietes zu verhindern. 1315 Quadratkilometer Fläche gingen in der Purcell Wilderness Conservancy auf. 1995 erklärte man die Wildnis dann zum Provinzpark. Zahlreiche Gletscher und glasklare Bergseen, ausgedehnte Sumpfgebiete, stille Wälder und rauschende Flüsse bilden ein faszinierendes Umfeld für Bären, Elche, Biber und viele andere Wildtiere. Der historische Earl Grey Pass Trail führt durch den nördlichen Teil dieser Wildnis. Er wurde nach einem kanadischen Gouverneur benannt, den diese Gegend so begeisterte, dass er sich bereits im Jahr 1908, damals vergeblich, dafür einsetzte, dass sie zum Nationalpark erklärt werde. Am Jumbo Pass erleben Wanderer oder die Skitouren-Geher im Winter noch ursprüngliche Landschaft und Einsamkeit. Auch im Hochsommer hat es hier oftmals Stellen mit Altschnee.

Wölfe

Der Wolf braucht ein großes Revier, in dem er jagen und seine Jungen großziehen kann. Entscheidend ist für ihn dabei, wie viel Beute sein Lebensraum bietet – Karibus, Wapitis oder Wildschweine verspeist er dort ebenso gern wie Lachse und Mäuse. Während der Wolf aus Deutschland fast vollkommen verschwunden ist, hat sich das Tier in den weiten Wäldern Nordamerikas seinen festen Bestand gesichert. In den nördlichen Rocky Mountains wird ihre Population auf 13 000 geschätzt. Neben dem typischen hellbraunen bis grauen Wolf kommt in den Wäldern auch der etwas größere, dunkle Timberwolf häufig vor. Wölfe gehören zu den ausdauerndsten Jägern überhaupt und können ihre Beutetiere gemeinsam mit ihren Artgenossen gar stundenlang hetzen.

Auf dem schmalen Jumbo Pass Hiking Trail bieten sich immer wieder eindrucksvolle Ausblicke auf die Purcell Mountains.

Valhalla Provincial Park

Der knapp 499 km² große, sich auf einer Länge von etwa 30 Kilometern am Westufer des Slocan Lake erstreckende Provinzpark wurde im Jahr 1983 gegründet, um die aufregend vielfältige Landschaftsszenerie der Valhalla Range in den Selkirk Mountains zu schützen.

In der nordischen Mythologie war Walhall die prächtige Palasthalle der tapfer gefallenen Krieger – in British Columbia ist danach eine spektakuläre Bergkette der Selkirk Mountains benannt: turmförmige Granitgipfel und Felsnadeln bis zu 2827 Meter Höhe, zu ihren Füßen große, tiefe Seen und viele kleine daneben. Gletscher und Wasserfälle zieren die Hänge. So heißt mancher Gipfel nach der Götterwelt: Gladsheim und Asgard etwa, Gimli und Thor. Knapp 2000 Meter tiefer erstreckt sich am Ostrand der lange, schmale Slocan Lake mit 30 Kilometern Strand und Küstenlandschaft. Ideal für Wassersportler, während ein gutes Wegenetz Abenteurer und Tierfans in den Park zieht, der seit 1983 fast 500 Quadratkilometer umfasst: Grizzlys und Bergkaribus, Pumas und Hirsche sind die größten Vertreter der Tierwelt, Schneehühner und Steinadler begeistern Ornithologen. Die Gwillim Lakes liegen im Westteil des Parks, herrlich ruhig und abgeschieden.n

Highlights
Höchster Gipfel der Valhalla Range ist der New Denver Glacier: Mit 2578 Metern Höhe dominiert er die Landschaftsszenerie im Nordwesten des Parks, während Devils Couch (2667 Meter) und Hela Peak (2717 Meter) dessen Zentrum definieren. Auch an der südwestlichen Grenze des Parks erheben sich mit Mount Dag, Wolf's Ears, Gimli, Asgard und Gladshiem (alle über 2660 Meter hoch) außergewöhnlich schöne Felsspitzen.

Tipps
Im Norden des Slocan Lake führt der Slocan Valley Rail Trail 50 Kilometer weit auf den Spuren einer ehemaligen Bahntrasse bis zum Kootenay River. Die Steigungen sind gering, die Landschaften äußerst abwechslungsreich.

Praktische Informationen
Anreise mit dem Auto auf dem Highway 6 bis Slocan, einem früheren Bergbaudorf am südlichen Ende des gleichnamigen Sees. Von Slocan, Silverton und New Denver verkehren auch Boote über den See zu den Ausgangspunkten verschiedener Wanderungen. Visitor Centres findet man in Slocan und in New Denver (am nördlichen Ende des Sees).

Die nordischen Götter hätten sich auch hier mitten in Kanada niederlassen können.
Die etwas abseits gelegenen Gwillim Lakes bieten dem Besucher herrliche Ruhe.

Von archetypischen Berggipfel umgeben werden die Gwillim Lakes.

Alberta

»Stark und frei« ist Albertas offizielles Motto, »wild und vielfältig« vielleicht sein inoffizielles. Denn die Provinz vereint viele Gegensätze in sich. Im Nordosten weite Prärie, im Südwesten hoch aufragende Rocky Mountains, mit olympischen Skipisten, Pumas, Wölfen und Bären. Und es ist Platz für alles: trockene Badlands und Seenparadiese, Sauriefriedhöfe und Raumfahrtindustrie, Rodeofeste und Sinfonieorchester. Im Bild: Kayaking auf den Vermilion Lakes.

ALBERTA

INFO

Hauptstadt:
Edmonton
Fläche:
661 848 km²
Einwohner:
4,1 Millionen
Motto:
Fortis et liber (Stark und frei)
Zeitzone:
Mountain Standard Time
Höchster Berg:
Mount Columbia (3747 m)
Größte Stadt:
Calgary (1,2 Millionen Einwohner)
Blume:
Nadelrose
Tier:
Dickhornschaf
Vogel:
Virginia-Uhu
Fisch:
Stierforelle
Baum:
Küstenkiefer
Mineral:
Versteinertes Holz

Alberta grenzt an Saskatchewan im Osten, die USA im Süden, British Columbia im Westen und die Northwest Territories im Norden. Der Staat wurde nach Prinzessin Louise Caroline Alberta, der vierten Tochter von Königin Victoria und Prinz Albert, benannt. Die Provinz, die fast doppelt so groß ist wie Deutschland, bildet den Übergang von den Rockies mit ihren eindrucksvollen Gipfeln, Gletschern, Seen und Wäldern in die fruchtbare Prärie, in der Farmen und Landwirtschaft dominieren. Wenn der Weizen reif ist, leuchten weite Teile Albertas golden. Liegt kanadisches Rindfleisch auf dem Teller, stammt es höchstwahrscheinlich von hier. Eine bedeutende Öl-, Gas-, Computer- und Plastikindustrie sichern zusätzlich den Wohlstand im Land. Die ersten Bewohner des Landes waren Dinosaurier, die hier deutliche Spuren hinterlassen haben. Fossile Überreste, ganze Skelette und Nachbildungen, wie etwa ein gigantischer Tyrannosaurus Rex, können in der Stadt Drumheller oder im etwas weiter östlich gelegenen Dinosaur Provincial Park bewundert werden.
Nach dem Aussterben der Riesenechsen und dem Verschwinden der Gletscher besiedelten erste Menschen das weite Land. Wie auch in British Columbia lebten die First Nations, zum Beispiel Blackfoot oder Cree, in friedlicher Nachbarschaft inmitten einer reichen Tierwelt. Dann kamen die Weißen, zunächst die Hudson's Bay Company, dann die North-West Mounted Police, die unter den Pelzhändlern für Ordnung sorgen wollte. 1882 gliederte man die damaligen Northwest Territories, die den gesamten Westen Kanadas ausmachten, in vier Verwaltungseinheiten. Eine davon war Alberta, das seit dem 1. September 1908 offiziell kanadische Provinz ist.

Das Flair Albertas thront vor allem auf vier Säulen: auf der faszinierenden Bergwelt mit ihren schicken Resorts, den Nationalparks, dem Cowboy-Feeling und den lebendigen Metropolen. Grund genug, sich diese Säulen einmal näher anzusehen. Der Mount Columbia ist mit seinen 3747 Metern Höhe der zweithöchste Berg der kanadischen Rockies und liegt nicht etwa, wie der Name glauben macht, in British Columbia, sondern hier in Alberta. Es ist die höchste Erhebung der Provinz. Mindestens ebenso beeindruckend ist der Mount Edith Cavell mit seinem Gletscher im Jasper-Nationalpark. Ein weiterer Gletscher des Parks ist der größere Athabasca-Gletscher, Teil des Columbia-Eisfeldes, das man mit speziellen Fahrzeugen besuchen kann. Verbunden ist der Jasper-Nationalpark mit dem Banff-Nationalpark durch den Icefields Parkway, den viele Besucher wählen. Am Straßenrand tauchen immer wieder Dickhornschafe und manchmal auch Bären auf. Anziehungspunkt im Banff-Nationalpark ist unter anderem das Luxus-Resort »Banff Springs Hotel«, ein imposanter Bau im Stil schottischer Schlösser.

Braucht das Auge nach all den Bergen, Seen und dichten Wäldern Weite, geht man in Alberta in die Prärie. Man kann sich selbst in den Sattel wagen und üben, das Lasso zu schwingen, oder man besucht eines der ungezählten Rodeos als Gast. Das weltweit bekannteste ist zweifellos die Calgary Stampede, die jährlich über 300 000 Schaulustige anlockt und das größte Festival der Stadt ist. Calgary, im Jahr 1988 Austragungsort der Olympischen Winterspiele, ist die größte Stadt Westkanadas. Ihr Wahrzeichen ist der knapp 191 Meter hohe Fernsehturm, aber auch zahlreiche andere Bauten sind architektonisch beeindruckend.

Albertas Hauptstadt Edmonton ist vor allem für die West Edmonton Mall bekannt, einem der größten Einkaufszentren der Welt. Die wenigsten kommen nur zum Einkaufen her, sondern stürzen sich auf die Superlative der Mall, wie etwa das größte Wellenbad der Welt oder eine Achterbahn mit dreifachem Looping.

Der charakteristische Mount Rundle gehört zu den bekanntesten Fotomotiven Albertas.

Glasklar und reizvoll ist der Lake Louise im Banff National Park, der sich vor dem Victoria Glacier ausbreitet und ihm einen Spiegel bietet.

Unterwegs in Northern Alberta & Central Alberta

Nahezu die Hälfte Albertas wird von der Region Northern Alberta bedeckt. Menschliche Siedlungen finden sich hier nur spärlich, stattdessen breitet sich die weite Natur aus. Central Alberta hingegen ist bevölkerungsreicher und von wirtschaftlicher Bedeutung.

Ein wenig einsam steht der Präriebison zwischen den Pappeln. Ein Bestand von etwa 30 Tieren lebt heute hier im Elk Island National Park.

* Dunvegan Historic Site Der ehemalige Handelsposten und die Missionsstation liegen in einem Tal des Peace River, 25 Kilometer südlich von Fairview. Im Factor's House lebte der Abgesandte der Hudson's Bay Company mit seiner Familie, in der St. Charles Church wurden First Nations »bekehrt«. Vier Gebäude sind im Originalzustand zu besichtigen.

* Fort Victoria Historic Site In dem ehemaligen Handelsposten der Hudson's Bay Company wurde vor allem mit Pelzen gehandelt, heute kann man durch ein Museum in diese Vergangenheit eintauchen.

* Ukrainian Cultural Historical Village Zwischen 1892 und 1930 ließen sich zahlreiche Einwanderer aus der Ukraine im zentralen Alberta nieder. In einem nachgebauten Dorf demonstrieren kostümierte Darsteller, wie das Leben dieser Siedler aussah.

* Twelve Foot Davis Historic Site Das Denkmal am Peace River erinnert an Twelve Foot Davis, einen legendären Trapper, der einen vier Meter breiten Claim zwischen zwei wesentlich größeren Claims absteckte und über 15 000 Dollar in Gold aus dem Boden grub.

Holz prägt das Innere der St. Charles Church in Dunvegan.

Wood Buffalo National Park

Kanadas größtes Naturschutzgebiet mit 44 807 km² Fläche wurde im Jahr 1922 eingerichtet, um die letzte im Norden des Landes verbliebene Herde Waldbisons (»wood buffaloes«) zu schützen. Seit dem Jahr 1983 gehört der Park zum Welterbe der UNESCO.

Kanadas größtes Naturschutzgebiet unterteilt sich zu zwei Drittel in Alberta und ein Drittel in den Northwest Territories Die hier lebenden indigenen Kulturen der Cree, Chipewyan und Beaver haben ihre Lebensweise diesem Ökosystem perfekt angepasst.

Highlights

Waldbisons sind die größten Landsäugetiere Nordamerikas. In Kanada, so vermuten Historiker, lebten einstmals mehr als 168 000 dieser mächtigen Tiere – heute schätzt man ihren Bestand in Kanada auf etwa 6000 Tiere; etwa die Hälfte davon (und damit die größte frei laufende Herde des Landes) lebt im eigens zu ihrem Schutz gegründeten Wood Buffalo National Park. Dieses riesige Naturschutzgebiet gliedert sich in drei verschiedene Lebensräume: ein durch Waldbrände gelichtetes Präriehochland, ein kaum trockengelegtes Plateau mit mäandernden Flüssen, toten Flussarmen, Salzebenen, Morast- und Sumpfgebieten sowie das im Südosten des Parks gelegene Delta von Peace und Athabasca River – eine bezaubernde Wasserwelt aus Schilfwiesen, Marschland und flachen Seen. Somit ist der Park ein Refugium für eine vielfältige Fauna: Neben den Waldbisons leben hier auch Elche, Karibus, Schwarzbären und Grauwölfe. In den Feuchtgebieten gibt es Moschusratten, Biber und Nerze, in den Wäldern Füchse, Luchse, Hermeline und Rote Eichhörnchen.

Das Peace-Athabasca-Delta ist ein idealer Lebensraum für 227 verschiedene Vogelarten, zudem verlaufen vier wichtige Routen von Zugvögeln durch das Areal. Über eine Million Wildgänse, Schwäne und Enten bevölkern den Naturraum, darunter die akut gefährdeten Schreikraniche. Auch der seltene Nashorn-Pelikan hat in diesem Park sein weltweit einziges Fluss-Brutgebiet. Bewohnt wird diese Wildnis schon seit dem Ende der Eiszeit.

Tipps

Es lohnt sich, Ausschau zu halten nach den Events, die das ganze Jahr über im Nationalpark stattfinden. Von Eislaufen bis zum größten Picknick im Norden ist einiges geboten, das die Natur auf neue Art erleben lässt. Etwas weniger trubelig, aber dafür lehrreich sind die geführten Touren durch den Nationalpark.

Praktische Informationen

Anreise mit dem Auto auf dem Mackenzie Highway (Alberta) oder dem Highway 5 (Northwest Territories) nach Fort Smith. Das Visitor Centre in Fort Chipewyan ist nur auf dem Luft- oder Wasserweg erreichbar.

Der Park ist ein Refugium für gefährdete Arten in wunderbar abwechslungsreicher Landschaft. Unendlich weit erstrecken sich im Wood Buffalo National Park die Salzebenen, durchbrochen von kleinen Inseln aus Nadel- und Laubbäumen.

Elk Island National Park

Ähnlich wie die Bisons wurden auch die Wapitis (englisch »elk«) während der Besiedlung Nordamerikas vor allem im 19. Jahrhundert weitgehend ausgerottet. Ihrem Schutz dient dieses 1906 erstmals eingerichtete, 1930 zum Nationalpark erklärte und heute rund 194 km² große Areal.

Der östlich von Edmonton gelegene, über den Yellowhead Highway in weniger als einer Stunde zu erreichende Park wurde ursprünglich im Jahr 1906 als Wildschutzgebiet für das hier beheimatete Rotwild eingerichtet und im Jahr 1930 zum Nationalpark erklärt. Inzwischen fühlen sich in dieser waldreichen Gegend der Beaver Hills auch viele weitere Tiere wohl: Neben zahlreichen Wapitis, Bisons und anderen Tieren haben auch über 250 Vogelarten, darunter Fischadler und Pelikane, im Nationalpark eine Heimat gefunden. Wie gut der Schutz für die Tiere ist, zeigt sich an der großen Zahl an Bisons, die in andere Nationalparks gebracht wurden. Auch der gefährdete Trompeten-

schwan lebt in Elk Island, wo sich zahlreiche Sümpfe und Seen, Teiche und Tümpel befinden, um dort seine Eier auszubrüten. Diese Seen, Kettles genannt, breiten sich über fast ein Viertel der Parkfläche aus. Im Norden liegt der größte See, Lake Astotin. Als einziger Park Kanadas ist er komplett eingezäunt.

Highlights
Eine Attraktion sind die im Park lebenden Prärie- und Waldbisons (zusammen etwa 800 Tiere), hinzu kommen die dem Park seinen Namen gebenden Wapitis und andere Hirscharten, Elche, Biber, Kojoten und viele Vögel. Am besten zur Wildbeobachtung geeignet ist der rund 20 Kilometer lange Elk Island Parkway, entlang dem es viele Parkbuchten und Aussichtspunkte mit erläuternden Schildern gibt. Elk Island gilt als Paradies für Vogelfreunde: Zu den rund 250 hier heimischen Vogelarten zählen Nashornpelikan und Trompetenschwan, Kanadakranich und Helmspecht.

Tipps
Wenige Kilometer östlich des Parks pflegt ein Freilichtmuseum, das Ukrainian Cultural Heritage Village, das kulturelle Erbe der Einwanderer aus der Bukowina und der Ukraine.

Praktische Informationen
Anreise mit Auto oder Bus von Edmonton über den Yellowhead Highway (Highway 16). Ein Visitor Centre findet sich in Fort Saskatchewan.

Elk Island ist der einzige eingezäunte Nationalpark Kanadas – so weitläufig aber, dass es nicht auffällt. Für viele Besucher ein Highlight ist die Begegnung mit Bisons.

Unterwegs in der Edmonton Capital Region

Komplett von der Region Central Alberta umgeben ist die Edmonton Capital Region. Neben der namensgebenden Provinzhauptstadt gehören vier weitere Cities zu der Region: Fort Saskatchewan, Leduc, St. Albert und Spruce Grove.

✱✱ Edmonton Albertas Provinzhauptstadt, am Ufer des North Saskatchewan River gelegen, gilt als Tor zum hohen Norden und als Ausgangspunkt für abenteuerliche Reisen über den Yellowhead Highway. Ihre Entstehung verdankt die Stadt dem Pelzhandel: Gegen Ende des 18. Jahrhunderts wurden hier die ersten Handelsposten der Hudson's Bay Company gegründet. Als die Holzwirtschaft den Pelzhandel verdrängte, profitierte man von der Flussschifffahrt auf dem North Saskatchewan River. Mit dem 1897 am Klondike einsetzenden Goldrausch versechsfachte sich die Einwohnerzahl binnen Kurzem. Der bisher letzte Aufschwung Edmontons im 20. Jahrhundert ist auf den Ölboom zurückzuführen: Mehr als 80 Prozent aller kanadischen Ölpumpen fördern das schwarze Gold in der Umgebung von Edmonton. Drei Booms in drei Jahrhunderten: Edmonton ist offenbar eine glückliche Stadt. Durchflossen wird die Stadt vom North Saskatchewan River, an dessem Ufer sich der längste Stadtpark Nordamerikas entlangzieht und als grünes Refugium inmitten der Metropole dient.

✱ West Edmonton Mall Die Mall ist eines der größten überdachten Einkaufszentren der Welt, mit vielen Läden und Restaurants sowie einer Replik des Kolumbusschiffes Santa Maria. Von einem persisch-armenischen Familienclan erbaut, ist es ein künstlicher Kosmos für sich, mit Kinos, einem Wellenbad und einer Achterbahn.

Rund eine Million Einwohner besitzt Edmonton. Wem es da zu trubelig wird, kommt ans Flussufer zum Entspannen.

Eine gehörige Portion Exzentrik gehört dazu, einen künstlichen See samt riesiges Schiff in ein Einkaufszentrum zu platzieren.

Unterwegs in Alberta's Rockies

Kanada zeigt sich hier wie die Erfüllung aller Klischees: Weite, wilde Natur mit schneebedeckten Gipfeln, tiefgrünen Wäldern und klaren Seen. Kein Wunder, dass die sich entlang der Grenze zu British Columbia ziehende Region zahlreiche Nationalparks ihr Eigen nennt.

Nicht nur die Geschichte der westlichen Siedler wird in der Rocky Mountain House Historic Site zum Leben erweckt.

*** Rocky Mountain House Historic Site

Zwischen den Jahren 1799 und 1875 befanden sich fünf verschiedene Handelsposten am Ufer des North Saskatchewan River, die entscheidend zum wirtschaftlichen Aufschwung von Kanada beitrugen. Sie wurden als »Living History Museum« nachgebaut. Verschiedene Pfade lassen die Umgebung erkunden, viele davon sind sowohl zum Wandern als auch zum Fahrradfahren geeignet. Auf dem Chimney Trail passiert man beispielsweise zwei der einstigen Handelsposten der Hudson's Bay Company, die namensgebenden Schornsteine sind noch im Originalzustand zu sehen. Mit 3,2 Kilometern etwa dreimal so lang ist der David Thompson Trail, der zu der Ende des 18. Jahrhunderts gebauten, ältesten Anlage der North West Company führt. Zu der Historic Site gehören auch etwa zwei Quadratkilometer Naturraum, in dem sich einige Vogelarten wohlfühlen, vom Berghüttensänger bis zum Weißkopfseeadler.

Dickhornschafe

Graues Fell, schwarze Knopfaugen und malerisch geschwungene Hörner – die Dickhornschafe gehören zu den Nationaltieren Albertas und werden dort einfach als Bighorns bezeichnet. Im Winter färbt sich ihr Fell hellbraun, damit sie im verschneiten Gebirge besser getarnt sind, im Sommer hingegen nimmt es eine dunkelbraune Färbung an. Ihr Lebensraum konzentriert sich hauptsächlich auf die baumlose Zone der Gebirge, die Schafe klettern dicht bis an die Gletscherränder, um zu äsen. So zählen die Dickhornschafe zu den trittsichersten Kletterern der Welt, ihr rauer Hufballen gibt ihnen ausgezeichneten Halt. Obwohl man es bei den gedrungenen Körpern auf den ersten Blick kaum vermuten würde, können die Schafe geschickt und bis zu drei Meter weit springen.

Jasper National Park

Mit 10 878 km² Fläche ist der Jasper National Park der größte Nationalpark in den kanadischen Rocky Mountains. Im Jahr 1907 eingerichtet, schützt er ein fragiles, von zerklüfteten Bergen, Gletschern, Wäldern, Bergwiesen und Flüssen gekennzeichnetes Ökosystem.

Der im Jahr 1907 gegründete Jasper-Nationalpark ist mit 10 878 Quadratkilometern Fläche der größte und nördlichste der vier großen, das UNESCO-Weltnaturerbe »Kanadische Rocky Mountains« bildenden Nationalparks. Den Besucher erwartet eine ungemein vielfältige Welt mit schneebedeckten Dreitausendern, brodelnden Schwefelquellen, mehr als 800 Seen und dem größten zusammenhängenden Gletscherfeld der Rocky Mountains, dem Columbia Icefield. Das Schmelzwasser des Athabasca Glacier – eine der sechs Gletscherzungen des Columbia Icefield – speist den Athabasca River, der ebenso für seine Wasserfälle bekannt ist wie der Sunwapta River. »Athabasca« bedeutet in der Sprache der First Nations »wo es Schilf gibt«. Jasper, der einzige Ort im Nationalpark, ist viel weniger überlaufen als Banff, das Hinterland weitläufig und weniger stark frequentiert als im Nachbarpark.

Highlights
Kanada wie im Bilderbuch: Der Jasper National Park gehört zu den beliebtesten Reisezielen des nordamerikanischen Kontinents. Innerhalb seiner Grenzen liegen mehr als 800 Seen, die zumeist von den umliegenden Gletschern gespeist werden. Der Lac Beauvert, ein jadegrüner Gletschersee, liegt in unmittelbarer Nähe der Stadt Jasper. An seinem Ufer entstand die Jasper Park Lodge, ein erfolgreiches Konkurrenzunternehmen der ehemaligen Grand Trunk Railroad zum Banff Springs Hotel im Nachbarpark. Jasper ist weniger überlaufen als Banff, und auf den Trails erlebt man ungestört die eindrucksvolle Natur. Eine Bergbahn erschließt den viel besuchten Whistler Mountain für eine atemberaubende Rundsicht. Zahlreiche Trails führen in die einsame, unvergleichlich schöne Wildnis wie etwa am Maligne Lake.

Tipps
Die Jasper Tramway (www.jaspertramway.com), eine Bergbahn, erschließt den viel besuchten Whistler Mountain und ermöglicht eine atemberaubend schöne Rundsicht über den Park. Seinen Namen verdankt der Berg dem Pfeifen der Murmeltiere in der Region. Als schönste Wanderrouten des Nationalparks gelten der Skyline Trail (44 Kilometer, 820 Meter Höhenunterschied) und der Jonas Pass Trail (19 Kilometer, 555 Meter Höhenunterschied beziehungsweise – kombiniert mit einer Wanderung zum Nigel Pass und zum Poboktan Pass – insgesamt 36 Kilometer, 750 Meter Höhenunterschied). Von Wanderern geschätzt wird zudem das Tonquin Valley (Astoria River Trail, Maccarib Pass Trail). Eine Besichtigung des – drei der größten Flusssysteme des Kontinents speisenden, die Grenze zwischen Alberta und British Columbia überspannenden – Columbia Icefield unweit des Icefields Parkway (Highway 93) sollte man mit einem Besuch der gegenüber dem Athabasca Glacier (1,6 Kilometer vom Highway) gelegenen, Ende April bis Mitte Oktober geöffneten Columbia Icefield Centre and Glacier Gallery abschließen. Neben Auskünften über die Entstehung und Ökologie des Columbia Icefield erhält man dort auch grundlegende Informationen zur Glaziologie. Luxus pur verspricht ein Aufenthalt in der bereits im Jahr 1922 direkt am wildromantischen Lac Beauvert errichteten The Fairmont Jasper Park Lodge, Old Lodge Road, www.fairmont.com/jasper

Praktische Informationen
Anreise mit Auto oder Bus über den Trans-Canada Highway 16 durch Jasper. In der Nähe des Bahnhofs findet man das Jasper National Park Information Centre, P.O. Box 10, 500 Connaught Drive. Auskünfte erhält man auch auf www.jasper.travel

Die winzige, idyllisch gelegene Spirit Island im Maligne Lake ist längst zum Wahrzeichen des Jasper-Nationalparks geworden.

Von majestätischer Landschaft umgeben ist man bei einer Kanutour auf dem Emerald Lake.

Icefields Parkway

Der Icefields Parkway, ein rund 230 Kilometer langes Teilstück des Highway 93 zwischen Lake Louise und Jasper, führt im Herzen der Rocky Mountains durch eine eindrucksvolle Berg- und Seenlandschaft und gehört zu den schönsten Panoramastraßen der Welt. Gebaut wurde der 1940 eingeweihte Highway eigens für den Ausflugsverkehr, deshalb gibt es zahlreiche Haltebuchten für Naturbeobachter. Aber schon zuvor nutzten First Nations und Pelzhändler die auch als »Weg der Wunder« bezeichnete Route; sie umgingen allerdings in der Regel die Sümpfe des Bow Valley zugunsten des Pipestone River Valley im Osten. Jenseits des Sunwapta-Passes warten die Eisfelder des Athabasca Glacier, die zum Columbia Icefield gehören, nach dem die Straße benannt ist.

*** **Maligne Canyon, Maligne Lake, Medicine Lake** Über die drei Kilometer nordöstlich von Jasper vom Yellowhead Highway abzweigende Maligne Road erreicht man zunächst den wildromantischen Maligne Canyon mit drei größeren Wasserfällen und bald darauf den Medicine Lake, dessen bemerkenswert schwankende Pegelstände die First Nations an Geistererscheinungen glauben ließen: Der See hat keinen an seiner Oberfläche erkennbaren Abfluss, sondern füllt und entleert sich über große Öffnungen auf dem Seegrund. Bei der Weiterfahrt kommt man zu dem 1673 Meter hoch in einem bezaubernden Tal gelegenen, von grandiosen Schneegipfeln umgebenen Maligne Lake. Wenn man mit dem Boot zur Südspitze dieses größten

gletschergespeisten Sees der Rocky Mountains fährt, passiert man eine kleine Insel, Spirit Island: Insel und See sind eines der berühmtesten Wahrzeichen des Jasper-Nationalparks.

** Pyramid Lake, Patricia Lake, Beauvert Lake, Miette Hot Springs

»Das Land ist bergig und felsig, es hat außerdem zahllose Seen, die voller Inseln sind. Diese liegen so nah beieinander, dass es so aussieht, als ob zahlreiche Flüsse und kleine Bäche sich unordentlich durcheinander schlängeln«: Was der englische Entdecker Samuel Hearne (1745–1792), einer der ersten Europäer, die das Land bereisten, schon vor mehr als 200 Jahren in sein Tagebuch schrieb, gilt für den Jasper-Nationalpark bis heute. Neben dem Maligne Lake schätzen Besucher auch die gut von Jasper zu erreichenden Seen Pyramid und Patricia, in deren Gewässern sich der 2786 Meter hohe Pyramid Mountain spiegelt, oder den nur einen halben Quadratkilometer großen Beauvert Lake, an dessen Ufer sich die luxuriöse Jasper Park Lodge erhebt. Ein Stück weiter nordöstlich laden die wärmsten Thermalquellen der Rockies, die Miette Hot Springs, zum Bad ein.

** Columbia Icefields

Die Eisfelder des Athabasca Glacier reichen bis dicht an den Icefields Parkway heran. Riesige Schneefahrzeuge, allradgetriebene Busse mit extrem breiten und weichen Reifen, kriechen im Schritttempo über den Gletscher und parken auf dem schimmernden Eis. Die Vermarktung des Gletschers und der Rummel im Besucherzentrum sind kaum zu überbieten, aber der Anblick des in der Sonne funkelnden oder unheimlich im Nebel liegenden Gletschers macht den kurzen Aufenthalt auf dem Eis zu einem unvergesslichen Erlebnis. Bis zu 900 Meter sind die Eismassen dick. Vor einigen Jahrzehnten bedeckte der Gletscher noch das ganze Tal; in den letzten Jahren zog er sich immer weiter in die Berge zurück.

Gletschergespeist und somit wörtlich eisblau ist das Wasser der Upper Sunwapta Falls.

Banff National Park

Der erste Nationalpark Kanadas wurde im Jahr 1885 gegründet. Mehrfach erweitert, erstreckt sich das 130 Kilometer westlich von Calgary rund um den Bergsee Lake Louise gelegene Naturparadies heute auf einer Fläche von 6641 km².

Der im Jahr 1887 gegründete, 6641 Quadratkilometer große Banff-Nationalpark liegt an der westlichen Grenze von Alberta und gehört seit 1984 zu dem von der UNESCO als »Kanadische Rocky Mountains« zusammengefassten Erbe der Welt. Ein guter Ausgangspunkt für Exkursionen im Park ist der im Tal des Bow River gelegene Ort Banff, der auch für seine Thermalquellen bekannt ist. Die wärmste davon entspringt etwa vier Kilometer südlich von Banff im Sulphur Mountain. Es gibt im Nationalpark so viel zu entdecken, dass sich ein mehrtägiger Aufenthalt durchaus lohnt.

Highlights

Gewaltige Gletscher, verschwiegene Bergtäler, kristallklare Flüsse – vor allem im Hinterland des in seinen wichtigen Zentren Banff und Lake Louise sowie entlang eines Großteils der insgesamt rund 1500 Kilometer langen Wanderwege oft überlaufenen Nationalparks gibt es noch unberührte, geradezu paradiesisch anmutende Natur. Die Landschaft wird geprägt von Bergwiesen und Nadelwäldern, oberhalb der Baumgrenze gedeihen Buschweiden, Sträucher, Moose und Flechten. Zur Fauna des Parks gehören über drei Dutzend Arten größerer Säugetiere. Während die Elche feuchte Talwiesen bevorzugen, suchen Waldkaribus und Hirsche (Weißwedel-, Wapiti- und Maultierhirsche) gerne Lichtungen auf. In den höheren Berglagen begegnen einem Schneeziegen und Dickhornschafe. Auch Bären gibt es im Park – vor allem Schwarzbären, aber auch etliche Grizzlys. Letztere sind größer als ihre Artgenossen und unterscheiden sich von diesen auch durch einen Buckel im Schulterbereich. Nötiger Respekt sollte beiden Arten gezollt werden. Ausgangspunkt für Exkursionen im Park ist das unterhalb des Cascade Mountain am Trans-Ca-

nada Highway (Highway 1) gelegene Banff mit seinen vornehmen Hotels, exklusiven Restaurants, Boutiquen und heißen Quellen. Atemberaubende Landschaftseindrücke sowie ungezählte Möglichkeiten für Wanderungen zu Wasserfällen, Seen wie dem Lake Louise, Canyons, Aussichtspunkten und Rastplätzen eröffnen der – dem parallel dazu verlaufenden Trans-Canada Highway in jedem Fall vorzuziehende – Bow Valley Parkway von Banff nach Lake Louise und der deutlich längere Icefields Parkway von Lake Louise nach Jasper. Anlässlich der Jubiläumsfeierlichkeiten zum 125-jährigen Bestehen des Parks 2010 wurde der Banff Legacy Trail eröffnet, eine 26 Kilometer lange, landschaftlich reizvolle, von Wanderern, Radfahrern und Inlineskatern viel frequentierte Strecke, die meist parallel zum Trans-Canada Highway verläuft und die nahe gelegene Stadt Canmore mit dem Park verbindet.

Tipps

Eisenbahnfreunde können mit dem Royal Canadian Rockies Experience, einem nostalgischen Luxuszug, von Calgary und Banff aus durch das imposante Felsengebirge reisen (www.royalcanadianpacific.com). Ein besonderes Erlebnis ist auch eine Übernachtung im legendären Banff Springs Hotel, das heute von der kanadischen Hotel- und Resortkette The Fairmont betrieben wird. Zu dieser gehört auch das weltberühmte Grandhotel Chateau Lake Louise, von dem aus man einen überwältigenden Blick auf den See hat. Beide Nobelherbergen sind eher nichts für den kleinen Geldbeutel – aber vielleicht muss es ja auch nicht gleich die mit einem eigenen Aufzug erreichbare, acht Räume samt Konzertflügel und Pool umfassende Presidential Suite im Banff Springs sein. Wer sich einen ersten Eindruck von diesem 1888 für den Eisenbahntourismus eröffneten, mit 250 Gästezimmern einstmals größten Hotel der Welt verschaffen möchte, zu dem heute ein eigenes Kurbad, ein modernes Kongresszentrum und ein 27-Loch-Golfplatz gehören, der kann dort auch zum Nachmittagstee einkehren, eines der zahlreichen Wellnessangebote nutzen oder sich einer Führung durch den Hotelkomplex anschließen. Auf dem Golfplatz beim Hotel sowie am Bow River und bei den Vermilion Lakes lassen sich vor allem abends oft Gruppen von Wapitihirschen aus nächster Nähe beobachten. Nicht versäumen sollte man eine Fahrt auf dem Icefields Parkway, einer der herrlichsten Panoramastraßen der Welt.

Die drei Seen, die die Vermilion Lakes bilden, liegen am Fuße des Mount Rundle mit seiner charakeristischen Form.

** Vermilion Lakes Westlich von Banff bilden drei Seen im Überschwemmungsgebiet des Bow River die Vermilion Lakes. Sie sind von Sumpflandschaften im Uferbereich umgeben und eingebettet in dichte Waldgebiete.

* Mount Rundle Der sich über den Vermilion Lakes erhebende Mount Rundle ist ein beliebtes Kletterrevier. Wenn der 2949 Meter hohe, markante Berg im Frühsommer schneefrei ist, kann er über die Westflanke recht einfach in etwa vier bis fünf Stunden bestiegen werden.

* Ha Ling Peak Der Ha Ling Peak, bis 1997 »Chinaman's Peak« genannt, trägt nun den Namen eines chinesischen Kochs der Canadian Pacific Railway, der 1896 erfolgreich gewettet haben soll, den Berg innerhalb von zehn Stunden besteigen zu können.

** Johnston Canyon, Castle Mountain Zwischen Banff und dem wunderschönen Lake Louise liegt am Bow Valley Parkway der Johnston Canyon, eine der spektakulärsten Schluchten des Nationalparks. In intensivem Smaragdgrün schimmert das kalte Wasser in dem präzise rund ausgeformten Strudeltopf des Johnston Canyon; die Schlucht wurde in Jahrtausenden geschaffen. Bei der Johnston Canyon Lodge beginnt ein Wanderweg zu den Wasserfällen der Schlucht, Lower und Upper Falls, die sich zehn und 30 Meter tief über die Felsen stürzen. Besonders beliebt ist im Winter der auf Stegen verlaufende Johnston Canyon Trail bei Eiskletterern, die an den zugefrorenen Wasserfällen ihr Können zeigen wollen. Weiter geht der Weg zu den Ink Pots – Quelltöpfen, von denen zwei eine intensive blau-grüne Färbung haben. Der Bow Valley Parkway windet sich auch an dem 2766 Meter hohen, auf halbem Weg zwischen Banff und dem malerischen Lake Louise gelegenen Castle Mountain vorbei. Diesen Namen verdankt das imposant gezackte Felsmassiv seiner an eine burgähnliche Festung erinnernden Form.

** Bow Range, Bow River Valley, Bow Lake Auf einer Höhe von nahezu 2000 Metern liegt der malerische Bow Lake. Er wird von zahlreichen Gletschern gespeist und ist für sein klares, tiefblaues Wasser bekannt. Über den Icefield Parkway ist er bequem erreichbar. Aus dem See entspringt der Bow River. Er verdankt seinen Namen den Schilfrohren am Ufer, aus denen die First Nations ihre Bogen herstellten. Angler schätzen den Fluss wegen seiner großen Forellen. Aus der Bow Range ragt der majestätische Mount Temple (3543 Meter) empor.

*** Peyto Lake Zu den spektakulärsten Seen der Rocky Mountains zählt der Peyto Lake, der von einer Endmoräne aufgestaut wird. Für die intensive Türkisfärbung dieses ebenfalls am Icefield Parkway gelegenen Sees sind winzige, im Schmelzwasser mitgeführte Gesteinspartikel verantwortlich. Benannt ist er nach Ebenezer William (»Bill«) Peyto, einem legendären Trapper, der lange hier lebte.

*** Lake Louise Der smaragdgrüne Lake Louise gehört zu den schönsten Seen der Welt. Sechs Gletscher speisen ihn mit ihrem eisigen Wasser und geben ihm seine charakteristische Farbe. Ein Juwel in den Rockies und nur wenige Kilometer vom Trans-Canada Highway entfernt – entsprechend groß ist der Touristenrummel. Wie ein Koloss erhebt sich das Chateau Lake Louise zwischen den Bäumen. Wenn man mit dem Rücken zum Hotel steht und zur Eiszunge des Victoria Glacier hinüberblickt, fühlt man etwas von der Ehrfurcht, die schon die Trapper bei diesem Anblick beseelt haben muss. Im Wasser zeichnet sich die Silhouette des 3459 Meter hohen Mount Victoria ab, dessen Gletscher einst bis zum See hinabreichte.

Mitten aus dem Bow River entfaltet sich der Blick auf den Castle Mountain, der seinen Namen völlig zu Recht trägt.

Valley of the Ten Peaks

Zu den eindrucksvollsten Naturwundern der kanadischen Rocky Mountains gehört das Valley of the Ten Peaks, das »Tal der zehn Berggipfel« Die Bergriesen, alle über 3000 Meter hoch, ragen aus der Wenkchemna Range empor. In den 1970er-Jahren zierten sie die Rückseite der kanadischen 20-Dollar-Note. Einen besonders dramatisch anmutenden Aus-

...lick auf die Ten Peaks hat man vom Moraine Lake, einem fast 2000 Meter hoch gelegenen Bergsee, dessen Wasser im Sommer eine tiefblaue Farbe annimmt. Wie ein türkis schimmernder Edelstein liegt der See im Valley of the Ten Peaks. Wanderwege erschließen diese herrliche Landschaft. Es war Walter Wilcox, ein Student aus Yale, der im August 1899 auf der Suche nach einem Aufstieg auf den Mount Temple dieses atemberaubende Tal und den See entdeckte. Über seinen ersten Eindruck vom Valley of the Ten Peaks sagte er später, noch nie habe er eine solche »Szenerie erlebt, die mir gleichzeitig den Eindruck von inspirierender Einsamkeit und wilder Pracht verschafft hat«.

Unterwegs in der Calgary Region

Zwischen den Regionen Alberta's Rockies, Central Alberta und Southern Alberta liegt die Calgary Region, in der über ein Drittel der Provinzbevölkerung wohnt. Die namensgebende Stadt ist vom wirtschaftlichen Aufschwung durch Ölfunde geprägt.

2012 für Fuß- und Radverkehr eröffnet wurde die Peace Bridge, die sich über den Bow River spannt.

* Royal Tyrrell Museum of Paleontology Die Badlands bei Drumheller, ein wüstenähnliches Gebiet mit farbigen Felsformationen, und das angrenzende Farmland gehörten vor 150 Millionen Jahren zu einem tropischen Sumpfland. Die Sümpfe waren eine bevorzugte Heimat der Dinosaurier. Die Skelette der riesigen Echsen, die hier gefunden wurden, stehen im »Royal Tyrell Museum of Palaeontology«, sechs Kilometer nördlich von Drumheller.

*** Calgary Die Provinzhauptstadt Calgary liegt im Süden Albertas, zwischen Prärie und sanft hügeligem Vorland der Rocky Mountains. Lange bevor die ersten europäischen Siedler dort ankamen, wo heute Calgary liegt, unterhielt die First Nation der Blackfoot hier einen Lagerplatz. Ihre heutige Existenz verdankt die nach einer hübschen Bucht auf der schottischen Insel Mull benannte Stadt einem Posten der North-West Mounted Police, der 1875 errichtet wurde, um Whiskyhändlern das Handwerk zu legen, die ihr Feuerwasser gegen Büffelhäute der Ureinwohner in der Prärie eintauschen wollten. Um das Jahr 1960 herum wurde dann im Raum Calgary Öl gefunden: Das schwarze Gold verwandelte die bis dahin eher verschlafen wirkende City in ein geschäftiges »Business Centre« und ließ gläserne Paläste aus dem Prärieboden wachsen. Viele Ölkonzerne und internationale Firmen haben in der Metropole heute ihren Sitz.

Die Glaspaläste der Metropole signalisieren den Reichtum einer Stadt, die das Finanzzentrum der Provinz Alberta darstellt. Die »blauäugigen Araber« – so die Bezeichnung für die im Ölgeschäft zu Geld und Ansehen gekommenen Einwohner – investierten den Reichtum auch in die Skyline, deren Fixpunkt der knapp 191 Meter hohe Calgary Tower ist. Calgary liegt am westlichen Rand der kanadischen Prärie. Die moderne Großstadt verleugnet ihre ländliche Herkunft nicht, in zahlreichen Saloons findet man noch Cowboy-Flair und die Calgary Stampede ist ein jährliches Highlight.

Anlässlich der Olympischen Winterspiele 1988 wude der Scotiabank Saddledome errichtet.

Alberta | Calgary Region 159

Downtown Calgary wird von zahlreichen Skyscrapern geprägt sowie vom Calgary Tower, dem Wahrzeichen der Stadt.

Eine Reise durch die Zeit kann man unternehmen, wenn man dem Heritage Park einen Besuch abstattet.

❶ *** Heritage Park** Im Heritage Park, südwestlich von der Innenstadt Calgarys auf einer Halbinsel gelegen, wird die Vergangenheit des kanadischen Westens lebendig, auch wenn die Stampede ihre Tore schließt. Die originalgetreu nachgebaute Pionierstadt führt in die Zeit um die Jahrhundertwende zurück und erzählt vom beschwerlichen und abenteuerlichen Leben der Goldsucher, Trapper, First Nations und Siedler. Der Schmied formt Hufeisen, im Trading Post der Hudson's Bay Company werden Felle geschätzt, und der Häuptling träumt von der Vergangenheit.

❷ *** Glenbow Museum** Lebendige Vergangenheit erfährt man auch im Glenbow Museum, das über die Geschichte und die Kunst der Menschheit berichtet, vor allem im westlichen Kanada. In plastischen Schaubildern und ständig wechselnden Ausstellungen lebt die Pionierzeit noch einmal auf. Das Tipi der Blackfeet erinnert an diese First Nation, die den Trappern das Leben schwermachte und sich verzweifelt gegen den Ansturm der Weißen wehrte. Stickarbeiten der Cree demonstrieren, wie sehr die ornamentale Kunst der Ureinwohner auch moderne Künstler und Designer beeinflusst. Eine Siedlerhütte mit ihrer kargen Einrichtung zeigt, wie entbehrungsreich das Leben der ersten Siedler war. Es wird von den Männern erzählt, die in den Bergen nach Gold suchten und einen Pfad für die Eisenbahn durch die Berge sprengten, aber auch von den Frauen, die mit ihren Männern nach Westen zogen.

❸ **** Calgary Tower** Vom Calgary Tower, mit 191 Metern das höchste Gebäude der Stadt, hat man einen herrlichen Ausblick auf die Stadt und die umliegenden Rocky Mountains. Oben gibt es ein Drehrestaurant.

❹ *** Calgary Zoo** Der Calgary Zoo, einer der schönsten zoologischen Gärten der Welt, wurde bereits 1920 gegründet und ist die Heimat für mehr als 1200 teils seltene Tiere, die in weitgehend artgerechten Gehegen leben. Natürlich fehlen auch nicht die Tiere der nächsten Umgebung wie Bären oder Karibus. In einer Unterabteilung, dem Prehistoric Park, stehen Nachbildungen urzeitlicher Riesenechsen – nicht nur für Kids ein Highlight.

Calgary Stampede

Im Juli ist es heiß in Calgary. Das liegt an den Außentemperaturen, vielmehr aber an der »Calgary Stampede«, die jedes Jahr die Atmosphäre in der Stadt und im Scotiabank Saddledome zum Kochen bringt. Das Stampede-Fieber dauert zehn Tage, in denen die Stadt vor Cowboys und Cowgirls wimmelt. Die Geschichte der Stampede geht zurück auf das Jahr 1886, als in Calgary erstmals eine landwirtschaftliche Ausstellung veranstaltet wurde. Um sie attraktiver zu gestalten, veranstaltete man ein kleines Cowboyfest. 1912 annoncierte man das Ereignis erstmals als »Frontier Days and Cowboy Championship Contest«. Daraus entwickelte sich die heutige »Calgary Stampede«; oder ganz schlicht: »The Greatest Outdoor Show on Earth«.

Unterwegs in Southern Alberta

Wenn man Northern Alberta bereits besucht hat und dann nach Southern Alberta kommt, vermag man kaum zu glauben, noch in derselben Provinz zu sein und nicht auf einem anderen Planeten, denn die weiten Prärien kontrastieren mit dem wald- und seenreichen Norden.

Nicht nur die Skelettfunde, auch die Landschaft des Dinosaur Provincial Park begeistert die Besucher.

** Head-Smashed-In Buffalo Jump Bei der Bisonjagd machten sich die First Nations der westlichen Prärien einst auch die Gegebenheiten der Landschaft zunutze: Sie trieben die Tiere auf einen Abgrund zu. Beim Sturz über die Klippen brachen sich die Bisons das Genick und wurden dann gleich an Ort und Stelle gehäutet und ausgeweidet. Unterhalb des im Jahr 1981 von der UNESCO als Weltnaturerbstätte anerkannten »Head-Smashed-In Buffalo Jump«, bei Fort Macleod im südwestlichen Alberta gelegen, findet man noch heute viele Bisonknochen. Die von Archäologen abgetragenen Erdschichten belegen, dass diese Jagdmethode hier schon vor Tausenden von Jahren von den Blackfoot angewandt wurde. Die Bezeichnung »Head-Smashed-In« erinnert an das Schicksal eines unbedachten Kriegers, der sich das Spektakel unterhalb der Klippe ansehen wollte und dabei von herabstürzenden Bisons erschlagen wurde.

*** Dinosaur Provincial Park Während der Kreidezeit, die vor etwa 150 Millionen Jahren begann und vor rund 65 Millionen Jahren endete, bevölkerte eine Vielzahl von Saurierarten den nordamerikanischen Kontinent: Durch die Alberta Badlands – eine Verwitterungslandschaft mit lehmreicher Erde, ideal für die Konservierung von Knochen – stapften vor Millionen von Jahren Riesenechsen. 1984 entdeckte der Geologe Joseph Burr Tyrrell hier die ersten Saurierknochen. In keiner anderen Region der Erde wurden so viele Überreste dieser Riesenechsen gefunden wie hier, auf dem im Jahr 1979 zum Weltnaturerbe der UNESCO erklärten Areal des Dinosaur Provincial Park. Ausgezeichnet dokumentierende Lehrpfade führen nun durch das Gebiet, das auch landschaftlich seine ganz eigenen Reize hat: Die Badlands sind eine vegetationslose Erosionszone, in der die Kräfte von Wind und Wetter die Felsen in eine fast außerirdisch wirkende Landschaft verwandelt haben. Trotz des wüstenähnlichen Klimas blieb an den Flussufern

Bräunliche Farbtöne dominieren im Herbst das Bild des Cypress Hills Interprovincial Park.

Ein Tipi erinnert am Head-Smashed-In Buffalo Jump an die First Nations.

US-Nachbar: Glacier National Park

Gletscher über Gletscher, wenngleich sie im Gegensatz zur Eiszeit nur noch einen winzigen Teil bedecken. Doch das hat Pflanzen und Tieren einen einzigartigen Naturraum eröffnet, auch deshalb heißt diese Region hoch in den Rocky Mountains »Krone des Kontinents«. Seit 1910 als Gebirgslandschaft geschützt, grenzt sie direkt an den kanadischen Waterton-Lakes-Nationalpark und gehört zum UNESCO-Weltnaturerbe. Die ganze Gebirgskette galt den Ureinwohnern als Rückgrat des Kontinents. Hier sind Flora und Fauna weitgehend intakt, Arten wie Grizzly und Luchs, Schneeziege, Pfeifhase und Silberdachs heimisch, neben rund 250 Vogelarten. Wer nicht wandert, kann den Park auch im historischen roten Tourbus erobern.

eine ansehnliche Vegetation erhalten, die einigen Rotwildarten, vor allem aber zahlreichen Vögeln, einen optimalen Lebensraum bietet. Die beeindruckende »Museumslandschaft« des Dinosaur Provincial Park liegt inmitten eines zwölf Kilometer breiten Tals am Red Deer River. Fundstücke aus dem Provincial Park findet man auch in zahlreichen Museen weltweit, darunter im Royal Tyrrell Museum of Palaeontology.

* Cypress Hills Interprovincial Park Südlich vom South Saskatchewan River in den Provinzen Alberta und Saskatchewan liegt der erste grenzübergreifende Provinzpark von Kanada. Die bewaldeten Berge von Cypress Hills gelten als Zufluchtsort für viele Tierarten, die von der Zivilisation aus den Rocky Mountains und der angrenzenden Prärie vertrieben wurden. Über 220 Vogel- und 47 Säugetierarten – darunter Wapitis, Elche und sogar Berglöwen – kommen im Park vor. Auf den Besucher warten Wälder, anmutige Täler und Seen. Am südlichen Rand liegt die Fort Walsh National Historic Site, ein bedeutender Posten der North-West Mounted Police, der 1875 erbaut wurde und bis 1882 von der berittenen Polizeitruppe der späteren Royal Canadian Mounted Police genutzt wurde. Deren Männer beaufsichtigten Sitting Bull während seines kanadischen Exils, als er vor der US-Kavallerie nach Kanada geflohen war.

Waterton Lakes National Park

Der im Jahr 1895 gegründete, 505 km² große Waterton Lakes National Park war der vierte Nationalpark in Kanada und wurde 1932 mit dem US-amerikanischen Nachbarn, dem Glacier National Park zum ersten grenzüberschreitenden »Friedenspark« verschmolzen. Seit dem Jahr 1995 gehört er zudem zum UNESCO-Welterbe.

Der kanadische Waterton Lakes National Park in Alberta und der US-amerikanische Glacier National Park im benachbarten Montana wurden im Jahr 1932 zum ersten grenzüberschreitenden »Friedenspark« verschmolzen und 1995 zum UNESCO-Weltnaturerbe ernannt. Seine Entstehung verdankt er einer Initiative der Rotarierklubs von Alberta und Montana, mit der ein »Zeichen des Friedens und des guten Willens zwischen Kanada, den USA und einer Konföderation der Blackfoot« verwirklicht werden konnte. Der im Jahr 1895 eröffnete, von

Fort Macleod via Cardston zu erreichende Waterton Lakes National Park ist zwar mit 525 Quadratkilometern Fläche der deutlich kleinere Teil des grenzüberschreitend mehr als 4500 Quadratkilometer großen Areals, bietet aber auf dem vergleichsweise geringen Raum eine beeindruckende Vielfalt.

Highlights

Der beste Aussichtspunkt, das frühe Morgenlicht auf den Gebirgshängen zu erleben, befindet sich am Chief Mountain Highway (Highway 6) im Waterton Valley. Schönste Ausblicke auf die Seenlandschaft bietet der Bears Hump Trail (1,4 Kilometer einfach, 200 Höhenmeter, ca. 45 Minuten einfach).

Tipps

Wer einen kurzen Abstecher in den – den südlichen Teil des grenzüberschreitenden »Friedensparks« umfassenden – Glacier National Park plant, der sollte ein paar US-Dollar in bar mitnehmen: An der Grenzstation zum benachbarten US-Bundesstaat Montana wird kein anderes Zahlungsmittel akzeptiert, auch keine Kreditkarten.

Praktische Informationen

Die Anreise mit dem Auto erfolgt vom nächstgelegenen internationalen Flughafen in Calgary (276 Kilometer) in südlicher Richtung bis Pincher Creek und von dort weiter in den Park. Das Visitor Centre an der Zufahrtsstraße liegt 6 Kilometer vor dem Parkeingang.

Zimmer mit Aussicht bietet das auf der Landzunge zwischen Upper und Middle Waterton Lake errichtete Prince of Wales Hotel, von hohen Gipfeln überragt.

Saskatchewan

Die nördliche Hälfte der Provinz ist dicht bewaldet und mit ihren vielen Flüssen und Seen ein Paradies für Jäger und Sportangler. Die südliche Hälfte besteht vor allem aus Prärie und fruchtbarem Ackerboden; mehr als 60 Prozent des kanadischen Weizens werden in Saskatchewan angebaut. Ihren Namen leitet die Provinz von dem gleichnamigen Fluss ab, der von den indigenen Cree »Ksisiskatchewan« (»schnell fließendes Wasser«) genannt wurde.

SASKATCHEWAN

INFO

Hauptstadt:
Regina
Fläche:
651 036 km²
Einwohner:
1,1 Millionen
Motto:
Multis e gentibus vires (Von vieler Völker Stärke)
Zeitzone:
Central Standard Time/Mountain Standard Time
Größter See:
Lake Athabasca
Größte Stadt:
Saskatoon (250 000 Einwohner)
Blume:
Waldlilie
Tier:
Weißwedelhirsch
Vogel:
Schweifhuhn
Fisch:
Glasaugenbarsch
Baum:
Papierbirke
Mineral:
Kalisalz

Beim Blick auf die Landkarte sticht in der Westhälfte Kanadas ein Rechteck ohne Einschnitte oder Bögen ins Auge: die Provinz Saskatchewan. So langweilig wie ihre Form befürchten lässt, ist sie keinesfalls. Saskatchewan hat viele Gesichter. Nördlich dominieren Wälder und Seen, im Süden bestimmt die Prärie mit ihren unendlichen Feldern das Bild. Es ist die Provinz der gigantischen zotteligen Bisons und der Pelikane, der Royal Canadian Mounted Police und der aus Deutschland und der Ukraine stammenden Siedler.

Obwohl es sich um ein junges Mitglied der kanadischen Föderation handelt, kann Saskatchewan auf eine lange Geschichte zurückblicken. Schon weit vor Christus lebten hier Jäger, wie Knochenfunde alter Schlachtplätze belegen. Wohl 1690 kam der erste Europäer über den Saskatchewan River in das Land der First Nations. Es dauerte weitere 84 Jahre, bis sich eine europäische Siedlung bildete, die dauerhaft bewohnt wurde: ein Posten der Hudson's Bay Company. Von großer Bedeutung für den endgültigen Anschluss von Saskatchewan an Kanada – statt an die USA – ist die North West Mounted Police, aus der später die Royal Canadian Mounted Police wurde. Sie gründete mehrere Forts, sorgte für Sicherheit und letztendlich auch für ein Zusammengehörigkeitsgefühl. Besonders wichtig war das in einer Zeit, in der durch die beinahe vollständige Ausrottung der Bisons und einen großen Zuwanderungsstrom die Ureinwohner des Landes immer mehr in Not gerieten. Sie waren auch die Verlierer jener Zeit. 70 Stämme wurden in Reservate verbannt. Die Métis, Nachkommen französischer Pelzhändler und indigener Frauen, erfuhren große Ablehnung. Es sollte bis ins Jahr 1982 dauern, dass sie als eigenständige ethnische Gruppe anerkannt wurden. Trotz aller Fehler, die in der Vergangenheit gemacht wurden, kann die Provinz heute den höchsten Anteil an First Nations in Bezug auf die Gesamtbevölkerung vorweisen. Und hier gibt es auch die einzige indigene Universität, die 2003 gegründete »First Nations University of Canada«. Über 2500 Angehörige der First Nations haben hier bereits ihren Abschluss erreicht. Neben Ureinwohnern lebt eine große Zahl verschiedener Ethnien in diesem Landstrich zusammen, getreu dem Provinzmotto: »Von vieler Völker Stärke«. Der größte Teil ist deutschstämmig, aber auch von Engländern, Iren, Schotten, Ukrainern und Franzosen stammen die Bewohner ab.

Cowboys und Kornspeicher sind die archetypischen Symbole Saskatchewans.

Wer nach Saskatchewan reist, sollte unbedingt die beiden Nationalparks besuchen, den Grasslands-Park, der mit seiner Ursprünglichkeit den Vorstellungen eines Cowboylandes entspricht, und den Prince-Albert-Park, Verbindungsglied zwischen Wald- und Prärielandschaft. Angler finden in der Provinz mit ihren rund 100 000 Seen die besten Süßwasserreviere weltweit. Überhaupt sind hier diejenigen richtig, die Ruhe und Entspannung Action und Schnelligkeit vorziehen. Saskatchewan lädt zum Kanufahren, Wandern, Golfen oder Reiten ein. Die Kultur des Landes wird in der größten Stadt der Provinz, in Saskatoon, lebendig. Unbedingt ansehen sollte man sich das Western Development Museum, das eine vollständige Präriestadt aus dem frühen 20. Jahrhundert beherbergt. Überhaupt lohnt es sich, ein paar Tage in Saskatoon, der »Stadt der Brücken«, einzuplanen. Gerade im Juli oder August, wenn am Saskatchewan River das traditionsreiche Shakespeare-Festival stattfindet. Viele weitere Kunst- oder Kultur-Festivals stehen jeden Monat auf dem Programm.

Mit dem Cenotaph gedenkt man im Victoria Park der aus Regina stammenden Gefallenen im Ersten Weltkrieg.

Unterwegs im zentralen Saskatchewan

Historic Sites und Historic Parks entführen überall in die Vergangenheit der Provinz. Ebenso »wie früher« präsentiert sich die Natur im zentralen Saskatchewan, deren Ursprünglichkeit in einigen Provinzparks und dem Prince Albert National Park geschützt wird.

Das hohe Gras im Meadow Lake Provincial Park wird unter anderem von Weißwedelhirschen durchstreift.

Ob man am Steg die Füße ins Wasser baumeln lässt oder an Bord geht: Der Lac La Ronge Provincial Park lädt zum Entspannen ein.

* Lac La Ronge Provincial Park Der riesige Lac La Ronge gilt als ein bevorzugtes Urlaubsgebiet für zivilisationsmüde Großstädter, die in einem Hausboot oder Kanu den Alltag vergessen wollen. Abseits des gut erschlossenen namensgebenden Sees gibt es noch eine Vielzahl von anderen Gewässern; rund 100 Seen zählt der Provinzpark. Über den Nut Point Trail kann man in die Wildnis wandern. La Ronge ist ein kleiner Urlaubsort an dem gleichnamigen See. Am Nordufer des Churchill River steht die Stanley Mission, eine hölzerne Kirche, die zwischen den Jahren 1854 und 1860 erbaut wurde. Von dort führt eine Bootstour zu den Nistowiak Falls des Churchill River.

** Meadow Lake Provincial Park Auf 1600 Quadratkilometern erwartet den Besucher des Meadow Lake Provincial Park eine wahrhaft imponierende Mischung: Seen, Flüsse und Bäche inmitten nördlicher Wälder, immer wieder Wildgehege mit Bisons oder Hirschen, dazu wundervolle Strände und ein halbes Dutzend Wanderwege, auf denen sich verschiedene Vogelarten, wie Falken, Adler oder Watvögel, aber auch Kojoten, Füchse und Schwarzbären beobachten lassen. Zudem werden verschiedene Kurse zum Thema Wildbeobachtung angeboten.
Im Park kann man aber auch lernen, im Wald ohne technische Hilfsmittel zu überleben. Es gibt Vorlesungen über das Ökosystem Wald oder über die Spuren der Eiszeit. Man kann lernen, ein Netz zu knüpfen und damit zu fischen oder auf überdimensionale Figuren von Insekten oder Maulwürfen klettern. Gänsehaut ist garantiert, wenn im Winter am Abend grüne oder rote, mystisch wirkende Nordlichter über den völlig dunklen Park ziehen und in der Ferne das Heulen der Wölfe zu hören ist.

Churchill River

Im Nordwesten der Provinz, im 543 Quadratkilometer großen Churchill Lake, entspringt der Churchill River. Auf 1609 Kilometern bis hinauf in die Hudson Bay führt sein Weg durch verschiedene kleine und große Seen. Mehr als die Hälfte des Wassers wird seit 1977 in den südlicher gelegenen Nelson River umgeleitet. Der größte Abschnitt ist als Natur- und Kulturerbe nominiert. Der Fluss gehört zu den spektakulärsten Kanu-Revieren. Auf 50 ausgewiesenen Wildwassertouren warten Stromschnellen der Klasse 1 für Anfänger, aber auch jene der Klasse 6, die nur von Könnern befahrbar sind. Einzigartig sind die vielen Felsmalereien der Ureinwohner und solche aus Zeiten der Pelzhändler, die sich am Ufer an rund 20 Plätzen bestaunen lassen.

Prince Albert National Park

3874 km² groß, leicht hügelig und von Nadelwäldern, Feuchtgebieten sowie vielen Seen geprägt ist der Prince Albert National Park, gegründet im Jahr 1927. Seine Landschaft ist ein Ergebnis der letzten Eiszeit, deren Gletscher sich hier erst vor rund 10 000 Jahren zurückgezogen haben. Etwa ein Fünftel des Parks wird von Wasser bedeckt.

Der Prince Albert National Park liegt 240 Kilometer nördlich von Saskatoon in der Übergangszone zwischen südlicher Prärie und nördlichen Wäldern. Das Gebiet wurde zur Heimat einer reichen Fauna mit Elchen, Bären, Rotwild sowie mehr als 230 Vogelarten. Die Flüsse, Seen und Bäche gehören zu den fischreichsten Gewässern des Landes, in den Wäldern des Parks sind Wolfsrudel zu Hause. Die First Nations hatten großen Respekt vor dem Land und fürchteten sich vor den Geistern, die ihrem Glauben nach am Lake Waskesiu regierten. Eine riesengroße Forelle wachte angeblich darüber, dass sie den See nicht leerfischten, und im Waskesiu River gab es einen Felsen, den die Ureinwohner mit Opfergaben versöhnlich stimmen wollten, damit ihre Kanus nicht an ihm kenterten. Ein Drittel des Prince Albert National Parks besteht aus Wasser, das sind fast 1300 Quadratkilometer. Der restliche Park ist dreigeteilt: Im Südwesten erstreckt sich Prärie, dann kommt Mischwald, der Norden ist von tiefen Fichtenwäldern bedeckt. Der Zerstörung durch den Weißen Mann wie den vermeintlichen Segnungen der Zivilisation entging der Park nur durch ein Wunder. Die Chippewa und Cree in den Wäldern sowie die Assiniboin in der Prärie lebten wie alle Ureinwohner im Einklang mit der Natur und töteten nur so viele Tiere, wie sie zum Leben brauchten. Die Pflanzen und sogar die Steine betrachteten sie als lebendige Dinge, die kein Mensch zerstören durfte. Das änderte sich erst, als die Hudson's Bay

Company ihre Forts im kanadischen Westen errichtete und auch indigene Jäger anheuerte, um die kostbaren Pelztiere zu jagen und gegen Waffen, Rum und bunte Perlen einzutauschen. Nach dem Ende des Siebenjährigen Krieges und dem Abzug der Franzosen aus Nordamerika flackerte eine neue Rivalität in den Wäldern des Nordens auf: Die Northwest Company, von britischem Kapital gefördert, drang nach Westen vor und konkurrierte mit der Hudson's Bay Company. Es kam zu blutigen Gefechten, die erst im Jahr 1821 endeten, als sich die beiden Gesellschaften zusammentaten.

Das Gebiet des späteren Prince Albert National Park blieb von den Aktivitäten der rigoros vorgehenden Fur Companies verschont. Denn die bekanntesten Transportkorridore der Gesellschaften, der North Saskatchewan und der Campbell River, führten an dem späteren Park vorbei, und nur wenige Trapper drangen bis zum Lake Waskesiu vor. Auch als sich immer mehr First Nations an dem See niederließen und das nahe Fort La Prairie mit Wild und Fellen versorgten, war der paradiesische Zustand des Gebietes nicht in Gefahr.

Highlights
Ausgangspunkt der meisten Touren ist der Waskesiu Lake. Der Grey Owl Trail (20 Kilometer einfach) führt von hier zu einer Hütte am Ajawaan Lake, wo einst der sich als Mitglied der First Nations ausgebende Schriftsteller und Naturschützer Grey Owl (eigentlich ein Engländer namens Archibald Belaney) lebte.

Tipps
An der südwestlichen Grenze des Parks kann man ungestört die einzigen frei laufenden, noch in ihrem angestammten Verbreitungsgebiet lebenden Amerikanischen Bisons beobachten, die hier grasen.

Praktische Informationen
Anreise mit dem Auto auf den Highways 2 oder 264 durch La Ronge oder Prince Albert zum Haupteingang; alternativ dazu führen der (sehr kurvenreiche) Highway 263 zum Südeingang und der Highway 55 zur (kaum erschlossenen) Westseite. Ein Visitor Centre lässt sich in Waskesiu Lake finden: 969 Lakeview Drive, www.tourismsaskatchewan.com

Am Morgen schickt die Sonne der dichten Wolkendecke ihre warmen Strahlen entgegen und lässt auch die Herbstlandschaft des Nationalparks aufleuchten.

In historische Kleidung gewandet erwecken die Mitarbeiter in Batoche die Vergangenheit weitestgehend authentisch zum Leben.

* Fort Pitt Historic Park Zwischen 1829 und 1890 lagen ein Handelsposten der Hudson's Bay Company und ein Stützpunkt der North-West Mounted Police in dieser Wildnis, ungefähr 260 Kilometer nordwestlich der Stadt Saskatoon.

* Fort Battleford National Historic Park Rund 116 Kilometer nördlich von Saskatoon, am Highway 16 gelegen, wurde das Fort Battleford als Fort der Regierung im Jahr 1876 zum Schutz der Farmer gebaut, die sich im Norden der Provinz ansiedelten. Zahlreiche Ausstellungsstücke und Gebäude stammen aus der damaligen Zeit und können heute noch original besichtigt werden.

* Batoche National Historic Site Diesen Stützpunkt wählte Louis Riel als Zentrum seiner provisorischen Regierung. Der Führer der Métis – so wurden die Nachfahren von französischen Trappern und indigenen Frauen genannt – hatte sich gegen die verhasste Regierung und die Hudson's Bay Company gewandt. Sieben Gebäude bilden ein sogenanntes »Living History Museum«, in dem die Lebensweise der Métis zwischen den Jahren 1860 und 1900 wieder lebendig wird.

* Saskatoon »Missaskquahtoomina« heißt die unscheinbare Beere, die dem Ort seinen Namen gab. Heute ist er noch vor Regina die größte Stadt der Provinz, mit rund 245 000 Einwohnern, was sicher auch mit der zentralen Lage und den besonders reichen Bodenschätzen der nahen Umgebung zu tun hat, von Kali über Diamanten bis Uran. Hier kreuzen sich alle wichtigen Bahnlinien und Straßen Kanadas, hier konzentriert sich der Handel der ganzen Region – wie es die Gründer und neuen Siedler 1882 planten. Ihr zweites Ziel, nämlich eine »Dry City« ohne Alkoholausschank zu etablieren, scheiterte allerdings: Saskatoonians feiern gerne. Rund 20 000 Studenten sorgen für kulturellen Anspruch und für ein pulsierendes Nachtleben. Feste und Konzerte finden regelmäßig großes Publikum, darunter jeden Sommer auch ein großes Jazzfestival und das Ufer-Theater »Shakespeare on the Saskatchewan«.

Ihre Brücken über den South Saskatchewan River, hier die University Bridge, und Gebäude im Art-Nouveau-Stil lieferten der Stadt Saskatoon ihren Spitznamen »Paris der Prärien«. Tatsächlich ist die Stadt mit Theatern, Museen und Sinfonieorchester das kulturelle Zentrum der Provinz Alberta.

Auch das Pfarrhaus ist in der Batoche National Historic Site zu bewundern.

* **Fort Walsh** Dies ist das ehemalige Hauptquartier (1878–1883) der Royal Canadian Mounted Police, die es auch mit flüchtigen Ureinwohnern aus der Prärie der benachbarten Vereinigten Staaten zu tun bekam. Die Rotröcke schafften es, die Ureinwohner ohne Blutvergießen in Reservate abzudrängen.

* **Swift Current** Das größte Rodeo von Saskatchewan findet jedes Jahr im Sommermonat Juli in Swift Current statt, einer recht stattlichen Kleinstadt (17 000 Einwohner) im Südwesten der Provinz. Die weiten Getreidefelder in der Umgebung sowie das Erdöl und Erdgas, das hier gefördert wurde, verhalfen der Stadt zu einem ganz beachtlichen Wohlstand.

Während der Swift Current Frontier Days erinnern die spannenden Rodeo-Wettbewerbe sowie die überaus farbenprächtigen Paraden heute noch an die Zeit um das Jahr 1900, als sich zahlreiche Rancher und Farmer in der näheren Umgebung niederließen und den Aufschwung begründeten.

Fort Walsh gibt einen guten Einblick in die Vergangenheit der Region.

Rotluchse

Rotluchse sind die kleinste Art unter den Luchsen. Sie werden nur etwa doppelt so groß wie die europäische Hauskatze, ihre Jungen sind von denen des Stubentigers kaum zu unterscheiden. In freier Wildbahn zeigt sich der Unterschied jedoch sofort. Rotluchse (Lynx rufus) sind geniale Jäger. In den Wäldern Nordamerikas bringen sie ihre Beute nicht nur im Schnee, sondern auch auf Bäumen zur Strecke. Die nachtaktiven Jäger bevorzugen zwar kleine Nagetiere, greifen im Notfall aber auch ausgewachsene Hirsche an, deutlich größer und um ein Vielfaches schwerer sind als sie selbst. Sein großer Nahrungskonkurrent ist der Kanadische Luchs. Zwar kommt der mit Schnee besser zurecht, dennoch konnte ihn der Rotluchs an vielen Orten komplett verdrängen.

Landwirtschaft spielt in Saskatchewan eine große Rolle, zur Erntezeit rollen den ganzen Tag lang die Maschinen übers Feld.

Royal Canadian Mounted Police

Die kanadischen Polizisten waren oft monatelang in der Wildnis unterwegs, auf der Spur eines Verbrechers oder um Medikamente in ein entlegenes Ureinwohnerdorf zu bringen. Mit dem Hundeschlitten bahnten sie sich einen Weg durch verschneite Wälder, und nicht selten wurden sie von einem Grizzly angefallen oder von einem Wolfsrudel in die Enge

getrieben. Das Leben in dieser Einsamkeit war ein harter Kampf, und nur die stärksten und tapfersten Männer überlebten diese Einsätze. Die ersten Mounties ritten schon ab dem 23. Mai 1873 durch die nördlichen Wälder, als ihr Vorläufer, die North-West Mounted Police, mit 150 Rekruten gegründet wurde. Ihre Fairness und ihre Ausdauer waren sprichwörtlich. In den 1880er-Jahren ritten dann schon über 1000 Männer für die Truppe. 1904 beförderte König Edward VII. die Truppe zur Royal Canadian Mounted Police, die auch heute noch Dienst tut. 1920 wurde ihr Hauptquartier von Regina nach Ottawa verlegt. Ihre rotschwarzen Uniformen tragen sie nur noch bei besonderen Anlässen.

Grasslands National Park

Der im Jahr 1981 als einer der jüngsten Nationalparks Kanadas gegründete Park wurde auf eine Fläche von rund 900 Quadratkilometern hin konzipiert, die sich in zwei Blöcke teilt: einen westlichen mit dem Frenchman River Valley und einen östlichen mit den Rock Creek Badlands.

Ein hoher Himmel über Bisonherden auf weiter Prärie: das Urbild des wilden nordamerikanischen Westens. Im Grasslands-Nationalpark gibt es sie noch, während dieselbe Landschaft andernorts zu Ackerfläche wurde. Hier, direkt an der Grenze zu den USA, gedeiht typisches Präriegras ungestört auf rund 900 Quadratkilometern. Eine Mischung aus 70 Grasarten und mehr als 50 Wildblumensorten – einzigartig unter den kanadischen Nationalparks. Besonders hervorzuheben sind die Präriebisons, sie ziehen seit 2006 wieder übers Land. Hier lebt außerdem das schnellste Landtier des ganzen Kontinents, der Gabelbock, neben gefährdeten Arten wie Schwarzfußiltis, Schwarznatter oder

Kaninchenkauz. Alte Tipi-Ringe und Bison-Treibpfade zeugen von früher Besiedlung. Wer es noch älter mag, besucht die großen Saurier-Fundstätten in den East Block Badlands. An wenigen Orten in Kanada konnte man eine solche Vielzahl an Fundstücken entdecken.

Highlights

In beiden Teilen des Parks findet man noch Regionen, die von der Vergletscherung der jüngsten Eiszeit unberührt blieben. Den westlichen Teil erschließt eine Wanderung auf den 70 Mile Butte – mit 932 Metern die höchste Erhebung im Frenchman River Valley –, für die man etwa einen halben Tag einplanen sollte. Ebenfalls einen halben bis einen ganzen Tag Zeit nehmen sollte man sich für den – den Ostteil erschließenden – Rim Hike. 1874 wurden in dieser Region die ersten Fossilien von Dinosauriern in Westkanada gefunden.

Tipps

An keinem anderen Ort in Kanada können der Schwarzschwanz-Präriehund (ein Nagetier) und der Schwarzfußiltis noch wie hier in ihrem natürlichen Lebensumfeld beobachtet werden.

Praktische Informationen

Anreise (West Block) über die Highways 4 und 18 durch Val Marie oder (East Block) über den Highway 18 durch Wood Mountain. Visitor Centres am West- und am Osteingang.

Der an der Grenze zu den USA gelegene Park schützt eine der letzten großen, unberührten Prärien. Hier geht gerade die Sonne über dem Frenchman River Valley auf.

Unterwegs im Südosten Saskatchewans

Wenig Niederschlag, weite Landschaften und die jahrhundertealten Spuren der First Nations – der Südosten der Provinz ist ein sehenswerter Natur- und Kulturraum und lockt zudem mit der reizenden Provinzhauptstadt Regina.

** St. Victor Petroglyphs Provincial Park Aus Linien und Kreisen zusammengesetzte Figuren, in den Stein gegraben, lassen sich im St. Victor Petroglyphs Provincial Park finden. Doch so eindrucksvoll dies ist, so rätselhaft sind die Felsbilder. Wer war für sie verantwortlich? Wann sind sie entstanden? Wozu haben sie gedient, was war ihr Zweck? – Alle Antworten konnten Wissenschaftler bisher noch nicht finden. Vermutet wird, dass die First Nations der Sioux und Assiniboin hier ihre Spuren hinterließen, etwa zwischen 500 und 1700 nach Christus. Und sie sind wohl einzigartig, an keinem anderen Ort in den Canadian Plains wurden dergestaltige Felsbilder gefunden. Der Provinzpark vermag ihre spannende Geschichte zu erzählen; zahlreiche Pfade führen hier außerdem in die kanadische Wildnis.

Sanft gewellte Hügel, spärliche Vegetation: Der St. Victor Petroglyphs Provincial Park lockt allerdings nicht nur mit seiner Landschaft.

Big Muddy Badlands

Im Süden von Saskatchewan bis hinunter nach Montana hat das Schmelzwasser der Eiszeit ein 160 Meter tiefes Tal geschaffen, die Big Muddy Badlands. Die verwitterten Gesteine und bizarren Felsformationen ziehen sich auf 55 Kilometern Länge über den Big Muddy Creek, einen Nebenfluss des Missouri. Berühmt geworden ist die Gegend für eine Bande Gesetzloser, arbeitslose Viehtreiber und Farmhelfer, die dort Ende des 19. Jahrhunderts auf kriminelle Weise ihr Auskommen sicherten. Anführer der Gruppe, die sich »The Wild Bunch« (Der wilde Haufen) nannte, waren Butch Cassidy und Sundance Kid. Ihr Leben ist Thema des Films »Zwei Banditen«, über Sundance Kid wurden zahlreiche weitere Filme gedreht. Das Ende der beiden Outlaws ist ungeklärt, es wird vermutet, dass sie Anfang des 20. Jahrhunderts in Bolivien getötet wurden.

Bisons

Ihr zotteliges Fell ist das Markenzeichen der Bisons. Der Bison, ein Auerochse und verwandt mit dem Wisent, ist mit einer Schulterhöhe bis 1,95 Meter ein echter Riese. Zudem bringen ausgewachsene Männchen bis zu 900 Kilogramm auf die Waage, kein Wunder, dass die Erde bebt, wenn eine Bisonherde über die Weiten der Ebene rennt. Für die Urein-

wohner gehörten die Bisons zu den wichtigsten Tieren, sie nutzten alles: die Häute für die Tipis, die Sehnen für den Bogen, das Fleisch als Wintervorrat. Doch mit der Erschließung der weiten Steppen durch die weißen Einwanderer wurden die Wildrinder in Nordamerika fast völlig ausgerottet. Nur strenger Schutz und Nachzucht konnten den Bestand sichern.

Damit der Bison frei von Ungeziefer bleibt, pickt der Lerchenstärling dem Wildrind Insekten und Spinnen heraus. Seine Hörner und der massive Schädel, aber auch ausschlagende Hinterbeine machen das mächtige Tier zum Kämpfer, oft kommen seine Angriffe urplötzlich. Für die First Nations war der wilde Bison gefährlicher als ein Grizzly.

** **Regina** Regina, die »Königin«: Dass die Hauptstadt der Provinz nicht ihren ursprünglichen Namen »Pile of Bones« (»Knochenhaufen«) behalten hat, ist Louise, Tochter von Queen Victoria, zu verdanken. Sie benannte den Ort 1882 zu Ehren ihrer Mutter, nachdem er zur Hauptstadt der neu gegründeten Northwest Territories erkoren wurde. Tatsächlich waren Siedler der Region hier mitten in der baumlosen Prärie einst auf eine große Menge von Büffelskeletten gestoßen – aufgeschichtet von den Ureinwohnern, die damit die Götter beschworen, die großen Büffelherden wieder zurückzubringen. In der »leeren Landschaft« wuchs neben dem Parlamentsgebäude rasch eine blühende Stadt, die auch mit der Eigenständigkeit Saskatchewans ein Regierungssitz blieb. Heute bietet Regina mit einem rund neun Quadratkilometer großen Park rund um den künstlichen Wascana Lake mehr Grünfläche pro Kopf als jede andere Großstadt des Landes.

** **Parliament** In den prächtigen Räumen des Parlamentsgebäudes tagt die gesetzgebende Versammlung. Über dem Sitz des Parlamentssprechers befindet sich natürlich das Wappen Saskatchewans: Ein Löwe und ein Weißwedelhirsch, offizielles Staatstier, tragen den Schild unter der britischen Krone.

** **RCMP Training Academy & Museum** Im Ausbildungszentrum der Royal Canadian Mounted Police findet werktags um die Mittagszeit die sehenswerte »Sergeant Major's Parade« statt, das Museum erzählt die ganze Geschichte der Truppe.

* **Wascana Centre** Das Naturschutzgebiet liegt mitten in der Stadt an einem künstlichen See und beherbergt über 60 Vogelarten, darunter mehr als 100 Kanadagänse. Das kleine Willow Island ist mit der Fähre erreichbar. Im Museum wird die Naturgeschichte der Provinz in übersichtlichen Schaubildern erklärt; zahlreiche Saurierknochen sind ausgestellt. Die First Nations Gallery informiert über Geschichte und Kultur der kanadischen Ureinwohner.

* **Royal Saskatchewan Museum** Bereits 1906 wurde das erste Provincial Museum hier gegründet, heute umfasst die Sammlung rund 3 Millionen archäologische Fundstücke, darunter der größte bisher gefundene, gut erhaltene Tyrannosaurus rex namens »Scotty«.

Im prächtigen Stil der Beaux Arts erbaut ist das Saskatchewan Legislative Building.

Über die Geschichte der berittenen Polizei Kanadas lernt man einiges im Museum in Regina.

* **Yorkton** Die kleine Stadt im östlichen Saskatchewan ist durch ihre ukrainische Vergangenheit geprägt. Die Siedler hinterließen ein reichhaltiges Erbe, das sich in der Architektur wie in den kulturellen Sammlungen der Museen zeigt. Im Western Development Museum am Highway 16 liegen Werkzeuge und Kleidungsstücke der Siedler. Die St. Mary's Ukrainian Catholic Church in der Catherine Street gehört zu den ältesten Backsteinkirchen des Landes. Ukrainische Häuser kann man im Parkland Heritage & Farmstead Centre besichtigen, ungefähr zehn Kilometer südöstlich am Highway 16. In Canora, knappe 60 Kilometer nördlich von Yorkton, steht die Ukrainian Orthodox Church an der Main Street. Bereits ihr einzigartiges Äußeres ist einen Besuch wert.

* **Cannington Manor** In der ehemaligen Siedlung englischer Einwanderer, die um 1882 nach Saskatchewan kamen und ihren viktorianischen Lebensstil auch in der Wildnis pflegen wollten, stehen von den historischen Gebäuden nur noch die Kirche und die Mühle.

* **Moose Mountain Provincial Park** Im Südosten von Saskatchewan, nahe der Grenze nach Manitoba, liegt der Moose Mountain Provincial Park, eine Oase mit lichten Espenwäldern, weiten Seen und Sumpfgebieten sowie bewaldeten Hügeln. Elche, Biber und Kojoten gehören zu den ständigen Bewohnern dieser Wildnis, und auch die Vogelkundler kommen hier auf ihre Kosten. Der Kenosee Inn gilt als Ausgangspunkt für Wanderungen und Spaziergänge, in den nahen Kenosee Lake führt eine riesige Rutschbahn.

Eine Abkühlung gönnt sich dieser Elch im Wasser des Kenosee Lake. Seine Spezies gab dem dortigen Park seinen Namen.

Einblick in Cannington Manor.

Manitoba

Manitoba besteht – mit Ausnahme der Hudson Bay weit im Norden – vornehmlich aus weiten Prärielandschaften und ausgedehnten Wäldern. Stolz ist man auf die mehr als 100 000 Seen, die zum Großteil durch Flüsse und Kanäle verbunden sind. »Manito Waba« nannten die First Nations das Geräusch ans Ufer prasselnder Kieselsteine, weil sie glaubten, es würde von Manitu selbst verursacht. Im Bild: Holzpfade führen durch den Riding Mountain National Park.

INFO

Hauptstadt:
Winnipeg
Fläche:
647 797 km²
Einwohner:
1,3 Millionen
Motto:
Gloriosus et liber
(Glorreich und frei)
Zeitzone:
Central Standard Time
Größter See:
Lake Winnipeg
Blume:
Finger-Kuhschelle
Tier:
Bison
Vogel:
Bartkauz
Baum:
Weißfichte
Mineral:
Kalisalz

MANITOBA

Ob man Manitoba in sein Herz schließt oder eher Fluchtgedanken hegt, hängt wohl davon ab, wo man unterwegs ist. Die Mitte und der Norden des Landes verzaubern mit ihren über 100 000 Seen, darunter der Lake Winnipeg, einer der größten Seen der Welt.
Eher südlich in der Prärie dagegen kann man nach mehrstündiger Fahrt den Eindruck gewinnen, sich nicht vom Fleck bewegt zu haben, so sehr gleichen sich die Farmhäuser und die Felder, die bis an den Horizont reichen. Was für den Besucher ermüdend erscheinen mag, ist für das Land von immenser Bedeutung. Getreide, vornehmlich Weizen, das in den Weiten der Prärie gedeiht, versorgt zum einen die Bewohner, zum anderen ist es ein noch immer wichtiger Exportartikel.

Die Geschichte der Provinz ist mit der ihrer Nachbarprovinzen vergleichbar. First Nations bewohnten das Land Tausende Jahre. Zu Beginn des 17. Jahrhunderts tauchten die ersten Europäer auf. Prägend in Manitoba ist ein lang dauernder Kampf zwischen Briten und Franzosen und deren Nachkommen. Er zog sich bis zum Ende des 19. Jahrhunderts hin, als schließlich Französisch sprechende Bewohner zur Minderheit geworden waren und das zweisprachige Schulsystem abgeschafft wurde. Auch Gesetze wurden nur noch in englischer Sprache verfasst. Erst seit Ende des 20. Jahrhunderts ist das wieder anders. Darüber hinaus hat die Eisenbahn das Land zu dem gemacht, was es heute ist. Was hätte der Anbau gigantischer Mengen an Weizen genützt, wenn man das Getreide nicht hätte verkaufen können? Der Transport auf der Schiene war ideal, eine Verbindung nach Minnesota in den USA bestand. Um die damalige Zeit zu verstehen, muss man sich vor Augen halten, dass Kanada, wie wir es heute kennen, noch nicht existiert ha[t]. Es befand sich gerade im Entstehungsprozes[s]. Das bedeutete, die Verbindung zwischen de[n] nördlichen Ländern musste gestärkt und vo[n] der zu den südlichen Nachbarn abgegren[zt] werden. Die Canadian Pacific Railway sollt[e] dazu beitragen. Sie war die Verbindung vo[n] West nach Ost, vom Pazifik zum Atlantik.
Mit über 705 000 Einwohnern ist die Haup[t]stadt Winnipeg auch die größte der Provin[z]. Fast die Hälfte aller, deren Zuhause Manitob[a] ist, wohnen in Winnipeg. Auch der eigentlich[e] »Vater« von Winnie-the-Pooh, dem bärigen Ki[n]derbuchhelden, stammt aus der Stadt. Alle[r]dings nicht der Autor der drolligen Geschicht[en], sondern ein Veterinäroffizier, der ein Schwa[rz]bärenjunges aufgenommen hatte. Als er 191[4] in die Schlacht zog, brachte er das Tier in eine[n]

Seit vielen Jahrzehnten spielt in Manitoba die Landwirtschaft eine entscheidende Rolle.

Dank ihrer weißen Farbe sind die Belugawale im dunklen Wasser des Churchill River und der Hudson Bay nicht zu übersehen.

Londoner Zoo, wo es seinen Namen »Winnie« nach dem Wohnort des Überbringers bekam. In London war ein kleiner Junge vollkommen fasziniert von dem Bären; sein Vater Alan Alexander Milne (1882–1956) wurde zum kreativen Schöpfer von Winnie-the-Pooh.

Echte Tiere leben in Manitoba in großer Zahl und vor allem in unglaublicher Vielfalt. Fast 350 Vogelarten gehören dazu. Im Narcisse Snake Dens wird man im Sommer Zeuge davon, wie sich zahllose Schlangen paaren. Churchill an der Hudson Bay ist dagegen für seine Eisbären bekannt, die sich vor allem im Herbst von speziellen Fahrzeugen aus, den »Tundra Buggies«, beobachten lassen. Wer im Sommer kommt, hat Belugawale im Visier. Wo der Churchill River in die Hudson Bay fließt, tummeln sich die weißen Meeresbewohner mit dem auffälligen runden Kopf zu Tausenden und bringen ihren Nachwuchs auf die Welt. Näher als bei einer Bootstour kann man den neugierigen Tieren kaum kommen. Beinahe in entgegengesetzter Richtung, im Südwesten, befindet sich der Riding Mountains National Park, eine Oase aus Wald und Seen inmitten der Prärie. An seiner südlichen Grenze leben die indigenen Ojibway in einem Reservat.

Unterwegs in der Norman Region

Auch als Northern oder Nor-Man Region bekannt, bedeckt sie nahezu die komplette nördliche Hälfte der Provinz. Siedlungen findet man hier nur wenige, dafür dehnt sich die weite Natur aus, von zahlreichen Seen und Flüssen sowie dem subarktischen Klima geprägt.

Ein erinnerungswürdiges Erlebnis inmitten schöner Natur ist die Fahrt mit einem Hundeschlitten.

*** Hudson Bay Eine unwirtlichere Region hätte sich der Seefahrer Henry Hudson kaum aussuchen können, als er im Jahr 1610 mit der Erforschung der Bucht begann – und prompt vom Packeis eingeschlossen und zum Überwintern gezwungen wurde. Die später nach ihrem Entdecker benannte Bucht ist eigentlich eher ein Binnenmeer; dessen Ufer gehören zum Territorium Nunavut sowie zu den kanadischen Provinzen Manitoba, Ontario und Quebec. Zu den wichtigsten Inseln zählen Akimiski Island und am – nördlichen – Rand drei große Eilande: Southampton Island sowie die deutlich kleineren Inseln Coats und Mansel. Hudson war auf der Suche nach der legendären Nordwestpassage, dem nördlichen Seeweg zwischen Atlantischem und Pazifischem Ozean. Bei der Eroberung des amerikanischen Kontinents spielten diese Territorien lange keine Rolle: Zu abweisend wirkte diese Landschaft im Winter.
Riesig sind die Ausmaße der Hudson-Bucht: Ganz Deutschland, Österreich und die Schweiz, dazu Frankreich und die Benelux-Staaten fänden Platz auf ihrer 1,23 Millionen Quadratkilometer großen Wasserfläche. Sie ist über die Hudsonstraße mit dem Atlantik verbunden.

Hudson's Bay Company

Das Handelsunternehmen, kurz HBC genannt, wurde 1670 gegründet und kann von sich behaupten, das älteste ununterbrochen aktive Unternehmen Nordamerikas zu sein und eines der ältesten Unternehmen der Welt. Zwei Franzosen sind damals zu den Engländern übergelaufen und haben eine Route zu wichtigen Handelsplätzen durch die Hudson Bay verraten. König Karl II. von England gewährte der Company urkundlich das Monopol auf den Handel mit den First Nations. Und das in einem Gebiet der Größe von gut einem Drittel des heutigen Kanada. Später wandelte sich HBC von einer kaufmännischen Gesellschaft zur politisch einflussreichen Instanz. Ihr gehörten beträchtliche Gebiete, darunter die Northwest Territories. Heute betreibt HBC Mode- und Einrichtungshäuser.

Eisfrei präsentiert sich die Hudson Bay nur im Spätsommer, hier geht die Sonne hinter Bird Cove unter.

Wapusk National Park

Der im Jahr 1996 im Westen der Hudson Bay gegründete, 11 475 km² große Wapusk National Park umfasst einen Großteil der Hudson James Lowlands – der ökologischen Übergangszone von den borealen Wäldern im Süden und der arktischen Tundra im Norden.

Der Name ist Programm: Wapusk bedeutet »weißer Bär« in der Sprache der Cree, die schon vor 3000 Jahren hier lebten. Seit 1996 ist ein Gebiet von fast 11 500 Quadratkilometern direkt an der Westküste der Hudson Bay geschützt, denn dies bildet die Heimat der Eisbären. Die vermutlich wichtigste Kinderstube der großen Jäger liegt im Übergang zwischen arktischer Tundra und borealem Nadelwald, zwischen Küsten und Mooren, rund 50 Kilometer östlich von Churchill. Auch viele andere Tierarten gedeihen hier, am bekanntesten sind die Eisbären der Region. Im Frühjahr verlassen die Mütter mit ihrem Nachwuchs die Geburtshöhle im schmelzenden Schnee und ziehen über das Land. Im Herbst dann wandern sie mit vielen anderen zur Küste und warten auf das Zufrieren der großen Bucht, weil über das Eis endlich wie

der Robben und ähnliche Beute zugänglich sind. Die rund 3000 Karibus der Cape-Churchill-Herde äsen in der winterlichen Tundra, und nur die hiesigen Ureinwohner dürfen sie jagen. Polarfüchse schnüren durch den Nationalpark, vor allem im südlichen Teil beim immergrünen Nadelwald. Sie erspüren Mäuse und Lemminge selbst unter dichtem Schnee – im Winter eine willkommene Nahrungsquelle. Der Park weist insgesamt eine hohe Artenvielfalt auf.

Highlights
Nur an wenigen Orten der Welt kann man wie in diesem Nationalpark dabei zusehen, wie wenige Monate alte Eisbärenjunge unter den wachsamen Augen ihrer Mütter erste Ausflüge machen. Zu beobachten ist dieses faszinierende Naturschauspiel beispielsweise von der nur Mitte Februar bis Mitte März geöffneten Wat'chee Lodge aus, www.watchee.com

Tipps
Eine Ausstellung im Visitor Centre informiert über den Park und sein Ökosystem.

Praktische Informationen
Anreise mit dem Flugzeug von Winnipeg nach Churchill, der (etwa 50 Kilometer östlich) nächstgelegenen Stadt des Nationalparks, oder mit dem Auto ebenfalls von Winnipeg auf dem Highway 6 in nördlicher Richtung bis Thompson und von dort weiter mit dem Flugzeug nach Churchill. Auch eine Zugverbindung (Hudson Bay Line) gibt es von Winnipeg nach Churchill. Von Churchill, wo sich auch das Visitor Centre befindet, geht es mit dem Hubschrauber weiter in den Park, der nicht frei zugänglich ist – nur geführte Touren sind erlaubt.

Unzählige Tiere hinterlassen im winterlichen Nationalpark ihre Spuren, darunter Karibus.

Eisbären

Der Eisbär ist nicht nur Symbol für das Leben in der Arktis, sondern fü[r] den menschengemachten Klimawandel, weil das Eis unter seinen Tatzen immer dünner wird. Zum Glück kann das größte Landraubtier der Erde auch tagelang schwimmen, der Rekord liegt bei fast 700 Kilometern un[d] neun Tagen ohne Landgang. Das meist als Einzelgänger lebende Tier ha[t]

sich mit seinem schlanken Kopf, den abgerundeten Ohren und dem hellen Fell optimal an das Leben am Polarmeer angepasst. Seine breiten, behaarten Tatzen finden auf rutschiger Schneefläche Halt, und im Wasser nutzt er sie wie Paddel, da zwischen den Zehen Schwimmhäute sitzen. Seine Nase kann Robben oder Aas schon aus mehr als 20 Kilometern Entfernung orten. Eisbärfreunde treffen sich jedes Jahr im Herbst an der Hudson Bay zur Beobachtung. Dann friert die Bucht des Churchill River wieder zu, und die Bären bekommen erneut Zugang zu ihrer Lieblingsspeise, den Robben. Im ganzen Norden Kanadas gehört der Eisbär zum Alltagsleben, bei den Inuit ist er ein mythenumwobenes Tier.

Im Licht des Sonnenuntergangs leuchten die Felsen am Seeufer des Clearwater Lake in warmen Farbtönen.

* Paint Lake Provincial Park Der Park ist 227 Quadratkilometer groß. Herzstück ist der Paint Lake, der infolge der Eiszeit nach dem Abschmelzen riesiger Gletscher entstanden ist. Auf dem See gibt es hübsche kleine Inselchen, um ihn herum findet man Auen und Wälder. Nicht nur Natur lässt sich hier erleben, sondern auch Geschichte. In der Region hat sich nämlich der Wettstreit zwischen der Hudson's Bay Company und der North West Company abgespielt. Fundstücke und Nachbildungen aus McKay House und Chatham House, Posten der beiden Rivalen, sind heute noch zu besichtigen.

* Grass River Provincial Park Wo im Nordwesten Manitobas weite Ebenen in hügeliges Waldland übergehen, liegt der Grass River inmitten von Seen. Mit bloßem Auge lässt sich sogar erkennen, wie der Untergrund wechselt: von hellem Sedimentgestein am einen Seeufer zu dunklen, harten Granitfelsen gegenüber. In feuchten Niederungen liegen bewaldete Moore und Marschen, in denen sich auch die Wald-Karibus im Park wohlfühlen. Frühe Büffeljäger, die vor der Dürre aus dem Grasland flüchteten, mussten ihre Jagdtechnik umstellen. Bis heute kalben die scheuen Karibu-Kühe auf den See-Inseln und bleiben den ganzen Sommer dort. Auch Elche und Weißwedelhirsche lassen sich beobachten, Wolfsrudel, Luchse und Vielfraße durchstreifen den Park, Nerz und Otter teilen sich die Wasserflächen mi

Der Grass River rauscht über die Pisew Falls im gleichnamigen Provinzpark.

Frühling in der Arktis

Der Frühling wird oft die schönste Jahreszeit der Arktis genannt. Die Dunkelheit des Winters ist überwunden, schon ab Ende März sind die Tage länger als die Nächte. Selbst wenn das Thermometer noch Minusgrade anzeigt, erwecken die Sonnenstrahlen ein Gefühl von Wärme. Allerdings sind die Unterschiede zwischen Sonnen- und Schattenseite beträchtlich. Dies bestimmt auch den Lebensrhythmus der Pflanzen. Kleinräumig wechselt die Zusammensetzung der Vegetation je nach Ausrichtung zur Sonne, Steilheit des Geländes und den Wasserverhältnissen. So bringt die Sonne der obersten Bodenschicht Wärme, doch taut nur eine dünne Schicht auf. Das Schmelzwasser lässt Tümpel entstehen. Auf der Tundra entfaltet sich für einige Wochen eine Blütenpracht.

Kormoranen, Reihern oder auch Pelikanen. Ein Rückzugsraum auch für Menschen, zum Wandern, Paddeln und Natur erleben.
Für sein klares Wasser in Flüssen und Seen ist der fast 2300 Quadratkilometer große Park berühmt – die Sumpfböden filtern Schwebstoffe und Sedimente gründlich aus.

** Clearwater Lake Provincial Park

Der knapp 593 Quadratkilometer große Provinzpark ist nach einem beinahe kreisrunden See benannt. »Clearwater«, der Name ist Programm, denn der See ist wirklich glasklar. Fischen ist erlaubt. Im sauberen Wasser tummeln sich Hecht, Heringsmaräne und Seesaibling. In den Wäldern darum sind Schwarzbären und Elche zu Hause. Am Südufer ist ein Höhlensystem zu besichtigen. Die »Caves« sind durch den Abbruch gigantischer Felsplatten von den Klippen entstanden. 20 Kilometer südlich des Sees liegt das Städtchen The Pas. Dort lohnt ein Besuch der Christ Church, die Mitte des 19. Jahrhunderts von dem ersten indigenen anglikanischen Priester gegründet wurde. Die Wände zieren die Zehn Gebote in der Sprache der Cree.

** Pisew Falls Provincial Park

Aus der Ferne gleicht das Rauschen des Wasserfalls einem Zischen, sodass das Cree-Volk ihn »Pisew« nannte, »Luchs«, nach dem drohenden Zischen, das diese Wildkatze bei Gefahr von sich gibt. Die stürzenden Wassermassen lassen sich von einer Aussichtsplattform aus genießen oder aus der Ferne vor dunklem Ufergestein. 13 Meter fällt der Grass River über eine Felskante in die Tiefe; er muss dabei zugleich abrupt die Richtung wechseln, um am hohen Ufer entlang eine Schlucht hinunterzustürzen. Das bringt den an sich ruhig dahinströmenden Fluss zum Schäumen und lässt Wellenberge entstehen. Ein Inselchen unterhalb des Falls, das im Sommer kaum auffällt, bildet im Winter die Basis für meterhohe Eisschichten, die sich über Wochen auftürmen. Mit Glück können Winterwanderer dann Otter beobachten, die den rutschigen Hügel gern als Spielplatz nutzen. Auch Schwarzbären und Wild leben im Park. Im Sommer empfiehlt sich erfahrenen Wanderern der Pfad über eine kleine Brücke, der elf Kilometer weiter zu Manitobas höchsten Wasserfällen, den Kwasitchewan Falls, führt – dies war einst auch für Pelzhändler ein beliebter Weg entlang des Grass River. Allerdings ist die Wanderung über unterschiedliches Gelände durchaus anspruchsvoll, eine Übernachtung mit Campingausrüstung an den Fällen wird daher empfohlen.

In gänzlicher Ruhe kann man hier am Paint Lake die Natur genießen.

Von den Wanderwegen im Duck Mountain Provincial Park hat man immer wieder eine schöne Sicht auf das glitzernde Wasser.

Pelikane gehören zu jenen Arten, die im Duck Mountain Provincial Park eine geschützte Heimat gefunden haben.

Duck Mountain Provincial Park Wanderer und Angler schwören auf diesen Park, der mit dem Bald Mountain (831 Meter) den höchsten Punkt Manitobas und mit dem East Blue Lake einen der klarsten Seen Kanadas hat. Über zehn Meter kann man in den East Blue Lake hineinsehen.

Rossburn Snowmobiling gehört zu den beliebtesten Wintersportarten. Einige der schönsten Trails verbinden Rossburn mit Asessippi, Roblin und den Duck Mountains, dem Swan River Valley und dem Porcupine Provincial Forest.

Brandon Die Weizenmetropole am Assiniboine River rund 300 Kilometer weiter östlich ist die zweitgrößte Stadt Manitobas. Das hiesige B. J. Hales Museum of Natural History präsentiert mehr als 200 präparierte einheimische Vogelarten. Daneben sind die First Nations ein Schwerpunkt des Museums. Ein Kunstmuseum, die Art Gallery of Southwestern Manitoba, sowie ein Wasservergnügungspark sind weitere Attraktionen der netten Kleinstadt Brandon.

Spruce Woods Provincial Park Wapiti-Hirsche weiden auf den Grasslands und in den ausgedehnten Wäldern dieses Parks. Spirit Sands nennt man die weite Sand-Landschaft in dem einstigen Assiniboine-Delta, die mit einer fast wüstenähnlichen Anmutung überrascht.

Powwows

Aus der Kultur der nordamerikanischen Ureinwohner sind Powwows nicht wegzudenken. Es handelt sich um volksfestartige Treffen, bei denen gemeinsam getanzt und gesungen wird. Wichtige familiäre Ereignisse oder Stammesanlässe können ebenso im Mittelpunkt stehen wie Ehrungen. Waren es bei der Entstehung der Powwows Mitte des 19. Jahrhunderts ausschließlich Krieger, die daran teilnahmen, reicht heute die Zugehörigkeit zu einer Stammeskultur. Geleitet wird jedes Treffen mit nicht selten 1000 Teilnehmern von einem Zeremonienmeister. Die Zusammenkünfte, auf denen Trachten, Musik und Kunsthandwerk der verschiedenen Stämme gezeigt werden, finden längst nicht nur in Nordamerika statt. Auch in Deutschland gibt es regelmäßig Powwows.

Mithilfe von Leitern können die Dünen im Spruce Woods Provincial Park erklommen werden.

Riding Mountain National Park

Grasländer, Laubwälder, Seen und Flüsse prägen das Landschaftsbild des 1933 unter Vertreibung der dort lebenden First Nation gegründeten, 3000 km² großen Riding Mountain National Park – geologisch gesehen ein Teil der von South Dakota bis nach Saskatchewan verlaufenden postglazialen Landhebung.

Eine »Insel der Wildnis mitten im Bauernland« sollte der Park bei seiner Gründung 1933 sein: Tatsächlich bedecken vor allem dichter Wald und Seen diese fast 3000 Quadratkilometer im Süden Manitobas, während sich rundherum Prärielandschaft ausbreitet. Im Westen erinnert die zerklüftete Kante der Manitoba-Schichtstufe an Eiszeitgletscher. Der Wildnisgedanke für den Park galt allerdings nicht für den damals hier lebenden Ojibway-Stamm, denn den wollte die Regierung zum Ackerbau bewegen und zerstörte die Siedlung unter Einsatz von Feuer. Heute befindet sich ein Reservat am Südrand des Parks. Die Waldtiere durften bleiben, hier lebt eine der größten Schwarzbärpopulationen

Nordamerikas. Auch Wölfe und Pumas kommen hier vor, schließlich sind Elche, Wapitis und Hirsche zahlreich, aber auch Biber und Stachelschweine. Nahe Lake Auby grast eine Bisonherde. Dieser Teil ist auch ein beliebtes Ausflugsziel für Familien. Wasagaming, eine kleine Ortschaft am Seeufer des Clear Lakes, richtet jährlich ein Filmfestival aus.

Highlights

Hauptattraktion des Parks, neben der Bisonherde am Lake Audy, ist etwa die auf dem Grey Owl Trail – einem 17 Kilometer langen Rundweg – zu erkundende Landschaftsvielfalt des mittlerweile auch als Biosphärenreservat der UNESCO geschützten Areals.

Tipps

Anglerfreuden versprechen die tiefen, kalten Seen des Nationalparks: Hechte, Weißfische, Zander und Forellen leben im Clear Lake, im Lake Catherine und im Deep Lake. Im Winter werden die meisten der mehr als drei Dutzend Wege des in dieser Zeit auch von Schneeschuhläufern viel frequentierten Parks als Langlaufloipen präpariert.

Praktische Informationen

Anreise mit dem Auto von Winnipeg (312 Kilometer südöstlich vom Park gelegen) zum Südeingang des Parks über den Trans-Canada Highway und den Highway 16. Vom Eingang ist es dann nicht mehr weit bis zum Visitor Centre in Wasagaming, am südlichen Ufer des Clear Lake gelegen.

Über die dichte grüne Vegetation im Riding Mountain National Park freuen sich Wanderer ebenso wie Elche.

Unterwegs im südlichen Zentrum Manitobas (Central Region)

Während die nördliche Region Manitobas vor allem menschenleere Natur zu bieten hat, ist das südliche Zentrum deutlich einwohnerstärker. Große Seen und grandiose Landschaft lassen sich hier jedoch nichtsdestotrotz ebenfalls finden.

Winnipegs markante Brücke führt unter anderem zum ebenfalls architektonisch auffälligen Kanadischen Museum für Menschenrechte.

Nach dem Provinzgründer von Manitoba benannt ist die Fußgängerbrücke Esplanade Riel, die im Sommer dank der Crêperien zur Flaniermeile wird.

* Fort La Reine and Pioneer Village An der Kreuzung der Highways 1 und 26 liegt das Museum Fort la Reine and Pioneer Village, ein Freilichtmuseum mit insgesamt 25 Gebäuden. Zu besichtigen sind Schule, Kirche sowie Wohnhäuser und Läden aus der Pionierzeit. Museum und Dorf erinnern an die Zeit, als Portage La Prairie im 18. Jahrhundert ein wichtiger französischer Handelsposten war. Das ursprüngliche Fort baute 1738 der französische Entdecker Pierre Gaultier de la Verendrye. Das Museum behandelt aber auch das Thema Eisenbahn ausführlich. Zu den Exponaten gehört dabei unter anderem ein privater Eisenbahnwaggon von Sir William Van Horne, dem Direktor der Canadian Pacific Railway Company, aus dem Jahre 1882.

** Lake Manitoba Aufgrund ihrer Größe und ihres Aussehens werden die beiden Seen Lake Winnipeg und Lake Manitoba gern Inlandsozeane genannt. Letzterer dehnt sich von Norden nach Süden etwa 200 Kilometer lang aus und hat eine Fläche von riesigen 4700 Quadratkilometern. Das ist das Zweifache des Saarlands und entspricht der Fläche Watt in der Nordsee, die bei Ebbe trockenfällt. Kein Wunder, dass man sich am Ufer des Sees eher fühlt wie am Strand des Meeres. Die Seen Manitoba und Winnipeg sind miteinander verbunden und haben eine Verbindung zur Hudson Bay. Ein besonderes Schauspiel kann man im Herbst und Winter erleben, wenn über dem See Polarlichter tanzen. Das murmelnde Echo an einer Stelle des Sees wurde von den Cree als Stimme des Großen Geistes Manitu gedeutet.

** Lake Winnipeg Das »Meer von Manitoba« gehört zu den zwölf größten Süßwasserseen der Welt: Mehr als 24 400 Quadratkilometer misst seine Fläche, dabei ist es im Schnitt höchstens zwölf Meter tief. So ragt der felsige Untergrund an zahlreichen Stellen wieder aus dem Wasser – wie die zerklüftete Uferlinie mit vielfach ungestörter Natur bietet dies Wildtieren noch heute ein ideales Umfeld. Malerische Kalksteinklippen beherbergen auch Höhlen, in denen oft Fledermäuse hausen, und sandige Buchten bieten feine Badestrände. Vor allem am Südufer sind sie für Städter ein beliebtes Ausflugsziel. Zudem ist der See ein wichtiger Fischgrund sowie Verkehrsweg für Manitoba und als Einfallstor für arktische Winde der Grund für manch eisigen Winter. Die hier ansässigen Cree nannten den See »Winipek«, »trübes Wasser«: ein Name, der auch auf die Provinzhauptstadt 80 Kilometer weiter südlich überging. Grüne Flächen rahmen Uferabschnitte des Lake Winnipeg, im Westen aber auch dichte Wälder, während der Norden in karge Tundra übergeht. Rund 430 Kilometer zieht sich seine Wasserfläche durch den Süden Manitobas. Fast parallel liegen Lake Winnipegosis und Lake Manitoba.

** Winnipeg Über die Hälfte aller Einwohner von Manitoba wohnt in Winnipeg. Die Hauptstadt der Provinz am Zusammenfluss von Red River und Assiniboine River war schon immer ein bedeutendes Handelszentrum, zuerst für Pelze und nach Ankunft der Eisenbahn für Getreide. Die riesigen Silos sind weithin zu sehen. Mit zahlreichen Museen und einer lebhaften kulturellen Szene braucht sich die Präriestadt vor Vancouver keineswegs zu verstecken. Empfehlenswert ist eine Besichtigung der bedeutenden Inuit-Kunst sowie kanadischer Schmiede- und Töpferarbeiten in der Winnipeg Art Gallery. Im Manitoba Museum of Man & Nature finden interessierte Besucher originalgetreue Nachbildungen einer Büffeljagd, eines Lagers der First Nations und einer Straße aus dem alten Winnipeg um 1920. The Forks National Historic Site zelebriert die Bedeutung von Winnipeg als Handelsmetropole im historischen Hafengelände.

Am Lake Winnipeg wurde der Hecla-Grindstone Provincial Park eingerichtet.

Stege laden zum Entspannen am Ufer des weitläufigen Lake Winnipeg ein.

Unterwegs in der Eastman Region

Mehrere Provincial Parks liegen in der südöstlichen Ecke Manitobas, die Eastman Region genannt wird. Die Möglichkeiten, hier einen Aktivurlaub zu verbringen, sind äußerst vielfältig. Die seenreiche Landschaft lädt allerdings auch zum Entspannen ein.

* Whiteshell Provincial Park Die Rainbow und die Whitemouth Falls gehören zu den Highlights des Provinzparks, der eigentlich ein Nationalpark werden sollte. Zu Beginn des 20. Jahrhunderts bemühte man sich zumindest, Whiteshell dazu zu erheben. Doch die Provinz lehnte es ab, mehr als einen Nationalpark ihr Eigen zu nennen, und entschied sich in den 1920er-Jahren für Riding Mountain als den einzige Nationalpark Manitobas. Doch egal, welchen Titel Whiteshell nun trägt – schön ist die Landschaft so und so. Der durch den Einschlag eines Meteoriten entstandene West Hawk Lake ist Manitobas tiefster See (110 Meter). Von Lilien ist der Lily Pond umgeben, der Caddy Lake gilt als ein beliebtes Ausflugsziel. Über 200 Wildgänse verbringen den Sommer im Alf Hole Wildlife Sanctuary.

* Sandilands Provincial Forest Über 3000 Quadratkilometer erstreckt sich ein Gebiet mit Sanddünen, Wäldern und Feuchtgebieten, das in großen Teilen unbewohnt ist. Das Land im Südosten Manitobas wurde von der letzten Eiszeit geformt. Die Sandrücken Bedford Hills und Cyprus Hills sind die zweithöchste Erhebung der Provinz. Der höchste Berg in dem eher für seine flachen Grasebenen bekannten Manitoba ist mit 831 Metern übrigens der Baldy Mountain. Traditionell wird im Sandilands Provincial Forest gewandert oder auch gejagt. Aber auch auf dem Mountainbike oder dem Rücken eines Pferdes erkunden viele die Gegend, im Winter auch auf Langlaufski.

Mehrere Seen liegen innerhalb des Whiteshell Provincial Park. Wanderwege führen an ihnen vorbei und entlang.

Ein Highlight für Kanuten sind die Caddy Lake Tunnel, die einst im Zuge des Eisenbahnbaus in den Fels gesprengt wurden.

Curling

Kanada ist Hochburg des Curling. Die Teamsportart, seit 1998 olympisch, wird sowohl auf zugefrorenen Flüssen oder Seen als auch in Eissporthallen ausgetragen. Auf der etwa 40 Meter langen Eisfläche werden Steine geschoben. Der Eismeister besprüht die Eisfläche mit Wasser. Zwischen den feinen Tröpfchen und dem Stein entsteht Reibung, die eine Drehung (»to curl« = »drehen«) bewirkt. Ziel ist es, mit mindestens einem Stein möglichst nah an einen farblich markierten Kreis zu kommen. Die Mannschaft, der das innerhalb von acht – bei Meisterschaften zehn – Durchgängen am häufigsten gelingt, gewinnt. Damit die Steine gut gleiten können, muss das Eis natürlich ganz eben und glatt sein. Es wird ständig mit einem Spezialbesen bearbeitet.

Kornkammer der Nation

Über Thessalien erreichten die aus Vorderasien stammenden Getreidesorten Gerste und Weizen im 5. Jahrtausend Mitteleuropa. In Kanada begann die Kultivierung des Landes erst als Folge der Kolonisation und der Besiedlung durch die Europäer. In der wirtschaftlichen Entwicklung des Landes spielte der Getreideanbau eine wichtige Rolle. Zu Beginn des

20. Jahrhunderts waren etwa zwei Drittel der landwirtschaftlich nutzbaren Flächen in den kanadischen Präriestaaten mit Weizen bestellt. Das sicherte nicht nur die eigene Versorgung, sondern machte Kanada auch zu einem der bis heute wichtigsten Weizenexporteure der Welt. Manitoba und Saskatchewan gelten als Kornkammern der Nation. Hier werden mehr als 3,7 Millionen Hektar Sommergerste und weit über 6 Millionen Hektar Sommerweizen angebaut. Auf den Großfarmen im Süden von Manitoba breiten sich wie ein wogendes Meer die Felder über das flache Land aus; unterbrochen nur von den hoch aufragenden Getreidesilos, die wie »Kathedralen der Prärie« bunte Farbtupfer setzen.

Ontario

Die zweitgrößte Provinz des Landes hat viele Gesichter: Toronto als das geschäftige Zentrum, die riesigen, weltberühmten Niagarafälle. Der weite und wilde Norden ist nur schwer zugänglich und besteht hauptsächlich aus dichten Waldgebieten und Seen. In der Sprache der Irokesen bedeutet Ontario »schönes Wasser«, und tatsächlich prägt dieses die kanadische Provinz mit ihren rund 250 000 Seen und kleinen Gewässern. Im Bild: Kanuten auf dem Lake Superior.

ONTARIO

Hauptstadt:
Toronto
Fläche:
1 076 395 km²
Einwohner:
14,66 Millionen
Motto:
Ut incepit fidelis sic permanet
(Treu hat sie begonnen und treu wird sie bleiben)
Zeitzone:
Eastern Standard Time/Central Standard Time
Größter See:
Oberer See
Blume:
Großblütige Waldlilie
Vogel:
Eistaucher
Baum:
Weymouth-Kiefer
Mineral:
Amethyst

Ontario, das sind die Großen Seen, die Niagarafälle, der Indian Summer. Ontario steht aber auch für moderne Metropolen wie die Provinzhauptstadt Toronto oder das beschaulichere Ottawa, die Bundeshauptstadt. Im Norden herrscht subpolares Klima vor, im Süden ist es gemäßigt. Mit über 14 Millionen Einwohnern liegt die Provinz an der Spitze, was die Bevölkerungsdichte angeht. Was für kanadische Verhältnisse viele Menschen sind, erscheint dem Europäer wie eine dünne Besiedlung, denn in der zweitgrößten Provinz kommen durchschnittlich nicht einmal 15 Bewohner auf einen Quadratkilometer. Zum Vergleich: In München tummeln sich jeweils um 4000 Menschen pro Quadratkilometer!

Bevor Anfang des 17. Jahrhunderts Europäer nach Ontario kamen, wurde das Land von verschiedenen Stämmen der First Nations bewohnt, darunter Cree, Tobaccos, Hurons, Ojibways oder auch Algonquins. Die Huronen waren die Ersten, die mit Franzosen Handel trieben. Sie halfen ihnen, sich in der rauen weiten Wildnis zurechtzufinden, verkauften ihnen Felle, erwarben dafür deren Kleidung. Ein wichtiges Ereignis in der Geschichte des Landes war der Siebenjährige Krieg (1756 bis 1763) zwischen Briten und Franzosen, den die Briten für sich entscheiden konnten. Ihnen fielen sämtliche französische Besitzungen zu. Ein weiterer Meilenstein war die erste große Einwanderungswelle von Engländern, Schotten und Iren Anfang des 19. Jahrhunderts nach dem Krieg mit den Vereinigten Staaten von Amerika. Eine zweite Welle gab es im Zusammenhang mit dem Zweiten Weltkrieg. 1867 wurde das Dominion of Canada mit Regierungssitz in Ottawa ausgerufen. Neben der Forstindustrie und den Bodenschätzen spielt heute der Tourismus eine entscheidende wirtschaftliche Rolle im Land. Man sollte auch nicht vergessen, dass in Ontario das Telefon erfunden wurde und der Automobilbau – die Ford Motor Company wurde hier gegründet – eine wichtige Entwicklung vollzog.

Das hört sich nach einer dominierenden Wirtschaft mit allgegenwärtiger Industrie an? Der Eindruck täuscht. Die Natur ist und bleibt in Ontario das alles bestimmende Thema. Neben sechs Nationalparks gibt es über 100 Provinzparks sowie weitere über 100 ausgewiesene Schutzgebiete. Eine Sonderstellung nimmt etwa Manitoulin Island ein, eine heilige Stätte der First Nations. Sie ist die größte Binnensee-Insel der Welt, auf der es wiederum mehrere Seen gibt, darunter den immerhin 104 Quadratkilometer großen Lake Manitou, der größte See auf einer Insel in einem See. Ebenfalls ein Superlativ und eine Naturattraktion ist der 14 Kilometer lange Wasaga Beach am Huronsee. Der längste Süßwasserstrand weltweit kann leicht mit so manchem Salzwasserstrand der Tropen konkurrieren.

Die Niagarafälle sind jedem ein Begriff. Doch weniger geläufig ist die Tatsache, dass die Region für ihren Wein bekannt ist. Ähnlich ergeht es dem Algonquin-Nationalpark, der einen Ruf weit über Ontario hinaus genießt. Kaum bekannt dagegen ist der nicht weit entfernte Haliburton Forest, ein in Privatbesitz befindliches Waldgebiet. Hier führt ein 630 Meter langer Hängepfad durch die Baumwipfel, es gibt ein Wolf-Center, eine Sternwarte und ein Wissenschaftscamp. Im Winter werden Schlittenhundetouren angeboten. Generell ist die Provinz ein Eldorado für Aktivurlauber und alle, die gerne Abenteuer inmitten schönster Natur erleben möchten.

Nicht zuletzt müssen die Städte erwähnt werden, allen voran sicher Toronto. Nach New York und London findet man hier die größte Zahl an Bühnen, auf denen Theateraufführungen gezeigt werden. Rund 80 verschiedene Nationalitäten sind in der Stadt zu Hause und prägen ihre einzigartige Atmosphäre. Für die Erkundung der kleineren Stadt Hamilton leiht man sich am besten ein Fahrrad. Rundherum führen verschiedene Touren vorbei an einigen der 100 Wasserfälle der Region.

Farbenfroh ist die Landschaft bei Hamilton im Indian Summer.

Die weltweit größte Binnenseeinsel ist Manitoulin Island im Lake Manitou. In ihrem Südosten wacht der Leuchtturm von South Baymouth.

Das imposante Naturschauspiel der Niagarafälle lockt jährlich nicht weniger als 18 Millionen Besucher an.

Unterwegs in der North West Region

Wirklich große Städte sucht man in der North West Region von Ontario vergeblich. Stattdessen findet man eine eindrucksvolle Landschaft, die von zahlreichen Seen gesprenkelt ist und eine große Zahl berühmter Schutzgebiete aufweist.

Vom Mount McKay aus bietet sich ein weiter Ausblick, auch auf den Ort Thunder Bay.

** Thunder Bay Am Nordwestufer des Lake Superior (Oberer See) liegt der westlichste noch für die Hochseeschiffe zugängliche Hafen des Sankt-Lorenz-Seeweges und der Großen Seen. Er ist ein riesiger Umschlagplatz für das in den Prärien erzeugte Getreide. Wichtigste Sehenswürdigkeit ist Old Fort William, schönster Aussichtspunkt im Süden der Stadt der 180 Meter hohe Scenic Lookout am Mount McKay. Belohnt wird die Mühe mit einem Panoramablick über ganz Thunder Bay. Für Kanadier ist der Ort zudem mit dem Nationalhelden Terry Fox verbunden: Der Leichtathlet musste hier seinen »Marathon of Hope« beenden.

** Sleeping Giant Provincial Park Vielleicht stimmt die alte Legende der Ojibway: Die lang gestreckte, steil aus dem See aufragende

Viele Tierarten begrüßen den Schutz, der ihnen im Sleeping Giant Provincial Park zuteil wird.

Old Fort William

Im hübschen Städtchen Thunder Bay am Nordwestufer des Oberen Sees kann man in einem rekonstruierten Pelzhandelsposten der Montrealer North West Company von 1803–1821 eine Zeitreise in die Vergangenheit unternehmen. Der am südwestlichen Stadtrand am Kaministiquia River gelegene Fort William Historical Park besteht aus 42 von einem hohen Palisadenzaun umgebenen Gebäuden. Hier trafen sich einst im Sommer die Trapper – die sogenannten Voyageurs – und die Ureinwohner, um mit den Händlern Felle und Pelze gegen die Waren des täglichen Gebrauchs zu tauschen. Wie es damals bei den Transaktionen und beim Feilschen zuging, wird heute im Sommer in szenischen Darbietungen in Originalkostümen nachgespielt.

Silhouette ist die versteinert daliegende Figur von Nanna Bijou, dem Großen Geist der Tiefen Wasser. Für Geologen ist die 52 Kilometer lange und nur zehn Kilometer schmale Sibley Peninsula eine Basis aus Sedimentgestein mit Höhenzügen aus vulkanischem Fels, der bis zu 380 Meter Höhe erreicht. Und auf Touristen wirkt die weit in den Lake Superior hineinragende Halbinsel aus der Ferne tatsächlich wie ein »Schlafender Riese«. Von Nahem ist es eine raue Wildnis aus Tälern und Sümpfen, Felsgipfeln und verwitterten Klippen – bedeckt mit Nadelwäldern, in denen sich Elche, Hirsche, Bären und 200 Vogelarten tummeln. Auch gedeihen allein 23 Arten wilder Orchideen im Park, der den größten Teil der Halbinsel umfasst. Über 100 Kilometer ergeben alle Wanderwege zusammengenommen, immer wieder bieten sich schöne Ausblicke auf den Lake Superior.

Bizarre Felsformationen finden sich im Sleeping Giant Provincial Park auch am Seeufer des Lake Superior.

Woodland Caribou Provincial Park

Der im Jahr 1983 zum Schutz der hier lebenden Waldkaribus eingerichtete Provinzpark erstreckt sich auf einer Fläche von 4500 km². Besonders bei Paddlern ist er äußerst beliebt, rund 2000 Kilometer Wasserrouten laden zum Entdecken ein.

Nach einer scheuen, im Wald lebenden Karibu-Unterart benannt, ist dieser entlegene Provinzpark größer als viele kanadische Nationalparks. Seine fast 4500 Quadratkilometer liegen ganz im Westen Ontarios. Gemeinsam mit drei Parks im benachbarten Manitoba schützt er ein typisches Ureinwohner-und-Trapper-Land: von einem Netz aus Flüssen und Seen durchzogene Mischwälder, die sich am besten zu Fuß oder per Kanu erobern lassen. Heulende Wölfe gibt es noch heute, auch Schwarzbären und neuerdings Pumas sind im Reservat anzutreffen. Häufiger begegnen Angler und Abenteurer aber Karibus, Hirschen oder Elchen. Hoch in den Himmel aufsteigende Adler sind nur die Krone der vielfältigen, aber verborgen lebenden Vogelwelt. Wer sich auf die Suche macht, findet zahlreiche archäologische Spuren des hier lebenden Ojibway-Volkes, vor allem Felszeichnungen. Die Landschaft ist nacheiszeitlich geprägt; bis vor ewa 10 000 Jahren war das Gebiet noch von Eis bedeckt. Heute wachsen in dem von Seen und Teichen durchzogenen Park Birken, Nadelbäume und eine kanadische Ahornart.

Highlights

Die geschützten Waldkaribus gehören wie alle kanadischen Karibus zur Gattung der Rentiere (Rangifer tarandus), die in Nordamerika nach einem aus der Mi'kmaq-Sprache stammenden Wort Caribou (deutsch: Karibu) genannt werden. Idealerweise erkundet man das Gebiet vom Wasser aus – dafür steht ein rund 2000 Kilometer langes Routennetz zur Verfügung. Bei so vielen Möglichkeiten, auf dem Wasser seinen Weg zu finden, wird man trotz der Beliebtheit in herrlicher Ruhe paddeln.

Tipps

Angler schätzen die Gewässer der Region für ihren Fischreichtum. Neben Forellen und Barschen geht einem hier auch manch kapitaler Hecht an den Köder.

Praktische Informationen

Anreise mit dem Flugzeug nach Red Lake, der dem Park nächstgelegenen Stadt am Südostufer des gleichnamigen Sees, und von dort weiter mit dem Wasserflugzeug oder Boot in den rund 30 Kilometer westlich liegenden Park. Es gibt kein Visitor Centre im Park, aber ein Parkbüro in Red Lake.

Diese Luftaufnahme macht deutlich, warum es sich beim Woodland Caribou National Park um eine wahrliche »Wilderness Canoes Destination« handelt.

Pukaskwa National Park

Der im Jahr 1983 gegründete, 1878 km² große Nationalpark schützt die raue und unverfälschte Wildnis zwischen Hattie Cove und Pukaskwa Point am Lake Superior, in der noch zahlreiche Schwarzbären und Elche sowie viele Wölfe, Luchse und andere Tiere leben.

Am Nordufer des Lake Superior liegt der Pukaskwa-Nationalpark, in dem sich dichte Fichtenwälder mit Mooren und Seen abwechseln. Die uralten Gesteine des Kanadischen Schildes grenzen an die Großen Seen und bilden eine felsige Küstenlandschaft von rauer Schönheit. An ihren Ufern gedeiht im kühlen Mikroklima seltene arktische Flora. Wölfe, Bären und Luchse leben in dem dichten Wald, den der fast 1900 Quadratkilometer große Park heute vor Holzeinschlag schützt. Hiesige Wald-Karibus waren fast ausgerottet, mittlerweile stieg ihre Zahl wieder auf mehrere Dutzend. Einer Legende der Ureinwohner nach lebte hier einst eine Riesenmaus – leider schrumpfte sie stark, als sie die versehentlich gefangene Sonne aus einer Falle befreite. Spuren von First Nations, Pelzhändlern und Missionaren lassen sich nachweisen. Auf verschiedenen Wanderwegen kann man den Park erkunden.

Um den Halfway Lake herum führen Wanderwege in verschiedenen Schwierigkeitsstufen, die die wald- und wasserreiche Landschaft gut erschließen. Das Gewässer lädt auch zum Paddeln ein, und immer wieder kann man Biber und verschiedene Reiherarten an den feuchten Uferzonen entdecken.

Highlights

Eine der schönsten Wanderrouten ist der (hin und zurück) knapp 120 Kilometer lange Coastal Hiking Trail. Für die anstrengende, eine urzeitliche Kette von Granitlandzungen, Kiesstränden und altem Wald verbindende Strecke von Hattie Cove bis zum North Swallow River sollte man sich 5 bis 7 Tage Zeit nehmen. Wer lieber mit dem Kanu unterwegs ist, startet die Coastal Paddling Route ebenfalls in Hattie Cove.

Tipps

Juni bis September, wenn die Tage am längsten andauern und die Temperaturen in der Regel auf über 20 °C ansteigen, sind die besten Reisemonate.

Praktische Informationen

Anreise mit dem Auto auf dem Highway 17 von Thunder Bay in östlicher Richtung oder von Sault Ste. Marie gen Westen auf dem Highway 627 bis Hattie Cove, zum Visitor Centre und einzigen bewirtschafteten Campingplatz des Parks.

Tiefgrün umstehen die Wälder des Pukaskwa National Park den Lake Superior.

Unterwegs in der North East Region

Landschaftlich ließen sich North West und North East durchaus zu einer Region zählen. Doch kulturell bestehen einige Unterschiede, unter anderem im Anteil an frankophonen Einwohnern: In North East sind es rund ein Viertel, in der North West Region nur drei Prozent.

Mit dem Zug geht es durch den Agawa Canyon. Der beginnende Herbst setzt bereits einige rote Farbtupfer in den dunkelgrünen Wald.

*** Agawa Canyon Der Bezirk Algoma erstreckt sich vom Norden bis zum Lake Superior. Eine Attraktion dieses Gebietes lässt sich nur auf Schienen erreichen. Es handelt sich um die grandiose Schlucht des Agawa Canyon, die von Algomas Hauptort Sault Ste. Marie nördlich führt. Wer mit der Touristenbahn kommt, erfährt an Bord schon einiges über die eiszeitliche Entstehungsgeschichte des Canyons und über die Ureinwohner der Region, die Ojibway. Ein Zwischenstopp am Fuße der Schlucht ermöglicht den Besuchern einen Spaziergang vorbei an rauschenden Wasserfällen. Von einer Aussichtsplattform, die man über 300 Stufen erklimmen muss, bietet sich ein spektakulärer Blick. Die beste Zeit, um den Agawa Canyon zu besuchen ist Ende September, Anfang Oktober, wenn das Herbstlaub zu glühen scheint.

Am Ufer des Lake Superior erstrecken sich zahlreiche Naturschutzgebiete, darunter der Neys Provincial Park im Norden.

* Sault Ste. Marie Die kanadisch-amerikanische Doppelstadt liegt auf einer schmalen Landzunge zwischen dem Oberen See und dem Huronsee am reißenden St. Mary's River. Der Höhenunterschied zwischen den Seen wird über zwei große Schleusen bewältigt. Die historischen Schleusenanlagen aus dem Jahr 1887 stehen heute unter Denkmalschutz.

** Lake Superior Vom Westufer des Oberen Sees bis zum Ostufer des Ontariosees erstrecken sich die Seen über ein Drittel des gesamten nordamerikanischen Kontinents. Der Lake Superior misst knapp 82 500 Quadratkilometer und ist somit größer als Österreich. Bei eigenwilligen Lichtverhältnissen mutet die Landschaft am Uferbereich des Oberen Sees fast karibisch an. Doch dieser Eindruck täuscht, oft ist das Klima rau, und die Wassertemperaturen laden auch im Hochsommer nur Abgehärtete zum Baden ein. Mit seiner zum Teil noch unberührten Natur und der rauen Küste gehört der Lake Superior Provincial Park am Oberen See (englisch: Lake Superior) zu den interessantesten und schönsten Naturparks von Kanada. Seit 1944 steht das Gebiet an diesem größten Süßwassersee der Welt unter Naturschutz. Ökologisch liegt der Park in der Übergangszone zwischen dem Tiefland der Großen Seen und den Wäldern des Nordens. Nach dem Glauben der Ureinwohner, die hier als Erste lebten, soll die Küste verzaubert sein. Pelzhändler und Holzfäller ließen sich jedoch nicht abwimmeln und erschlossen das Gebiet für die Zivilisation.

* Polar Bear Express Von Cochrane nach Moosonee und Moose Factory fährt der Polar Bear Express auf den Spuren der First Nations und Pelztierjäger. Wer meint, er werde vom Zug aus Eisbären sehen, wird enttäuscht, denn die gibt es in dieser Region nicht. Elche dagegen können schon mal auf den Gleisen stehen und zu einem ungeplanten Zwischenstopp führen. Überhaupt werden die 300 Kilometer nur selten in den angegebenen knapp fünfeinhalb Stunden geschafft. Das liegt an häufig umstürzenden Bäumen, unsicheren Wetterverhältnissen und dem nur unzureichend gepflegten Gleisbett. Da die Endstation, Moosonee, keine Straßenanbindung besitzt, werden auch Frachtgüter und Autos mit dem Polar Bear Express transportiert.

Der Saint Marys River trennt die einst geeinte Stadt Sault Ste. Marie in einen amerikanischen und einen kanadischen Teil.

Great Lakes

Die Großen Seen sind das Werk der Eiszeit. Vor etwa 13 000 Jahren bedeckten riesige Gletscher die Erde mit massiven, oft mehrere Kilometer dicken Eispanzern. Deren Gewicht drückte den Erdboden nieder, große Mulden entstanden, die sich beim Rückzug des Eises mit Schmelzwasser füllten. So entstanden die unzähligen kleinen und größeren Gewässer de

Seenplatten Wisconsins und Minnesotas. Zwischen Eriesee und Ontariosee liegt der spektakuläre Felsabbruch und es ergießen sich die Niagarafälle. Die Grenze zwischen Kanada und den USA verläuft durch die Mitte von Ontario-, Erie-, Huron- und Oberem See. Nur der Michigansee liegt vollständig auf US-Territorium. Am Südufer der südlichen vier Seen befindet sich eine relativ dicht besiedelte Region: der Großraum von Chicago oder die Metropole Detroit. In Kanada liegt am nordwestlichen Ufer des Ontariosees die Millionenstadt Toronto. Da die beiden Seen Erie und Ontario auf unterschiedlichen Höhenniveaus liegen, fließt das Wasser über die gewaltigen Niagarafälle ab.

Killarney Provincial Park

Das 493 km² große Gebiet ist von Quarzitfelsen durchzogen, unter denen sich türkis leuchtende Seen erstrecken. Vier Eiszeiten prägten diese 1964 unter Naturschutz gestellte Landschaft, in der schon vor Jahrtausenden Menschen siedelten.

Eine waldige Berglandschaft, gesprenkelt mit saphirblauen Seen in allen Größen, in der Ferne die weißen Quarzitklippen des La-Cloche-Gebirges, am Rand eine malerische Bucht mit Felsenküste: Diese Szenerie lockte bereits vor 100 Jahren Künstler in die Region um den kleinen Ort Killarney. Tatsächlich waren es Künstler, die die Parkgründung initiierten, als sie gegen die geplante Abholzung protestierten. Seit 1964 geschützt, lockt der Park Maler und Fotografen noch heute an, ebenso wie Paddler, Angler und Skiwanderer. Die etwa 493 Quadratkilometer im Norden der Georgian Bay gelten als eine der Kronjuwelen unter den Schutzgebieten von Ontario. Auch wilde Tiere fühlen sich zwischen Seen, Sümpfen und Kiefernwäldern überaus wohl: Biber, Fische und Amphibien leben hier, zudem Rotluchse, Marder, Bären und Elche. Kleine Grünfrösche in den Uferbereichen sind in der Wildnis ebenso heimisch wie Orchideen. Doch die in der Nähe liegenden Schmelzhütten und Nickelminen setzten das fragile Ökosystem des Provinzparks immer wieder unter hohen Druck; saurer Regen und Abgase führten zu Artenverlust von Fauna und Flora, insbesondere in den Seen.

Highlights
Herrliche Ausblicke auf die La Cloche Mountains ermöglicht der Granite Ridge Trail. Ausführlichere Beschreibungen über diesen und weitere, meist auf Tageswanderungen zu erkundende Trails findet man auf der Website der Friends of Killarney (siehe unten).

Tipps
Nahe dem Campingplatz am George Lake findet man ein kleines, öffentlich zugängliches Observatorium. In der Regel in den Monaten Juli bis September kann man von dort den Sternenhimmel bewundern – Parkmitarbeiter geben auch gerne Einführungen, wie das am besten gelingt.

Praktische Informationen
Anreise mit dem Express-Bus oder dem Auto auf dem Highway 400 North von Toronto (rund 400 Kilometer vom Park entfernt) über Killarney, einen kleinen Ferienort mit Jachthafen an der Georgian Bay. Es gibt kein Visitor Centre, Informationen erhält man auf der Website des Tourismusverbandes von Ontario
www.destinationontario.com
sowie auf der Website der Friends of Killarney
www.friendsofkillarneypark.com

Trotz des felsigen Untergrunds finden vereinzelte Bäume genug Halt und hauchen so der Küste des Schutzgebiets grüne Farbe ein.

French River Provincial Park

Im Jahr 1986 wurde der French River zum kanadischen Naturerbe erklärt. Der nach ihm benannte Provinzpark schützt auch das etwa 735 km² große seenreiche Gebiet rund um den vom Lake Nipissing zur Georgian Bay fließenden, etwa 105 Kilometer langen Fluss.

Der »französische Fluss«, der den Park durchzieht, hat in den vergangenen Jahrhunderten bereits viel Veränderung erlebt: Seine verzweigten und verschlungenen Arme verbinden den großen Lake Nipissing in der Mitte Ontarios mit der 105 Kilometer entfernten Georgian Bay. Einst paddelten hier nur die Algonkin-Stämme, bevor im 17. Jahrhundert französische Entdecker, Missionare und Pelzhändler die Wasserstraße entdeckten. Die imposanten Wasserfälle, Schluchten und Stromschnellen zogen schon früh die ersten Besucher an. Vor allzu viel Holzeinschlag blieb die Felslandschaft verschont. Heute lockt der Wasserweg – ein »Canadian Heritage River« – Paddler, Angler und Abenteurer. Besonders in kleinen Seitenarmen treffen sie auf Wasservögel, Hirsche oder auch Bären. Rund um die Mündung wirkt der besonders dichte Farnbewuchs wie ein flauschiger grüner Teppich.

Von Gletschern polierte Felsen des Kanadischen Schildes säumen den French River. Überall finden sich Gräser und kleine Büsche zwischen den Felsen.

Highlights

So weit die Flüsse tragen: Der vier Stunden nördlich von Toronto in der typischen Wald- und Felsenlandschaft des Kanadischen Schilds gelegene French River Provincial Park ist ein riesiges Labyrinth aus natürlichen Kanälen, Seen, Buchten und Inseln. Als Teil der wichtigsten Kanuroute nach Westen befuhren den Fluss einst First Nations, Missionare, Entdecker und Pelzhändler. Heute ist der nach ihm benannte Provincial Park ein Paradies für Kanuwanderer. »Put-ins«, an denen man das Kanu wassert, findet man an mehreren ausgeschilderten Stellen; von fortgeschrittenen Paddlern sind die Stromschnellen leicht zu meistern.

Tipps

Erlebnisreiche Kanutrips auf dem French River organisiert unter anderem The Lodge at Pine Cove in Noelville, Ontario,
www.frenchriver.com

Praktische Informationen

Anreise mit dem Auto über den Highway 69; dort nahe der French River Bridge liegt das Visitor Centre.

Der Fluss wurde aufgrund seiner Forschungsbedeutung zum »Heritage River« erklärt. An seiner Mündung in die Georgian Bay liegt eine zerklüftete, inselreiche Küste.

Killbear Provincial Park

Nachts am Sandstrand die Sterne bewundern, tagsüber unter dürren Zedern und schattigen Schwarzkiefern sowie vorbei an markanten Granitfelsen spazieren – seit 1960 steht das knapp 18 km² große Gebiet an der Georgian Bay unter Naturschutz.

Hier treffen unberührter Sandstrand, pittoreske Felsküste und schattige Wäldchen aufeinander. Nur 18 Quadratkilometer groß, beherbergt der Provinzpark vor allem kleinere Tiere – Bären sind kaum mehr anzutreffen, gelegentlich aber die gefährdete Massasauga-Zwergklapperschlange. Davon zeugen Schilder mit den Worten »Bitte für Schlangen bremsen«. Auf Wanderungen muss man ihretwegen nicht verzichten. Es kommen zwar immer wieder Schlangenbisse vor und ihr Gift ist nicht ungefährlich, allerdings lassen sich Unfälle dieser Art vermeiden, indem man festes Schuhwerk und lange Hosen trägt und – falls man eine Massasauga entdeckt – die Schlange in Ruhe lässt. Hauptat-

traktion des Parks ist eine lange Küstenlinie, beliebt für Wassersport oder zum Baden. Nur rund drei Stunden Autofahrt brauchen die zahlreichen Besucher aus der Metropolregion Toronto in die Natur. Direkt nach Feierabend erreichen sie gerade rechtzeitig den hier oft spektakulären Sonnenuntergang. Campsites laden zum Übernachten ein – sodass man auch noch den Sonnenaufgang erleben kann.

Highlights
Die Naturschönheiten des auf einer spitz zulaufenden Halbinsel gelegenen Parks erkundet man am besten auf dem 3,5 Kilometer langen Rundwanderweg Lookout Point Trail.

Tipps
Im Sommer informiert in der Regel täglich um 11.30 Uhr ein »Snake Talk« am Visitor Centre über die im Park heimische Massasauga, eine gefährdete Zwergklapperschlangenart.

Praktische Informationen
Anreise mit dem Auto oder Bus von Parry Sound, einem der beliebtesten, in nur zwei Autostunden von Toronto aus zu erreichenden Ferienorte Ontarios an der Georgian Bay. Neben dem kleinen Visitor Centre im Park gibt es das Georgian Bay Country Visitor Centre in Parry Sound. Auskünfte im Internet auf der Website des Parks.
www.ontarioparks.com/park/killbear
www.friendsofkillbear.com.

Die wilde Küste des Killbear Provincial Park wurde einst von Gletschern geformt, die mächtige Gesteinsblöcke an den Stränden der Georgian Bay ablegten.

Unterwegs in der West Region & Central West Region

Zwischen Georgian Bay im Nordosten, Lake Huron im Nordwesten, die Landesgrenze zu den USA im Westen und den Lake Erie im Süden werden die beiden Regionen begrenzt. Hauptattraktion sind die Niagara Falls, aber auch historische Kleinstädte lohnen einen Besuch.

Die Kraft des Wassers machte sich bei St. Catherines die Morningstar Mill schon seit den 1880er-Jahren zu Nutze.

* St. Catharines Das historische Städtchen liegt im Herzen des Weinlandes und ist für sein »Niagara Grape and Wine Festival« im September bekannt. Im August misst man sich bei der »Royal Canadian Henley Regatta«. Südlich der Stadt verläuft der Welland Canal, der den Lake Ontario und den Lake Erie verbindet.

** Niagara-on-the-Lake Dort, wo der Niagara in den Ontariosee mündet, liegt das hübsche Städtchen Niagara-on-the-Lake. Kaum vorstellbar, dass dies fünf Jahre lang die Hauptstadt von Upper Canada, dem jetzigen Ontario, gewesen ist. Noch heute ist der Ort viel mehr als nur Ausgangspunkt für einen Besuch der Wasserfälle. Für Niagara-on-the-Lake sollte man sich Zeit nehmen, zum Beispiel für die Fort George National Historic Site. Zwar wurde das Fort, das an den Widerstand der Engländer gegen die Amerikaner erinnert, zerstört. Nach dem Wiederaufbau lässt sich jedoch gut nachempfinden, wie es dort einst zuging. Theaterfans sollten sich das Shaw-Festival nicht entgehen lassen, das den ganzen Sommer über Stücke von George Bernard Shaw und seinen Zeitgenossen auf die Bühne bringt.

1864 wurde das Prince of Wales Hotel in Niagara-on-the-Lake errichtet.

Niagara Falls

Die Niagara Falls – ein beliebtes Reiseziel für Honeymooner – werden vom Niagara River zwischen dem Lake Erie und dem Lake Ontario gebildet. Mitten durch die Fälle verläuft die Grenze zwischen den USA und Kanada. Der Jesuitenpater Louis Hennepin bekam die gigantischen Wasserfälle im Dezember 1678 vermutlich als erster Weißer zu Gesicht. Seitdem gehören sie zu den größten Naturwundern der Erde. Über 50 Meter stürzen die Wassermassen in einer Gischtwolke über die Felsen. Goat Island, eine winzige Insel, lenkt das Wasser in zwei Kanäle. Die großen Horseshoe Falls liegen auf kanadischer, die kleineren American Falls auf US-amerikanischer Seite. Die Rainbow Bridge verbindet die beiden Staaten. Die beste Aussicht hat man von der »Maid of the Mist«, die bis dicht an die Fälle heranfährt. Passagiere werden mit den charakteristischen knallblauen Regencapes ausgestattet, da die Tour durch die spritzende Gischt auf jeden Fall ein feuchtes Vergnügen wird. Erst hier direkt vor den Fällen begreift man die wahrlich ohrenbetäubende Wucht, mit der die Wassermassen die Niagarafälle herabstürzen. Auf einer »Journey Behind the Falls« gelangt man sogar hinter die Wasserfälle – ebenfalls ein einmaliges Erlebnis. Zur Energiegewinnung wird ein Teil des Niagara River zu einem Kraftwerk umgeleitet – in der Hochsaison jedoch nie mehr als die Hälfte.

Bruce Peninsula National Park

Das rund 154 km² große, 1987 zum Nationalpark erklärte Areal schützt den spektakulären Küstenstreifen und die reinen Kalksteinwände der Niagara-Schichtstufe – also den fossilierten Rand eines rund 430 Millionen Jahre alten Salzwassermeeres.

Dieser Nationalpark hat alles, sagen seine Besucher, von denen viele aus dem nahen Toronto kommen: malerisch karge Karstfelsen, dichte Wälder samt Seen – und tausendjährige Zedern, die von steilen Klippen über das kristallklare Wasser der Georgian Bay ragen. Dazwischen leben Schwarzbären, seltene Vögel oder auch Orchideen. »The Bruce«, wie das nur 156 Quadratkilometer große Gebiet liebevoll genannt wird, schützt seit 1987 den Nordwestzipfel der Bruce Peninsula. Die lange Halbinsel ragt wie ein Finger in den Lake Huron hinein. Sie besteht aus derselben aufragenden Gesteinsschicht, über die weiter im Südosten die Niagarafälle stürzen. Hier formt sie die große, nach King George IV. benannte Bucht, die für ihre idyllischen Sonnenauf- und -untergänge berühmt ist. Am besten erreicht man sie über den Bruce Trail, Kanadas ältesten ausgewiesenen Wanderpfad.

Highlights

Auf der Bruce Peninsula findet man den nördlichen Fixpunkt des berühmten Bruce Trail, der älteste und mit knapp 900 Kilometern – plus etwa 400 Kilometer Nebenstrecken – längste Fernwanderweg Kanadas. Dieser führt von Tobermory an der Nordspitze der Halbinsel bis nach Niagara und verbindet unterwegs 105 Naturschutzgebiete miteinander. Die innerhalb des Bruce-Peninsula-Nationalparks verlaufenden 35 Kilometer des Trails bieten sämtliche Highlights des Parks, der auch Heimat der gefährdeten Klapperschlangenart Massasauga und der südlichsten Schwarzbärenpopulation Kanadas ist: kristallklare Gewässer, felsige Strände und Klippen, Wälder, Feuchtgebiete und smaragdgrün glitzernde Buchten.

Tipps

Im Juni, wenn die Wildblumen blühen, ist die beste Zeit für einen Besuch. Mitte Mai bis Mitte Oktober legen in Tobermory mehrmals täglich Glasbodenboote zu Ausflügen in die nahe Unterwasserwelt ab.

Praktische Informationen

Anreise über den Highway 6 durch Shallow Lake und Wiarton bis nach Tobermory. Dort findet man auch das Visitor Centre.

Kristallklar im pastellfarbenen Dämmerlicht ist der Huronsee vor der Bruce-Halbinsel. Im Besucherzentrum erfährt man auch Wissenswertes über das marine Leben im Park.

Point Pelee National Park

Der die südlichste Spitze des kanadischen Festlands bildende, 1918 gegründete Nationalpark ist ein 15 km² großes Vogelparadies. Besucher schätzen darüber hinaus das milde Klima in dem auf demselben Breitengrad wie Rom und Barcelona liegenden Areal.

Der südlichste Punkt des kanadischen Festlandes besticht durch weite Seen- und Sumpfgebiete und dichte Wälder, die niemals abgeholzt wurden. Eine Vielzahl von Zugvögeln (über 350 verschiedene Arten) und die farbenprächtigen Monarch-Schmetterlinge verbringen den Sommer in diesem kleinen Naturparadies. Point Pelee ist eine Halbinsel, die spitz in den Lake Erie hineinreicht. Gerade einmal sieben Kilometer lang, bietet sie ihren 300 000 Besuchern pro Jahr eine üppig grüne Naturoase. Von der Spitze aus reicht der Blick weit über den großen See, die USA sind in Sichtweite. Viele Gäste kommen direkt aus dem Nachbarland, Detroit liegt nur eine Fahrtstunde entfernt. Hier treffen sie im Frühling auf unzählige Zugvögel. Schmetterlinge und Libellen bevölkern die Luft, während im Sumpf Reiher nach Fröschen suchen und Schildkröten sonnenbaden – bestens zu beobachten vom hölzernen »Marsh Boardwalk«, der über das Gelände führt. Noch näher kommt man der Natur nur per Kanu auf den kleinen Seen oder per ausgedehnter Wanderung. Und entspannt danach am langen Sandstrand, der sich im Osten bis zur Spitze zieht.

Highlights
Hauptattraktion des Parks – Rastplatz für über 386 Zugvogelarten – ist die Beobachtung der Vogelzüge im Frühling und Herbst. Zudem findet man hier eine im übrigen Kanada nur selten anzutreffende Vielfalt von Baumarten: Selbst Walnussbäume gedeihen prächtig.

Tipps
Am Marsh Boardwalk Trail betreibt die Organisation Friends of Point Pelee im Sommer ein Café mit Fahrradverleih (http://friendsofpoint-pelee.com). Mitte September ist die beste Zeit, um den Auszug der Monarchschmetterlinge auf ihrer Reise nach Mexiko zu beobachten.

Praktische Informationen
Anreise mit dem Auto von Windsor (60 Kilometer nordwestlich des Parks) auf dem Highway 401 durch Leamington; dort und im Nationalpark (etwa 7 Kilometer nach der Einfahrt am Start zweier Wanderwege) gibt es jeweils ein Visitor Centre.

Damit auf der Wanderung durch die faszinierende Landschaft des Point Pelee National Park niemand nasse Füße bekommen muss, sind hölzerne Wege und Stege angelegt.

Unterwegs in Toronto

Die Metropole am Lake Ontario mit dem wohl berühmtesten Turm Kanadas verdankt ihren kosmopolitischen Charakter der großen Zahl von Einwanderern, die nach dem Zweiten Weltkrieg kamen und der Stadt einen europäisch-asiatischen Anstrich gaben.

Torontos Skyline ist besonders durch den alles überragenden CN Tower leicht wiederzuerkennen.

*** Toronto Toronto ist ungewöhnlich lebendig. Die geschäftige Yonge Street gilt als Shoppingparadies. Kühne Bauprojekte signalisieren eine lebendige Zukunft, traditionelle Gebäude wie die Holy Trinity Church stehen unter Denkmalschutz. Ontario Place, ein surreal anmutendes Freizeitzentrum am Lake Ontario, lockt mit wechselnden Ausstellungen; das Harbourfront Centre mit Restaurants und Shops in umgebauten Lagerhallen. Toronto Islands, durch eine Fähre mit der Stadt verbunden, ist ein stilles Refugium mit ruhigen Kanälen und Spazierwegen. Der Fernsehturm von Toronto, der CN Tower, war mit 553 Metern Höhe lange Zeit das höchste freistehende Bauwerk der Welt.

** CN Tower Ende der 1960er-Jahre wurden in Toronto so viele Wolkenkratzer errichtet, dass sich durch die Dichte und Höhe der Bauten der Empfang der Radio- und Fernsehsignale deutlich verschlechterte, und es musste ein neuer Turm gebaut werden. Anfänglich ging man von einem Mast mit einer Höhe von mindestens 350 Metern aus, die allerdings bald aufgestockt wurde. Die Voraussetzungen an dem Standort in der südlichen Innenstadt waren so gut, dass eine Höhe von 553 Metern realisiert werden konnte. Und bis heute ist der markante Riese der höchste Turm Nordamerikas, gefolgt von dem Stratosphere Tower in Las Vegas mit 350 Metern und dem Tower of the Americas in San Antonio mit 229 Metern Höhe. Im Jahr 1976 wurde der Fernsehturm der Bahngesellschaft Canadian National fertiggestellt – nach nur rund 40 Monaten Bauzeit, was für die damalige Zeit eine beachtliche Leistung war. Rein für den Zweck erbaut, den Signalempfang zu verbessern, war zunächst keineswegs geplant, der Öffentlichkeit Zutritt zu dem Turm zu gewähren. Heute sieht das ganz anders aus: Rund 2 Millionen Besucher genießen pro Jahr die Aussicht von der Plattform.

Auch nachts ist der Turm nicht zu übersehen.

Hippes Flair trotz alter Häuser – Kensington Market ist ein Viertel in Toronto, das von verschiedensten Kulturen geprägt wurde.

❷ ** **Kensington Market** Toronto war immer schon ein Ort, an den es viele Einwanderer zog. In den 1880er-Jahren beispielsweise kamen viele Immigranten aus Schottland und Irland. Um ihnen ein Zuhause zu geben, wurde eine kleine Siedlung errichtet. Auf Höhe der Straße hatten viele dieser viktorianischen Häuser Verkaufsräume. Später, nach der Jahrhundertwende, zogen jüdische Menschen aus Osteuropa in das Viertel ein, zu dieser Zeit entstand wohl auch der Name Kensington, unter dem dieser Stadtteil bis heute berühmt ist. Nach dem Zweiten Weltkrieg kam die dritte Einwandererwelle, diesmal aus ostasiatischen Ländern und aus der USA; die Juden hingegen suchten sich nur

Große und kleine, skurrile und bezaubernde Fische und weitere Meeresbewohner kann man im Ripley's Aquarium beobachten.

wohlhabendere Viertel, in die sie umsiedelten. Über die Jahre hinweg prägten diese wechselnden Einwohner Kensington Market, sodass es heute ein – nicht nur die Häuserfarben betreffend – kunterbuntes Viertel ist, das mit seinem besonderen multikulturellen und alternativen Flair die Besucher anzieht. Secondhand-Läden, Festivals und Cafés laden zum Bummeln, Feiern und Entspannen ein.

Royal Ontario Museum Bereits das Äußere des Royal Ontario Museums ist auffällig: Als wäre aus einem altehrwürdigen Gebäude unvermittelt ein übergroßer Kristall herausgeschossen. Auf diese Weise verbinden sich Moderne und Tradition, denn 1914 wurde das Museum bereits eröffnet, das Gebäude wurde im neoromanischen Stil errichtet. Über die Jahre hinweg wuchs der Bedarf an Ausstellungsfläche und so entwarf Daniel Libeskind die Erweiterung aus Aluminium, Stahl und Glas. Im Inneren erwartet die Besucher eine umfangreiche Sammlung von rund 6 Millionen Exponaten zu Naturgeschichte – darunter mehrere Dinosaurierskelette –, Kunst und Weltkultur. Auch die Geschichte der kanadischen First Nations bildet einen Schwerpunkt. Es ist nicht nur Torontos beliebtestes Museum, sondern auch das meistbesuchte in ganz Kanada.

Ripley's Aquarium of Canada Rund 16 000 Tiere lassen sich im Aquarium von Toronto bewundern. Aufgeteilt sind sie in verschiedene Abteilungen, je nach Lebensraum. So kann man beispielsweise die Unterwasserwelt Kanadas entdecken, die eigentlich in den Tausenden Seen zuhause ist oder auch in Pazifik und Atlantik, sowie im Arktischen Ozean. Wer dabei fröstelt, sollte als Nächstes die Becken des Rainbow Reef besuchen. Hier ist mit Exemplaren wie dem Langnasen-Doktorfisch und dem Picasso-Drückerfisch der Lebensraum des Indopazifiks mit seinen Korallenriffen zu beobachten. Alle Mutigen und Abenteurer sollten den Unterwassertunnel der Dangerous Lagoon betreten. So nah kommt man Haien, grünen Muränen, Zitteraalen und Co. wohl selten. Das Aquarium lässt übrigens auch einen Blick hinter die Kulissen zu, in die Anlagen der Wasseraufbereitung und Verteilung. 95% des Wassers, das für die Becken und sonst im Gebäude gebraucht wird, wird durch spezielle Filteranlagen recycelt. Der Verlust von 5% ist auf Verdunstung und Gebrauch (beispielsweise in den Toiletten) zurückzuführen.

Zoo Toronto Noch nicht genug von der Tierwelt? Dann sollte man zusätzlich zum Aqua-

Torontos Museen

Die Stadt hat auffallend viele Museen und Kunstgalerien, herausragend ist dabei die Art Gallery of Ontario mit ihrer erstklassigen Sammlung kanadischer Malerei. Zwischen 2007 und 2008 erfuhr das Haus durch den Stararchitekten Frank Gehry eine Erneuerung. Im Royal Ontario Museum ist vor allem die chinesische Sammlung bemerkenswert. Daneben können völkerkundliche Exponate besichtigt werden. 1914 eröffnet, wurde es 2007 nach Entwürfen von Daniel Liebeskind erweitert. Erwähnenswert sind neben den großen Museen in der Stadt noch die kleinen Galerien. In der Thomson Gallery befinden sich kanadische Gemälde und im Bata Shoe Museum eine originelle Sammlung an Schuhwerk, und auch die Gallery of Inuit Art ist einen Besuch wert.

»The Crystal« wird die dekonstruktivistische Erweiterung des Royal Ontario Museum genannt.

rium auch noch den Zoo Torontos besuchen. Er gehört zu den größten seiner Art weltweit mit einer Fläche von knapp 300 Hektar, die durch ein kilometerlanges Wegenetz erschlossen ist. Sowohl heimische Tiere aus Kanada wie Elche, Pumas und Bisons können beobachtet werden, als auch Savannentiere aus Afrika oder farbenfrohe Frösche aus Südamerika. Verschiedene Führungen und Events sorgen für weiterführende Einblicke und tolle Erlebnisse im Zoo. Da das Zoogelände etwas außerhalb der Stadt liegt und durch die Größe sehr weitläufig ist, sollte man für einen Besuch reichlich Zeit einplanen.

Unterwegs in der Central East Region

Zwischen den Wasserflächen von Georgian Bay und Lake Ontario erstreckt sich die Central East Region von Ontario. Und auch innerhalb der Region finden sich zahlreiche Seen und Flüsse. Der Rest ist hauptsächlich als Farmland bewirtschaftet; einige Orte sind sehenswert.

*** **Georgian Bay** Fünf große Seen bilden an der Grenze zwischen Kanada und den USA eine enorme Süßwasserfläche – die Georgian Bay, »Georgsbucht«, gilt wegen ihrer Größe manchmal als der sechste. Dabei ist ihre Fläche von 15 000 Quadratkilometern nur der östliche Teil des Lake Huron, von dem sie aber wie abgetrennt wirkt: durch die lange Bruce-Halbinsel von Süden her und im Norden durch Manitoulin Island, die weltgrößte Insel in einem See. Menschen lebten schon seit mindestens 3000 Jahren rund um die Georgian Bay. Vom Volk der Huronen stammt die Legende, die die unzähligen Inseln, die »30 000 Islands« am Ostufer erklärt: Der Gott Kitchikewana ergriff voller Zorn eine Handvoll Erde und schleuderte sie ins Wasser. Dabei gruben seine Finger die fünf großen Buchten der Georgian Bay. Ursprünglich war sie nach dem »Großen Manitu« benannt, bevor sie den Namen König Georgs IV. bekam.

* **Sainte-Marie-among-the-Hurons** Das außerhalb von Midland gelegene Freilicht-Museum erinnert an die missionarische Arbeit der Jesuiten um das Jahr 1639. Sie bildeten hier einst die erste europäische Gemeinschaft in Ontario. Die gewaltsamen Auseinandersetzungen zwischen den First Nations der Huronen und der Irokesen nutzten die Missionare für ihre Zwecke und stellten sich auf die Seite der Huronen. Die kleine Saint Joseph Church teilt das Living-History-Dorf in einen weißen Teil mit Wohnhäusern und Handwerksbetrieben der Missionare und ein Dorf der indigenen Huronen mit den charakteristischen Langhäusern aus Baumstämmen und -rinde.

Eine karibisch anmutende Färbung besitzt das Wasser der Georgian Bay. Ihre Größe verleitet viele dazu, sie fälschlicherweise als eigenen See anzusehen.

Die Gebäude von Sainte-Marie sind größtenteils Rekonstruktionen, denn beim Verlassen des Ortes brannten die Missionare die Siedlung ab.

Reservate in Kanada

Als die Europäer nach Kanada kamen, eigneten sie sich im großen Stil das Land der First Nations an. Um sich nach eigenem Belieben ausbreiten zu können und die verschiedenen Stämme unter Kontrolle zu halten, wurden diese in zugewiesene Gebiete verbannt, die zunächst den Charakter von Gefangenenlagern hatten. Die Europäer legten die Rechte und Pflichten der Ureinwohner fest, die Ureinwohner waren – ihrer natürlichen Lebensweise beraubt – von den Europäern abhängig, weil sie sich nicht mehr selbst versorgen konnten. Rund 3000 Reservate gibt es in Kanada, über die Hälfte davon in British Columbia. Immer mehr Verfahren um Landrechte kommen vor Gericht, doch noch immer haben die ehemaligen Einwanderer das Sagen.

Georgian Bay Island National Park

Der im Jahr 1929 gegründete Georgian Bay Islands National Park ist ein herrliches Revier für Bootstouren in einer ungewöhnlich schönen Schärenlandschaft und ausgedehnte Fahrradtouren entlang der Ufer. Das mehrfach erweiterte, heute knapp 14 km² große Nationalparkgebiet umfasst im Wesentlichen 63 Eilande.

Schon 1929 entstand der kleine Nationalpark Georgian Bay Islands. Zwar soll die große Bucht sagenhafte 30 000 Inselchen enthalten, doch allein schon die vom Park geschützten 63 Eilande zeigen das enorme Spektrum hiesiger Natur: Auf den nördlichen herrscht der gletschergeschliffene Granit des Kanadischen Schildes vor, geziert von windgepeitschten Kiefern. Auf den südlicheren hingegen ist der Stein weicher, der Boden fruchtbarer, dichter Mischwald und Sumpflöcher charakterisieren reichere Flora und Fauna. Allein 33 Reptilien- und Am-

phibienarten leben hier, mehr als andernorts in Kanada. Hier trifft die Schwarze Seeschwalbe auf die Schnee-Eule. Dass auch Menschen die Inseln lange kennen, bezeugen 7000 Jahre alte Speerspitzen.

Highlights
Beausoleil Island ist nicht nur die größte, sondern auch die landschaftlich reizvollste Insel des Nationalparkarchipels. Außerdem ist sie die einzige Insel des Nationalparks, auf der Camping erlaubt ist.

Tipps
Einen großen Bogen machen sollten Wanderer auch in diesem Nationalpark um die gefährdete Massasauga-Klapperschlange, auch Kettenzwerg-Klapperschlange genannt. Erkennbar ist die sich vornehmlich in Sümpfen und im Mischwald aufhaltende, 50 bis 70 Zentimeter lange Schlange an ihrem dunkelbraun gefleckten Körper und dem dreieckigen Kopf.

Praktische Informationen
Anreise von Toronto (166 Kilometer südlich) über die Provincial Route 400 N nach Honey Harbour; von dort weiter per Wassertaxi in den Park. Visitor Centre am Campingplatz Cedar Spring auf Beausoleil Island.

Indian Summer im Georgian Bay Islands National Park: Ende September bis Anfang Oktober zeigt die Natur hier ihre schönsten Farben. Die kleine Beausoleil Island erreicht man auf einer rund 40-minütigen Bootsfahrt von Honey Harbour aus.

* **Peterborough** Die größte Attraktion der Stadt an den Kawartha Lakes ist der Hydraulic Lift Lock von 1904. Die Schleuse besteht aus einem Schleusenbecken, das samt Schiff 20 Meter hochgedrückt oder herabgelassen werden kann. Das Lang Pioneer Village ist ein rekonstruiertes Pionierdorf aus dem 19. Jahrhundert. Im Petroglyph Provincial Park kann man über 900 Felszeichnungen der First Nations betrachten, die zwischen 500 und 1000 Jahre alt sind. Highlight im Sommer ist auch das Musicfest mit kostenlosen Konzerten.

* **Serpent Mounds Park** Neun Grabhügel findet man am Ufer des Rice Lake, von First Nations, die dort vor ungefähr 2000 Jahren lebten. Der größte Hügel windet sich im Zickzack wie eine Schlange durch das Land, daher auch der Name. Im Pioneer Village am Indian River bleibt die Vergangenheit in 20 historischen Gebäuden lebendig.

* **Quinte's Isle** Das Prince Edward County, ein historisch gewachsener englischer Bezirk auf einer Halbinsel in der Bay of Quinte, die einst um das Jahr 1780 von königstreuen Briten besiedelt wurde. Die Nachfahren dieser Loyalisten leben immer noch hier. Dörfer wie Picton, Bloomfield und Wellington haben sich ihren historischen Charakter bewahrt. Sehenswert ist beispielsweise das Regent Theatre in Picton. Sowohl Filme als auch Livevorstellungen werden hier seit der Eröffnung 1918 und bis heute gezeigt. Es ist eines von wenigen Bauten seiner Art und dieser Zeit, die in der Provinz heute noch existieren. Dass die Engländer jedoch keineswegs die ersten Siedler waren, zeigen die archäologischen Funde auf der Halbinsel.

Farbenfroh zeigen sich die historischen Gebäude entlang der Main Street von Bloomfield im Prince Edward County.

Städte gibt es in Prince Edward County keine, dafür kleine Siedlungen und ländliche Bauten.

Gemeinsam mit feuerroten Herbstbäumen spiegelt sich der Hydraulic Lift Lock im Kanal.

Unterwegs in der East Region

Die flachen Ebenen von Eastern Ontario haben die Region schnell zu Farmland werden lassen. Begrenzt von den Flüssen Ottawa und St. Lawrence, liegt die East Region wie ein Keil zwischen New York State und Québec und beherbergt auch die Hauptstadt Kanadas.

Vom Canadian Museum of History aus blickt man über herbstliche Bäume hinweg auf das Parlamentsgebäude.

*** Ottawa Nur durch einen Kompromiss wurde Ottawa zur Hauptstadt von Kanada: Man wollte weder die britische noch die französische Seite des Landes mit der Ernennung von Toronto oder Montreal brüskieren. Die Stadt liegt auf einem Tafelberg, oberhalb des Zusammenflusses von Ottawa, Gatineau und Rideau River, und hat sich in der Altstadt noch einiges vom Charme des 19. Jahrhunderts bewahrt. Seit den 1960er-Jahren wurde Ottawa moderner, ohne den Charakter einer Kleinstadt ganz abstreifen zu können. Besonders sehenswert ist das Parliament Building, ein neugotischer Riesenbau mit steilen Kupferdächern und Parlamentssitz seit 1867. Im Juli und August findet vor dem Gebäude die »Changing of the Guard«, die Wachablösung mit den rotberockten Soldaten, statt. Die National Gallery of Canada beheimatet in einem futuristischen Stahl- und Glasgebäude erlesene Kunst.

** Parlament und Parlamentsbibliothek Regierungen sollten gut sichtbar etwas über ihren Bürgern sitzen – damit die einen stets die anderen im Blick haben. Entsprechend findet sich in Ottawa das Regierungsgebäude auf dem »Parliament Hill« oberhalb der Stadt. Offizielles Oberhaupt ist noch immer die britische Queen und so wundert es nicht, dass das neugotische Hauptgebäude mit seinem schlanken Uhrturm deutlich an London erinnert. Außen wie innen, auch nach mehreren Feuern, sind neben beeindruckender Architektur Ornamente und verspielte Details zu entdecken. Das gilt besonders für die 16-eckige Parlamentsbibliothek. Tourführer liefern Hinweise: auf traditionelle Wappensymbole, auf Details zu Kriegen mit kanadischer Beteiligung oder die strengen Regelungen je nach Rang der Abgeordneten, etwa bei der Teppichfarbe. Im Ostflügel wartet ein Thron auf die Besuche der Queen.

* Notre Dame Cathedral Basilica Ottawas älteste erhaltene Kirche ist eine katholische Basilika im neugotischen Stil: Sie begann 1832 als Holzkapelle der Missionare, wie sie andernorts in Kanada noch heute zu finden sind. In Ottawa jedoch musste das bescheidene Gotteshaus schon neun Jahre später weichen, zugunsten einer eindrucksvolleren Variante in der Tradition europäischer Kathedralen des Mittelalters. Dominiert von schlanken Säulen und bunten Spitzbögen, hat sie auch einen eigenen kanadischen Touch: In den Nischen des hohen Kirchenschiffs finden sich eine Figur Josefs, des Schutzheiligen Kanadas, und St. Patricks sowie Johannes des Täufers, die Patrone der Erzdiözese Ottawa. Weithin sichtbar lädt hoch oben zwischen den mit silbernen Metall überzogenen Turmspitzen eine güldene Madonnenstatue die Gläubigen zum Gottesdienst, der sowohl in Französisch als auch in Englisch stattfindet

– wie schon zu Zeiten der kleinen Kapelle. Von außen grau und trutzig, ist die große Kathedrale von innen das Gegenteil: unglaublich reich verziert, mit leuchtenden Farben, bunten Kirchenfenstern und Statuen und Statuetten rund um den prächtigen Hochaltar. Der Innenraum ist immer effektvoll beleuchtet.

** Rideau Canal Vom Militärprojekt zur Freizeitanlage: Als britische Konstrukteure den insgesamt 202 Kilometer langen Kanalbau zwischen Ottawa und Kingston am Lake Ontario 1826 vorantrieben, sollte der Wasserweg noch das royale Kanada gegen die USA verteidigen helfen. Da dies nie nötig wurde, mutierte das Bauwerk mit seinen 47 Schleusen erst zum Transportweg für Siedler Richtung Westen und Handelsgüter aus dem Inland Richtung Osten – und schließlich zum Freizeitkanal. Per Boot und auf parallelen Radwegen genießen Touristen und Einheimische heute die Wegstrecke, die seit 2007 zum Weltkulturerbe zählt. Und besonders Ottawa feiert seinen Kanalabschnitt mit einem jährlichen Festival, obwohl er bis in die 1960er-Jahre einem Expressway hätte weichen sollen. Heute wird er im Sommer von Booten und im Winter mit Schlittschuhen in Beschlag genommen, als offiziell größte Eislaufbahn der Welt. Abends liefert der Rideau Canal dem Parlamentshügel einen festlich leuchtenden Vordergrund. Die bekannteste Brücke über den Kanal ist die Laurier Avenue Bridge mit ihrer markanten grünen Stahlkonstruktion. 1872 wurde an dieser Stelle die erste Brücke erbaut, seitdem wurde sie öfters erweitert und umgebaut, zuletzt 2001.

** National Gallery of Canada Im Jahr 2000 wählte das Royal Architectural Institute of Canada die nationale Kunstgalerie zu einem der 500 bedeutendsten Gebäude, die Kanada im vorgangenen Jahrtausend erbaut hatte. Neben seinem Äußeren ist dafür auch die raffinierte Lichtführung verantwortlich, die die rund 800 Kunstwerke wie im Freien stehen lässt: Wo die Glasfassade nicht genügend Tageslicht hineinlässt, strömt es über verspiegelte Lichtschächte durch die Decke. Die Sammlung betont kanadische Kunst von Inuitskulpturen über Werke von Emily Carr und den Landschaftsmalern der Group of Seven bis zu moderner Kunst. Doch auch europäische Meister oder wichtige Werke, etwa von Picasso und Andy Warhol, sind präsentiert, rund 10 000 weitere warten noch in der permanenten Sammlung. Zum Abschluss empfiehlt sich eine Pause auf dem Balkon, mit bestem Blick auf den künstlerisch angelegten Garten.

An schönen Sommertagen ist der Rideau Canal ein beliebtes Ziel zum Flanieren und Sporteln.

Kunst findet man nicht nur in der National Gallery, sondern auch schon davor.

Eishockey

Eishockey ist die populärste Sportart Kanadas und wird dort schon in den Schulen mit besonders großer Leidenschaft gespielt. Die Profi-Teams der USA und Kanadas sind in der National Hockey League organisiert – die beste Liga der Welt. Obwohl nur sechs der 30 Teams in Kanada angesiedelt sind, bestehen die Mannschaften überwiegend aus kanadischen Spielern – auch ein Grund dafür, dass der Sport in Kanada Attraktion Nummer eins ist. In Kanada sind über 570 000 Spieler registriert. Das erste Spiel des legendären Stanley Cup fand 1893 statt. Professionell wird Eishockey seit dem Ersten Weltkrieg gespielt. Die kanadische Eishockey-Nationalmannschaft gewann bisher achtmal olympisches Gold und 24-mal den Weltmeistertitel.

Algonquin Provincial Park

Der älteste und größte Provinzpark Ontarios wurde 1893 eingerichtet, um den Tierbestand in der von dichtem Mischwald mit vielen Flüssen und Seen geprägten Region zu schützen. Das 7653 km² große Areal erstreckt sich zwischen der Georgian Bay und dem Ottawa River und zieht auch viele einheimische Besucher aus Toronto und Ottawa an.

Das im Südosten der Provinz gelegene Naturschutzgebiet lockt mit lichten Ahornwäldern, schroffen Felsen und einer Vielzahl von Flüssen und Seen. Mit dem Kanu oder Kajak kann man auf Wasserstraßen, die insgesamt eine Länge von 1500 Kilometern ergeben, in das Hinterland paddeln. Von menschlicher Besiedlung blieb das Gebiet jahrtausendelang verschont. Außer einigen First Nations, die fischten und jagten, ließ sich hier niemand blicken. Erst im frühen 19. Jahrhundert erschienen Holzfäller, um wertvolle Kiefern für die wachsenden Siedlungen zu fällen. Über den Ottawa River wurden die Stämme in die Zivilisation geleitet. Heute informiert ein Museum im Park darüber.

Auf verschiedenen Trails kann man zudem – teilweise auf Holzstegen über Sümpfe – wandern, die Ufer kleiner Flüsse und Seen besuchen und die reichhaltige Tierwelt dieses ausgesprochen schönen Parks beobachten.

Highlights

Am Highway 60 beginnen mehrere kurze Wanderungen – vom nur 800 Meter langen Hardwood Lookout Trail (Beginn: km 13,8) bis zum 11 Kilometer langen Mizzy Lake Trail (ab km 15,4) –, auf denen man die faszinierende Tierwelt des Parks mit Elchen und Schwarzbären, Hirschen, Wölfen, Bibern und Fischottern entdecken kann. Die schönsten Naturerlebnisse erpaddelt man sich auf einer der mehr als 2500 Kilometer ausgewiesenen Kanustrecken.

Tipps

Elche sieht man am ehesten im Mai: Nach der Schneeschmelze kommen die »Könige des Waldes« gern an den Straßenrand, um dort aus den Pfützen zu trinken. Im August sind die Wölfe die Stars: Viele Ranger können das Geheul der hier heimischen Timberwölfe so gut nachmachen, dass ihnen die Wölfe antworten.

Praktische Informationen

Anreise von Toronto oder Ottawa über den Highway 60; einige Kilometer hinter Dwight passiert man den Westeingang (km 0). Ein Visitor Centre ist bei km 43 zu finden. Das sehenswerte Holzfällermuseum (Logging Museum) liegt am Highway bei km 54,5.

Entlang dem Spruce Bog Boardwalk bekommt man einen ersten Eindruck von der Schönheit des Parks – und vielleicht einen trinkenden Elch zu Gesicht.

Bei einem Besuch des Thousand Islands National Park wird man Vögel um ihre Perspektive beneiden, aus der die vielen Inseln sichtbar werden.

* Parc de la Gatineau Nordwestlich von Hull schließt sich der weitläufige Park mit 60 Baumarten an. Im Indian Summer kann man hier herrliche Wanderungen unternehmen, im Winter locken rund 200 Kilometer Loipen. Benannt ist er nach den Hügeln, die er umfasst. Zudem liegen mehrere Seen innerhalb der Parkgrenzen. Biber und Schwarzbären gehören zu den etwa 50 hier heimischen Säugetierarten, über 200 Vogelarten bevölkern den Himmel.

** Thousand Islands National Park Mitten im kühlen Wasser des St. Lawrence River liegt der älteste Nationalpark Kanadas östlich der Rocky Mountains: dort, wo der große, alte Fluss den Lake Ontario verlässt, um später in

Ruhig liegen die Seen des Parc de la Gatineau inmitten der waldreichen Landschaft.

den Atlantik zu münden. Die Natur ließ einst viele felsige Inselchen entstehen, die »Thousand Islands«. Davon schützt der Park heute 21 – nachdem er 1904 mit einem Stückchen Uferland begonnen hatte. Rund 80 Flusskilometer, aber nur knapp neun Quadratkilometer Fläche, bilden so Kanadas kleinsten Nationalpark. Hirsch, Fuchs und Kojote beleben die größeren Eilande, Schildkröte, Truthahn oder die seltene, ungiftige Erdnatter die kleineren. Wissbegierige Schulklassen erforschen gerne die Inselwelten. Angler konkurrieren mit Fischadlern um dicke Barsche und Hechte, wie schon vor etwa 3000 Jahren die Ureinwohner. Ihre Pfeilspitzen und Felszeichnungen zeugen davon.

* Upper Canada Village Am Sankt-Lorenz-Strom liegt seit den 1960er-Jahren die Nachbildung eines historischen kanadischen Dorfes aus der Zeit um das Jahr 1860. Handwerker wie die Spinnerin und der Schmied machen mit alten Techniken vertraut. Über vierzig Gebäude sorgen für eine authentische Kulisse, darunter mehrere verschiedene Mühlen, eine Bäckerei, Schmieden, eine Küferei und vieles mehr. Wie Landwirtschaft anno dazumal betrieben wurde, findet ebenso Darstellung.

Für Groß und Klein gleichermaßen ein Erlebnis ist der Besuch des Freilichtmuseums Upper Canada Village.

St.-Lorenz-Strom

Vom Atlantik gelangen selbst große Schiffe über den Sankt-Lorenz-Golf in den Sankt-Lorenz-Strom und weiter in die Großen Seen. Man kann sich leicht ausmalen, wie groß die Bedeutung des gewaltigen Flusses gerade für die ersten Europäer war, die Kanada von Osten zu erkunden versuchten. Benannt wurde er nicht nach seinem Entdecker, sondern nach dem Märtyrer Laurentius von Rom. An dessen Gedenktag nämlich erblickte der französische Seefahrer Jacques Cartier erstmals den Strom. Heute hat er sowohl wirtschaftliche als auch touristische Bedeutung. Eine Reise entlang des Flusses bietet eine Mischung aus modernen Städten und alten Dörfern, aus rauen Felsen und lieblichen Küsten, garniert mit Vogel- und Walbeobachtungen.

Indian Summer

Der Indian Summer ist die schönste Jahreszeit in der Provinz Ontario, darüber sind sich fast alle Besucher einig. Wenn im späten September und frühen Oktober die sogenannte Foliage einsetzt – wenn die herbstlichen Blätter an den Bäumen in allen Rot-, Gelb- und Brauntönen leuchten –, verwandeln sich die Wälder in ein buntes Farbenmeer, das die Natur

wie eine Märchenlandschaft aussehen lässt. Ahornbäume, Eichen und Birken scheinen in Flammen zu stehen. Fast nirgends sonst, vielleicht noch in den Neuenglandstaaten der USA, zeigt sich die Natur von einer so farbenprächtigen Seite. Besonders eindrucksvoll ist die Verfärbung der Bäume im Algonquin-Nationalpark. Ebenso prächtig sieht man die Farben im Horseshoe Valley, zwischen Barrie und Orangeville, im Collingwood Beaver Valley, an der Georgian Bay, in den North Muskaka Woodlands, an den Lake Simcoe Falls, zwischen Peterborough und bei Sault Ste. Marie. In zahlreichen Gegenden veranstalten die Bewohner zur »Fall Foliage« traditionelle Musikfeste und andere Veranstaltungen.

Québec

Scheinbar unberührte Wildnis und ehrwürdige Tradition: In der größten kanadischen Provinz findet man beides im Überfluss. Montréal und Québec City überraschen mit einer gelungenen Mischung aus historischen Gemäuern und modernen Glaspalästen, schön gelegen am St. Lawrence River, und jenseits der Städte und Siedlungen verwandelt sich das Land in eine weite, abenteuerliche Wildnis. Im Bild: Die Altstadt in Québec City ist ein Touristenmagnet.

QUÉBEC

Québec ist anders. Und das liegt sicher nicht daran, dass es sich um die größte der kanadischen Provinzen handelt. Vielmehr ist es der Charme der französischen Lebensart, der hier überdeutlich zu spüren ist. Kein Wunder, es ist das einzige Land Kanadas, in dem die Mehrheit der Einwohner Französisch als Muttersprache angibt. Immerhin fast ein Viertel aller Kanadier lebt in Québec.

INFO

Hauptstadt:
Québec City
Fläche:
1 542 056 km²
Einwohner:
8,5 Millionen
Motto:
Je me souviens
(Ich erinnere mich)
Zeitzone:
Eastern Standard Time
Längster Fluss:
Sankt-Lorenz-Strom (3058 km)
Höchster Berg:
Mont D'Iberville (1651 m)
Größte Stadt:
Montréal (4,1 Millionen Einwohner)
Blume:
Verschiedenfarbige Schwertlilie
Vogel:
Schneeeule
Baum:
Gelbbirke

Fisch- und Walfang trieb die ersten Europäer durch den Sankt-Lorenz-Strom. Die Franzosen machten den Anfang und nahmen das Land in Beschlag, 1608 gründete der Forschungsreisende Samuel de Champlain (um 1567–1635) die erste Siedlung: Québec-Stadt. Die Briten versuchten immer wieder, den Franzosen das Gebiet streitig zu machen, was ihnen nach etwa 150 Jahren schließlich gelang. Die ehemalige Provinz Québec wurde in Upper Canada und Lower Canada aufgeteilt, was dem heutigen Ontario und dem heutigen Québec entspricht. Die Provinz entwickelte sich, Städte entstanden und wuchsen schnell. Doch eine Sonderstellung hat Québec immer behalten. So hatte die kanadische Regierung lange Zeit Mühe, das tatsächlich so unübersehbar andere Land mit dem Rest Kanadas in einem Verbund zu halten. Mehrfach gab es Bestrebungen, eigenständig zu werden und sich von den anderen Provinzen und Territorien zu lösen. Zuletzt wurde 1995 darüber abgestimmt – mit sehr knappem Ergebnis.

So einzigartig seine Vergangenheit, so vielfältig sind seine Sehenswürdigkeiten: Wer in Québec Urlaub machen will, sollte ausreichend Zeit einplanen. Zum Beispiel für die beiden UNESCO-Welterbestätten, die Altstadt von Québec City zum einen und den Miguasha National Park mit seinen Fossilienfunden zum anderen. Oder auch für die drei Nationalparks: Mingan Archipelago, berühmt für seine bizarren Felsformaionen, La Mauricie, der bis an den Sankt-Lorenz-Strom reicht, oder auch der älteste von ihnen, der Forillon in den Appalachen.

Natur ist in Québec überall zugegen, nicht nur in den Nationalparks. Wo Sankt-Lorenz-Strom und Saguenay-Fluss zusammentreffen, kann man das ganze Jahr über die weißen Belugawale beobachten. Ihre Zahl ist aufgrund der zunehmenden Umweltverschmutzung dramatisch gesunken. Ein Abstecher in die Gegend lohnt dennoch, denn auch Finn-, Buckel- und selbst Blauwale werden im Sommer und bis in den Herbst hinein gesichtet. Und auch Seehunde und Sattelrobben fühlen sich in dem mächtigen Fluss ausgesprochen wohl. Auch Abenteurer kommen in der Provinz Québec auf ihre Kosten. Über 20 Hochseilgärten locken mit einer Klettertour von einer Plattform zur anderen zwischen Ahorn und anderen Baumriesen. Mit bis zu 400 Meter langen Rutschen an einem Seil geht es wieder zurück auf den Boden. Wer Bäume gegen schroffe Steilwände tauscht, ist wahrscheinlich auf einem der ausgewiesenen Klettersteige unterwegs. Eine Steigerung ist das Canyoning, bei dem die Kraxelei teilweise durch Wildwasser führt oder man sich an Wasserfällen entlang abseilt.

Das trutzige Château Frontenac erwartet den Gast in Québec City.

Königinnen des Landes sind die Hauptstadt Québec und die Metropole Montréal, die nach Paris übrigens die zweitgrößte Stadt ist, in der überwiegend französisch gesprochen wird. Montréal ist in kultureller Hinsicht vor allem für sein Jazz-Festival bekannt, hat aber auch sonst für Musik- und Theaterfreunde jede Menge zu bieten. Ihre Lage auf einer Halbinsel macht die Stadt auch zum Eldorado für Wassersportler. Vollkommen anders ist Québec, dessen Altstadt schmale Gassen und Kopfsteinpflaster aufweist. Über allem thront das Luxushotel Château Frontenac, das – abends bei Beleuchtung – als Cinderella-Schloss alle Ehre machen würde. Benannt ist es nach dem Grafen von Frontenac, einem einstigen Gouverneur der damaligen Kolonie Neufrankreich.

Der Leuchtturm von Pointe-des-Monts (1830) markiert den Übergang des Sankt-Lorenz-Stroms in den gleichnamigen Golf.

Unterwegs in Montréal

Die Île de Montréal ist die bevölkerungsreichste Binneninsel der Welt – kein Wunder, denn die gleichnamige Metropole nimmt sie komplett ein und erstreckt sich zudem noch auf weitere umliegende Inseln. In der Metropolregion leben über 4 Millionen Menschen.

Restaurants und Souvenirshops haben sich in den alten Vierteln Montréals angesiedelt, wie hier an der Place Jacques-Cartier.

*** **Montréal** Am Zusammenfluss von St. Lawrence und Ottawa River wuchs Montréal zu einem geschäftigen Handelszentrum heran. In Vieux-Montréal, der pittoresken Altstadt mit ihren vielen historischen Gebäuden und schmalen Gassen am südlichen Hang des Mont Royal, ist die Stadt noch immer französisch, wähnt man sich wie in einem Vorort von Paris. In der modernen Innenstadt überwiegt dagegen der großstädtische Look der amerikanischen Nachbarn. Nach Paris ist Montréal die zweitgrößte Stadt, in der französisch gesprochen wird. Im Winter fliehen die Bewohner in »la ville souterraine«, die unterirdische Stadt mit einem Netzwerk aus Tunneln und Gängen und Einkaufszentren. Vom Bahnhof erreicht man die meisten Innenstadt-Hotels, ohne sich dem Wetter aussetzen zu müssen – bei den strengen Wintern eine angenehme Begleiterscheinung.

Empfehlenswert ist der Besuch der Basilique Notre-Dame, eine prachtvoll ausgestattete katholische Kirche, um 1829 von dem protestantischen Architekten James O'Donnell erbaut. Der Altar wurde aus Lindenholz geschnitzt. Ebenfalls sehenswert ist Pointe-à-Callière, das Montréal Museum of Archaeology and History, an der Stelle der ersten Siedlung erbaut, mit ausgegrabenen Ruinen und der Wasserleitung aus dem 16. Jahrhundert. Das Hotel de Ville, das im French Empire Style erbaute Rathaus von 1872, wurde im Jahr 1922 aufwendig renoviert. In der Marmorhalle steht eine Statue des ersten Bürgermeisters. Chapelle Notre-Dame-de-Bon-Secours ist die Kirche der Seeleute, wie zahlreiche Schiffsmodelle im Inneren bezeugen. Marguerite Bourgeoys, eine Lehrerin, regte den Bau im 17. Jahrhundert an und gründete Kanadas ersten Orden. Marché Bonsécours, wurde im frühen 19. Jahrhundert als erstes Rathaus erbaut und wurde mit seiner Renaissance-Fassade und der silbernen Kuppel auch später Heimat für Regierungsbüros. Das Musée des Beaux-Arts, bereits im Jahr 1912 als Museum für bildende Kunst eröffnet, bietet erlesene Kunst aus dem alten Europa und allen Epochen Kanadas. Biodome de Montréal, ein Umwelt-Museum in der ehemaligen olympischen Radhalle, erklärt verschiedene Ökosysteme. Und die Liste an Sehenswürdigkeiten geht noch sehr viel weiter: Stade Olympique, Jardin Botanique, Musée d'Art Contemporain – das einzige kanadische Museum nur für moderne Kunst –, Place des Arts, Konzerthallen und Theater in einem großzügigen Komplex, iSci Centre, ein futuristischer Entertainment-Komplex mit Konzerthallen und IMAX-Kino.

Über die Kopfsteinpflaster flanieren täglich zahlreiche Besucher der Altstadt.

Untergrundstadt Réso

Im Winter kann es in Montréal schon mal richtig kalt sein. Wer trotzdem Lust auf einen Einkaufsbummel hat, taucht einfach ab in die weltweit größte unterirdische Stadt. Réso ist der offizielle Name des Shoppingparadieses unter Montréal. Es besteht aus einem 30 Kilometer langen Tunnelnetz zwischen zehn U-Bahn-Stationen. Über 1500 Geschäfte und Boutiquen sind in der weitläufigen Ladenpassage untergebracht, ein ausgeklügeltes Schildersystem hilft den Besuchern, sich zurechtzufinden. Das wetterunabhängige Einkaufszentrum wurde nicht von vornherein geplant, sondern hat sich im Lauf der Jahre entwickelt. Den Namen Réso gibt es seit 2004, er leitet sich von dem französischen Wort »réseau« ab, das so viel bedeutet wie Netz.

❶ *** **Old Town** Das älteste Viertel der Stadt, »Old Montreal« oder »Vieux-Montréal«, heute eins der wichtigsten Touristenziele, wäre Mitte des vorigen Jahrhunderts fast einer Stadtautobahn zum Opfer gefallen. Viele Gebäude waren damals verlassen und verfielen – erst mit dem Status als geschützter historischer Bezirk begannen Renovierungen. Heute pulsiert das Leben hier wieder. Zentrum des Viertels ist der Place Jacques-Cartier, der seinerseits erst nach einem Großbrand 1803 entstand. Um ihn herum strahlen die Häuser Geschichte aus, zeugen vom Ringen der Architekten um neugotischen, neoklassizistischen oder französischen Second-Empire-Stil und beherbergen kleine Cafés, Galerien und Läden, durch die nicht nur Touristen in den warmen Monaten bummeln – während auf dem Kopfsteinpflaster immer noch Pferdekutschen vorbeiholpern und viele Straßenkünstler mit ihrem Können faszinieren.

❷ *** **Notre-Dame Basilica** »Stadt der 100 Kirchtürme« ist Montréals Ehrentitel: Wohl nirgendwo sonst auf dem Kontinent stehen derart viele Gotteshäuser unterschiedlicher Religionsrichtungen. Im alten Kern der Stadt finden sich mehr als 600 Kirchen, Kapellen und ähnliche Gebäude – die allermeisten römisch-katholische Kirchen –, und allein vier davon sind päpstliche Basilicae minores. Die neugotische, Maria gewidmete »Notre-Dame de Montréal« ist direkte Nachfolgerin von Montréals erster Kirche, die 1672 gebaut und trotz Erweiterungen um 1820 endgültig zu klein geworden war. Die heutige Basilika war bei Fertigstellung 1829 die größte Nordamerikas. Auch hier umhüllt schlichter grauer Kalkstein ein erstaunlich farbenfrohes Kirchenschiff mit raffinierter Linienführung voller Details. Sehenswert sind auch die kunstvoll verzierte hölzerne Kanzel und die beeindruckende Casavant-Orgel über dem Haupteingang.

Das hoch aufstrebende gotische Altarbild vor tiefblauem Himmel ist ein Meisterwerk der Schnitzkunst aus Kiefern- und Walnussholz. Im Zentrum die Szene von Jesus am Kreuz, umgeben von detailreichen Bibelszenen, darübe die himmlische Krönung der Jungfrau Maria Gezielte ausgeklügelte Beleuchtung verstärk die enorme Wirkung, unterstützt durch da prächtige Umfeld, das die Blicke wie magisc nach vorn lenkt.

❸ * **St. Patrick's Basilica** Während die Notre Dame Basilica für die Frankokanadier von e nem irischen Baumeister errichtet wurde stammt die Hauptkirche der irischen Katholike in Montréal von zwei frankokanadischen Arch tekten. Beide Innenräume gestaltete derselb Montréaler Meister, Victor Bourgeau. Zuvor ha ten die irischen Einwanderer ihre Gottesdienst in der Wallfahrtskirche Notre-Dame-de-Bon-Se cours gefeiert, doch auch sie brauchten bal mehr Raum und errichteten ihrem Nationalhe ligen 1847 die St. Patrick's Basilica. Drei Altär schmücken den Bau, zahlreiche Heiligengemä de und eine Casavant-Orgel. Die hohen Säule des Kirchenschiffs bestehen aus Eichenstäm men, die mit Marmor nur verkleidet sin

eliebt ist das Glockenspiel der Kirche mit zehn
Glocken, die »St. Patrick's Chimes«. Die älteste
der zehn heißt »Charlotte« und hatte ihre Töne
zuvor in der Notre-Dame Basilica erklingen lassen. Ein wuchtiger Kronleuchter, 815 Kilogramm schwer, hängt von der Decke des Kirchenschiffs in den Altarraum. Im reich
verzierten neugotischen Innenraum, einem der
prächtigsten Kanadas, hängen die Symbole der
alten und der neuen Heimat – das Kleeblatt und
die französische Lilie.

4 * Notre-Dame-de-Bon-Secours Die älteste
Kapelle im Stadtkern steht seit 1771 – wie so
viele auf den Fundamenten ihrer Vorgängerin,
die einem Feuer zum Opfer gefallen war. Jene
Holzkapelle war 1657 errichtet worden, nachdem Marguerite Bourgeoys, erste Lehrerin der
Kolonie, die Bewohner der jungen Siedlung
vom Bedarf überzeugt hatte. Sie selbst brachte
aus Frankreich eine Marienskulptur mit, »Unsere Dame der Guten Hilfe«, nach der die Kirche
benannt ist. Diese Figur überstand das Feuer
und schmückt seither die Steinkirche. Im Inneren lockt ein schlichteres, aber durchaus
sehenswertes Kirchenschiff aus großen Stein-
bögen mit bunten Motivfenstern und detailreichen Deckengemälden. Im Untergeschoss
stellt das Marguerite-Bourgeoys-Museum das
Leben, Wirken und die Zeit jener Frau dar, die
später ein Kloster gründete und 1982 heilig gesprochen wurde. Ihre Gebeine sind in der Kirche begraben.
Vom Turm des steinernen Gotteshauses aus
bietet sich ein spektakulärer Rundblick über die
Altstadt, den St. Lawrence River und den alten
Hafen Montréals. Diese Lage machte die Kapelle im 19. Jahrhundert zur Pilgerkapelle für Seefahrer, die für die gelungene Überfahrt dankten.

5 ** Biosphère Als US-Pavillon zur Expo
1967 erbaut, gibt die aus Dreiecken bestehende Kuppel heute dem Wasser- und Umwelt-Museum ein Zuhause. Sie ist 61 Meter hoch und
hat einen Durchmesser von 76 Metern. Obwohl
aus Stahl gebaut, wirkt Biosphère luftig. In der
heutigen Ausstellung wird der Besucher nicht
nur über Luftverschmutzung, Wasserknapp-
heit, Klimawandel, Abfall, Umweltkatastrophen,
nachhaltige Entwicklung oder Biodiversität informiert, sondern kann sich den Themen inter-
aktiv nähern. Er nimmt Tipps mit, wie er seinen
ganz eigenen ökologischen Fußabdruck verbessern kann. Das Ganze ist spannend ver-
packt. Bemerkenswert die Atmosphäre unter
der riesigen durchsichtigen Kuppel in einem
Park auf der im Sankt-Lorenz-Fluss liegenden
Insel Sainte-Hélène.

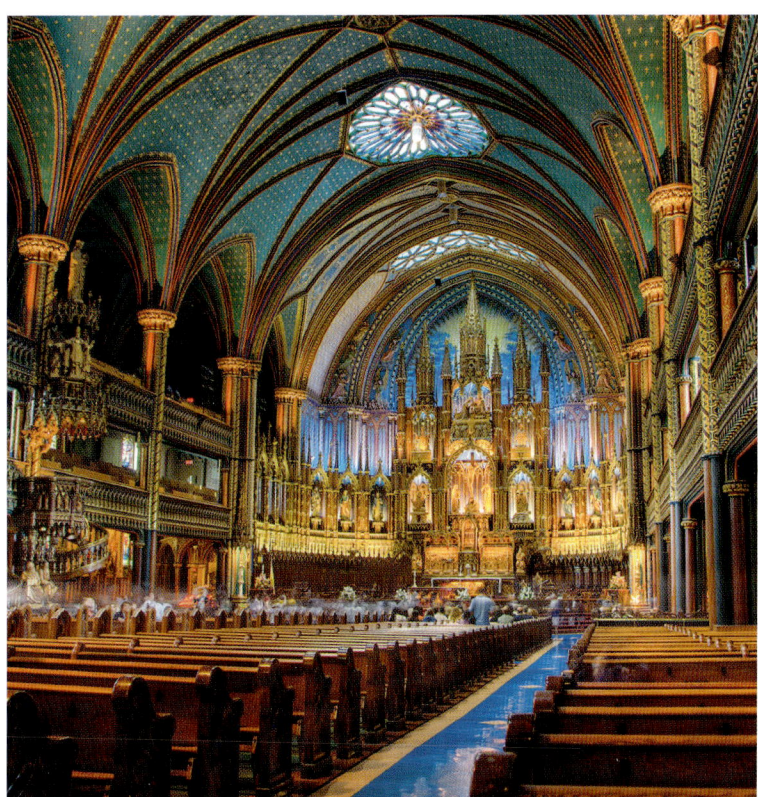

Farbenfroh und prächtig zeigt sich die Basilika Notre-Dame.

Unübersehbar ist die Funktion von Notre-Dame-de-Bon-Secours als Pilgerziel der Seefahrer.

Montréal: Downtown

Aus der Ferne betrachtet ist Montréals wirtschaftlicher Mittelpunkt vo‍ allem eine Ansammlung von Wolkenkratzern, vor dem Hintergrund des St. Lawrence River. Bei genauem Hinsehen zeigt sich aber der hier typi‍sche Kontrast zwischen moderner und traditioneller Architektur. Direk‍ neben der Glasfassade des postmodernen »1000 de La Gauchetière‍

steht eine der katholischen Kathedralen, die noch ein Jahrhundert früher die Spitzen der Skyline dargestellt hatten. Höchstes Gebäude der Stadt heute ist ebendieser »1000 de La Gauchetière« mit einer Höhe von 205 Metern, verteilt auf 51 Stockwerke. Doch auch unter der Erde geht die moderne Geschäftigkeit weiter. Im Sommer kühl, in den eisigen Wintern geschützt und warm, bietet das zwölf Quadratkilometer umfassende Untergrundzentrum »Ville intérieure« rund ums Jahr bequemen Zugang zu den meisten Büros, Wohnungen und Geschäften des Stadtkerns. Eingebunden in das Netzwerk sind insgesamt 32 Kilometer Tunnelpassagen und zehn Metrostationen.

Unterwegs im Süden Québecs

Auch der Süden Québecs ist deutlich französisch geprägt, in Verwaltungsregionen wie Estrie sprechen über 90 Prozent der Einwohner Französisch als Hauptsprache. Landschaftlich zeigt sich der Süden idyllisch mit Hügeln, Seen und Flüssen.

* The Laurentides The Laurentides ist eine anmutige Hügellandschaft mit lichten Ahornwäldern und romantischen Seen. Höchster Berg ist der Mont Tremblant, zu den größten Touristenzentren gehören St.-Sauveur-des-Monts, Sainte-Agathe-des-Monts sowie der Lac des Sables.

* Trois-Rivières Bereits im Jahr 1634 ließen sich französische Siedler in dem kleinen Ort Trois-Rivières nieder. Heute ein Industriezentrum mit Papierfabriken, ist in der Altstadt noch der alte Charme zu spüren, besonders im ehrwürdigen Monastère des Ursulines mit seinem öffentlichen Park.

* Estrie-Region Die Brotkammer der Provinz, ein ländliches Gebiet südöstlich von Montréal, wird vom Mont Orford mit seinen erstklassigen Skihängen überragt. Zahlreiche Gletscherseen liegen nahe Sherbrooke, dem kommerziellen Zentrum dieser Gegend. Rougemont ist für seine Obstplantagen und Mostkeltereien bekannt. In Mystic steht eine Steinkirche von 1882.

* Lac Memphrémagog Der lang gestreckte See liegt inmitten einer Farmlandschaft mit fruchtbaren Feldern. Seit 1798 soll angeblich das Monster Memphré darin hausen. Die bunten Holzhäuser erinnern an die ersten Siedler aus New England. Der See selbst und die Umgebung lädt zu sportlichen Aktivitäten ein, dank derer man neue Energie schöpfen kann.

Auch um den Lac Supérieur zeigt sich The Laurentides malerisch, besonders im Herbst.

Gegründet wurde Sherbrooke 1802 mit dem Bau einer Mühle. Heute leben rund 160 000 Menschen in der Universitätsstadt.

Unterwegs im Südosten Québecs

Vielerorts zeigt sich der Südosten Québecs genau so, wie man sich Kanada idealtypisch vorstellt: Tausende an Seen liegen in einem dicht bewaldeten Landstrich, der Herbst überzieht alles mit bunten Farben und in den kleinen Orten kann man in die Geschichte eintauchen.

* Lac Saint-Jean Der Lac Saint-Jean ist eine Oase der Ruhe im zentralen Québec. Abseits der sandigen Ufer liegen versteckte Farmen und romantische Dörfer. In Dolbeau findet jedes Jahr im Juli ein zehntägiges Rodeo statt. Vor Val-Jalbert stürzt der 70 Meter hohe Ouiatchouan-Wasserfall in die Tiefe.

* Sainte-Anne-de-Baupré Die Kirche im gleichnamigen Ort wurde im 17. Jahrhundert von dankbaren Seeleuten errichtet, die einem sinkenden Schiff entkommen waren, und ist bis heute eines der bedeutendsten Wallfahrtsziele Nordamerikas. Die Basilika kam allerdings erst um das Jahr 1920 hinzu. Goldene Mosaiken schildern das Leben von Sainte-Anne.

Im ländlichen Lac Saint-Jean scheint die Zeit langsamer vergangen zu sein.

Réserve Faunique des Laurentides

Unmittelbar nördlich der Stadtgrenze von Québec beginnen die südlichsten Ausläufer des Kanadischen Schildes. In der wald- und seenreichen Landschaft verliert sich der Highway rasch in endlosen Wäldern. Schon nach 50 Kilometern erreicht man die Grenze des Réserve Faunique des Laurentides. Er dehnt sich über fast 200 Kilometer nach Norden aus und ist in seinem Kernbereich nicht durch Wege erschlossen. In den Urwaldgebieten sind Bären, Luchse, Elche, Karibus und Wölfe die Herren, und nur wer über eine gute Ausrüstung verfügt und sich im weglosen Urwald zu orientieren vermag, kann hier ihren Spuren folgen. Möglichkeiten dazu gibt es am Pikauba River, am Lac Picauba, am Rivière Chicoutimi River und am Lac Jacques Cartier.

Nur rund 35 Kilometer lang ist der Fluss Ouiatchouan. Doch dafür speist er in der Nähe der Geisterstadt Val-Jalbert einen eindrucksvollen Wasserfall.

La Mauricie National Park

Eingebettet in die Laurentinischen Berge markiert der im Jahr 1970 gegründete, 536 km² große Nationalpark die Südspitze des Kanadischen Schilds, der aus teilweise mehreren Milliarden Jahre alten Gesteinen besteht. Sanfte Hügel, Flüsse, Wasserfälle und Seen sowie steile Felswände kennzeichnen hier das Landschaftsbild.

Seen und Wälder: Auf den ersten Blick wie viele Nationalparks Kanadas, doch auch La Mauricie hat seine ganz eigenen Schönheiten. Der Park sitzt auf den südlichen Ausläufern der Laurentinischen Bergkette, die sich durch die Provinz Québec zieht. Für die Einwohner von Montréal im Westen und Québec City im Osten ist der Nationalpark nur je zweieinhalb Stunden entfernt: Hier lockt die Erholung in einsam gelegener Natur, aber auch das Abenteuer auf bewegten Flüssen und bergigen Wanderwegen. Auf den fast 540 Quadratkilometern des Park

begegnet man statt anderen Menschen eher Bibern und Ottern, gelegentlich einem Elch oder auch einem Schwarzbären. Mit Glück zeigt sich eine der seltenen Waldbachschildkröten, die hier leben. Etwa beim Paddeln auf dem Fluss St. Maurice, dem die Region Mauricie und der Park ihren Namen verdanken.

Highlights
Mit dem Schwund der Gletscher dehnten sich Wälder in der Region aus – heute bedecken sie mehr als 90 Prozent des Parkgeländes, in dem über 100 verschiedene Baumarten gezählt werden. Die ganze Schönheit des Parks zeigt sich bei einem Kanuausflug auf dem Lac Wapizagonke. Längster Wasserlauf des Parks ist der zu herrlichen Wanderungen einladende Rivière à la Pêche.

Tipps
Auch im Winter ist der Nationalpark eine Anreise wert: Von Januar bis März lädt ein umfangreiches Netz von Loipen und Schneeschuhwegen zu Ausflügen ein. Besonders Sportlichen bietet Maïkan Aventure auch die Möglichkeit des Eiskletterns (www.maikan.ca).

Praktische Informationen
Die Anreise in den rund 60 Kilometer nördlich von Trois-Rivières etwa auf halbem Weg zwischen Montréal und Québec City gelegenen Park erfolgt über den Highway 55, an dem sich auch das Visitor Centre befindet. Die beiden Eingänge zum Park erreicht man, wenn man den Highway durch die Ausfahrten 217 oder 226 verlässt.

Tektonische Kräfte formten im Lauf der Zeit viele Seen wie hier den Lac Wapizagonke.

*** Québec City

Québec City ist die einzige nordamerikanische Metropole mit einer Stadtmauer, und die Altstadt mit ihren schmalen Gassen erinnert sogar ein bisschen an das alte Paris. Seit 1985 gehört Québec City zum Welterbe der UNESCO. Die Siedlung wurde schon im Jahr 1608 am Ufer des St. Lawrence River gegründet. Nachdem die Häuser unterhalb des Cap Diamant mehrfach abgebrannt waren, zogen sich die Bürger auf die Anhöhe zurück und errichteten »Haute-Ville«, die »Obere Stadt«. Obere und Untere Stadt sind durch eine Zahnradbahn miteinander verbunden. An weiteren Sehenswürdigkeiten ist die Stadt reich: Beispielsweise die Escalier Cass-Co, eine halsbrecherische Treppe, die Haute-Ville mit dem Quartier Petit-Champlain in Basse-Ville verbindet. Oder der Place Royale, der ehemalige Marktplatz in der unteren Stadt. Das Musée de la Civilisation vermittelt mit eindrucksvollen Schaubildern einen Einblick in die Entwicklung der Stadt. Am östlichen Ende der Stadtmauer in Haute-Ville steht La Citadelle, eine eindrucksvolle Steinfestung, die im frühen 19. Jahrhundert erbaut wurde. Seit 1920 ist es die Heimat des Royal 22e Régiment, der einzigen französischen Einheit in der kanadischen Armee. Die Basilique-Cathédrale Notre-Dame wurde im Jahr 1647 erbaut und erinnert mit zahlreichen Gemälden und einer Lampe von Louis XIV an die frühe französische Herrschaft. Das Maison Chevalier zeigt, wie die reichen Familien des 18. und 19. Jahrhunderts in der Stadt lebten. Das Luxushotel Chateau Frontenac, im Jahr 1893 erbaut, gleicht einem überdimensionalen europäischen Schloss. Der Parc des Champs-de-Bataille, einst Schauplatz einer Schlacht zwischen Engländern und Franzosen am 13. September 1759, gehört heute zu den größten Parks von Nordamerika. Die Rue du Trésor transportiert Pariser Charme nach Kanada.

Zwischen den historischen Bauten zeigt sich auch viel Grün – und natürlich der Fluss.

Im weichen Licht des Sonnenuntergangs bezaubert die Altstadt von Québec besonders.

Bassin Louise
Musée Naval de Québec
Gare Intermodale (CN)
Palais de Justice de Québec
Marché du Vieux-Port
Société du Port du Québec
Agora
Gare du Palais
Rue de la Gare-Du-Palais
Quai Saint-André
Espace 400e Bell
Douanes
R. du Prince Edouard
Rue de la Reine
Rue Saint-Dominique
Rue du Roi
Saint-François E
R. Saint-Joseph E
Bd Charest E
R. Sainte-Marguerite
Rue Fleurie
R. Saint-Vallier E
Côte d'Abraham
440
136
175
Rue Saint-Paul
Côte de la Canoterie
Rue Saint-Paul
Vieux-Port
Old Fire Station
Rue Bell
Rue Dalhousie
Prairies
Rue des Remparts
Monastère de l'Hôtel-Dieu
Rue de Charlevoix
Rue Hamel
Maison Montcalm
Rue des Remparts
Rue Hébert
Université Seminaire
Musée de la Civilisation de Québec
Place des canotiers
Rue des
Rue Saint-Vallier Est
Îlot de l'Arsenal
Dauphine Redoubt
Rue McMahon
Rue Elgin
Rue Richelieu
Sœurs Grises
Artillery
Côte du Palais
Rue Gameau
Côte de la Fabrique
Musée de l'Amérique francophone
Hôtel de Ville
Jardins
Rue De Buade
Notre-Dame
Porte Prescott
Rue Saint-Pierre
C. de la Potasse
Rue des Glacis
Parc de l'Artillerie
Institut Canadien
Rue Cook
Ste-Price
Rue Sainte-Anne
St-Andrew's
Clarendon
Musée du Fort
N.-D.-des Victoires
Batterie Royale
Rue Saint-Jean
Jésuites
Rue Dauphine
Palais Montcalm
Monastère des Ursulines
Ste-Trinité Anglican
R. du Trésor
Rue du Fort
Maison Louis-Jolliet
Maison Chevalier
Traverse de Lévis
Richelieu
D'Aiguillon
Rue Saint-Olivier
Rue Sainte-Marie
Rue Saint-Jean
Avenue Honoré-Mercier
Rue Sainte-Anne
Rue des Jardins
Château Frontenac
Rue Sainte-Ursule
Rue Saint-Louis
VIEUX-QUEBEC
Rue Mont-Carmel
Jardin des Gouverneurs
Fleuve St-Laurent
Rue Saint-Joachim
Centre Municipal des Congrès
Parc de l'Esplanade
Rue D'Auteuil
Chalmers-Wesley
N.-D. du Sacré-Cœur
Avenue Sainte-Geneviève
Rue Saint-Gabriel
Rue Saint-Patrick
Boulevard René-Lévesque Est
Avenue Saint-Denis
Terrasse Dufferin
Hôtel du Parlement
R. Saint-Louis
Porte St-Louis
Côte de la Citadelle
Parc du Bastion-de-la-Reine
Boulevard Champlain
Rue Scott
Rue des Parlementaires
Rue de la Chevrotière
Rue du Bon-Pasteur
Saint-Amable
Grande Allée Est
Avenue George-VI
Chapelle de la Citadelle
Porte Dalhousie
Boulevard Champlain
Rue de Senezergues
Rue de l'Amérique-Française
Avenue Wilfrid-Laurier
Porte Durnford
The Plains of Abraham Museum
Promenade des Gouverneurs
R. de Claire-Fontaine
Manège Militaire
Avenue du Cap Diamant
Musée
Rue Saint-Laurent
Avenue George VI
Avenue Wilfrid-Laurier
Avenue Ontario
Escalier
Avenue du Cap Diamant
CAP-BLANC
Rue Champlain
0
250 m

Der wuchtige Bau des Château Frontenac folgt dem Stil des Historismus und ist bereits von Weitem zu sehen.

① * Altstadt** Bis ins 17. Jahrhundert reicht die Geschichte einiger der rund 1400 Gebäude, aus denen die Altstadt Québecs besteht, hinein. Die ältesten davon finden sich in der Unterstadt. Ihr Herz schlägt an der Place Royale. In der Rue du Petit-Champlain locken stilvolle Restaurants und elegante kleine Kunsthandwerksläden. Hier geht es französisch bunt und gemächlich zu. Bretonische Spezialitäten werden in kleinen Lokalen angeboten, daneben warten Bistros auf Gäste. Viele Buchläden sind hier anzutreffen, ebenso wie kleine Gemäldegalerien. Eine Seilbahn verbindet die Unterstadt mit der auf dem Felsplateau des Cap Diamant errichteten Oberstadt. Man kann aber auch

Die Rue du Cul-de-Sac im Quartier Petit Champlain ist umgangssprachlich auch als Umbrella Alley bekannt.

über Treppenstufen von unten nach oben laufen, als die bekannteste Treppe gilt die Escalier Casse-Cou, deren Name (»Halsbrechertreppe«) einen nicht vom Aufstieg abhalten sollte. Zwar ist die Treppe tatsächlich sehr steil, doch das Genick hat sich hier noch niemand gebrochen. Von der Terrasse Dufferin, einer am Rand des Plateaus entlang führenden begrünten Flaniermeile, kann man den Blick auf die Unterstadt und den St.-Lorenz-Strom genießen. Von hier aus führt im Winter auch eine Eisrutsche nach unten. Diesen abenteuerlichen Nervenkitzel können die Québecer und Besucher bereits seit dem 19. Jahrhundert erleben. Hinter der Terrasse Dufferin erhebt sich das mächtige Château Frontenac.

❷ ** Château Frontenac** Hitchcock drehte hier seinen Film »Ich gestehe« und natürlich soll es auch spuken im Gemäuer. Wer das selbst überprüfen möchte, muss sich im Luxushotel einmieten, oder an einer der Führungen teilnehmen, bei denen Schauspieler hinter die Kulissen blicken lassen. Die Canadian Pacific Railway ließ mit dem Ausbau ihrer Bahnlinien im ganzen Land Hotels im Stil des alten Europa bauen, als angemessene Unterkunft für die steigende Zahl betuchter Passagiere, die ihr Land kennenlernen wollten. Dieses Château im Stil eines Loire-Schlosses sitzt auf der Felsklippe Cap Diamant. Sie bietet beeindruckende Ausblicke über Fluss und Umland. Benannt ist das Hotel nach einem Gouverneur des frühen Kanada, es ist heute als National Historic Site geschützt.

❸ ** Musée de la Civilisation** Seit seiner Eröffnung in den 1980er-Jahren bietet das Musée de la Civilisation Einblicke in die Kulturgeschichte der Stadt sowie in die der gleichnamigen Provinz. Auch zu den First Nations findet man hier eine Dauerausstellung. Bereits Teile des Gebäudes selbst besitzen historischen Wert: 1752 erbaut, überlebte es sogar die Belagerung Québecs, die sieben Jahre später stattfand. Erweitert wurde der Komplex schließlich durch das Hauptgebäude des Museums, dessen Pläne vom Architekten Moshe Safdie stammen. Zu den Dauerausstellungen gesellen sich zudem einige temporäre Ausstellungen, die sich dem Alltagsleben in früherer und heutiger Zeit widmen, mit Kunstdarstellungen philanthropischen Frage nachspüren, sich auf Spurensuche nach den First Nations und den Inuit begeben und vieles Weitere mehr. Geöffnet ist das Musée de la Civilisation außer montags täglich von 10 Uhr bis 17 Uhr, Kinder unter 6 Jahren zahlen keinen Eintritt.

Nahe Château Frontenac wartet die Basilika Notre-Dame de Québec auf Entdeckung.

❹ ** Zitadelle** Die Zitadelle im Süden der Altstadt zählt zu den größten Festungen Nordamerikas. Die Anlage wurde zu Beginn des 19. Jahrhunderts von den Briten an der Stelle eines französischen Vorgängerbaus sternförmig errichtet und beherbergt noch heute ein Regiment der kanadischen Armee. Sowohl die Residenz des Generalgouverneurs als auch Teile der Kaserne sind als Museum für die Öffentlichkeit zugänglich.

Von der Unterstadt reicht auch ein Fahrstuhl in die Oberstadt hinauf.

* Gaspésie Die Gaspésie-Halbinsel (im Englischen auch als Gaspé Peninsula bekannt) erstreckt sich nördlich von New Brunswick im äußersten Osten von Québec. Tiefe Fichtenwälder und schroffe Felsen reichen bis zum Meer, der Süden hingegen zeigt sich flacher und ist von Landwirtschaft geprägt. Höchster Gipfel der Halbinsel ist der Mont Jacques-Cartier (1268 Meter), Wanderwege durchziehen die ihn umgebenden Monts Chic-Choc. Blumengärten sind das Wahrzeichen von Grand Metis. Sainte-Anne-des-Monts ist für seinen guten Lachs bekannt. Im Miguasha Park an der Südküste, einem UNESCO-Weltnaturerbe, wurden 370 Millionen Jahre alte Fossilien gefunden.

** Miguasha National Park Der Park ist die weltweit bedeutendste Fossilienfundstätte für das Devon und gehört seit 1999 zum UNESCO-Welterbe. Wissenschaftlich erschlossen wurde das Areal an der Südküste der Halbinsel Gaspésie 1842 von dem kanadischen Geologen Abraham Gesner. Seinen Namen hat es von der Farbe der Gesteine: In der Sprache der hiesigen Mi'kmaq bezeichnet »miguasha« einen rötlichen Farbton. Rund 5000 Fossilien wurden dort bisher identifiziert, alles Wirbeltiere und Wirbellose sowie Pflanzen und Sporen aus dem Devon. Einer der bekanntesten Funde ist »The Prince of Miguasha«, das Fossil eines Eusthenopterons – einer den Übergang zu den Landwirbeltieren markierenden Gattung der Fleischflosser, die im Oberdevon vor 370 Millionen Jahren lebten.

Vom Mont St. Alban bietet sich ein schöner Blick auf die lang gezogene Spitze Cap Gaspé.

Im Forillon-Nationalpark bewacht ein Leuchtturm das exponierte Cap Gaspé.

Wer weiß, was sich im Miguasha-Nationalpark noch alles ausgraben ließe?

Forillon National Park

Der im Jahr 1970 gegründete Nationalpark liegt am östlichen Rand der Gaspésie-Halbinsel, wie eine Pfeilspitze ragt er in den Sankt-Lorenz-Golf hinein. Bereits vor 9000 Jahren siedelten Menschen in diesem Gebiet. Heute wird es vornehmlich von Seevögeln bevölkert, die ihre Kolonien auf hohen Felsen angelegt haben.

Wo das Land zu Ende ist: Der Forillon, im Jahr 1970 als Québecs erster Nationalpark gegründet, liegt auf der lang gestreckten Halbinsel Gaspésie. Gesäumt von Gebirgsausläufern und Meeresklippen, mündet der St.-Lorenz-Strom in den gleichnamigen Golf. Seevögel finden hier ein Nistparadies, während arktische Pflanzen auf alpine Flora treffen. Besucher starten ihre Wanderungen im dichten Wald, der nach und nach in Salzmarschen, Sanddünen und Küste übergeht. Zu den im Park lebenden Tieren gehören auch Baumstachler, die nicht mit den Stachelschweinen verwechselt werden sollten. Die beste Aussicht über den 240 Quadratkilometer großen Park bietet der Turm auf dem

Mont St. Alban. Auf der Spitze des felsigen Cap Gaspé steht der höchste Leuchtturm Kanadas. Zum Forillon kamen einst die Mi'kmaq und Irokesen zum Jagen und Fischen. Dass dann vor rund 100 Jahren viele Einwandererfamilien hier vom Kabeljaupökeln lebten, vermittelt recht anschaulich das Grande-Grave-Museumsdorf.

Highlights
Neun Wanderwege führen durch den Park. Der interessanteste, Les Graves (15 Kilometer, ca. 4–5 Stunden), ist eine Fortsetzung des International Appalachian Trail und führt zu der auch als »Land's End« bekannten Spitze des Cap Gaspé. Sehenswert ist auch der Ausgangsort dieses Wanderwegs: Grande-Grave, ein einst von Immigranten aus Jersey gegründetes, heute restauriertes Fischerdorf (der Name »Grave« bezieht sich auf einen Kiesstrand, an dem früher Kabeljau getrocknet wurde).

Tipps
Von den Küstenpfaden am Cap Gaspé kann man zwischen Mai und Oktober mit ein bisschen Glück Wale beobachten. Größer ist die Chance an Deck der zwischen Juni und Oktober täglich von Grande-Grave ablegenden »Narval III« (www.baleines-forillon.com).

Praktische Informationen
Die Anreise mit Auto oder Bus empfiehlt sich über Gaspé. Zwei Visitor Centre finden sich in L'Anse-au-Griffon und am Penouille Beach.

Die markanten Kalksteinfelsen entlang des St.-Lorenz-Golfs im Forillon-Nationalpark bekommen von der untergehenden Sonne ein letztes Leuchten verliehen.

Bonaventure Island and Percé Rock National Park

Wie der Forillon-Nationalpark liegt auch der Parc National de L'Île-Bonaventure-et-du-Rocher-Percé auf und vor der Gaspésie-Halbinsel in Québec. Das – auf dem Festland – nur etwas über 5 Quadratkilometer große Gebiet wurde 1985 als bedeutendes Refugium für Zugvögel unter Schutz gestellt.

Der Sankt-Lorenz-Golf hält spektakuläre Felsküsten bereit, eines der schönsten Ziele ist vielleicht der »Percé Rock«, der durchbrochene Felsen: Ihn ziert ein 20 Meter hoher Torbogen, durch den ein kleines Schiff hindurchpasst. Wellen gruben das Loch in den schlanken, aber mehr als 400 Meter langen Kalksteinfelsen. Bei Ebbe lässt er sich vom Ort Percé aus zu Fuß besuchen – anders als die weit draußen liegende Vogelinsel l'Île Bonaventure, die den zweiten Teil des keine sechs Quadratkilometer großen Provinzparks stellt (in Québec »Nationalpark« genannt). Dort brüten mehr als 250 000 Möwen und zahlreiche Kormorane, Trottellummen, Papageitaucher und andere Seevögel. Hier liegt auch die weltgrößte Brutkolonie von 60 000 Basstölpeln. Möglichst eng beieinander nisten die Vögel an den sanft abfallenden Hängen. Im warmen Abendlicht wirkt ihr Gefieder beinah golden. Seit der Parkgründung 1985 zeugen heute nur noch verlassene Häuschen von einer alten Fischersiedlung und späteren Künstlerkolonie.

Highlights
Am Kai des im Osten der Gaspésie-Halbinsel gelegenen Städtchens Percé starten – beide Seiten des imposanten Felsens einschließende – Bootsausflüge zur Insel Bonaventure, wo unter anderem die größte Basstölpelkolonie Kanadas besichtigt werden kann.

Tipps
Unterkünfte in Percé sind in der Regel nur während der Sommermonate verfügbar; in der Nebensaison bietet sich Gaspé als Ausweichmöglichkeit an: Hübsche Motels findet man dort an der Route 132.

Praktische Informationen
Anreise mit dem Auto auf der Route 132 durch Percé. Es gibt kein eigenes Visitor Centre im Park; Auskünfte erteilt die Touristeninformation in Percé, www.perce.info – dort kann man sich auch gleich ein Zimmer reservieren lassen, Gezeitentabellen und Abfahrtszeiten von Booten erfahren.

Aus dem Meer ragt der Kalksteinfelsen Rocher Percé als 438 Meter langes und 88 Meter hohes Naturphänomen.

Mingan Archipelago National Park

Der Mingan-Archipel setzt sich aus fast 1000 kleinen und kleinsten Inselchen zusammen, die sich über eine Fläche von 110 km² verteilen und seit 1984 als Nationalpark geschützt werden. Bedeutende Brutkolonien und imposante Monolithen prägen das Gebiet.

Kurz bevor der mächtige Sankt-Lorenz-Strom in den Atlantik mündet, verbreitert er sich zum Sankt-Lorenz-Golf, an dessen Nordufer sich eine Inselgruppe ausdehnt. Wie hingewürfelt erheben sich rund 30 Kalksteininseln und mehr als 1000 Granitklippen und -riffe aus dem Wasser. Das »Mingan Archipelago« bildet seit 1984 mit einem breiten Streifen Küste den rund 110 Quadratkilometer großen Park. Robben, Wale und Delfine tummeln sich im kühlen Wasser zwischen den Inseln bereits nördlich des 50. Breitengrads. Zahlreiche Seevögel nisten im Fels. Papageitaucher sind eine der auffälligsten Seevögel am Archipel. Die markante Gryllteiste, ein Alk, steht ihm mit knallrotem Schnabel und Füßen aber kaum nach. Die hiesigen Ureinwohner sind das Jägervolk der Innu. Während einige der Inseln gesperrt sind, um das fragile Ökosystem zu schützen, finden sich auf anderen Zeugnisse früherer Walfänger oder kleine Leuchttürme. Holzstege führen über Feuchtgebiete, ein beliebtes Paddel- und Wanderziel sind skurrile Felsmonolithen.

Highlights
Berühmt ist der zwischen den Orten Longue-Pointe-de-Mingan und Aguanish gelegene Nationalpark für seine bizarr geformten, teils mehrere Meter hohen Monolithen, wie sie besonders schön an der Südseite der Île Niapiskau zu bewundern sind.

Tipps
Die beste Zeit für einen Besuch des Parks sind die Monate Juni bis September. Wer länger auf einer der Inseln verweilen will, sollte berücksichtigen, dass hoher Seegang die Rückkehr zum Festland verzögern kann.

Praktische Informationen
Anreise auf dem Highway 138 nach Havre-Saint-Pierre; von dort und in Longue-Pointe-de-Mingan starten Bootsausflüge; hier befinden sich auch zwei Visitor Centres, bei denen man Auskunft über die während der Brutsaison der Seevögel (Mai–August) gesperrten Bereiche des Parks erhält.

Die skurrilen Monolithen im Mingan-Archipel liegen nur bei Ebbe vollkommen frei.

Newfoundland and Labrador

Nicht etwa Christoph Kolumbus hat Amerika als erster Europäer betreten, sondern ein Wikinger aus Island, Leif Eriksson. Was lange Zeit nur durch die Sagas erzählt wurde, ist spätestens durch Ausgrabungen im Norden Newfoundlands bewiesen, denn dort fand man in den 1960er-Jahren die Überreste einer Wikingersiedlung. Die östlichste Provinz ist jedoch nicht nur aufgrund dieser historischen Bedeutung sehenswert. Im Bild: Leuchtturm von Cape Spear.

INFO

Hauptstadt:
St. John's
Fläche:
404 517 km²
Einwohner:
520 000
Motto:
Quaerite primum regnum dei (Suchet zuerst das Reich Gottes)
Zeitzone:
Newfoundland Standard Time/Atlantic Standard Time
Blume:
Rote Schlauchpflanze
Tier:
Karibu
Vogel:
Papageitaucher
Baum:
Schwarzfichte
Mineral:
Labradorit

NEWFOUNDLAND AND LABRADOR

Was soll man über die junge Provinz Newfoundland and Labrador sagen? Sie ist – in vielerlei Hinsicht – besonders und einzigartig. Das Land, das sich aus dem nahezu menschenleeren Festlandteil Labrador und der Insel Neufundland zusammensetzt, lässt sich schwer beschreiben. Ein bisschen Irland, das von hier kaum weiter als 3000 Kilometer entfernt ist, ein bisschen Island und eine Prise unwirkliches Feen-und-Troll-Land. Wer als Tourist nach Kanada kommt, reist nur selten in die Provinz, die einfach NL abgekürzt wird. Schade! Denn die perfekte Kombination aus freundlichen, meist gut aufgelegten Gastgebern und einem mit über 300 000 Quadratkilometern größten ursprünglichen Wildnisgebiet der Erde garantiert einen unvergesslichen Aufenthalt.

Als kanadische Provinz blickt NL auf keine lange Geschichte zurück, doch seine Entdeckung liegt deutlich weiter zurück als die der anderen Provinzen. Das liegt sicher an der Nähe zu Europa. Von »Nähe« zu sprechen, erscheint vielleicht merkwürdig, denn es liegen immerhin mehrere Tausend Kilometer zwischen den beiden Kontinenten, doch näher sind sie sich nirgends. Um das Jahr 1000 kam der isländische Entdecker Leif Eriksson (um 970–1020) über den Atlantik. Erst 500 Jahre später folgten ihm weitere Europäer: Fischer aus Spanien, Portugal und Frankreich wurden von den unendlich großen Dorschschwärmen angezogen. Ende des 16. Jahrhunderts erhoben die Briten Anspruch auf die Region, obwohl sie nicht ernsthaft in Betracht zogen, sich dort niederzulassen. Kriege und Umbrüche auf dem europäischen Kontinent trieben langsam die ersten Siedler hierher, die blieben. 1832 wurde das erste Parlament öffentlich gewählt. 1949 trat Neufundland und Labrador der kanadischen Föderation infolge eines Referendums bei, das nur knapp gegen die weitere Unabhängigkeit ausgefallen war.

Am Cape St. Mary's wissen zahlreiche Seevögel die Lage und das Klima zum Brüten zu schätzen.

Die Lage dieser Region bestimmt zu großen Teilen ihr Schicksal – in mehrfacher Hinsicht. Eine große Rolle spielt etwa der Kanadische Schild, an dem immer mit tektonischen Bewegungen zu rechnen ist. Toll dadurch: Mit die ältesten frei liegenden Felsformationen der Welt sind ebenso zu bewundern wie ein Einblick ins Erdinnere, wie er nirgends sonst möglich ist. Doch die spezielle geografische Lage bringt auch böse Überraschungen mit sich, wie etwa Kanadas schwerstes Seebeben 1929. Der zweite Aspekt ist, dass Neufundland der erste Ort war, den Flugzeuge nach ihrer Überquerung des Atlantiks erreichen konnten. Das heißt, der Ort Gander wurde auf der Insel nur zu dem Zweck gegründet, dort einen Flugplatz zum Auftanken anzubieten.

Wenn es auch Kneipen gibt, die irisches Flair verströmen, oder die älteste Straße Nordamerikas in St. John's liegt, sind die Städte wohl kaum der Hauptgrund, Neufundland und Labrador zu besuchen. Die Natur in einer unvergleichlichen Ursprünglichkeit ist es, die man nie wieder vergessen wird. Zum Beispiel das 600 Meter hohe Plateau Tablelands, wo Gestein aus der Erdkruste zu sehen ist, das vor mehr als 400 Millionen Jahren aus dem Erdinneren an die Oberfläche gekommen ist.

Oder die Iceberg Alley, eine Wasserstraße, auf der jährlich ab dem späten Frühjahr Eisberge in den Atlantik treiben. Neufundland und Labrador eignet sich darüber hinaus ideal, um Bären, Elche, Biber, Adler, Wölfe, Eisbären, Polarhasen und Wale zu beobachten. Am östlichsten Punkt des Kontinents, bei Cape Spear, wehen die stärksten Winde, die Nordamerika zu bieten hat. Überhaupt ist das Klima eher rau, die Sommer sind kurz und kühl. Macht nichts! Dagegen hilft ein arktischer Parka, den man in St. John's kaufen kann.

Nahe der Hafeneinfahrt von St. John's sind die steilen Felswände von farbenfrohen Häusern überzogen.

Unterwegs in der Labrador Region

Flächenmäßig ist die Labrador Region etwa so groß wie ganz Italien – allerdings herrschen hier Tundren vor, das Klima ist arktisch bis subarktisch und auch die Bevölkerungsdichte ist deutlich niedriger. Doch gerade diese einsame Wildnis macht den Reiz Labradors aus.

Selbst ohne den Status als UNESCO-Welterbestätte wäre das malerische Örtchen Red Bay sehenswert.

** Labrador Straits Im 19. Jahrhundert gehörte die Straße von Labrador zu den wichtigen Dampfschiff-Routen. Das Point Amour Lighthouse erinnert daran. Die Red Bay National Historic Site markiert eine kleine Insel, von wo bereits im 16. Jahrhundert baskische Walfänger aufbrachen.

* Labrador City Beim »Labrador City's Christmas Light Up Contest« werden jedes Jahr im Dezember die am schönsten erleuchteten Häuser prämiert. Zugleich finden zahlreiche Veranstaltungen und Konzerte statt.

* Churchill Falls Churchill Falls, das ist in erster Linie ein 75 Meter hoher Wasserfall am

Von Wasser und Wäldern ist die weite Landschaft um die beiden Orte Labrador City und Wabush geprägt.

Churchill River, dem die hier lebenden First Nations böse Kräfte nachsagten. Es ist aber auch ein netter kleiner Ort, in dem überwiegend die Mitarbeiter eines Wasserkraftwerks leben. Denn auch das ist Churchill Falls: das größte unterirdische Wasserkraftwerk der Welt. Es ist seit 1971 in Betrieb und produziert jährlich 35 000 Gigawattstunden aus dem umgeleiteten Wasser. Der Strom geht an die USA und nach Québec. Es gibt Pläne, das Volumen des Werkes, das man besichtigen kann, auf beinahe das Doppelte zu erweitern.

** Red Bay Das Fischerdörfchen an der Südküste von Labrador wurde 2013 aufgrund seiner Vergangenheit als Walfangstation baskischer Fischer in die UNESCO-Welterbeliste aufgenommen. Ein kleines Museum informiert über die Geschichte des Ortes.

Gefährliche Gewässer: Grand Banks

Die Grand Banks – im Deutschen auch unter »Neufundlandbank« bekannt – sind unter zwei Gesichtspunkten gefährlich. Zum einen findet sich vor der Küste Neufundlands eine Kombination aus warmem Golfstrom, kaltem Labradorstrom und Schelf. Das Ergebnis ist ein extremer Nährstoffreichtum, der ein überdurchschnittliches Fischaufkommen zur Folge und damit die Gier der Menschen geweckt hat. Heute ist die Region überfischt. Zum anderen führen die verschiedenen Wassertemperaturen zu Nebelbildung, Eisberge treiben in der Gegend – es wird gefährlich für Schiffe. Zum Beispiel für den Fischkutter »Andrea Gail«, der durch Wolfgang Petersens Film »Der Sturm« berühmt wurde. Oder für das seit Anfang 2013 verschollene unbemannte Passagierschiff »Lyubov Orlova«.

Point Amour Lighthouse an der Labrador Strait.

Labradore und Neufundländer

Sowohl der kräftige Neufundländer mit seinem dicken langen Fell als auch der Labrador Retriever stammen aller Wahrscheinlichkeit nach von der Ostküste Kanadas. Gerade den schlauen Neufundländern sagt man nach, sie hätten ihre Fähigkeiten aufgrund ihrer Herkunft erworben. Sie lieben das Wasser, können schwimmen und sogar tauchen, was daran liegen kann, dass die ersten Menschen, deren Begleiter sie waren, Fischer waren. Labradore dagegen sind Meister im Apportieren. Sie haben vermutlich dabei geholfen, die Netze aus dem Wasser zu holen. Übrigens stammen auch sie aus Neufundland. Beide Rassen kommen mit Kälte, Schnee und Eis problemlos zurecht.

Torngat Mountains National Park

Der im Jahr 2005 gegründete, 9700 km² große Nationalpark liegt im äußersten Nordosten des kanadischen Festlands: Wie ein Keil schiebt sich hier die aufragende Kette der Torngat Mountains zwischen Québec und die Labradorsee.

Einem großen Dreieck gleich sitzt Neufundland in Kanadas Nordosten, und an seiner oberen Spitze thronen die Torngat Mountains: ein Ort der Geister, wie die Inuit sagen. Seine 9700 Quadratkilometer schützt der Park seit 2005, von der Westgrenze zu Québec bis zur malerischen Fjordküste im Osten. Tatsächlich könnte so mancher zerklüftete Fels Geister beherbergen – nördlich der Baumgrenze treten die skurrilen Konturen stärker hervor. An manchen der hohen Gipfel ziehen Gletscher herab, andere laufen als Fjordkanten direkt ins Meer. Dort treiben Eisberge vorbei, Wale und Eisbären sind unterwegs, während im Inland Wald-Karibus und Wölfe, Schwarzbären und Füchse umherziehen. Eine unerwartete Pflanzenvielfalt schmückt das Land, bezaubernd ist das blühende Wollgras. Wer hier paddelt oder wandert,

bekommt möglicherweise auch die Chance, Kontakt zu Inuit zu knüpfen, die hier fischen und jagen dürfen.

Wie schlafende Riesen liegen die Berge am Saglek-Fjord, der im Süden des Parks einen ganz eigenen kargen Reiz bietet. Nur etwa drei Kilometer ist er breit, dafür zieht sich seine Länge 45 Kilometer weit ins Landesinnere.

Highlights
Hauptattraktion einer Besichtigung dieses höchsten Gebirges östlich der Rocky Mountains ist für viele die Begegnung mit einem Inuitführer, der dem Besucher seine Heimat (bei dem Nationalpark handelt es sich um ein Geschenk der Inuit an den kanadischen Staat) ganz individuell nahebringen kann.

Tipps
Eine Reise in den Park sollte gut im Voraus geplant und durchdacht sein: Es gibt keine Straßen, keine Campsites und keine Beschilderung.

Praktische Informationen
Anreise mit dem Charterflugzeug in der Regel von Kuujjuaq, der größten Inuitsiedlung in Nunavik nach Saglek Bay in Labrador, wo die Maschinen auf einer Landebahn unmittelbar südlich des Torngat Mountains Base Camp aufsetzen (www.airinuit.com). Das letzte Stück von der Landebahn zum Camp legt man im Boot oder mit dem Hubschrauber zurück. Ein Visitor Centre findet man am Torngat Mountains Base Camp in der Saglek Bay.

Der Saglek-Fjord schlängelt sich über 40 Kilometer lang zwischen den kargen Hängen der Torngat Mountains hindurch.

Unterwegs im Westen Newfoundlands

Dank L'Anse aux Meadows und dem Gros Morne National Park lockt die westliche Hälfte Newfoundlands zusammen mit der Great Northern Peninsula sowohl mit kulturgeschichtlichen als auch mit landschaftlichen Highlights.

*** L'Anse aux Meadows Vor dem Denkmal des stolzen Leif Eriksson in der isländischen Hauptstadt Reykjavík erinnert eine Inschrift an sein besonderes Verdienst: »Son of Island, Discoverer of Vinland«. Der tapfere Nordländer und seine Männer waren bereits um das Jahr 1000, also fast 500 Jahre vor Kolumbus, in Amerika gelandet. Wie inzwischen eindeutig bewiesen ist, betrat Eriksson zuerst in Helluland oder »Flachsteinland«, dem heutigen Labrador, amerikanischen Boden. Ein zweiter Landgang erfolgte in Markland oder »Waldland«, dem heutigen Neufundland. Die Wikinger verbrachten einen Winter in ihrer Siedlung Leifsbudir. Doch im folgenden Jahr verzichteten sie nach Kämpfen mit den First Nations auf die Besiedlung des neu entdeckten Landes und kehrten nach Grönland zurück. Heute erfährt man bei L'Anse Aux Meadows in einem Museum interessante Einzelheiten über das Leben der mutigen Skandinavier. Riesige Behausungen, heute mit Gras bewachsen, zeugen von der Präsenz der ersten Wikinger in Nordamerika. Die Fundstelle wurde 1960 von den norwegischen Archäologen Helge und Anne Stine Ingstad entdeckt und in den folgenden Jahren ausgegraben. Aus elf Häusern und einer Schmiede bestand die Siedlung und sie erinnert an ähnliche Dörfer der Wikinger auf Island und Grönland – unter anderem aufgrund der Bauweise als Grassodenhäuser. Drei der ausgegrabenen Häuser hat man inzwischen rekonstruiert und sind für Besucher zugänglich. Die UNESCO erklärte die Ausgrabungsstätte im Jahr 1978 zum Kulturerbe der Welt, als damals erster Ort in Kanada mit diesem Titel.

Wie sie es aus ihrer Heimat gewohnt waren, bauten die Wikinger im heutigen L'Anse aux Meadows ihre Siedlung aus Grassodenhäusern.

Zum Teil sind die von den Wikingern errichteten Gebäude in L'Anse aux Meadows im Inneren rekonstruiert worden.

Papageitaucher

Der Vogel der Provinz Neufundland und Labrador ist der Papageitaucher. Seine Heimat ist der gesamte Nordatlantik, er erinnert mit seinem schwarzen Gefieder und weißen Bauch etwas an einen Pinguin, zumal er eine ähnliche Körperhaltung einnehmen kann. Charakteristisch hingegen sind das weiße Gesicht mit den rötlichen Ringen um die Augen, die orange-

arbenen Füße und der ebenso leuchtende Schnabel. Der verliert im Winter allerdings Farbe und ist dann graubraun. Wenn sie nicht brüten, leben Papageitaucher auf dem Wasser. Ihr Schnabel hat für sie eine große Bedeutung. Paare schlagen beispielsweise ihre Schnäbel aneinander, um ihre Verbindung zu stärken und Zusammengehörigkeit zu demonstrieren. Reißen die Kerlchen ihren Schnabel weit auf, sollten Feinde lieber auf Abstand gehen. Auch bei der Jagd spielt die Besonderheit des Schnabels und der Zunge eine wichtige Rolle. Papageitaucher sind in der Lage, gefangene Fische zwischen Zunge und Dornen im Maul zu klemmen. So können sie jagen und gleichzeitig Beute transportieren.

Gros Morne National Park

Seinen Namen erhielt das an der Westküste Neufundlands gelegene Areal vom Gros Morne, dem mit 806 Metern Höhe zweithöchsten Gipfel Neufundlands und Teil der Long Range Mountains. Der im Jahr 1973 gegründete, 1805 km² große, an Fauna und Flora reiche Nationalpark wurde 1987 zum UNESCO-Welterbe erklärt.

Bereits vor mehr als 4500 Jahren siedelten die Inuit in dieser abwechslungsreichen Landschaft an der Westküste von Neufundland, gefolgt von First Nations, die von den wiederum nachfolgenden Wikingern wegen ihrer Körperbemalung »Rothäute« genannt wurden. Aufgrund seiner geologischen Bedeutung erklärte die UNESCO den Nationalpark zum Welterbe. Die Fjorde und Felsen in diesem Gebiet werfen ein bezeichnendes Licht auf die geologische Entwicklung der Erde; die Vielfalt der Flora und Fauna ist enorm. Karibus, Bären, Schneehühner, Polarhasen, Eisfüchse und Luchse bevölkern das Land, im Meer tummeln sich Lachse und viele weitere Fische und Säugetiere. Besucher bekommen im Park immer wieder einmal Elche zu Gesicht. In den frühen Morgen- und Abendstunden zeigen sich die Tiere gern an Seen und Lichtungen zum Grasen. Ruhig breitet sich der Trout River aus. An seinen Ufern entdecken Wanderer die blaue Iris. Seit 1897 bewacht das Lobster Cove Head Lighthouse den Hafen. Benannt wurde der Nationalpark nach dem 806 Meter hohen Gros Morne, dessen Name »großer, allein stehender Berg« bedeutet.

Highlights

Nicht versäumen sollte man eine Bootsfahrt auf dem in der Nähe von Sally's Cove gelegener

Western Brook Pond, einen 16 Kilometer langen, bis zu 200 Meter tiefen, von bis zu 600 Meter hohen Steilwänden gesäumten Süßwasserfjord. Eine Wanderung auf dem Tablelands Trail (ca. 2 Stunden, Start am Parkplatz an der Route 431,4 Kilometer westlich des Discovery Centres) führt in die rostfarbene Mondlandschaft des »Tafellands«. Erholung von der vor allem im letzten Abschnitt anstrengenden Wanderung findet man in den malerischen Fischerdörfern Woody Point und Rocky Harbour.

Tipps

Ein Ausflug zur – am nördlichsten Zipfel der Great Northern Peninsula von Neufundland gelegenen – L'Anse aux Meadows National Historic Site (UNESCO-Welterbe seit 1978) führt an jenen geschichtsträchtigen Ort, an dem bereits zu Beginn des 11. Jahrhunderts die von Leif Eriksson angeführten Wikinger an Land gingen. Hier wird ein Bild vermittelt vom Leben der ersten Europäer in Nordamerika, lange vor der Ankunft Kolumbus'. Um die von Juni bis Anfang Oktober geöffnete, nördlich von St. Anthony gelegene Historic Site zu besichtigen, wechselt man etwa 10 Kilometer südlich von St. Anthony vom Highway 430 auf den Highway 436. Übrigens: Mit dem sieben aufeinanderfolgende Tage lang gültigen Viking Trail Pass erhält man Zutritt zum Nationalpark wie zur Historic Site und einigen weiteren Sehenswürdigkeiten Infos zum Trail: www.vikingtrail.org

Praktische Informationen

Anreise mit dem Flugzeug von Toronto, Montreal oder Halifax nach Deer Lake, dem kleinsten, nur 32 Kilometer vom Park entfernten Flughafen Neufundlands; von dort weiter auf der Route 430 in nördlicher Richtung bis zum Parkeingang in Wiltondale. Visitor Centre in Gros Morne, Route 430, etwa 3 Kilometer östlich von Rocky Harbour; allgemeine Informationen zur Region unter www.grosmorne.com; Discovery Centre in Woody Point.

Der Western Brook Pond ist ein Fjord, der durch das Schmelzen von Gletschern vom Meer getrennt wurde und jetzt als See zu bewundern ist (großes Bild). Außerdem kann der Nationalpark auch eine vielfältige Flora mit Roter Schlauchpflanze (unten) und Drachenmaulorchidee (ganz unten) sein Eigen nennen.

Unterwegs im Osten Newfoundlands

Die zerklüftete Küste Newfoundlands hat landschaftlich viel zu bieten: Hohe Klippen, tiefe Fjorde, vorgelagerte Inseln und mehr. Mit der Provinzhauptstadt St. John's und weiteren Orten liegen hier jedoch auch kulturelle und wirtschaftliche Zentren.

St. John's beheimatet etwa 100 000 Einwohner und liegt malerisch am Wasser.

Strahlend weiß zeigen sich vor Cape Bonavista die Eisberge, die unter dem dämmrigen Himmel dahinziehen.

** Terra Nova National Park

Der erste Nationalpark in Kanadas östlichster Provinz schützt seit 1957 ein Gebiet, das von rauer Atlantikküste bis zu hügeliger, sumpfiger Waldlandschaft reicht. Bonavista Bay heißt die große Bucht an der Ostküste, deren Ufer als ein Gewirr unzähliger Landfinger und felsiger Inselchen ins Meer übergeht. Im oft stürmischen Ozean tummeln sich einige Walarten und der Weißseitendelfin, am Horizont ziehen Eisberge vorbei. Doch nur wenig weiter westlich im 400 Quadratkilometer großen Park lockt eine völlig andere Landschaft: dichter borealer Nadelwald, Regenmoore und kleine Teiche, die Heimat von Elchen und Schwarzbären, Luchsen und Bibern, Eichhörnchen und Schneeschuhhasen. Schlangen sind auf Neufundland übrigens unbekannt. Der Park lockt Wanderer wie Wassersportler und ist in drei Stunden von St. John's aus zu erreichen – schon die Anfahrt ist malerisch.

** Cape Bonavista, Dungeon Provincial Park

»Oh welch schöner Anblick!« – oder in seiner Muttersprache »O Buon Vista!« – soll der italienische Entdecker Giovanni Caboto ausgerufen haben, als er 1497 für England an der Ostküste Neufundlands eintraf. Ort und Satz sind nicht belegt, doch das felsige Kap könnte tatsächlich der erste Anlaufpunkt nach einer Atlantikquerung gewesen sein. Seit 1843 steht dort ein Leuchtturm, und ganz in der Nähe entwickelte sich Bonavista: ein malerisches Örtchen mit mehr als 1000 denkmalgeschützten Häusern, einige noch aus dem frühen 19. Jahrhundert. Im Hafen liegt ein Nachbau von Cabotos Schiff »Matthew«. Bester Ausgangspunkt für eine Wanderung oder Bootstour entlang der dramatisch schönen Küste, wo sattgrüne Schafsweiden auf pittoreske Klippen, vorgelagerte Felstürme und lange Strände treffen. Am Meer liegt der kleine Provinzpark mit dem »Dungeon«, der einst eine Höhle war.

*** St. John's

Die im äußersten Südosten Neufundlands auf der Halbinsel Avalon gelegene Inselkapitale St. John's zählt zu den ältesten Städten Nordamerikas, mit einem geschützten Naturhafen. Der malerische Ort mit seinen farbenfrohen Hausfassaden und den Backsteinkirchen blickt auf eine lange Seefahrertradition zurück. Die im Hafen liegenden Fischerboote, die zum Whale Watching auslaufen, erinnern daran. Beeindruckend sind auch die schweren Eisbrecher des Küstenschutzes. Zudem ist St. John's Anlaufhafen für die Versorgungsschiffe von Ölförderplattformen, die vor Neufundlands Küste liegen und seinen Wohlstand begründen. Der Signal Hill bietet einen schönen Ausblick auf die Stadt und das Meer. An der Stelle der den Hügel lange Zeit beherrschenden, aber zerstörten Festung wurde hier 1897 aus Anlass des 400. Jahrestages der Entdeckung Neufundlands der Cabot Tower errichtet.

Elche leben im Terra Nova National Park.

Einen schönen Blick über die grüne Landschaft des Terra Nova National Park bietet sich vom Ochre Hill aus.

Ein Paradies für Pastellmaler ist Cape Spear – bei Sonnenauf- und -untergang wie auch bei dichtem Nebel, der sich häufig über die Küste legt.

** Cape Spear Zwar ragt die Landzunge von Cape Spear ein gutes Stück ins Meer hinaus, doch ihr Name stammt nicht von Speeren, sondern vom ursprünglich portugiesischen Namen »Kap der Hoffnung«, »Cabo da Esperança«. Die Franzosen übernahmen es als »Cap d'Espoir« – bevor englische Zungen es verballhornten. Auf der Felsnase, dem östlichsten Punkt des Kontinents, steht seit 1835 der älteste erhaltene Leuchtturm Neufundlands: ein Wohnhaus mit einer Lichtkuppel auf dem Dach. Seine ersten Strahler hatten schon an Schottlands Küste geleuchtet. Heute ist sein Innenraum wieder im Originalzustand und zeigt im Museum, wie Leuchtturmwärter und ihre Familien damals lebten. Nicht weit entfernt steht ein zweiter, hoher Betonturm in schlichtem Weiß – seit 1955 hat er den Leuchtdienst übernommen. Verwirrend für viele, werden beide gern »Cape Spear's Lighthouse« genannt.

* Avalon Peninsula In Ferryland stößt man auf die Überreste der Kolonie Avalon, die der englische Entdecker Lord Baltimore und elf Siedler um 1621 gründeten. Über eine Million Artefakte aus dieser Zeit wurden ausgegraben. Im Süden von Avalon brüten Tausende von Seevögeln in den Felsen des Cape St. Mary's Ecological Reserve.

Herausragend am Cape St. Mary's ist der »Bird Rock«, ein Felsen als Nistplatz der Tölpel.

Cape St. Mary's Vogelfelsen und Schutzgebiete gibt es an den Küsten Kanadas in großer Zahl – das am Cape St. Mary's hat einen Vorteil: Es ist ohne Boot zu erreichen. Der einen Kilometer lange Fußweg durch niedrige Tundra und Blütenwiesen führt auf dem oberen Klippenrand zum Vogelparadies, sodass die Tiere aus einer Entfernung von nur wenigen Metern zu beobachten sind. Möglich ist dies, weil die Brutfelsen durch einen Abgrund vom Land getrennt sind – vor allem der 100 Meter hohe, im Sommer dicht bevölkerte Sandsteinturm namens »Bird Rock«. Wenn das Wetter regnerisch und neblig ist, lockt das Informationszentrum des 64 Quadratkilometer großen Schutzgebiets. Es vermittelt Hintergrundwissen zu den verschiedenen Tieren – auch den Eider-, Kragen-, Trauer- und anderen Enten, die vor den Brutfelsen leben, und zu den Walen, die im Sommer oft am Horizont zu sehen sind. Die großen weißen Basstölpel mit gelbem Kopf und schwarzen Flügelspitzen haben – zahlenmäßig – die Oberhand am Cape St. Mary's. Mit 24 000 Artgenossen bevölkern sie die Klippen, allerdings finden auch Lummen, Dreizehenmöwen, Tordalke und Gryllteiste genügend Nistplatz.

Dann ist das Licht des Leuchtturms bitter nötig, zur Warnung vor Klippen und heftigen Wogen.

New Brunswick

Leuchttürme, Hummer, der Sankt-Lorenz-Strom, der Atlantik und die vom größten Tidenhub der Welt modellierten Hopewell Rocks: Das und noch viel mehr bietet die größte der Atlantikprovinzen Kanadas. Und doch ist New Brunswick klein, hat gerade mal die Fläche Bayerns. Beschaulich geht es in der Provinz zwischen Québec, Nova Scotia und den USA zu, in der Englisch und Französisch gleichberechtigte Amtssprachen sind. Im Bild: Hopewell Rocks bei Niedrigwasser.

NEW BRUNSWICK

INFO

Hauptstadt:
Fredericton
Fläche:
72 907 km²
Einwohner:
750 000
Motto:
Spem reduxit (Die Hoffnung wurde wiederhergestellt)
Zeitzone:
Atlantic Standard Time, Atlantic Daylight Time
Höchster Berg:
Mount Carleton (820 m)
Größte Stadt:
Moncton (72 000 Einwohner)
Blume:
Veilchen
Vogel:
Schwarzkopfmeise
Baum:
Balsamtanne

Landschaftlich hat New Brunswick alles zu bieten: liebliche fruchtbare Flusstäler, Gebirge – wie etwa die Ausläufer der Appalachen – oder auch wilde Küste. Vor den ganz hohen Wellen und den gnadenlosen Stürmen ist das kleine Land durch seine Lage ein wenig geschützt. Der Nachbar Nova Scotia und auch die USA schirmen das fragile »Neu-Braunschweig« so gut es geht ab. Der lachsreichste Fluss der Erde, der Miramichi, fließt von New Brunswick in den Atlantik.

Die ersten Europäer, die kamen, waren dann auch von den reichen Fischgründen angelockte Basken. Bis zu ihrem Auftauchen lebten Ureinwohner der Stämme Mi'kmaq und Maliseet in der Region. Anfang des 17. Jahrhunderts trafen die Franzosen ein. Die Fremden, Akadier genannt, wurden von den First Nations weitgehend freundlich aufgenommen. Man half ihnen, zu siedeln und sich in dem fremden Land einzurichten. Wie für die Geschichte vieler Provinzen typisch, folgte auch hier ein jahrelanger Kampf um das Gebiet zwischen den Briten und den Franzosen. Aber was bedeutet schon ein winziges Fleckchen, wenn man riesige Territorien erschließen kann? Die Franzosen wandten sich anderen Regionen zu, die Briten konnten ihre Kolonialmacht festigen. Sie vertrieben die überwiegende Zahl der verbliebenen Akadier in die USA. Von dort kehrten viele einige Jahre später zurück. Wieder kam es zu einem Konflikt zwischen Briten und Franzosen. Östlich von New Brunswick, in Nova Scotia, ließen sich unzählige Einwanderer nieder, die vor der amerikanischen Revolution geflohen waren. Die Getreuen der englischen Krone siedelten im Westen des Landes, also in unmittelbarer Nachbarschaft zu den französischstämmigen Akadiern. Eine Trennung schien unvermeidlich:

Das markante East Quoddy Head Lighthouse auf Campobello Island signalisiert Schiffen den Weg in die Cobscook Bay.

Ein eindrucksvolles Naturphänomen bilden die Reversing Falls Rapids, hier bei Ebbe zu sehen. Schon in den 1840ern zogen sie Touristen an.

1784 wurde New Brunswick eigenständig. Seit 1867 gehört es als Provinz offiziell zu Kanada. Betrachtet man heute die Bevölkerungsstruktur des Landes, hat man sofort die Geschichte vor Augen. Neben Menschen französischer und englischer Abstammung leben noch immer viele First Nations der Mi'kmaq und Maliseet hier.

Die Randlage der Provinz führte dazu, dass Wirtschaft und Industrie es hier schwer haben. Zwar gab es Bestrebungen, diese zu fördern, was durch die Anbindung an das Bahnnetz kurzfristig gelang, doch die meisten Unternehmen bevorzugten eine zentrale Lage und wanderten ab. Schwer für die Einwohner und deren Auskommen, gut für den Tourismus. Dieser zählt inzwischen zu einer der wichtigsten Einnahmequellen. Kein Wunder, New Brunswick hat unendlich viel zu bieten: Wie etwa die Stromschnellen an der Mündung des Saint John River. Ihren bezeichnenden Namen »Reversing Falls Rapids« verdanken sie einem Naturphänomen, den starken Gezeiten. Eigentlich würde der Fluss in die tiefer liegende Fundy Bay stürzen und von dort in den Atlantik strömen. Doch das tut er nur während der Ebbe. Kommt die Flut, steigt der Wasserstand in der Bucht so lange, bis er höher ist als der des Flusses. Dann drücken die Wassermassen so massiv, dass sie den Saint John zwingen, seine Richtung zu ändern, was tatsächlich deutlich zu sehen ist. Ebenfalls ein Ergebnis der ausgeprägten Gezeiten ist der Kouchibouguac. In dem Fluss, dessen Name aus der Sprache der Mi'kmaq stammt und »Fluss der großen Tidenunterschiede« bedeutet, fließt das wärmste Salzwasser weit und breit.

Doch mal Lust auf Kultur? Dann ab in die Provinzhauptstadt Fredericton. Dort steht nahe dem Flussufer des Saint John River die Christ Church Cathedral. Sie soll die erste Kathedrale sein, die in Nordamerika errichtet wurde.

Unterwegs im Nördlichen New Brunswick

Die größeren Orte von New Brunswick findet man allesamt in der südlichen Hälfte der Provinz. Somit zeigt sich das nördliche New Brunswick von einer ländlich-idyllischen Seite mit viel Natur und historischen Attraktionen wie dem Village Historique Acadien.

Von 1936 stammt die ikonische Tankstelle, die ursprünglich in Sackville stand und heute im Village Historique Acadien zu besichtigen ist.

* Village Historique Acadien Nach ihrer Vertreibung nach Louisiana kehrten einige Acadiens, französischstämmige Siedler, in ihre Heimat zurück. Im Village Historique Acadien – zwischen der Chaleur-Bucht und Bertrand gelegen – fühlt man sich noch heute ins 18. und 19. Jahrhundert zurückversetzt. Männer und Frauen in historischen Kostümen simulieren den Alltag der eigenwilligen Siedler und beantworten bilingual Fragen der Besucher. Die Acadiens sind für ihre fröhliche Musik und ihre besondere Küche bekannt.

Die weiße Holzkapelle im Village Historique Acadien entführt die Besucher ins Jahr 1831. Davon unbeeindruckt zeigen sich die wolligen Nachbarn, die zur Farm Babineau gehören, deren Weidefläche an die Kapelle grenzt.

Kouchibouguac National Park

Der bereits im Jahr 1969 gegründete Nationalpark Kouchibouguac wurde im Jahr 1969 eingerichtet, seit 2009 ist er zudem als Dark Sky Preserve ausgewiesen. Mit dem 238 km² großen Areal schützt man ein so faszinierendes wie komplexes Ökosystem.

Rund um den Kouchibouguac River liegt der gleichnamige Park, in der Sprache der Mi'kmaq »Fluss der langen Gezeiten«. Neben waldigen Ufern umfassen die fast 240 Quadratkilometer auch den Mündungsbereich: Statt direkt in den Sankt-Lorenz-Golf zu fließen, wandelt sich der Strom hinter langen Sandbänken zum Brackwasserparadies. Salzwiesen, Lagunen und Dünen bieten Fischen, Vögeln und Robben ein weites Rückzugsgebiet. So brütet hier unter anderem eine der größten Seeschwalbenkolonien Nordamerikas. Ähnliche Vielfalt hat auch das Hinterland zu bieten: Im dichten arkadischen Nadelwald mit Torfmooren wachsen fast 30 teils seltene Orchideenarten. Mehrere Fledermaus- und Eichhörnchenarten leben hier zwischen Bär, Elch, Hirsch und Kojote. Bei Besuchern besonders beliebt sind die 60 Kilometer Radwege des zum Welterbe zählenden Parks, aber auch die Loipen im Winter sowie der jährliche Skimarathon.

Highlights
Akadische Wälder, Sümpfe, Salzwiesen, Gezeitenflüsse, Lagunen, offenes Gelände und ein etwa 25 Kilometer langer Dünenstreifen mit weißem Sand prägen die Landschaftsszenerie des idealerweise zu Fuß oder im Kanu zu erkundenden Parks, dessen Hauptattraktion der lange Sandstrand Kellys Beach ist. Rund 13 Kilometer immer am Fluss entlang nach Westen geht der Kouchibouguac River Trail, für den man mindestens sechs Stunden einplanen sollte. Eine dreistündige geführte Tour im Seekajak bringt Besucher zu einer Robbenkolonie auf den Barriereinseln.

Tipps
Nachts wird die Beleuchtung im Park auf ein Minimum reduziert, um gute Sicht auf den Sternenhimmel zu ermöglichen.

Praktische Informationen
Anreise mit dem Auto von Moncton (113 Kilometer vom Park entfernt) auf dem Acadian Coastal Drive in nördlicher Richtung. Das Visitor Centre befindet sich nahe der Hauptzufahrt, östlich vom Parkeingang.

Für viele Tierarten und auch Pflanzenarten bietet der wasserreiche Kouchibouguac National Park ideale Bedingungen.

Unterwegs im Südlichen New Brunswick

New Brunswick ist Kanadas einzige Provinz, die offiziell zweisprachig ist. Der Süden New Brunswicks ist allerdings deutlich von der englischen Sprache dominiert, in nahezu allen Gemeinden spricht die Mehrheit Englisch als Hauptsprache.

Historische Gebäude reihen sich in der Princess Street in Fredericton aneinander, die zum Flussufer des St. John River hinabführt.

* Kings Landing Das Freilichtmuseum am St. John River zeigt das Leben des 19. Jahrhunderts anhand von rund 30 wieder aufgebauten Gebäuden. Neben verschiedenen Farm- und Wohnhäusern gibt es eine Druckerei, ein Sägewerk, eine Schmiede, eine Mühle und ein Theater. Auch die beiden Gotteshäuser sind zu besichtigen. Schauspieler stellen die jeweiligen Berufe nach und vermitteln so lebensecht die damalige Zeit. Viele der Gebäude wurden jedoch auch über die Generationen hinweg weitervererbt und werden so heute von den direkten Nachfahren der einst ersten Siedler bewohnt.

** Fredericton Das beschauliche Landstädtchen am Unterlauf des St. John River wurde 1732 von französischen Einwanderern gegründet. Die wichtigsten öffentlichen Bauwerke und schönsten viktorianischen Häuser gruppieren sich um die Queen Street und die King Street. Die Geschichte der Stadt kann man anschaulich im York-Sunbury Historical Society Museum nachvollziehen. Zwar ist Fredericton die Provinzhauptstadt, allerdings nur die drittgrößte Stadt in New Brunswick. In Fredericton befindet sich eine der ältesten Universitäten ganz Nordamerikas: Die University of New Brunswick wurde 1785 gegründet.

* Saint John Die einst größte Stadt der Provinz gründeten 1785 königstreue Flüchtlinge des amerikanischen Unabhängigkeitskrieges. Schnell erlangte Saint John wirtschaftliche Bedeutung, vor allem durch die Holzindustrie und seine Werft. In jüngerer Zeit kam die Ölindustrie als weiteres wichtiges Standbein hinzu. Das New Brunswick Museum berichtet über Geschichte und Kultur, auf dem Old City Market wird frischer Fisch angeboten.

Das Provinzparlament in Fredericton zeigt sich im Stil des Second Empire.

Akadier

Als die Franzosen an der Ostküste Kanadas siedelten, nannten sie das Land »Acadien«. Es ist nicht geklärt, woher der Name kommt. Es könnte einem Wort der First Nations für »fruchtbares Land« entlehnt sein. Es könnte aber auch mit der Erwähnung der griechischen Landschaft Arkadien zu tun haben. Der italienische Seefahrer Giovanni da Verrazano verglich die Pflanzenwelt beider Regionen in einem Schreiben. Infolge der Kämpfe zwischen Briten und Franzosen wechselte die Herrschaft über das Land mehrfach. Selbst wenn Briten an der Macht waren, weigerten sich die Nachfahren französischer Einwanderer, ihnen die Treue zu schwören. Die Briten bezeichneten sie als französische Neutrale, was sie jedoch nicht waren. Sie nannten sich stolz Akadier – bis heute.

Mühle im Freilichtmuseum Kings Landing.

Hummerzucht

Die Fischbestände gehen zurück, Landwirtschaft spielt keine große Rolle, Industrie ist noch mehr zu vernachlässigen. Wovon also sollen die Menschen leben? 1974 begannen sie in New Brunswick mit der Hummerzucht. Am bekanntesten dafür ist Deer Island, eine Insel vor Kanadas ältestem Seebad Saint Andrews. Die meisten Bewohner sind Nachkommen amerikanischer Loyalisten, die Zahl der dauerhaft Ansässigen geht allerdings zurück. Die Hummer, die an der Ostküste beheimatet sind, haben meist eine grünliche Färbung. Nun tauchen jedoch immer mehr Exemplare verschiedenster Farben auf. Das könnte mit dem Verschwinden ihres Fressfeindes, des Kabeljaus, zu tun haben. Tarnung ist nicht mehr nötig.

Fundy National Park

Als der heute knapp 206 km² große Nationalpark im Jahr 1948 als erster seiner Art in New Brunswick eingerichtet wurde, ging es vor allem um den Schutz bedeutender Waldgebiete, die infolge der Ausbeutung durch den Menschen beinahe verschwunden wären, inzwischen aber wieder prächtig gedeihen.

Die lang gestreckte Bucht zwischen New Brunswick und Nova Scotia ist einer der berühmtesten Orte Kanadas: die Bay of Fundy, mit dem höchsten Tidenhub der Welt. Zwischen Ebbe und Flut liegen oft bis zu 16 Meter Unterschied, die an steilen Küstenabschnitten und mit trocken fallenden Booten besonders dramatisch wirken. Im Nationalpark auf der Brunswick-Seite, nahe dem Örtchen Alma, können Besucher eine ganze Weile den Meeresboden erkunden, bevor sie sich vor der Flut in die höher gelegenen Küstenwälder zurückziehen. Dort führen Holzstege durch üppige Sumpfgebiete. Zahlreiche kleinere Wasserfälle schmücken den mehr als 200 Quadratkilometer gro-

ßen Nationalpark, der schon 1948 gegründet wurde – als erster Nationalpark in New Brunswick. Bis dahin hatte ein Sägewerk auf dem Gebiet die umliegenden Bäume verarbeitet. Heute schützt der Park etwa 20 seltene Farnarten, rund 280 Moosarten und über 650 Gefäßpflanzen. Auch die Fauna ist mit Schneeschuhhase, Helmspecht und Nördlichem Gleithörnchen an Kuriositäten reich.

Highlights
Etwa 100 Milliarden Tonnen Seewasser drückt die Flut in diese Bucht, sechs Stunden lang dauert es danach, bis das Wasser wieder abgeflossen ist. Das gewaltige Naturschauspiel ist die Hauptattraktion des Parks, zu dem aber auch ein großes Stück arkadisches Hochland gehört – eine Kette von Wäldern, in denen man unter anderem die mit 400 Jahren älteste Amerikanische Rotfichte findet.

Tipps
Besonders schön präsentiert sich der Park während des Indian Summer Mitte September bis Mitte Oktober. Wer die Chance hat, sollte zudem nicht den Sonnenuntergang verpassen.

Praktische Informationen
Die Anreise mit dem Auto erfolgt über die Route 114 durch Moncton. Visitor Centres sind am östlichen Parkeingang in Alma (Headquarters Visitor Reception Centre) und am nordwestlichen Parkeingang (Wolf Lake Information) zu finden.

Die schlammige Landschaft im Cumberland Basin zeugt von der Hauptattraktion des Areals, dem starken Tidenunterschied. Nur bei Ebbe kann man den Boden sehen.

Bei Ebbe gleicht die Bay of Fundy fast einem Canyon.

Cape Enrage
Von Cape Enrage hat man einen großartigen Blick auf die Fundy-Bucht. Unweit des eckigen Leuchtturms kann man sich an einer sogenannten Zip-Line von den Wipfeln der Bäume stürzen und über die Klippen von Cape Enrage gleiten lassen.

Leuchttürme

Leuchttürme waren als Seezeichen früherer Zeiten nicht wegzudenken. Sie warnten auch in dunkler Nacht oder bei nebeligem Wetter vor Untiefen oder gefährlichen Felsen und wiesen den Weg nach Hause. Schwer zu sagen, wann und wo das erste Leuchtfeuer in Betrieb genommen wurde. Man vermutet, dass dies bereits vor Christi Geburt gewesen ist. Fest

steht: Noch heute erfüllen sie ihre Funktion und sind für die Schifffahrt unverzichtbar. Moderne Navigationshilfen, allen voran GPS, sind gut – so lange sie funktionieren. Einen Leuchtturm sieht man immer. Dennoch sind viele Türme inzwischen außer Betrieb genommen. Sie bleiben oft nur noch als Sehenswürdigkeit stehen, einige wurden zu Außenstellen von Standesämtern umfunktioniert. In Kanadas Osten sind viele Leuchttürme zu finden. Besonders New Brunswick ist neben Nova Scotia und Prince Edward Island bekannt dafür, dass seine Türme Besuchern offenstehen. Zu entdecken sind sie auf der »Lighthouse Route«, einer touristischen Straße von Quebec nach New Brunswick.

Prince Edward Island

Die kleinste von Kanadas Provinzen, liebevoll PEI genannt, sollte man keinesfalls unterschätzen. An der schmalsten Stelle gerade mal sechs Kilometer breit, liegt das halbmondförmige Eiland im Sankt-Lorenz-Golf. 26 Golfplätze machen das winzige Land zu Kanadas Golf-Hotspot. Das Ganze wird mit Traumstränden, jeder Menge roter Erde, grünen Dünen und einer zauberhaften Marschlandschaft garniert. Im Bild: Strand am Phare de Panmure Head.

PRINCE EDWARD ISLAND

Hauptstadt:
Charlottetown
Fläche:
5 660 km²
Einwohner:
143 000
Motto:
Parva sub ingenti (Die Kleine unter dem Schutz des Großen)
Zeitzone:
Atlantic Standard Time
Blume:
Stängelloser Frauenschuh
Vogel:
Blauhäher
Baum:
Roteiche

Gerade einmal 5660 Quadratkilometer umfasst die Provinz Prince Edward Island. Das Saarland würde zweimal hineinpassen, unvorstellbar klein ist diese Fläche zumindest für kanadische Verhältnisse. Knapp 143 000 Menschen leben hier ständig, eine kleine glückliche Gemeinschaft, die PEI – so die gängige Abkürzung – zur ländlichen Region mit der höchsten Bevölkerungsdichte macht.

Im Sommer lassen Touristen die Zahl der Menschen noch einmal kräftig ansteigen. Rund 600 000 Besucher und mehr kommen jedes Jahr, viele von ihnen stammen aus Kanada oder den USA, wo Prince Edward Island zu den beliebtesten Urlaubsregionen überhaupt gehört. Das Gesamtpaket stimmt einfach: viel zu sehen und zu erleben, tolle Natur, ein sehr mildes Klima, nette Unterkünfte und sehr sympathische Gastgeber. Die deutliche Mehrzahl von ihnen sind übrigens britischer Abstammung. Die Insel hat seit 1997 über die 13 Kilometer lange Confederation Bridge eine feste Verbindung nach New Brunswick und damit auch auf das Festland.

Vor Tausenden von Jahren bestand allerdings auch noch eine natürliche Verbindung zum Festland, wodurch die Insel schon um 9000 v Chr. von First Nations bewohnt war. Unter ihnen auch Mi'kmaq, die das Gebiet »Abegweit« nannten, was als »Wiege der Wellen« oder auch als »auf den Wellen gewiegtes Land« übersetzt werden kann. Heute sind die Ureinwohner aus der Region nahezu verschwunden.

Die Hafenanlagen in Charlottetown lassen schon vermuten, dass Segeln auf Prince Edward Island Nationalsport ist.

Leuchtend rote Klippen und stürmische See kennzeichnen die Küsten der Prince Edward Island.

Das ist wenig erstaunlich, denn sie wurden von Europäern verdrängt. Als die ersten 1534 den Boden betraten, glaubten sie, im Paradies gelandet zu sein. So schön war die Landschaft, so reich der Boden und das Wasser ringsherum. Die Franzosen gründeten Anfang des 18. Jahrhunderts die erste Siedlung. Das Eiland erhielt den Namen St. John. 1769 wurde St. John zur eigenständigen Kolonie und 30 Jahre später zu Ehren von Prinz Edward von England umgetauft. 1864 fand in der Inselhauptstadt Charlottetown eine Konferenz statt, bei der die Gründung der kanadischen Konföderation auf den Weg gebracht wurde. Noch heute betrachten die Einwohner ihre Stadt mit den historischen Herrenhäusern und einem reichen kulturellen Leben als Wiege Kanadas.

Charlottetown ist vielleicht der beste Ausgangspunkt, um Prince Edward Island kennenzulernen. Dort kann man den Sitzungssaal besichtigen, in dem die Gespräche zur Einigung Kanadas stattfanden. Hübsche viktorianische Bauten, eine gepflegte Altstadt mit Cafés, Restaurants, Museen und Theatern sind mehr als einladend. Doch auch der Rest der Insel lockt Besucher an. Am besten erkundet man PEI per Rad auf dem Confederation Trail. Die 350 Kilometer lange ehemalige Bahnstrecke wurde zu einem komfortablen Radweg umgestaltet und führt vom Westen der Insel bis in den Osten, Startpunkt ist Tignish, Zielort Elmira.

An der nördlichen Küste liegt das durch und durch romantische Anne's Land. Wo, wenn nicht hier, kann man Lust auf Landidylle bekommen? Der Ostteil des Inselchens ist bekannt für seine Buchten und Dünen. Man erfährt jede Menge über den Fischreichtum der Region und kann am Strand – Prince Edward Island besitzt insgesamt rund 800 Kilometer Strände! – herrlich entspannen. Der Südosten trägt den Namen »Hills & Harbours«, also Hügel und Häfen. Der Westen dagegen nennt sich stolz und aus gutem Grund »Sunsets & Seascapes«, was nicht nur auf grandiose Sonnenuntergänge, sondern auch auf die malerische Landschaft hinweisen soll. Im Westen gibt es jedoch längst nicht nur die Küste. Auch die Landwirtschaft nimmt hier einen großen Stellenwert ein. Vor allem die berühmten Kartoffeln der Insel werden dort angebaut. Sie gedeihen in der roten, stark eisenhaltigen Erde hervorragend und werden in alle Welt exportiert. Ein weiterer Exportartikel ist das Irish Moss. Die Rotalge wird bei Sturm massenweise an die Strände gespült und mit Pferdewagen eingesammelt. Man kann sie auf unterschiedliche Art verwenden, unter anderem als pflanzlichen Gelatine-Ersatz.

Unterwegs auf Prince Edward Island

Diese Insel liegt im Gulf of Saint Lawrence und ist wegen ihrer gartenähnlichen Landschaften auch als »Garden of the Gulf« bekannt. Dunkelrote Klippen und weiße Sandstrände ziehen sich an der Küste der Prince Edward Island entlang. Zahlreiche Fjorde und malerische kleine Buchten haben sich in die Felsen gegraben. Zu den vor allem bevorzugten Stränden gehören der Brackley und der Cavendish Beach. In Charlottetown, der kleinsten Hauptstadt Kanadas, wurde der Zusammenschluss der kanadischen Provinzen und Territorien beschlossen. Bei Greenwich ragen hohe Dünen empor. Die weiten Sandstrände sind bei den Einheimischen im Sommer zum Baden sehr beliebt. Golfer wissen wiederum die zahlreichen Golfplätze zu schätzen.

Die Sanddünen am Cavendish Beach und die heranrollenden Wellen laden zum Barfußlaufen ein.

* Confederation Bridge Die 1997 eröffnete Brücke stellt seither als Teil des Trans-Canada Highway die Landverbindung zur Prince Edward Island her. Das 12,9 Kilometer lange Bauwerk ist die längste über eine eisbedeckte Wasserstraße führende Brücke der Welt. Die Überfahrt in 60 Meter Höhe dauert rund zehn Minuten.

*** Cavendish Beach Etwa in der Mitte zwischen Cabot Beach Provincial Park und Prince Edward Island National Park liegt Cavendish Beach. Die einen kommen wegen des weiten rötlichen Strands und des herrlichen Wassers, das zum Baden einlädt. (Aber bitte nicht in die Dünen legen, es handelt sich schließlich um ein Naturschutzgebiet!) Die anderen kommen eher wegen des Musikfestivals, das namhafte Künstler in den kleinen Ort lockt. Und dann sind da noch die schon beinahe unglaubwürdig roten Klippen. Sie alleine sind eine Attraktion. Diese Mischung ist es wohl, für die die meisten nach Cavendish Beach kommen.

*** Dalvay-by-the-Sea Dalvay-by-the-Sea ist gleich in zweifacher Hinsicht eine Attraktion. Zunächst verbirgt sich dahinter ein Ort des Prince Edward Island National Park mit zauberhafter Architektur, roten Sandsteinklippen und sanften Dünen. Dalvay Beach ist ein bekannter Startpunkt für Wanderer. Zum anderen ist es der Name eines Hotels im Herzen des Parks. Das aus Holz gebaute Schlösschen am Dalvay Beach beherbergt ein Luxushotel und ist unbedingt einen Abstecher wert.

Vom Port Borden Front Range Lighthouse blickt man über die Abegweit Passage und die 13 Kilometer lange Confederation Bridge.

Alexander Macdonald ließ Dalvay-by-the-Sea für sich und seine Familie bauen.

Avonlea: Heimat der Anne of Green Gables

Das Buch »Anne of Green Gables« der kanadischen Schriftstellerin Lucy Maud Montgomery hat auf Prince Edward Island einem ganzen Landstrich seinen Beinamen gegeben: Anne's Land. Viele Touristen wandeln auf den Spuren des Romans, zum Beispiel in New London, wo das Geburtshaus und persönliche Dinge der Autorin zu besichtigen sind. Außerdem gibt es das Cavendish Home, ein Haus mit grünen Giebeln, in dem der Roman verfasst wurde, und Avonlea Village. Auf dem Gelände steht unter anderem die Schule, in der Montgomery unterrichtet hat. Kostümierte Führer spielen Szenen des Buches, das auch eines der Lieblingsbücher von Astrid Lindgren war.

Prince Edward National Park

Das im Jahr 1937 zum Nationalpark erklärte, 1998 um ein 4 km² großes Teilstück auf der Halbinsel Greenwich erweiterte, heute 22 km² große Schutzgebiet erstreckt sich an der Nordküste von Prince Edward Island zwischen der Cavendish Bay und der Tracadi Bay.

Dünen, Klippen, Strände, aber auch dichte Wälder und einige sumpfige Feuchtgebiete: Einer der kleinsten Nationalparks des Landes zieht sich wie ein schmaler Streifen 60 Kilometer die Nordküste von Prince Edward Island entlang. Seine 22 Quadratkilometer schützen seit 1937 die Nistgebiete des seltenen Gelbfuß-Regenpfeifers und Hunderte weiterer Vogelarten. Der silbrige Kanadareiher ist gar das Symbol des Parks. Strandhafer und andere Gräser stabilisieren die Dünen gegen Wind und Wetter, das auf der kleinen Insel aber recht mild ausfällt. Wildrosen und Goldrute schmücken die Landschaft, in Klippennähe liegen Salzmarschen und warme Lagunen. Nur wenige Bäume überlebten frühes Abholzen, die Insel prägt vor allem Farmland. So ist die kulturelle Attraktion des Parks auch ein historischer Bauernhof, Vorbild des kanadischen Kinderbuchklassikers »Anne auf Green Gables« von Lucy Maud Montgomery.

Highlights
Aussichtspunkte für Ornithologen gibt es unter anderem am Covehead Wharf in Brackley. Zum schönsten Strand führt der Greenwich Dunes Trail, der auf 4,8 Kilometern Länge auch Informationstafeln zu bieten hat.

Tipps
Am nördlichen Ortsrand von Cavendish findet man das in Lucy Maud Montgomerys (in 20 Sprachen übersetzten) Jugendbuchklassiker »Anne of Green Gables« – eine Art kanadische Pippi Langstrumpf auf Prince Edward Island – beschriebene House of Green Gables.

Praktische Informationen
Anreise mit dem Flugzeug von Halifax, Montréal, Toronto und Ottawa zur Inselhauptstadt Charlottetown; dann weiter mit dem Auto auf der Route 6 durch Cavendish oder Dalvay. Visitor Centres in Cavendish und Greenwich.

Mit Sandstrand und ohne: Der lang gestreckte Prince Edward Island National Park, der einer

großen Teil der Insel einnimmt, schützt die naturbelassene Küstenlandschaft in ihrer ganzen Pracht und Einsamkeit.

Über Charlottetown und den Hafen wachen die Doppeltürme der Kathedralbasilika St. Dunstan.

** Charlottetown Charlottetown gilt als »Wiege der Konföderation«, denn hier wurde 1864 die Einigung Kanadas erreicht. Das britisch geprägte Landstädtchen verströmt mit seinen alten Holz- und Fachwerkhäusern viktorianischen Charme. Beinahe ein Drittel aller Inselbewohner lebt in der verträumt wirkenden Stadt. Am Peake's Wharf locken Restaurants und Boutiquen, die Province House National Historic Site markiert historische Gebäude, in denen der Zusammenschluss von Kanada manifestiert wurde. Gleichzeitig versucht Charlottetown auch zunehmend jenen Raum und eine Stimme zu geben, die keinen Platz am Tisch der Konföderierten hatten, die Region jedoch schon viel länger ihr Zuhause nannten.

** Panmure Island Provincial Park Der Provinzpark scheint eine Steigerung, ein Extrakt von Prince Edward Island zu sein. Hier sind die Strände besonders schön, die Dünen besonders sanft. Es herrscht eine ruhige, entspannte Atmosphäre. Wer Lust hat, startet von hier zum Hochseeangeln oder mietet sich ein Boot. Ein Tag ist nicht genug? Kein Problem, auf zahlreichen Campingplätzen gibt es ausreichend Übernachtungsmöglichkeiten. Besonders beliebt ist der Park, der Teil der 375 Kilometer langen touristischen Route »Points East Coastal Drive« ist, bei Familien. Nicht erstaunlich, denn seine Strände werden von Rettungsschwimmern bewacht. Außerdem gibt es den historischen Panmure-Island-Leuchtturm, der in einer geführten Tour besichtigt werden kann. Und noch etwas zieht jährlich viele Gäste magisch an, ein Powwow mit Trommlern und Schwitzhütten.

Der Leuchtturm im Panmure Island Provincial Park fügt sich gut in das Landschaftsbild ein.

Fischfang auf Prince Edward Island

Noch immer ist der Fischfang eine der wichtigsten Einnahmequellen des Landes. Da sind zum einen die berühmten Scallops, Kamm-Muscheln, oder natürlich Lachse sowie Hummer. Wenn Letzterer auch das meiste Geld in die Kassen spült, sollte man doch nicht die über die Grenzen hinaus bekannten Austern von Malpeque vergessen. Auch Thunfisch wird in großen Mengen gefangen, vor allem vor North Lake Habour, dazu Hering, Forelle, Kabeljau oder auch Seezunge. Insgesamt sind es rund 30 Sorten, die exportiert werden, aber natürlich auch fangfrisch auf dem Tisch landen. Doch es wird nicht nur gewerbsmäßig gefischt. Auch Hobby-Angler kommen auf ihre Kosten und haben die Wahl zwischen den verschiedensten Touren.

Nova Scotia

Das Land der bunten kleinen Fischerboote, des Stepp-Tanzes, sowohl keltischer als auch französischer Traditionen, das Land des guten Essens. Die Möglichkeiten, seine Freizeit immer wieder neu, immer wieder anders zu verbringen, hat der Provinz den liebevollen Beinamen »Ozeanspielplatz« eingebracht. Gleich nebenan liegt Prince Edward Island, die einzige Provinz, die noch kleiner ist als Nova Scotia. Im Bild: Neils Harbour im Norden der Cape Breton Island.

NOVA SCOTIA

INFO

Hauptstadt:
Halifax
Fläche:
55 284 km²
Einwohner:
922 000
Motto:
Munit haec et altera vincit (Eine verteidigt und die andere erobert)
Zeitzone:
Atlantic Standard Time
Größter See:
Ponhook Lake
Blume:
Maiblume
Hund:
Nova Scotia Duck Tolling Retriever
Vogel:
Fischadler
Baum:
Amerikanische Rotfichte
Beere:
Heidelbeere
Mineral:
Stilbit

Die (Halb)insel-Provinz von Nova Scotia erstreckt sich über 580 Kilometer vom Cape Breton Highlands National Park im Norden zum Kejimkujik National Park im Süden. Dazwischen liegen zum Beispiel die größte Stadt und gleichzeitig Provinzhauptstadt Halifax und ein wenig weiter südlich das berühmte malerische Fischerörtchen Peggys Cove. Deutschsprachige Urlauber zieht es nicht nur wegen all der Schönheiten und interessanten Sehenswürdigkeiten her, sondern oftmals auch, weil sie auf den Spuren ihrer Vorfahren unterwegs sind. Etwa in der 1753 gegründeten Stadt Old Town Lunenburg, einer ehemaligen deutschen Siedlung, der ältesten in Kanada. Sie ist heute UNESCO-Kulturerbestätte. Ähnlich wie New Brunswick bietet auch Nova Scotia eine große landschaftliche Vielfalt. Es gibt Flüsse und Seen, dichte weite Wälder, die Küsten mit ihren Fischerhäfen und wunderbare Meeresstrände.

Die Geschichte der Provinz ist mit der ihrer Umgebung eng verbunden. Ureinwohner waren die Mi'kmaq, die in weiten Teilen der Gegend auch um das heutige Nova Scotia herum lebten. Dann kamen die Iren. Die ersten Europäer, die tatsächlich Besitz von dem Land ergriffen, waren hingegen die Schotten. König James VI. von Schottland glaubte 1621, einen weiten Landstrich im Osten Nordamerikas nach Belieben in die Obhut eines von ihm bestimmten Mannes legen zu können. Geblieben ist aus dieser Zeit der Name »Neuschottland«, oder im Lateinischen »Nova Scotia«. Den Schotten folgten die Franzosen. Die heutige Provinz gehörte einst zu Akadien, das 1713 vollständig an die Briten fiel. Ende des 18. Jahrhunderts wuchs die Einwohnerzahl des Landes erheblich. Die Vereinigten Staaten von Amerika waren gegründet worden, was zu einem riesigen Zuwanderungsstrom von königstreuen Loyalisten führte. 1848 bekam die britische Kolonie Nova Scotia eine eigene Regierung. Keine 20 Jahre später gehörte sie zu den Gründungsprovinzen der kanadischen Konföderation. Durch den Handel mit Holz und den Schiffbau sicherte sich die Provinz eine solide wirtschaftliche Basis.

Beide Weltkriege lösten Einwanderungswellen aus.Heute stammen etwa jeweils 31 Prozent der Einwohner von Schotten und Briten ab, knapp über 20 Prozent von Iren, 18 Prozent haben französische Wurzeln. Darüber hinaus gibt es Menschen mit italienischer, polnischer oder auch deutscher Abstammung. Inzwischen finden auch immer mehr Einwanderer aus Asien oder Osteuropa ihren Weg hierher.

Noch heute trägt die Holzwirtschaft erheblich zum Einkommen der Provinz bei – so ist Nova Scotia der Hauptexporteur für Weihnachtsbäume weltweit. Auch der Bergbau ist unverzichtbar. Nachdem die Förderung von Kohle in den letzten Jahrzehnten weitestgehend eingestellt wurde, konzentriert sich der Abbau heute vor allem auf Gips, aber auch Salz, Baryt oder Torf werden abgebaut. Ende des 20. Jahrhunderts entdeckte man vor der Küste von Halifax gigantische Erdgasvorkommen. Nicht zuletzt ist der Tourismus eine Einnahmequelle der Provinz, insbesondere die Kreuzfahrten mit Halt in Halifax oder Sydney spülen Geld in die Kassen.

Aber auch, wer mehr von der Provinz sehen möchte als Hafenviertel, findet in Nova Scotia viele Möglichkeiten und eindrucksvolle Landschaften. Die Fundy-Bucht mit ihrem spektakulären Tidenhub teilt sich Nova Scotia gewissermaßen mit dem Nachbarn New Brunswick. Die Provinz besitzt über 5400 Seen, auf denen man herrlich paddeln kann. Nicht selten findet sich darin ein unbewohntes Inselchen. Der Cabot Trail, eine 300 Kilometer lange Touristenstraße, führt in die Hochebene von Cape Breton, wo auf 554 Metern die höchste Erhebung zu finden ist. Im Sommer kann man vor der Küste Wale sehen, im Herbst, wenn sich das Laub in allen erdenklichen Rot- und Gelbtönen färbt, kommen Wanderer auf ihre Kosten. Hinzu kommt ein breites Kulturangebot mit einer Vielzahl an Festivals jeglicher Art. Wer Nova Scotia von seiner kulinarischen Seite kennenlernen möchte, kommt um Meeresfrüchte und Fisch nicht herum, sowie um die Suppe Hodgepodge.

Herrlich ist das milde Klima, für das der Golfstrom verantwortlich ist. Im Sommer kann es sogar ziemlich heiß sein. Dank des eigentlich immer wehenden Windes ist das aber gut auszuhalten. Mehr noch – die salzhaltige Luft tut besonders Menschen gut, die unter Atemwegs- oder Hautproblemen leiden.

Größere und kleinere Boote ankern in Peggy's Cove, ein bekannter und sehenswerter Ort in Nova Scotia. Bis heute fischen seine Bewohner nach Hummern, doch die Haupteinnahmequelle ist der Tourismus.

Romantische Stimmung zum Sonnenuntergang über dem St. Mary's River bei Sherbrooke.

Wie es sich für eine Seeprovinz gehört, sind die Spuren der Fischerei überall sichtbar.

Unterwegs im Westen Nova Scotias

Der Westen Nova Scotias streckt sich wie eine Zunge ins Wasser – die Nordküste gehört dabei der Bay of Fundy, die Südküste wendet sich zerklüftet dem offenen Atlantik zu. Dazwischen liegen zahlreiche Seen sowie der einzige Inland-Nationalpark der Seeprovinzen.

Farbenfrohe Fischerhütten und prunkvolle Villen, die einst den Kapitänen gehörten, bilden das Ensemble von Lunenburg.

* Digby Das historische Fischerdorf liegt inmitten einer kargen und eindrucksvollen Landschaft an der Nordwestküste Nova Scotias. Auf der Halbinsel Digby Neck findet man skurril geformte Felsen und einsame Küstenstreifen. Benannt ist der Ort nach Sir Robert Digby, unter dessen Führung nordamerikanische Loyalisten 1783 die Stadt gründeten. Neben der Muschelfischerei spielte der Tourismus schon früh eine wichtige Rolle, seit das Resort »The Pines« in den 1920er-Jahren vom Stummfilmstar Theda Bara für ihre Hochzeitsreise ausgewählt wurde.

** Annapolis Royal Als »Canada's Birthplace« wirbt die historische Stadt für sich, denn nur wenige Kilometer entfernt, in Port Royal, wurde im Jahr 1605 die erste ständige Siedlung durch den weißen Eroberer Samuel de Champlain gegründet. Das romantische Städtchen hat einiges zu bieten: Im Fort Anne National Historic Park sieht man die Überreste einer Festungsanlage, die von den Franzosen um das Jahr 1643 errichtet wurde. Das Pulvermagazin von 1708 ist das älteste noch erhaltene Gebäude auf dem Hügel. In den Historic Gardens findet man Gartenanlagen aus verschiedenen Epochen. Im Port Royal National Historic Park liegt die erste weiße Siedlung.

** Lunenburg Lunenburg – der deutsche Name kommt nicht von ungefähr: Als die Briten um 1750 die Siedlung auf dem Reißbrett entwarfen, verkauften sie die Parzellen vor allem an deutsche Siedler. Obwohl die deutschen Protestanten in der alten Heimat größtenteils als Farmer gearbeitet hatten, zeigten sie sich schon bald als erfahrene Fischer und Schiffsbauer. Die koloniale Modellstadt, deren Altstadt heute zum UNESCO-Welterbe gehört, entwickelte sich zu einem blühenden Handelszentrum und präsentiert sich heute noch so wie vor rund 250 Jahren. Am beeindruckendsten wirken die bunten Wohnhäuser und Lagerhallen im Hafen. Über drei Viertel der Innenstadt bestehen aus historischen Holzhäusern, die im 18. und 19. Jahrhundert gebaut wurden. Auch die Zion Evangelical Lutheran Church von 1891 ist noch gut erhalten. Im Fisheries Museum of the Atlantic liegen historische Schiffe. Die geometrische Anlage der Siedlung entsprach den kolonialen Bauvorschriften der Briten, die nur gerade Straßen und viereckige Plätze erlaubten. Mindestens einundzwanzig nordamerikanische Siedlungen entsprechen diesem Modell – aber nirgendwo ist die alte Struktur so gut zu erkennen wie in Lunenburg.

* Shelburne Das Fischerdorf wurde nach der amerikanischen Revolution gegründet und war im 18. Jahrhundert für kurze Zeit die größte Siedlung im britischen Amerika. Im Dory Shop Museum erfährt man, wie die gleichnamigen flachen Boote gebaut wurden.

Kejimkujik National Park

Der für sein weit verzweigtes Netz aus Seen und Flüssen bekannte, 404 km² große Kejimkujik National Park wurde im Jahr 1974 eingerichtet, um den imposanten Mischwaldbestand unter Schutz zu stellen. Hinzu kommen bedeutende Zeugnisse der Mi'kmaq-Kultur.

Natur und kulturelles Erbe verschmelzen in diesem Park mitten in den Wäldern Nova Scotias: Einzigartig in Kanada, ist fast die gesamte Fläche von rund 400 Quadratkilometern zugleich ein nationaler historischer Ort. Er ehrt die Natur und kulturelles Erbe verschmelzen in diesem Park mitten in den Wäldern Nova Scotias: So begibt man sich hier auf die Spuren des Mi'kmaq-Volkes, das hier vier Jahrtausende lang lebte, jagte und fischte. Ihre – von der Bay of Fundy zum Atlantik führenden – Kanurouten, Begräbnisstätten sowie Felszeichnungen sind von großer geschichtlicher Bedeutung. Heute führen die Ureinwohner ihre Besucher selbst dorthin und vermitteln anschaulich ihre Traditionen. Die dichten Mischwälder, von drei Flüssen durchzogen, sind auch die Heimat einer reichen Tierwelt, jahrhundertealter Bäume und allein 20 gefährdeter Pflanzenarten, die in ganz Kanada nur hier wachsen. Ausschau halten sollte man beispielsweise nach den Baumstachlern, die auf den ersten Blick an Stachelschweine erinnern, allerdings an das Leben in der Höhe durch Kletterei angepasst sind. Ebenfalls im Kejimkujik beheimatet ist der seltene Gelbfuß-Regenpfeifer, der bereits seit 1985 zu den bedrohten Tieren in Kanada gezählt wird, da sein Lebensraum zunehmend durch den Menschen eingeschränkt wird.

Seit 1985 gehören zum Park auch 22 Quadratkilometer marines Ökosystem: »Seaside Kejimkujik« beherbergt die hier typische Küstenlandschaft. Der Name des Parks stammt aber vom nahen Kejimkujik Lake: Er bedeutet »angeschwollenes Wasser« oder »müder Muskel«. In den Flüssen und Seen sind Bachsaiblinge und Barsche heimisch, zu hören ist oft der laute Ruf des Loons oder Eistauchers.

Seit 2010 darf sich der Kejimkujik National Park zudem als Lichtschutzgebiet bezeichnen. Die Vermeidung von Lichtverschmutzung spielt neuen Erkenntnissen der Forschung zufolge eine wichtige Rolle im Natur- und Umweltschutz. In Schutzgebieten wie dem Kejimkujik Dark Sky Preserve wird daher die nächtliche Dunkelheit als schützenswertes Gut angesehen und der sogenannte Lichtsmog auf ein Minimum begrenzt.

Highlights

Der von den Einheimischen nur kurz »Keji« genannte, seit 2001 auch als Biosphärenreservat der UNESCO anerkannte Park liegt inmitten der arkadischen Waldzone. Am beeindruckendsten sind die wie Säulen einer Kathedrale aufragenden, rund 400 Jahre alten Hemlocktannen.

Tipps

In dem Besucherzentrum (siehe: Praktische Informationen) in Maltland Bridge werden unter anderem von Mi'kmaq geführte Petroglyphentouren organisiert sowie Kanutouren auf den teils jahrhundertealten Routen der First Nations angeboten.

Praktische Informationen

Die Anreise erfolgt mit dem Auto entweder von Halifax (174 Kilometer vom Park entfernt) aus auf dem Highway 103 bis Exit 13 (Bridgewater, Ausschilderung folgen) oder mit der Fähre von St. John (New Brunswick) nach Digby (Nova Scotia; von da sind es noch etwa 86 Kilometer bis zum Nationalpark). Das Visitor Centre des Kejimkujik National Park befindet sich in Maitland Bridge, 3005 Main Parkway, Route 8, www.novascotia.com

In ihrer ganzen Farbenpracht zeigen sich die Bäume im Kejimkujik-Nationalpark, wenn der Indian Summer Einzug hält.

Unterwegs im Zentralen Nova Scotia

In die Historie eintauchen kann man überall in Nova Scotia – man muss sich nur entscheiden, wie weit zurück die Zeitreise gehen soll. Von jahrmillionenalten Fossilien, über die Besiedelung durch die Europäer bis in die Moderne reichen die Spuren im Zentrum der Provinz.

Entlang der Fossilienklippen von Joggins lassen sich auch die Spuren des früheren Kohleabbaus in der Region finden.

* Fossilienklippen von Joggins Mit ihren 300 Millionen Jahre alten Versteinerungen sind die Klippen in der kanadischen Provinz Nova Scotia eine bedeutende Fundstelle für das Karbon und UNESCO-Welterbe.

1851 entdeckte der kanadische Geologe Sir William Dawson hier die ersten Versteinerungen von Hylonomus-Exemplaren. Diese ausgestorbene, bis zu 20 Zentimeter lange Reptilienart war wohl als eines der ersten Lebewesen vollständig an ein Leben auf dem Land angepasst.

Bereits Charles Darwin nutzte die Funde von Joggins für die Entwicklung seiner bahnbrechenden wissenschaftlichen Prinzipien. Das paläontologische Areal entlang der Küste der Bay of Fundy hält versteinerte Baumstämme eines früheren Regenwalds, Fossilien von Reptilien und Funde frühester Amnioten (Nabeltiere) aus der Zeit des Karbons vor 350 bis 300 Millionen Jahren bereit.

Für diese Periode gibt es weltweit keine ergiebigere Fundstelle von Zeugnissen des Lebens an Land. Die knapp 15 Kilometer langen Klippen, Felsplattformen und Strände haben versteinerte Fundstücke aus drei Ökosystemen bewahrt: einer Mündungsbucht, einer mit Regenwald bestandenen Überschwemmungsebene sowie einer bewaldeten Schwemmlandebene.

* Wolfville Ursprünglich war Wolfville ein Fischerort, heute lockt die Kunst aus Nova Scotia, die man beispielsweise in der Art Gallery at the Beveridge Arts Centre an der Acadia University findet – überhaupt wimmelt es in der Stadt von kleinen Kunstwerkstätten. Westlich von Wolfville erinnern einige Gebäude an die einstige Präsenz französischstämmiger Siedler.

** Grand-Pré Die Welterbestätte Grand-Pré umfasst 1323 Hektar Ackerland, die ab dem 17. Jahrhundert durch Eindeichung gewonnen wurden, sowie die archäologischen Stätten der alten französischen und britischen Siedlungen Grand-Pré und Hortonville. Ende des 17. Jahrhunderts drangen französische Siedler, die sich selbst Acadiens nannten, in das südliche Minas-Becken ganz im Osten Kanadas vor. Unbehelligt von staatlicher Kontrolle gingen die Acadiens enge Beziehungen zu den dort lebenden

Ins 17. Jahrhundert entführt die Kulturlandschaft Grand-Pré, die sich über das Minas-Becken erstreckt.

Weinbau in Nova Scotia

Die Provinz Nova Scotia ist berühmt für ihre gute Küche. So manchen wird es überraschen, dass es dazu nicht selten einen hervorragenden Wein aus eigenem Anbau gibt, der auf vier Weingütern gepflegt, geerntet und gekeltert wird. Das ist dem günstigen Klima zu verdanken. Es verwöhnt die Reben mit wenig Niederschlag, hohen Temperaturen und wenig Frost. Vor allem das 40 Quadratkilometer große Annapolis Valley, das geschützt zwischen zwei Gebirgszügen liegt, bringt köstliche Tropfen hervor. Angebaut werden vor allem in Europa eher unbekannte Hybridsorten, die für das Klima am besten geeignet sind. In kleineren Mengen werden aber auch Chardonnay und Pinot Noir produziert.

Mi'kmaq ein, kämpften mit ihnen zusammen gegen die Briten und entwickelten eine eigenständige Kultur.

Die Region am Nordende der Bay of Fundy hat mit einem durchschnittlichen Tidenhub von 11,6 Metern einen der stärksten Gezeitenunterschiede der Welt. Mithilfe von Erdwällen und Abflusskanälen mit Klappenventilen verwandelten die ersten europäischen Bewohner das fruchtbare Marschland in bestes Ackerland. Als die Briten im Jahr 1713 die Oberhoheit über Nova Scotia gewannen, misstrauten sie den Acadiens wegen ihrer französischen Herkunft und deportierten die meisten von ihnen schließlich ab 1755 in Gebiete weiter im Süden.

Um Grand-Pré setzte gegen Ende des 19. Jahrhunderts eine Renaissance der akadischen Kultur ein. Mit Gedenkstätten und zahlreichen Veranstaltungen im Jahr wird seitdem in der ersten von europäischen Siedlern geschaffenen Kulturlandschaft Nordamerikas an die Acadiens und ihre gewaltsame Vertreibung erinnert.

In Grand-Pré erinnert eine Gedächtniskirche und die Evangeline-Statue an die Deportation.

Peggy's Cove

Das pittoreske Fischerdorf Peggy's Cove liegt am östlichen Eingang der St. Margaret's Bay an der Südküste Nova Scotias. Als Hauptattraktion des malerischen »Lighthouse Trail« ist die Felsnase mit dem rot-weißen Leuchtturm im Sommer oft mit Touristen überlaufen, der Turm ist das meistfotografierte Bauwerk der Region. Peggy's Point Lighthouse, so der

offizielle Name, war bis 2009 Heim einer Zweigstelle der Canada Post, die Postkarten der Reisenden mit den begehrten Stempeln von Peggy's Cove versorgte. Das Fischerdorf im Hintergrund, 1811 von sechs deutschen Familien gegründet, bleibt davon aber kaum berührt und hat sich seinen ursprünglichen Charme bewahren können. Unterschiedliche Legenden beschreiben, nach welcher Peggy der Ort und die kleine Bucht benannt sind. Die beliebteste Geschichte handelt von einer jungen Schiffbrüchigen, Margaret, die hier anlandete, den Spitznamen Peggy bekam und schließlich ein Symbol der Bucht wurde. In der Nähe des Ortes erinnert eine Gedenkstätte an einen tragischen Flugzeugabsturz von 1998.

** **Halifax** Halifax präsentiert sich als freundliche und moderne Metropole, in der sich fast alles um den Hafen und die pittoreske Hafenpromenade dreht. Moderne Glasbauten wechseln hier mit restaurierten Lagerhäusern, in die Galerien, Restaurants und Kneipen eingezogen sind, ab. In dem historischen Oceanterminal residiert heute Kanadas National Museum of Immigration – das staatliche Einwanderermuseum. Das Maritime Museum of the Atlantic informiert über die Geschichte der Seefahrt und beeindruckt vor allem mit einer ständigen Ausstellung über den Untergang der »Titanic«. Die Anfänge der auf einem Hügel im Zentrum der Stadt gelegenen Festung St. George gehen auf die Zeit der Stadtgründung im Jahr 1749 zurück. Auch das Province House von 1819 in der Hollis Street, in dem Kanadas ältestes Provinzparlament residiert, ist sehenswert.

An schönen Sommertagen lockt die Hafenpromenade von Halifax zum Entspannen und Flanieren an.

Sambro Island Lighthouse

Der Leuchtturm von Sambro Island ist spätestens berühmt, seit er eine 20-Kanada-Dollar-Silbermünze zieren darf. Und das nicht ohne Grund: Der 25 Meter hohe Turm gehört zu dem Fischerdorf Sambro auf der Halbinsel Chebucto, Teil des Verwaltungsgebiets von Halifax. Während der amerikanischen Revolution und später während des amerikanischen Bürgerkrieges spielten sich hier vor der Küste schwere Seeschlachten ab. Der Leuchtturm hat sie alle gesehen, denn er ist der älteste ganz Amerikas. Seit 1758 steht das rotweiß gebänderte Leuchtfeuer auf einer 62 Meter hohen Klippe und ist in Betrieb. Auch heute ist er noch funktionsfähig und warnt die Schiffer vor steilen Klippen und Untiefen.

Unterwegs auf Cape Breton Island

Von den Mi'kmaq als U'namakika bezeichnet, liegt die Insel zwischen dem Sankt-Lorenz-Golf, der Northumberlandstraße und dem Atlantik. Mit dem restlichen Nova Scotia ist Cape Breton Island seit 1955 durch einen aufgeschütteten Verkehrsdamm verbunden.

** **Cape Breton Island** Die Insel im Nordosten der Provinz zählt zu den beliebtesten Ausflugszielen von Nova Scotia. Schmale Landstraßen führen durch das Farmland und zu abgelegenen Dörfern. In der hiesigen Glenora Distillery zwischen Mabou und Inverness wird Single-Malt Whisky hergestellt. Baddeck ist Ausgangspunkt für eine Fahrt über den Cabot Trail, eine 280 Kilometer lange Aussichtsstraße im Nordwesten der Insel. Die Landschaft wird vor allem von dem See Bras d'Or gezeichnet, dessen rund 1100 Quadratkilometer große Fläche sich über die nur etwa zehnmal so große Insel erstreckt.

** **Louisbourg** Auf Dauer hatten die Franzosen an der Ostküste Kanadas keine Chance: Da hatten sie 1713 schon Neufundland und mehr den Briten überlassen und sich dafür auf Kap Breton konzentriert. Dort bauten sie die Festung Louisbourg auf und zum blühenden Stützpunkt aus – vor allem die reichen Fischgründe vor der Küste lieferten genug Umsatz, um rund 2000 Menschen zu versorgen. Auch als Handelshafen kam Louisbourg zu Wohlstand, ideal gelegen für die Warenströme zwischen Europa und Kanada. Doch der Frieden war brüchig: Eine erste Eroberung 1745, vom Land aus, war zwar noch ein Warnschuss – Frankreich bekam die Festung zurück und der Ort wuchs auf 4000 Menschen. Doch 1758 war die Niederlage gegen England endgültig und Frankreichs Stern in Kanada sank. Heute zeigen Touristen Interesse an dem Fischerort und kommen ins »Living History Museum« der Festung. Die einst blühende Festung Louisbourg, von den Siegern fast vollständig geschleift, ist heute in großen Teilen wieder in den Zustand des 18. Jahrhunderts versetzt, bis hin zu den Spitzpfählen im Hof der Königsbastion und der Hafenmole mit Frederic Gate. Historisch korrekt kostümierte Menschen erzählen vom damaligen Leben, von der Küchenfrau bis hin zu Soldaten.

Die wahrscheinlich beste Art, Cape Breton Island kennenzulernen, ist durch eine Fahrt auf dem 300 Kilometer langen Cabot Trail.

Geschichte erleben auf Festung Louisbourg.

Cape Breton Highlands National Park

Rund ein Drittel des etwa 300 km langen Cabot Trail führt durch das knapp 950 km² große Territorium des 1936 eingerichteten Nationalparks, dessen Vegetation – eine Mischung aus borealen Arten und solchen gemäßigter Zonen – in Kanada einzigartig ist.

Nova Scotias zweiter Nationalpark liegt am Nordende der Insel: Hier ragen Gipfel und Klippen hoch über dem Meer auf – Flüsse schmiegen sich in tiefe Canyons in uraltem Gestein, Wasserfälle stürzen über Abbruchkanten. Neben arkadischen Mischwäldern, die im Herbst leuchtende Farben tragen, ist ein Teil des Hochlands von Tundra und Moor bedeckt. Und das Kontrastprogramm am Atlantik bietet weiße Sandstrände, nistende Basstölpel und im Meer auftauchende Wale. Viele Aussichtspunkte sind direkt vom durch den Park führenden Highway aus zu erreichen, selbst ein Golfplatz ist naturnah eingebettet. Die meisten Besucher jedoch zieht es auf das dichte Netz an Wanderwegen, das mitten in die abwechslungsreiche Natur führt. Heute leben auf fast 950 Quadratkilometern zahlreiche seltene und gefährdete Tierarten, die einem mit Glück unterwegs begegnen.

Die schäumende Schönheit der Mary Ann Falls ist über einen Wanderpfad durch die herbstlichen Wälder zu erreichen. Mutige und vor allem Abgehärtete schwimmen gern in dem kalten, mineralreichen, braunen Wasser unter dem Wasserfall.

Highlights

So beeindruckend die gut 100 Kilometer lange Fahrt auf dem Cabot Trail bis zu dessen Endpunkt Ingonish auf der Ostseite der Halbinsel ist – um auch einen Eindruck von der Flora und Fauna der Steilküste zu bekommen, muss man sich auf einen der 26 Wanderwege begeben, die in ursprüngliches Gelände führen. Mit etwas Glück wird man dabei Elche, Greifvögel wie den majestätischen Weißkopfseeadler, Biber, Strumpfbandnattern, Rotrückensalamander, Schneeschuhhasen und Raufußhühner beobachten können.

Tipps

Ab dem von bretonischen Einwanderern gegründeten Fischerdorf Chéticamp starten im Sommer Ausflugsboote zur Walbeobachtung. Eine der schönsten Hotelanlagen der Provinz ist die auf der felsigen Landzunge Middle Head hoch über den Klippen gelegene Keltic Lodge, www.kelticlodge.ca

Praktische Informationen

Anreise mit dem Auto über den Cabot Trail durch Ingonish oder Chéticamp. Visitor Centres in beiden Ortschaften.

Raue Steilküsten, an denen Wasser gegen Felsen peitscht, und verwunschene Wasserfälle prägen das Bild der Cape Breton Highlands.

Sable Island National Park

Kanadas jüngster und 43. Nationalpark wurde 2013 gegründet und umfasst neben der 42 km langen Insel auch eine 200 km² große Pufferzone im Meer rund um Sable Island.

Die Atlantikinsel Sable Island zieht sich wie ein langer, dünner Wurm durch das Wasser, über 100 Kilometer von Nova Scotia entfernt. Über die Jahrhunderte hinweg hat die Insel als Schiffsfriedhof traurige Berühmtheit erlangt. Das liegt daran, dass sie extrem nah an der Transatlantikroute liegt. Bis zur Einführung der Radarüberwachung sind immer wieder Schiffe verunglückt und gesunken, unzählige Seemänner dabei umgekommen. Nicht die Lage allein hat das verschuldet. Die Region um Sable Island ist außerdem bekannt für häufig dichten Nebel und sehr starken Wind. Doch die Insel, eher eine Sandbank, hat auch etwas Gutes. Von dort stammt nämlich das sehr seltene Sable Island Pony. Im 18. Jahrhundert wurden Pferde nach Sable Island gebracht, die sich selbst überlassen wurden und verwildert sind.

Highlights
Die Insel ist durch Sanddünen und Graslandschaften geprägt und Heimat von über 190 Pflanzen- und 350 Vogelarten. Darunter befinden sich die gefährdete Rosenseeschwalbe und die Ipswich-Ammer, die nur hier brütet. Die bekanntesten Inselbewohner sind die zum Symbol gewordenen Wildpferde, von denen heute etwa 500 die Insel bevölkern – das Hundertfache der menschlichen Bevölkerung.

Tipps
Die Fortbewegung auf der Insel kann durch den tiefen Sand und häufige heftige Winde beschwerlich sein. Autos sind nicht erlaubt, die Parkverwaltung transportiert aber die Ausrüstung der Besucher auf Wunsch vom Sandlandeplatz zum Besucherzentrum.

Praktische Informationen
Die Anreise erfolgt am besten mit einem Charterflugzeug der Maritime Air Charters Ltd. ab Halifax. Der Flug dauert etwa 1,5 Stunden. Alle Besucher müssen sich vorab bei der Parkverwaltung anmelden und eine Gebühr entrichten.

Ob gefiedert wie die Rosenseeschwalbe (oben) oder auf vier Hufen wie die Wildpferde (unten) – Sables Tierwelt ist besonders.

Die schönsten Reiserouten

Kanada ist das zweitgrößte Land der Welt und bietet auf seiner gewaltigen Fläche endlos viele Möglichkeiten für tolle und spektakuläre Reiserouten. Man kann auf dem Trans-Canada Highway von West nach Ost einmal quer durch den Staat fahren und sämtliche Facetten kennenlernen. Oder man entscheidet sich für eine Region und wird auch dort angenehm überrascht sein von der Vielfalt der Landschaften und kulturellen Angebote sowie der Herzlichkeit und der entspannten Lebensweise der Kanadier.

Routenübersicht

Route 1: Nordwestpassage – durch die nordamerikanische Arktis
Route 2: Westkanada
Route 3: Auf Klondike und Dempster Highway
Route 4: Kanadischer Abschnitt der Panamericana
Route 5: Trans-Canada: von Vancouver über die Großen Seen zum Atlantik
Route 6: Der Osten Kanadas

Legende

- Gebirgslandschaft
- Felslandschaft
- Schlucht/Canyon
- Vulkan erloschen
- Höhle
- Gletscher
- Flusslandschaft
- Wasserfall/Stromschnelle
- Seenlandschaft
- Naturpark
- Nationalpark (Landschaft)
- Nationalpark (Flora)
- Nationalpark (Fauna)
- Biosphärenreservat
- Wildreservat
- Zoo/Safaripark
- Küstenlandschaft
- Strand
- Insel

- Vor- und Frühgeschichte
- Prähistorische Felsbilder
- Griechische Antike
- Römische Antike
- Christliche Kulturstätte
- Kulturlandschaft
- Historisches Stadtbild
- Burg/Festung/Wehranlage
- Burgruine
- Palast/Schloss
- Technisches/industr. Monument
- Staumauer
- Sehenswerter Leuchtturm
- Herausragende Brücke
- Grabmal
- Kriegsschauplatz/Schlachtfelder
- Denkmal
- Mahnmal
- Spiegel- und Radioteleskop
- Weinanbaugebiet
- Markt/Basar
- Feste und Festivals
- Museum
- Theater
- Weltausstellung
- Olympische Spiele

- Skigebiet
- Segeln
- Tauchen
- Windsurfen
- Kanu/Rafting
- Seehafen
- Badeort
- Mineralbad/Therme
- Freizeitpark
- Spielkasino

Tadoussac nennt eine hübsche Holzkirche sein Eigen.

Die Sonne geht nicht unter – die Strecke ist nur im Hochsommer schiffbar, wenn die Sonne 24 Stunden am Himmel steht.

Route 1: Nordwestpassage – durch die nordamerikanische Arktis

Die Befahrung der Nordwestpassage, die schon manchen Seeleuten und Polarforschern zum Schicksal wurde, ist auch heute noch ein faszinierendes Abenteuer. Durch Treibeisfelder, zwischen Packeis und Eisbergen, führt die legendäre Route im Norden Amerikas vom Atlantik zum Pazifik. Unterwegs trifft man mit Glück auf die unvergleichliche Tierwelt der Arktis mit ihren Seevögelarten, mit Robben und Walen (darunter die weißen Belugas) und natürlich mit ihrem König – dem Eisbären.

Schon bald nach der Entdeckung Amerikas unternahmen kühne Seefahrer erste Versuche, die Neue Welt im Norden zu umfahren, um endlich den gesuchten Seeweg nach Ostasien zu finden. Unter unsäglichen Strapazen drangen zu Beginn des 16. Jahrhunderts Entdecker wie Gaspar Corte-Real und Sebastian Cabot in die Inselwelt des kanadischen Archipels vor. Doch in dem Gewirr der engen Sunde und Fjorde scheiterten alle Versuche, einen Durchlass zu finden. Nicht selten versperrte unüberwindliches Packeis den Weg. Die für die gesamte Besatzung tödlich endende Expedition von John Franklin hielt andere nicht von erneuten Anläufen ab, denn die jahrzehntelange Suche nach den Verschollenen hatte die Kenntnisse über den hohen Norden beträchtlich erweitert.

Die Existenz der Nordwestpassage praktisch zu beweisen gelang jedoch erst dem Norweger Roald Amundsen. Mit einem winzigen Schiff und nur wenigen Begleitern umfuhr er als Erster in den Jahren 1903 bis 1906 den amerikanischen Kontinent im Norden. Doch mit dem Bezwingen der Passage, die zwei Überwinterungen im Eis erforderte, war der Route nichts von ihrer Gefährlichkeit genommen. Erst im Jahr 1942 glückte es einer zweiten Expedition, die Fahrt in Gegenrichtung zu wiederholen. Moderne Schiffstechnik und Navigationshilfen ermöglichen heute eine sichere Fahrt – allerdings auch nur während weniger Wochen des Jahres, und nicht immer kann der vorgesehene Ablauf eingehalten werden. Die erste Reise mit einem Kreuzfahrtschiff fand 1985 statt.

Große wirtschaftliche Bedeutung hat die Route bis heute allerdings nicht gewonnen, denn aufwendig und mit Unwägbarkeiten verbunden ist die Befahrung noch immer. Für den Abbau vieler Bodenschätze in der kanadischen Arktis ist die Befahrbarkeit der Nordroute jedoch Voraussetzung. Bislang blieb diese Nutzung jedoch auf vereinzelte Ausnahmen beschränkt, etwa die Polaris Mine auf Bathurst Island, wo einst Blei- und Zinkerze gefördert wurden. Das Öl aus den Lagerstätten an der Prudhoe Bay in Alaska wird hingegen per Pipeline abtransportiert.

Für die Menschen in den weit verstreut liegenden Siedlungen des hohen Nordens ist die Ankunft eines Schiffes natürlich ein besonderes Ereignis. Zwar gibt es hier keine Straßen, doch so abgeschnitten von der Welt, wie man vermuten könnte, sind die Siedlungen nicht mehr. Der Luftverkehr verbindet fast alle Forschungs-

Baffin Island ist einer der Höhepunkte auf der Nordwestpassage und bei fast jeder Kreuzfahrt hier Anlaufstation.

stationen und Inuit-Siedlungen mit dem Süden des Landes. Dennoch: Das Leben im hohen Norden ist selbst heute, wo alle möglichen technischen Hilfsmittel eingesetzt werden können, nicht einfach. Die größte Belastung bringt schon das unwirtliche Klima mit sich. Im Winter muss mit Temperaturen um –40 °C oder darunter gerechnet werden. Und selbst wenn im Mai die Sonne mittags schon weit über dem Horizont steht, zeigt das Thermometer nur kurz einmal Werte über dem Gefrierpunkt an.

Wenn auch moderne Technik hilft, das Leben und Reisen in der Arktis zu erleichtern, so ist der Zauber, der von der Landschaft, der Einsamkeit und der großen Stille ausgeht, doch ungebrochen. Zu den faszinierenden Schönheiten des Nordens gehören nicht nur die glitzernden Flächen des Treibeises im Wasser der Meeresarme und Fjorde, die bizarren Gebilde der Eisberge, das mächtig aufgetürmte Packeis, sondern auch die Tundra mit ihrer nur kurze Zeit aufblühenden Farbenpracht. Einen faszinierenden Anblick bietet der Himmel, dessen mitternächtliches Farbenspiel zwischen Violett und Zartrosa wechselt. Wenn die Nächte länger und dunkler werden, wird das gespenstische Leuchten des Polarlichts sichtbar, das Lichtfahnen flackern lässt.

Eine Begegnung mit einem Eisbären in freier Wildbahn ist ein prägendes Erlebnis.

Nur wenige Anbieter haben Kreuzfahrten durch die Nordwestpassage in ihrem Programm. Manchmal wird auch nur der östliche Teil als Rundfahrt von Grönland aus erkundet. Für die komplette Tour muss man bereits tief in die Tasche greifen.

Routensteckbrief:
Zeitbedarf: ca. 3-4 Wochen
Mögliche Route: Kangerlussuaq → Sisimiut → Ilulissat → Upernavik → Pond Inlet → Dundas Harbour → Resolute → Gjoa Haven → Cambridge Bay → Holman Island → Herschel Island → Barrow → Point Hope → Nome → Gambell → St. Paul Island → Dutch Harbor → Cold Bay

❷ **Pribilof Islands** Etwa 300 Tage im Jahr hüllt sich die rund 600 Einwohner zählende Inselgruppe Pribilof in dichten Nebel. Kolonien von silbergrauen Pelzrobben bevölkern die Küstenstreifen, Polarfüchse streifen durch die Tundra.

❸ **Barrow** Der kleine Ort mit knapp über 4000 Einwohnern bildet die nördlichste Stadt der Vereinigten Staaten. Ganz in der Nähe liegt mit Point Barrow auch der nördlichste Punkt der USA. In der Region leben vor allem, aber nicht ausschließlich, Inuit-Familien.

❶ **Unalaska** Die Insel Unalaska gehört zu den Aleuten vor der Westküste Alaskas. Die Küste der Insel unterscheidet sich von anderen Inseln des Archipels. Sie hat viele Meeresarme, Fjorde und Halbinseln zu bieten, die Unalaska auch bei schlechtem Wetter und stürmischer See zu einem sicheren Anlaufhafen machen. In den kleinen Buchten tummeln sich vor allem viele Robbenarten und allerlei Seevögel. Ihr Name ist vermutlich eine Verballhornung des russischen Begriffs für »nahe des Festlands«.

❹ **Herschel Island Territorial Park** Die heute unbewohnte Herschel-Insel in der Beaufortsee liegt nur fünf Kilometer vor der Küste des Festlands des Yukon. Dieser günstige Standort zog Anfang des 20. Jahrhunderts die Hudson's Bay Company und zahlreiche Walfänger an. Deren Gebäude sind zum Teil noch erhalten und können besichtigt werden. Im Schutzgebiet der Insel finden Karibus und viele Seevögelarten ein Zuhause.

5 Sirmilik National Park Der Nationalpark, der sich vor allem auf die Bylot Island verteilt, aber auch Teile der Borden-Halbinsel von Baffin Island miteinnimmt, wurde 2001 gegründet. Er dient zum Schutz von Belugawalen, Walrossen, Robben, Karibus und Wölfen sowie der herrlichen, unberührten Natur der Region.

7 Diskobucht Die Bucht vor Ilulissat auf Grönland ist ein Muss auf jeder Tour in diesen hohen Breitengraden. Hier tummeln sich gigantische Eisberge, die man aus nächster Nähe betrachten kann. Aber Vorsicht ist geboten: Eisberge sind äußerst instabile Gebilde, die jederzeit kalben oder sich um die eigene Achse drehen können.

6 Baffin Island Größte Insel Kanadas und fünftgrößte Insel der Welt: das ist Baffin Island. Etwa 12 000 Menschen leben hier und erfahren nicht nur eine grandiose Natur im Wechsel der Jahreszeiten, sondern auch ausdauernde Kälte und zum Teil heftige Stürme. Dennoch lohnt ein Besuch der Insel allemal, ist sie doch mit einer spektakulären Küstenlandschaft, zahlreichen Schutzgebieten und einer grandiosen unberührten Natur gesegnet.

9 Ilulissat Die früher auch als Jakobshavn bekannte Siedlung ist einer der meistangefahrenen Orte für Kreuzfahrtschiffe auf Grönland. Grund ist zum einen der malerische Fjord, an dessen Ende die Stadt liegt und der sich zur bekannten Diskobucht hin mit ihren zahlreichen Eisbergen öffnet. Zum anderen ist Ilulissat aber auch eine freundliche Kleinstadt, die den Besucher herzlich empfängt und einen Einblick in das Leben der Grönländer ermöglicht.

Kanus warten auf Passagiere am Patricia Lake im Jasper National Park.

Route 2: Westkanada

Im Westen Kanadas, vornehmlich in den Provinzen British Columbia und Alberta, hat man wirklich die Qual der Wahl: So viele Nationalparks liegen hier, so viele tolle Küstenabschnitte warten hier auf Besucher, dass man sich gar nicht entscheiden kann, in welche Richtung die Reise als Erstes gehen soll. Diese Tour führt zu den Höhepunkten des Westens wie dem Banff und dem Jasper National Park und an der Pazifikküste über Vancouver Island zurück zum Ausgangspunkt Vancouver.

Start- und Endpunkt ist Vancouver, da hier die meisten internationalen Flüge landen. Die Stadt empfängt den Besucher mit Charme und dem lockeren Lebensstil, der typisch für die nordamerikanische Westküste ist.

Die Region rund um Kamloops lässt dann bereits erahnen, welchem Naturparadies man sich nähert: Die einmalige Schönheit der Rocky Mountains zeigt ihre ersten Ausläufer. Zunächst führt die Route aber in den Mount Revelstoke National Park, der mit vielfältigen Landschaften zu beeindrucken weiß. Dichte Regenwälder mit Zedern und Pinien treffen hier auf subalpinen Forst, bis man die hochgebirgige Tundralandschaft erreicht hat. Im nahe gelegenen Glacier National Park werden die Berge dann noch rauer und die Tierwelt eindrucksvoller: Karibu, Bergziege und der Grizzlybär haben hier ein geschütztes Zuhause gefunden.

Doch dies war alles erst der Auftakt: Überquert man die Grenze nach Alberta und erreicht die Region der beiden Nationalparks Banff und Jasper, befindet man sich endgültig in kanadischer Bilderbuchlandschaft.

Durch eine liebliche Landschaft geht es über die schönen Ortschaften Prince George und Smithers zurück an die Pazifikküste. Auf dem Weg liegen zahlreiche kleinere – aber nicht minder eindrucksvolle – Naturparks und unberührte Seenlandschaften.

In Prince Rupert wird dann eingeschifft zur Überfahrt nach Vancouver Island. Dort findet sich wiederum ein Kosmos für sich: Gemäßigte Regenwälder dominieren den Norden der Insel, während der Süden von der bildhübschen Hauptstadt British Columbias, Victoria, geprägt ist. An den Stränden tummeln sich Surfer, und die Tradition der First Nations ist hier allgegenwärtig. Ein Abstecher ins hübsche Städtchen Tofino an der Westküste von Vancouver Island lohnt sich vor allem wegen der hier fast das ganze Jahr vorkommenden Grauwale. Auf der Fähre zurück nach Vancouver gleitet vielleicht ein Weißkopfseeadler vorbei.

Routensteckbrief
Routenlänge: ca. 3300 km | **Zeitbedarf:** ca. 3 Wochen
Vancouver → 355 km **Kamloops** → 360 km **Golden** → 83 km **Lake Louise** → 233 km **Jasper** → 375 km **Prince George** → 371 km **Smithers** → 348 km **Prince Rupert** → 523 km **Port Hardy** → 499 km **Victoria** → 27 km **Sidney** → 90 km **Vancouver**

① Prince Rupert Die Stadt mit ihren etwa 12 000 Einwohnern – und mindestens ebenso vielen Seelöwen – ist idyllisch an der Pazifikküste gelegen und durch vorgelagerte Inseln gut geschützt. Der Hafen ist ganzjährig eisfrei und damit eine wichtige Einnahmequelle der hiesigen Bevölkerung.

② Yellowhead Highway Der Abschnitt des Yellowhead Highway in British Columbia gehört sicher zu den landschaftlich reizvollsten Strecken der gesamten Straße, die bereits in Manitoba beginnt. Er führt unter anderem an Prince George vorbei und durch zahlreiche kleinere Provinzparks, die oft einsame Wildnis und Natur pur bieten.

Ein Schild verweist auf die Überschreitung des Polarkreises am Dempster Highway.

Route 3: Auf Klondike und Dempster Highway

Der Yukon bietet über 4700 Kilometer Highways, die durch spektakuläre Gegenden führen und ungewöhnliche Orte besuchen. Der Klondike Highway wiederum folgt ungefähr der Route, die die Goldsucher bereits 1898 bereisten. Der Dempster Highway ist die einzige öffentliche Straße Kanadas, die den Polarkreis überquert. Beide zusammen führen von der Bergwelt der Rocky Mountains in die Abgeschiedenheit der arktischen Tundra.

Der südliche Abschnitt des Klondike Highway beginnt nicht in Kanada, sondern im hübschen Städtchen Skagway in Alaskas Südosten. Bereits auf den ersten 160 Kilometern überquert der Highway eine internationale Grenze und führt durch zwei kanadische Provinzen. Über Jahrhunderte hinweg nutzten schon die Mitglieder der First Nations diese Route, um durch die Region zu ziehen. Die jüngere Geschichte zeigt sich an Stätten wie Venus Mill, Carcross und dem Robinson Roadhouse.
In Whitehorse angekommen, führt der Klondike Highway nun entlang dem Verlauf des Yukon River. Im Ort selbst warten ein alter Schaufelraddampfer aus der Zeit des Goldrausches und die Old Log Church auf Besucher. Auf der Fahrt nach Dawson City begegnet man zahlreichen malerisch gelegenen Seen wie dem Lake Laberge und tief eingeschnittenen Tälern zwischen hohen, schroffen Bergen. Nach 550 Kilometern ist der Endpunkt des Klondike Highway erreicht. Bevor es weitergeht auf dem Dempster Highway, lohnt sich ein Abstecher auf den Alaska Highway in die ehemalige Goldgräber-Boomtown Dawson City. Die legendäre Hauptstadt des Klondike-Goldrausches im Jahr 1898 lebt ihre Geschichte und tut alles, um authentische Goldgräberstimmung zu schaffen. Am Abend kann man sein Glück bei Poker, Blackjack oder Roulette in der legendären »Diamond Tooth Gertie's Gambling Hall« versuchen. Can-Can-Tänzerinnen werfen ihre langen Beine in die Luft, Honky-Tonk-Musik erklingt und der bekannte Sourdough Cocktail wird serviert.

Die Fahrt auf dem Dempster Highway führt dann weiter weg von der Zivilisation. Mit Glück können hier Elche, Karibus und Grizzlybären in der arktischen Tundra beobachtet werden. In dem kleinen Örtchen Eagle Plains, das die einzige Lodge auf 750 Kilometern Strecke bietet, gibt es ein Kino, das über die Tierwelt der Arktis und die siebenjährige Bauzeit des Dempster Highway informiert. Auch diese Straße verläuft entlang einer alten Route, die besonders von Hundeschlitten benutzt wurde. Benannt ist sie nach einem Polizisten der Royal Canadian Mounted Police, William John Duncan Dempster, der diese Route von Dawson City bis Fort McPherson oft mit seinen Hunden abfuhr.
Hinter Eagle Plains wird der nördliche Polarkreis überquert. Hier entfaltet sich die endlose, baumlose Weite der Tundra in ihrer vollen Pracht und verzaubert durch ihre Stille. Besucherzentren und Infotafeln informieren über Polarlichter und die spezifischen geografischen Besonderheiten.
Der letzte Abschnitt der Straße führt in die Northwest Territories bis Inuvik am prächtigen Delta des Mackenzie River. Im Winter zählt sogar noch der etwa 190 Kilometer lange, vereiste Abschnitt Straße bis Tuktoyaktuk am Arktischen Ozean zum Highway dazu.

Routensteckbrief:
Routenlänge: 1500 km | Zeitbedarf: ca. 2 Wochen
Skagway → 105 km Carcross → 73 km Whitehorse → 177 km Carmacks → 75 km Minto → 105 km Stewart Crossing → 179 km Dawson City → 409 km Eagle Plains → 182 km Fort McPherson → 63 km Arctic Red River → 132 km Inuvik

① Dawson City Die abenteuerliche Geschichte wird in der ehemaligen Boomtown aus Goldrauschzeiten bis heute authentisch vermittelt. Besucher wandeln hier unter anderem auf den Spuren Jack Londons.

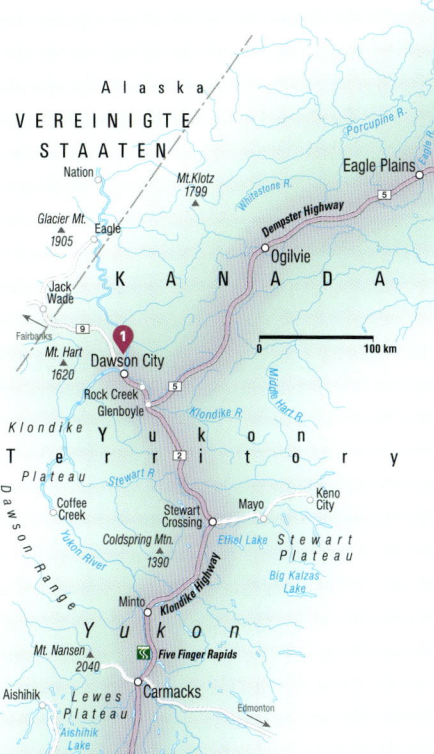

② MacKenzie River Delta Das ausgedehnte Delta des Mackenzie River nahe dem 1000-Seelen-Örtchen Inuvik bildet im Sommer den Endpunkt des Dempster Highway. Im Winter, wenn der Fluss zugefroren ist, führt eine Eisstraße weiter bis ans Arktische Meer.

③ Carcross Das historische Städtchen ist die erste Station der Route in Kanada und versprüht ein wenig den Flair einer Geisterstadt. Vor allem Touristen finden den Weg hierher. Anziehungspunkt ist die kleinste Wüste der Welt, die Carcross Desert. Sie scheint so gar nicht in diese Gegend zu passen.

Der Maligne Lake im Jasper National Park ist eine der Stationen, an denen man auf seinem Weg haltmachen sollte.

Route 4: Kanadischer Abschnitt der Panamericana

Die Panamericana ist eine mythenumwobene Route, die den Norden Amerikas mit seiner Südspitze verbindet. Ihren Ausgang nimmt die Strecke in Kanada und zeigt hier gleich ihre ganze Abwechslung. Eine Reise durch den Westen Nordamerikas ist eine Reise der Kontraste. Entlang der Route durchquert man Berglandschaften und Ebenen, Nadelwälder, Minendörfer und Megastädte und bekommt so einen Eindruck von der großen Vielfalt der nördlichen Hälfte des Kontinents.

Entlang der Panamericana zeigt sich die gesamte landschaftliche Vielfalt Nordamerikas. Vom Start an der kanadischen Pazifikküste bis zum Ende nahe der Grenze zwischen den USA und Mexiko verläuft die Strecke zunächst nach Südosten, später nach Süden. Die Straße ist auf der gesamten Länge hervorragend ausgebaut, in der kalten Jahreszeit können jedoch vor allem im Norden einige Nebenstrecken gesperrt sein, Voraussicht ist dann unabdingbar.

Der nördliche Abschnitt führt durch British Columbia und Alberta. Größere Städte sind hier die Ausnahme, zwischen den einzelnen Orten sind oft weite Strecken zu überwinden. Die heutigen Siedlungen gingen entweder aus Handelsposten oder aus Versorgungszentren weißer Pelztierjäger hervor. Auch einige Goldgräberstädte liegen an der Panamericana, in denen der Besucher in die Zeit des Goldrausches im 19. Jahrhundert zurückversetzt wird. An manchen Punkten finden sich auch Zeugnisse indigener Kulturen wie die eindrucksvollen Totempfähle oder Langhäuser.

Die Faszination der Natur im kanadischen Teil der Route ist enorm. In den türkis schimmernden Bergseen der Rocky Mountains spiegeln sich majestätische, schneebedeckte Berge. Östlich der Straße ragt der Mount Robson als höchster Berg der kanadischen Rocky Mountains bis 3954 Meter Meereshöhe auf. Imposant sind die Gletscher und die an Geländestufen in die Tiefe schießenden Wasserfälle.

An der Panamericana breiten sich auch dichte Wälder aus. In einigen Gebieten ist die Natur geschützt, so etwa im Banff National Park, dem ältesten Nationalpark Kanadas. Weiter südlich ändert sich das Bild: Von Weitem glitzern die Hochhäuser Calgarys, das sich auch dank der Olympischen Winterspiele 1988 zu einer modernen Metropole entwickelt hat. Etwa drei Autostunden von Calgary entfernt erstrecken sich die Nationalparks Waterton Lakes und Glacier mit ihren Seen und Gletschern.

Routensteckbrief:

Routenlänge: 1900 km
Zeitbedarf: ca. 2-3 Wochen
Prince Rupert → 144 km **Terrace** → 137 km **New Hazelton** → 131 km **Houston** → 30 km **Topley** → 50 km **Burns Lake** → 128 km **Vanderhoof** → 100 km **Prince George** → 209 km **McBride** → 64 km **Tête Jaune Cache** → 104 km **Jasper** → 153 km **Saskatchewan River Crossing** → 79 km **Lake Louise** → 58 km **Banff** → 127 km **Calgary** → 92 km **Nanton** → 81 km **Macleod** → 51 km **Pincher** → 120 km **Babb**

Jasper National Park Die heißen Quellen der Miette Hot Springs sind ein beliebter Anlaufpunkt für Besucher des Nationalparks. Im warmen Wasser kann man die majestätische Landschaft auf sich wirken lassen. Aus der Erde sprudelnd ist das Wasser sogar 54 °C heiß, wird aber auf angenehme 40 °C herabgekühlt.

Yoho National Park »Staunen« bedeutet »Yoho« in der Sprache der Cree und beschreibt ganz gut den Gemütszustand, in den der Besucher des Nationalparks hier versetzt wird. Mutter Natur hat es gut mit diesem Flecken Erde gemeint und wartet mit malerischen Seen, rauschenden Wasserfällen und majestätischen Bergen auf.

Kootenay National Park Von den Kakteen der Rocky Mountain Trench bis zu den eisigen Höhen der Berggletscher bildet der Kootenay National Park einen Kosmos für sich. Dichte Wälder und weiße Kalksteinwände am Marble Canyon gehören ebenso dazu wie der tiefgrüne Olive Lake und die ockerfarbene Erde der Paint Pots.

Waterton Lakes National Park Zusammen mit dem Glacier National Park auf US-amerikanischer Seite bildet der Waterton Lakes National Park den International Peace Park – ein riesiges Schutzgebiet für Fauna und Flora.

Die schönsten Reiserouten

Die moderne Stadt Vancouver überzeugt mit ihrer Architektur ebenso wie mit ihrer einmaligen Lage zwischen Bergen und Meer.

Route 5: Trans-Canada: von Vancouver über die Großen Seen zum Atlantik

7821 km quer durch Kanada führt der 1962 eröffnete Trans-Canada Highway. Der westliche Teil bietet landschaftliche Vielfalt: Die Spannbreite reicht von Regenwäldern an der Pazifikküste über eindrucksvolle Nationalparks in den Rocky Mountains bis hin zu den »glitzernden Wassern«, wie die Irokesen die Großen Seen nannten. Der Osten Kanadas ist das historische Kernland und das Herz der Nation. Durch den Osten Kanadas zu fahren, ist deshalb auch eine Reise durch 250 Jahre Geschichte. Doch Städte wie Montréal sind in dieser keineswegs stecken geblieben und zeigen sich auch von moderner Seite.

Eine Reise von West nach Ost durch den Südwesten Kanadas führt durch vier unterschiedliche Großlandschaften: Die eindrucksvollste präsentiert sich zum Auftakt mit dem rund 800 Kilometer breiten Band der Rocky Mountains. Hier findet sich auch gleich die größte Konzentration an imposanten Nationalparks rund um die Gebirgszentren Jasper und Banff. Östlich der Rocky Mountains schließen sich die Großen Ebenen (Great Plains) von Ost-Alberta, Saskatchewan und West-Manitoba mit ihren fruchtbaren Sedimentböden an. Sie sind Reste eiszeitlicher Seen, die einst weit hinunter bis in die amerikanischen Prärien reichten. Östlich der Großen Ebenen beginnt etwa bei Winnipeg der aus präkambrischem Eruptivgestein bestehende Kanadische Schild, der zu den ältesten Gesteinen der Erde zählt. Er ist bis zu 3,6 Millionen Jahre alt, sein heutiges Gesicht haben ihm die Gletscher der Eiszeit verliehen. Deshalb sind zwischen die flachen Granitkuppen auch zahlreiche Seen eingestreut. Ebenfalls von der Eiszeit geprägt ist das bei den Großen Seen (Great Lakes) im südlichen Ontario beginnende Tiefland des Sankt-Lorenz-Stromes. Es reicht bis zur Mündung des Sankt-Lorenz-Stromes in den Atlantik. Die östlichste der markanten Großregionen bilden schließlich die Appalachen. Mit ihrem Mittelgebirgscharakter, dem hügeligen Binnenland und der buchtenreichen, felsigen Küstenlinie von Nova Scotia und Cape Breton Island wecken sie Assoziationen an Europa.

Kanada ist berühmt für seine endlosen Wälder, die mit 4,5 Millionen Quadratkilometern fast die Hälfte des Landes bedecken. Mit Ausnahme einiger Regionen im Süden handelt es sich dabei um Nadelwald – Tannen, Douglasien, Fichten und Kiefern bestimmen das Bild. Ganz im Westen gab es ursprünglich ausgedehnte Regenwälder mit riesigen Douglasien, Sitka- und Hemlock-Tannen. Wie es hier vor der Zeit der Motorsägen und dem Kahlschlag durch die Holzkonzerne ausgesehen hat, davon gibt der Nationalpark Pacific Rim an der Westküste von Vancouver Island, dem Startpunkt des Trans-Canada Highway, ein eindrucksvolles Zeugnis. Die Bergwälder der Coastal Mountains und der sich nach Osten anschließenden Rocky Mountains sind die Heimat von Elch, Schwarz- und Grizzlybär, Wapitihirsch, Dallschaf und Bergziege, die mit etwas Glück auch vom Auto aus beobachtet werden können. Der Idealvorstellung von Kanadas Wildnis kommt man – so paradox

Einer der Höhepunkte im kanadischen Westen ist der Yoho National Park in British Columbia. Hier der glasklare Lake O'Hara.

Die französisch geprägte Stadt Québec City empfängt den Besucher mit Charme und Historie.

dies klingen mag – am ehesten in den Nationalparks nahe. Allein sieben von ihnen finden sich entlang der Grenze zwischen British Columbia und Alberta, darunter die Schutzgebiete Revelstoke, Glacier, Yoho, Banff und Jasper – die drei Letztgenannten wurden als Nationalparks der Kanadischen Rocky Mountains zum Weltnaturerbe der UNESCO erklärt, zusammen mit dem Kootenay National Park und drei Provincial Parks in British Columbia. Die Nationalparks präsentieren nicht nur Wildnis pur, sie verfügen auch über eine hervorragende Infrastruktur. Hierzu gehören eigens angelegte Panoramastraßen ebenso wie markierte Wandersteige oder Campgrounds selbst an den entlegensten Orten.

Bereits Ende des 15. Jahrhunderts gab es zwar europäische Fischer, die im Sommer an die Ostküste und in den Sankt-Lorenz-Strom zum Fischen kamen, doch erst 1534 hisste Jacques Cartier die französische Flagge im heutigen Montréal. Den eigentlichen Startschuss zur Besiedlung des Riesenlandes gab der Biber, genauer gesagt dessen Fell. Weil im alten Europa jeder Modebewusste einen Hut aus Biberfell tragen wollte, wurde 1608 Québec als Pelzhandelszentrum gegründet. Frankreichs Finanzminister Colbert schließlich organisierte Neufrankreich als königliche Kolonie nach heimatlichem Vorbild.

So viel Erfolg lockte die Konkurrenz. 1670 umgingen die Engländer das französische Hoheitsgebiet um den Sankt-Lorenz-Strom und gründeten im Norden die Hudson's Bay Company, die schnell zur berühmtesten Pelzhandelsgesellschaft des Kontinents werden sollte. Nach dem Siebenjährigen Krieg musste Frankreich 1763 im Frieden von Paris Neufrankreich an England abtreten. Seither wird am Sankt-Lorenz-Strom noch immer Französisch gesprochen, Einfluss aber hatten die Franzosen bei der weiteren politischen Gestaltung Kanadas nicht mehr.

Heute gibt es im frankophonen Kanada, also in der Provinz Québec und in den angrenzenden Gebieten von Ontario und New Brunswick, immer wieder Separationsbestrebungen, doch die dienen eigentlich eher der Stärkung der eigenen Volksgruppe. So haben es die Frankokanadier unter anderem geschafft, dass 1977 die französische Sprache in Québec zur einzigen Amtssprache erklärt wurde. Für den von Westen kommenden Reisenden jedenfalls ist es faszinierend zu beobachten, wie in Ontario plötzlich die ersten französischen Spuren auftauchen, Ortsnamen plötzlich französisch klingen und man in der Altstadt von Québec City schließlich glaubt, sich mitten in Frankreich zu befinden. Den Abschluss der Tour bilden schließlich die Seeprovinzen Kanadas.

Routensteckbrief:

Routenlänge: 7500 km | Zeitbedarf: ca. 4 Wochen

Vancouver → 420 km Kamloops → 619 km Calgary → 757 km Regina → 575 km Winnipeg → 697 km Thunder Bay → 700 km Sault Ste. Marie → 697 km Toronto → 123 km St. Catharines → 171 km Oshawa → 359 km Ottawa → 209 km Montréal → 255 km Québec → 589 km Fredericton → 176 km Moncton → 177 km Charlottetown → 493 km Cape Breton Island → 516 km Halifax

Die mächtigen Horseshoe Falls auf der kanadischen Seite der Niagarafälle sind wesentlich mächtiger und eindrucksvoller als ihre amerikanischen Nachbarn.

Die schönsten Reiserouten

① Victoria Die hübsche Hauptstadt von British Columbia auf Vancouver Island ist stark britisch gefärbt. Hier trifft man sich zum Nachmittagstee, zu dem selbstverständlich Gurkensandwiches gereicht werden. Vor allem die Hafenpromenaden laden anschließend zum gemütlichen Bummeln ein.

② Spruce Woods Provincial Park Neben den dichten Wäldern, die vor allem im Indian Summer ihre Pracht enfalten, bietet der Provinzpark eine einzigartige Sanddünenlandschaft mit Kakteen und den namensgebenden Fichten.

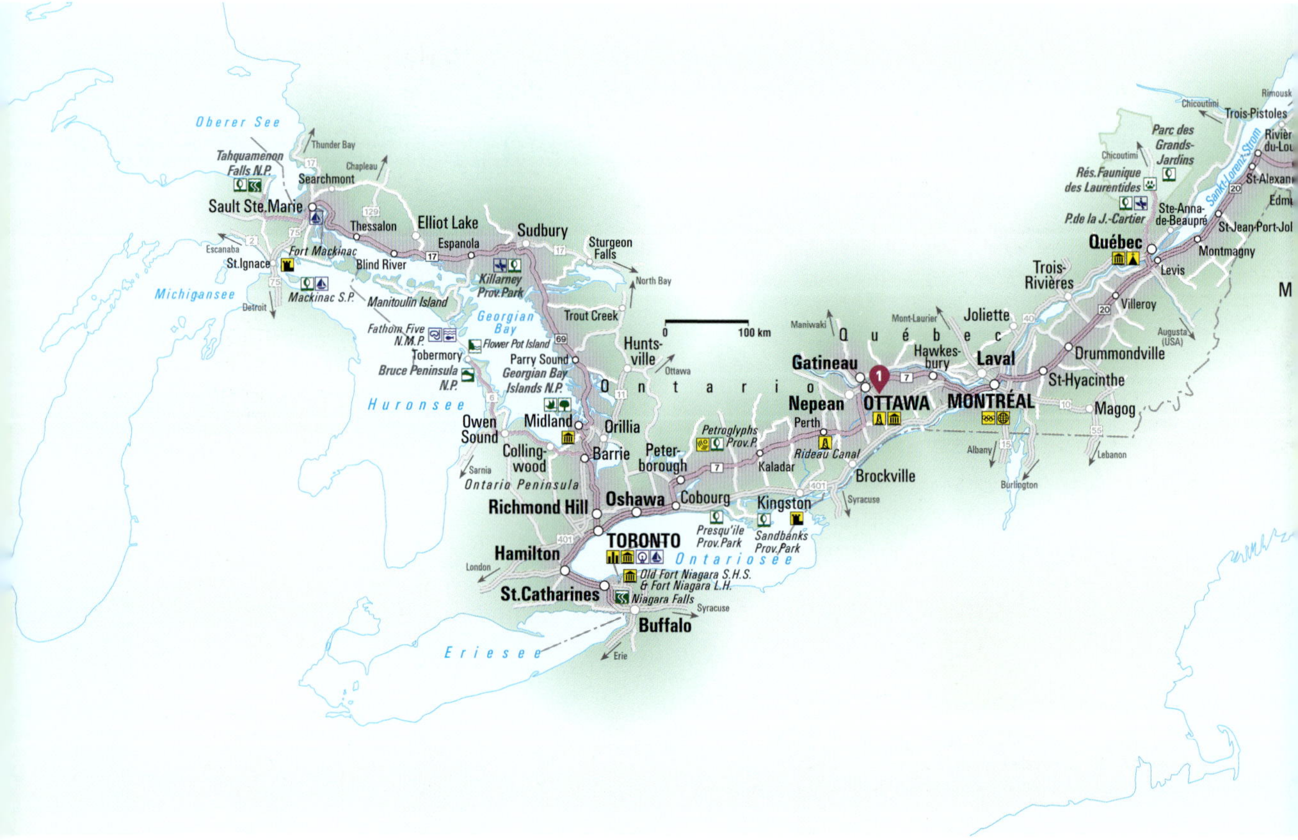

Thunder Bay Die reizvolle Stadt am Lake Superior ist ein guter Ausgangspunkt für den Besuch der umliegenden Naturparks wie dem Sleeping Giant Provincial Park und dem Isle Royale National Park auf der gleichnamigen Insel im See.

Ottawa »Real British« zeigt sich Kanadas Hauptstadt – ganz im Widerspruch zu der französisch geprägten Region, in der die Stadt liegt. Parlamentsgebäude, Kirchen und der Rideau-Kanal lohnen einen Abstecher nach Ottawa.

Cape Breton Highlands National Park Steile Klippen und tiefe Canyons haben sich hier in ein bewaldetes Plateau gegraben, das zum Atlantik führt. Durch den Park hindurch führt der Cabot Trail, eine der spektakulärsten Straßen der Welt mit herrlichen Aussichten.

Kejimkujik National Park An der Küste warten Sandstrände, Robben und türkisfarbenes Meer, im Landesinneren abgeschiedene Wildnis mit mystischen Wäldern und 5000 Jahre alten Felszeichnungen. Der Kejimkujik National Park gilt immer noch als Geheimtipp und beginnt hinter der hübschen Kleinstadt Lunenburg.

Die schönsten Reiserouten

Auf der Gaspé-Halbinsel findet man die idyllischsten Orte Ostkanadas.

Route 6: Der Osten Kanadas

Während in den beiden Provinzen Ontario und Québec neben den Niagarafällen und dem St. Lawrence River vor allem die drei Großstädte Toronto, Montreal und Québec City beeindrucken, rückt an den Provinzen der Ostküste die Natur und die entspannte Lebensart in den Vordergrund. Wälder, Farmen, Flüsse und fabelhafte Aussichten auf das Meer prägen hier die Atmosphäre. Die Route führt zu urbanen und landschaftlichen Höhepunkten.

Toronto bildet die Ausgangsstation der Route. Ein Besuch auf dem CN Tower und ein paar wagemutige Schritte auf dem Glasboden in schwindelerregender Höhe gehören zu den absoluten Höhepunkten eines Besuchs der quirligen Stadt. Von Toronto aus bietet sich aber auch ein Abstecher an die Niagarafälle an. Das Tosen der Wassermassen unterbindet jedes Gespräch und lässt so jeden Besucher ganz für sich die gewaltige Kraft der Natur erahnen. Am Ufer des Ontariosees entlang führt die Route zum Thousand Islands National Park mit seinen zahlreichen Inselchen und Eilanden, die am besten per Boot erkundet werden wollen. Die charmante Stadt Kingston bietet hierfür einen idealen Ausgangspunkt. Im britisch gefärbten Ottawa sind vor allem die Gebäude des kanadischen Parlaments sehenswert und natürlich der zum UNESCO-Welterbe zählende Rideau-Kanal, der mitten durch die Stadt läuft. Durch hügeliges Wald- und Farmland führt die Route zurück Richtung St.-Lorenz-Strom durch die Belle Province bis nach Montréal. In dieser französisch geprägten Großstadt spürt man das Savoir-vivre des alten Europa.

Das Nordufer des St.-Lorenz-Stroms bietet tiefe Wälder des Nationalparks La Mauricie und die ehemalige Pelzhandelsstadt Trois Rivière mit ihren historischen Bauten, während das Südufer mit alten, rustikalen Bauerndörfern aufwartet. Auf beiden Seiten gelangt man nach Québec City, die wohl die schönste Altstadt ganz Nordamerikas bietet. Ein Umweg über den malerischen Lac Saint-Jean im Westen lohnt sich.

Die Route führt weiter am Saguenay River bis nach Tadoussac am gleichnamigen Fjord, in den der St.-Lorenz-Strom mündet. In der reizvollen Kleinstadt werden Whale-Watching-Touren auf dem Strom angeboten.

Nähert man sich der Atlantikküste Kanadas, die zum Teil auf demselben Breitengrad wie Südfrankreich liegt, ändert sich die Landschaft: Es ist das Land der Leuchttürme und langen Strände, das Land der schroffen Felsen, der Lachszucht, des Hummerfangs und der Seevögel. Auf der zu Québec gehörigen Gaspé-Halbinsel wird die Küste ab Matane einsamer und rauer, die Bergwelt höher und schroffer. Der kleine Künstlerort Perce überzeugt durch sein einmaliges Flair. Im Vogelschutzgebiet der Île Bonaventure nisten Papageitaucher und Tölpel. Auch in New Brunswick erwartet den Reisenden herzliche Gastfreundschaft geprägt von französischem, irischem und schottischem Erbe. In der Bay of Fundy kann man bei Ebbe einen Spaziergang um die Hopewell Rocks unternehmen. In den Fischerdörfern der sogenannten Hummerküste Nova Scotias sollte man unbedingt frisch gefangenen Lobster probieren. Deutsches Erbe in Lunenburg wird hier ebenso geboten wie Wälder, Flüsse, Seen und Tausende Jahre alte Felszeichnungen im Kejimkujik National Park.

❶ Montréal Lockere und entspannte Atmosphäre oder umtriebige Großstadt und Wirtschaftszentrum? Montréal schafft das Kunststück, beides zu vereinen. Marktplätze mit Straßencafés treffen hier auf glitzernde Bankhochhäuser.

Routensteckbrief:

Routenlänge: 3400 km

Zeitbedarf: ca. 3 Wochen

Toronto → 60 km Oshawa → 206 km Kingston → 198 km Ottawa → 191 km Montréal → 299 km Québec → 408 km Tadoussac → 592 km Gaspé → 625 km Moncton → 170 km Truro → 395 km Yarmouth → 303 km Halifax

❷ Toronto Die Stadt am Ontariosee bietet eine der markantesten Skylines der Welt: Der CN Tower und das vor ihm liegende, blau beleuchtete Rogers Centre, in dem Baseball- und Footballspiele ausgetragen werden, machen die Silhouette unverwechselbar.

❸ Peggy's Cove Wenn es ein Motiv gibt, das Kanadas Ostküste zusammenfassen soll, dann ist dies sicherlich der weiße Leuchtturm von Peggy's Cove. Er ist das Sehnsuchtsziel aller Besucher von Nova Scotia und erhebt sich malerisch über den glatt geschliffenen Granitfelsen. Auch heute noch weist er mit seinem roten Licht Schiffern den Weg.

Die schönsten Reiserouten

Reiseatlas

Die Karten auf den folgenden Seiten zeigen Kanada im Maßstab 1:5 000 000. Die geografischen Details werden durch eine Vielzahl touristischer Informationen ergänzt – etwa das ausführlich dargestellte Verkehrsnetz oder Piktogramme, die Lage und Art aller wichtigen Sehenswürdigkeiten und Freizeitziele angeben, auch die UNESCO-Welterbestätten sind besonders gekennzeichnet. Ein Namensregister erleichtert das Auffinden des gesuchten Ortes. Im Bild: Der Angelcomb Peak ist einer von zahlreichen markanten Gipfeln im Tombstone Territorial Park.

ZEICHENERKLÄRUNG

══════	Autobahn	·━·━·━·	Staatsgrenze
═ ═ ═ ═	Autobahn im Bau	─ ─ ─ ─	Provinzgrenze
══════	Mehrspurige Schnellstraße	··············	Zeitzonengrenze
= = = =	Mehrspurige Schnellstraße im Bau	▭	Nationalpark
──────	Fernstraße	▭	Naturpark
──────	Hauptstraße	**BERLIN** ■	Hauptstadt eines souveränen Staates
──────	Nebenstraße	ZÜRICH ●	Hauptstadt eines Bundesstaates
──────	Fahrweg, Piste	SALZBURG	Sehenswerter Ort
⟋ (1216)	Passhöhe in Meter	Struve Geodetic Arc ✱	Kulturobjekt
──────	Bahnlinie	Giant's Causeway ✱	Naturobjekt
─ ─ ─ ─	Andere Bahnlinie	✈ FRA	Flughafen international mit IATA Code
──────	Autofähre	✈ LEJ	Flughafen national mit IATA Code

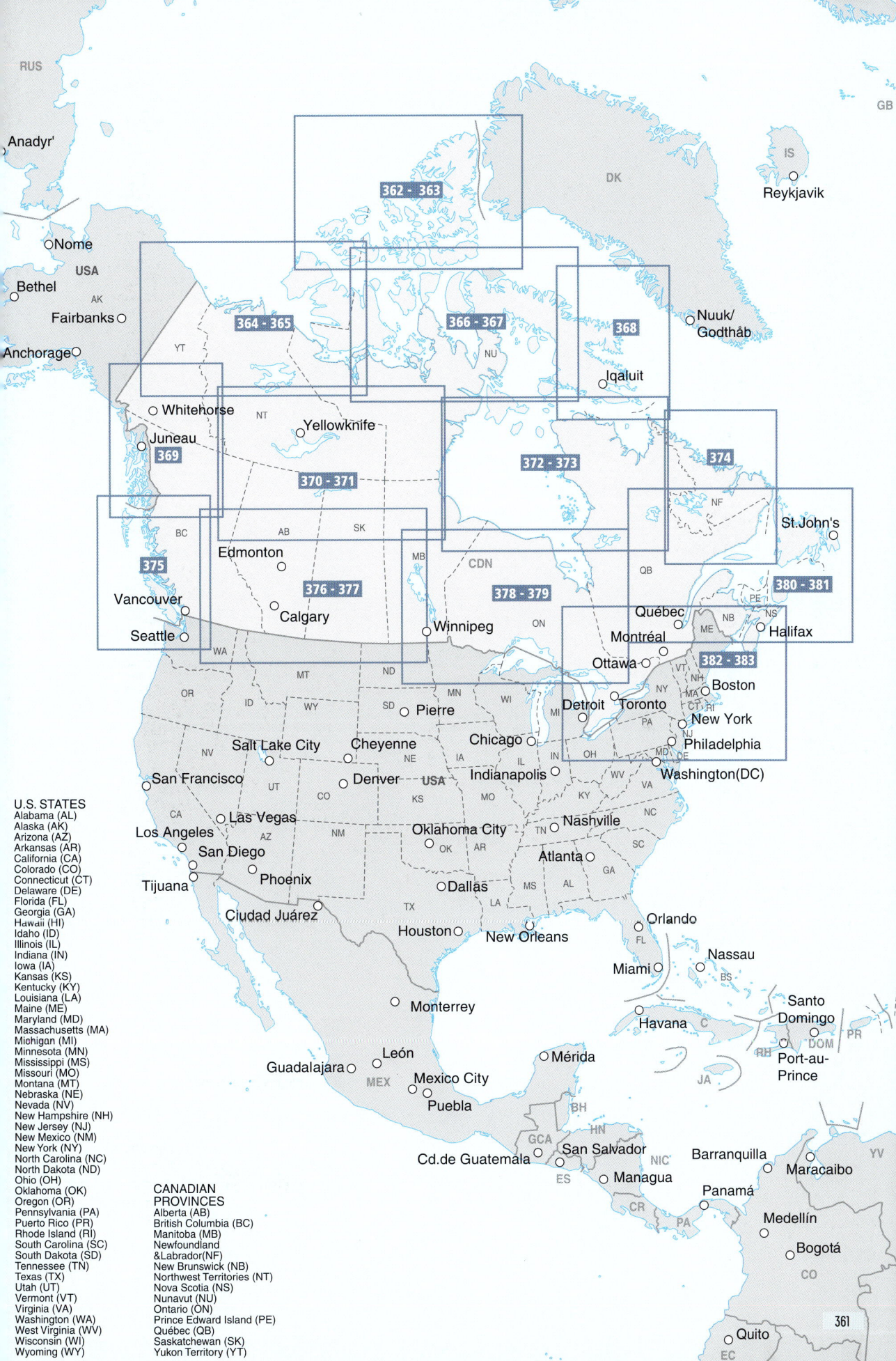

Eureka - Dundas Harbour

Tuktoyaktuk - Fort McPherson

Thom Bay - Kugaaruk

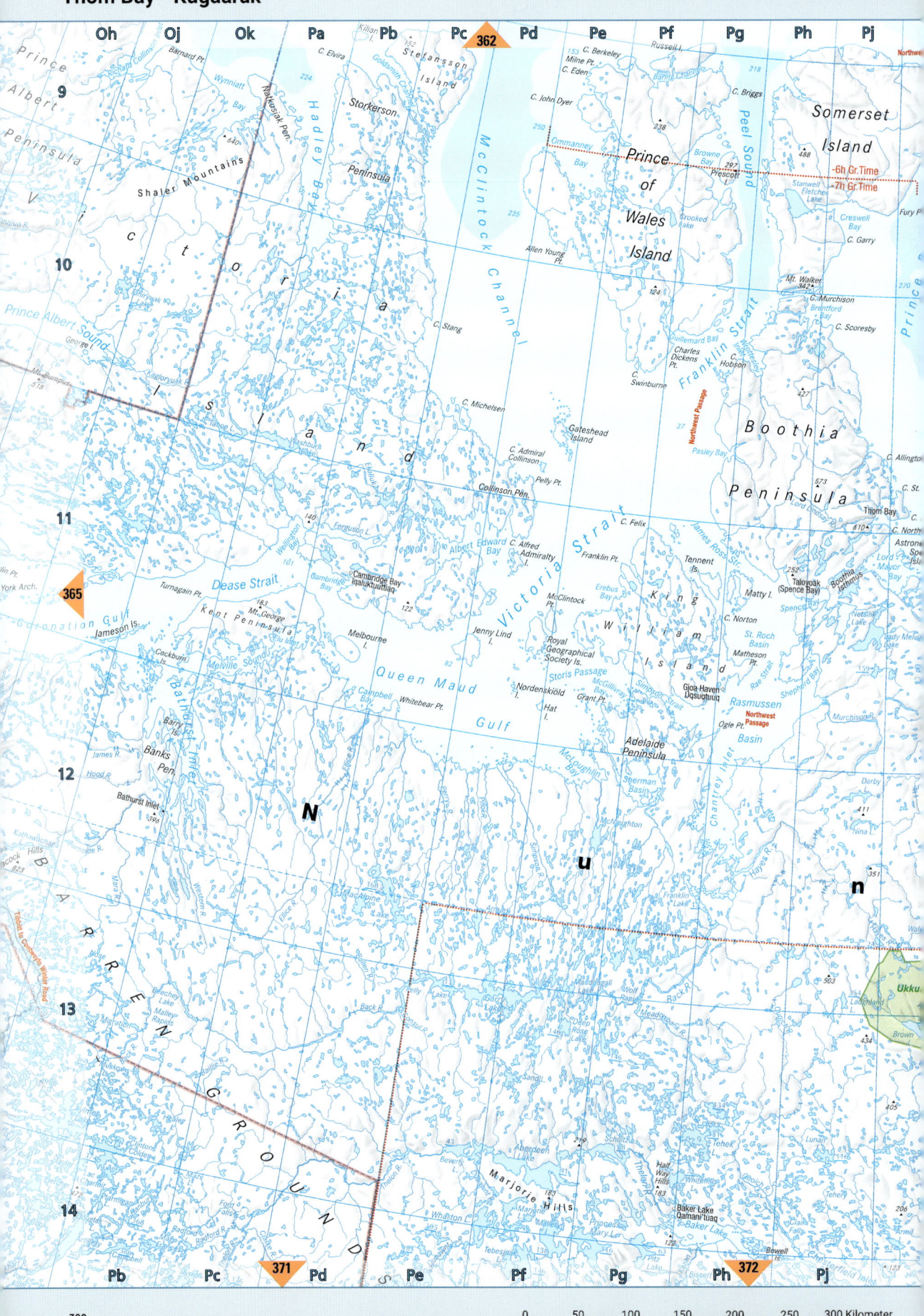

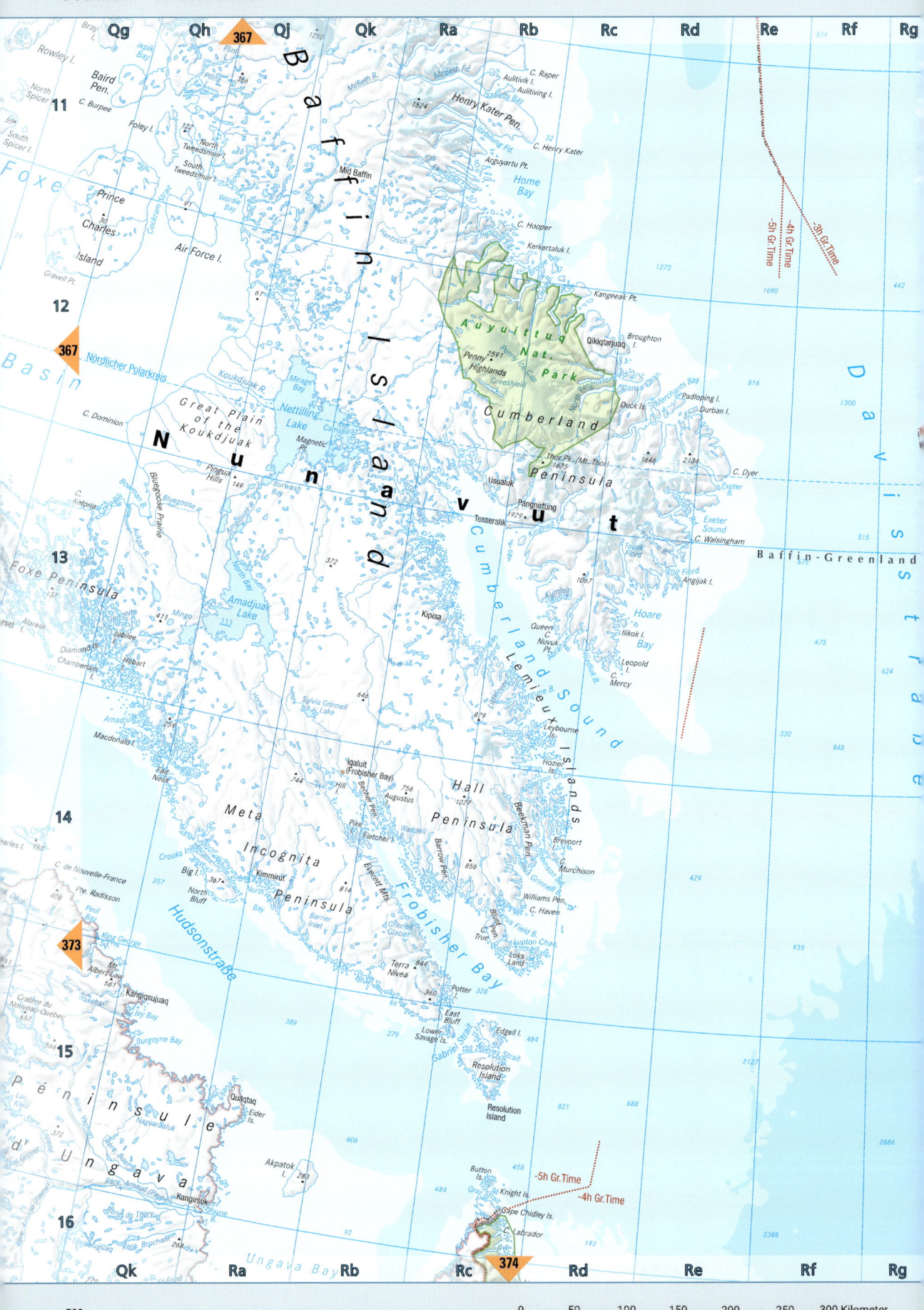

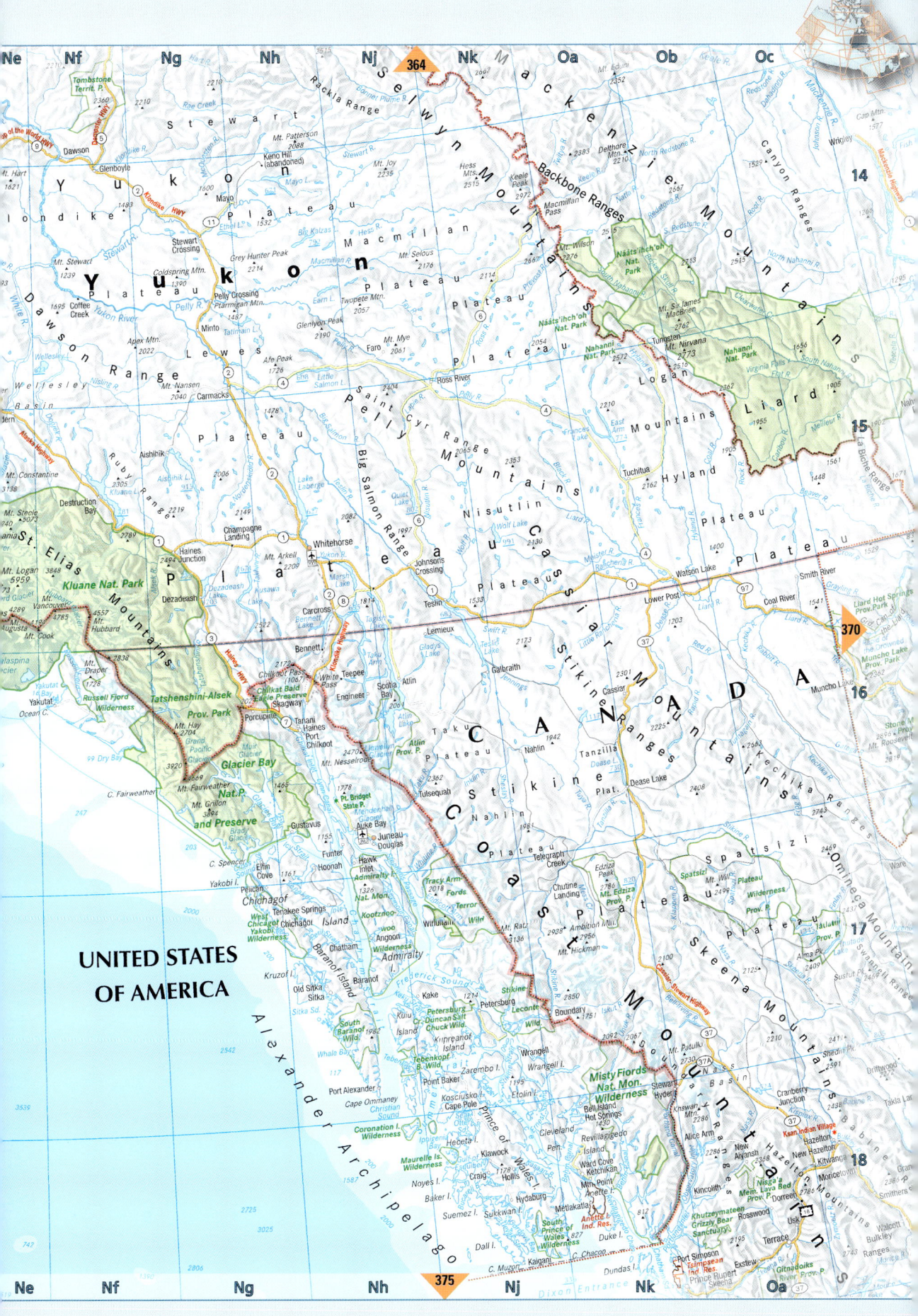

Fort McMurray - Yellowknife

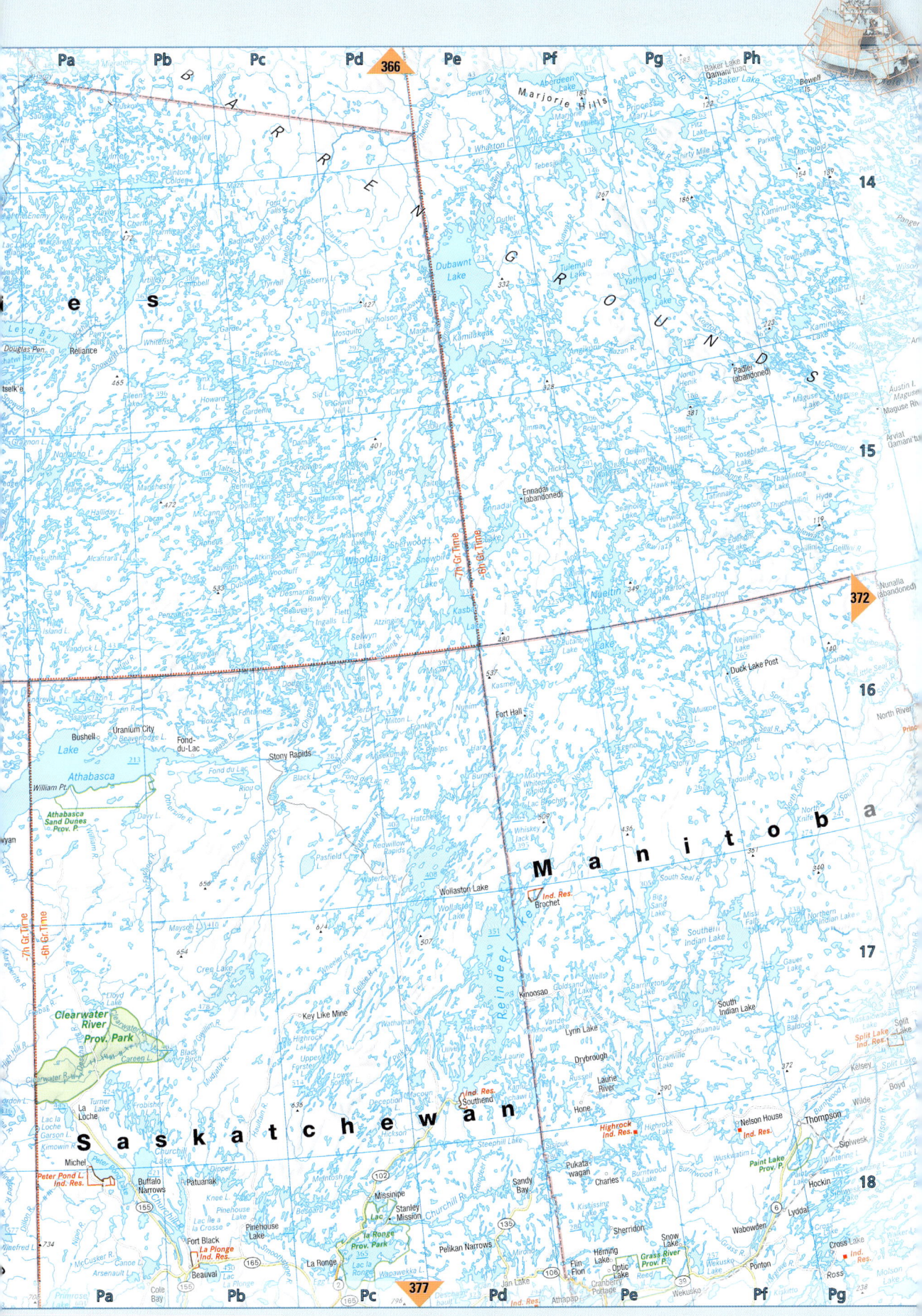

Fort Churchill - Caniapiscau

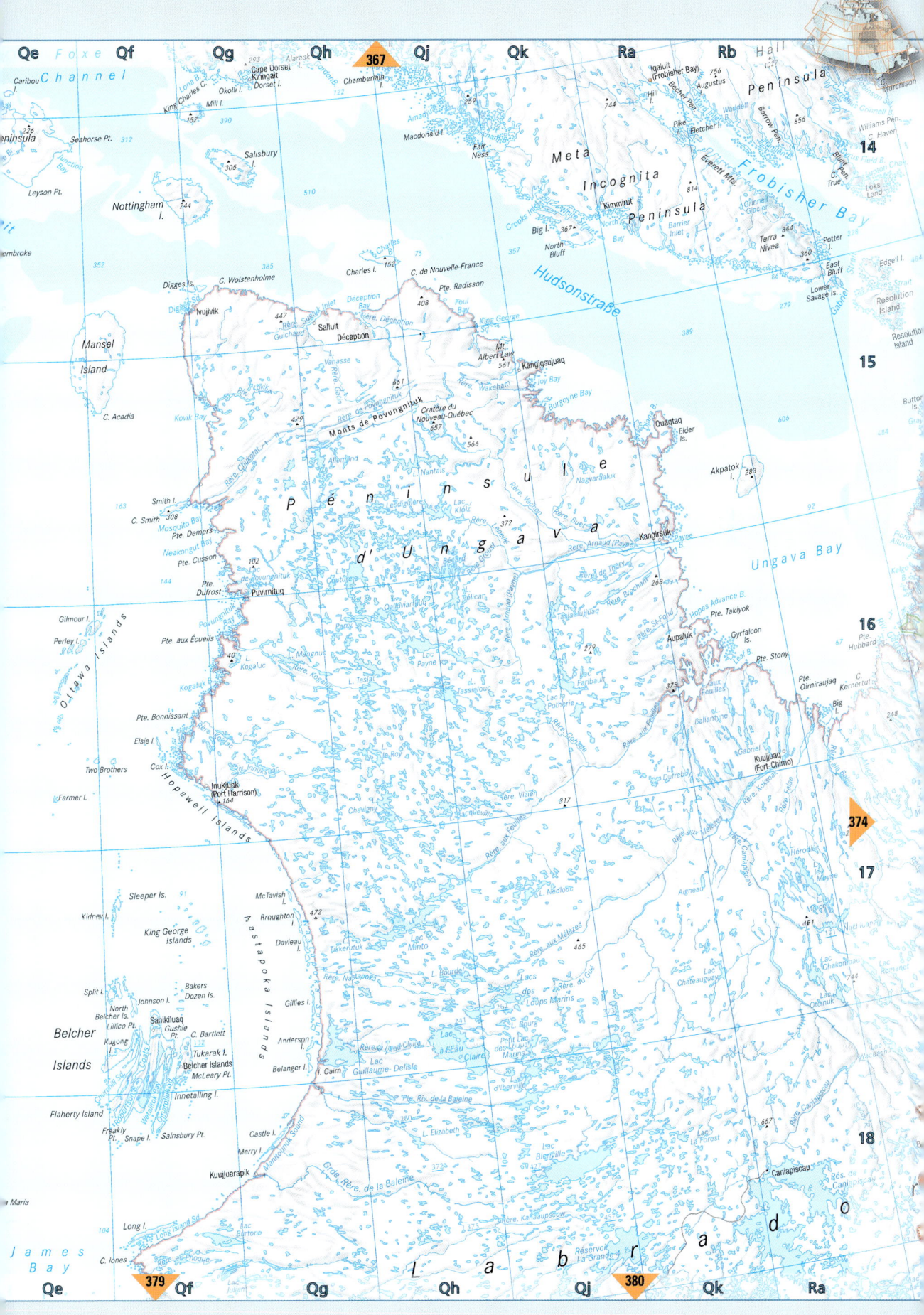

Sept-Îles – Vancouver

Edmonton - Calgary

Winnipeg - Ottawa

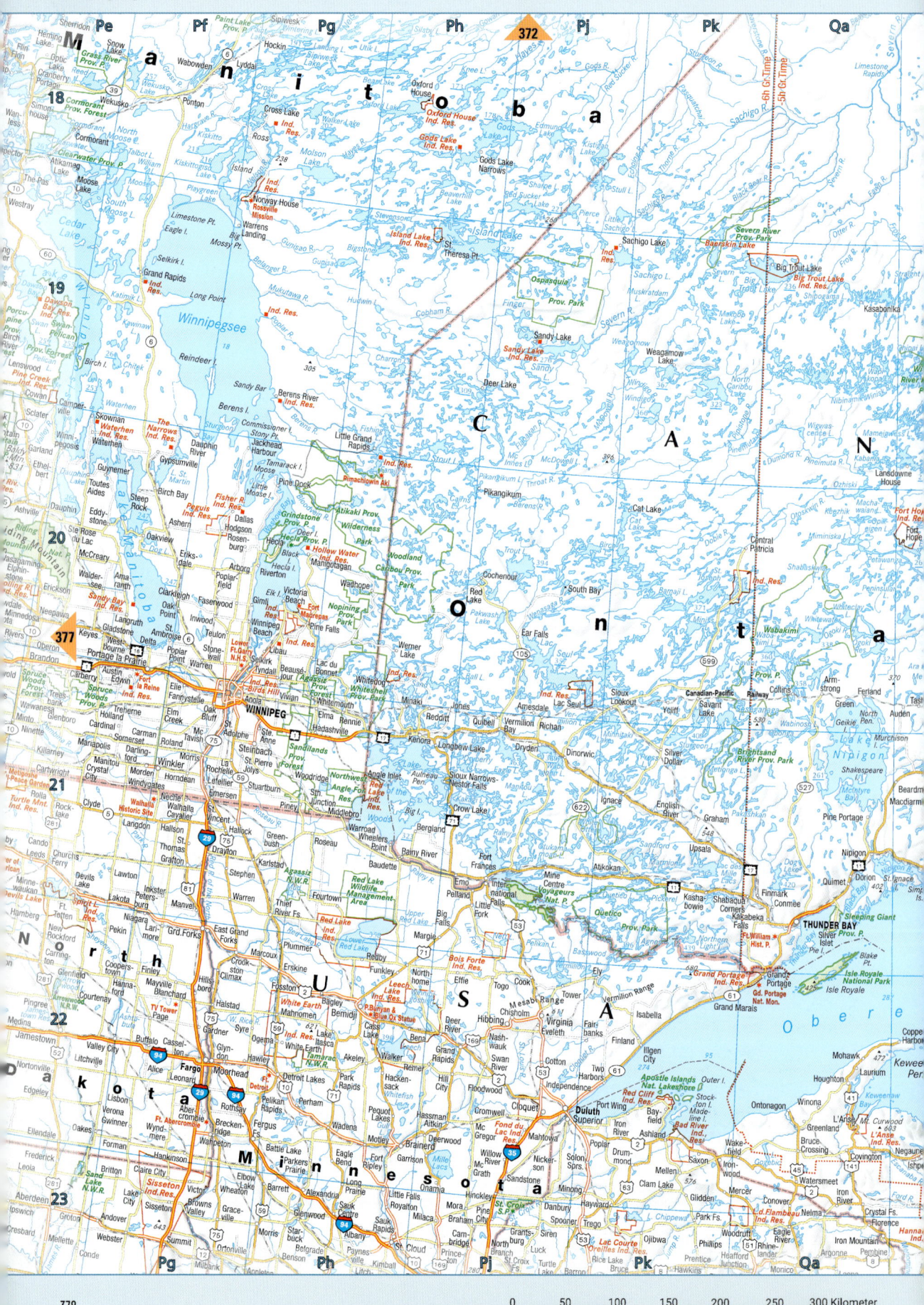

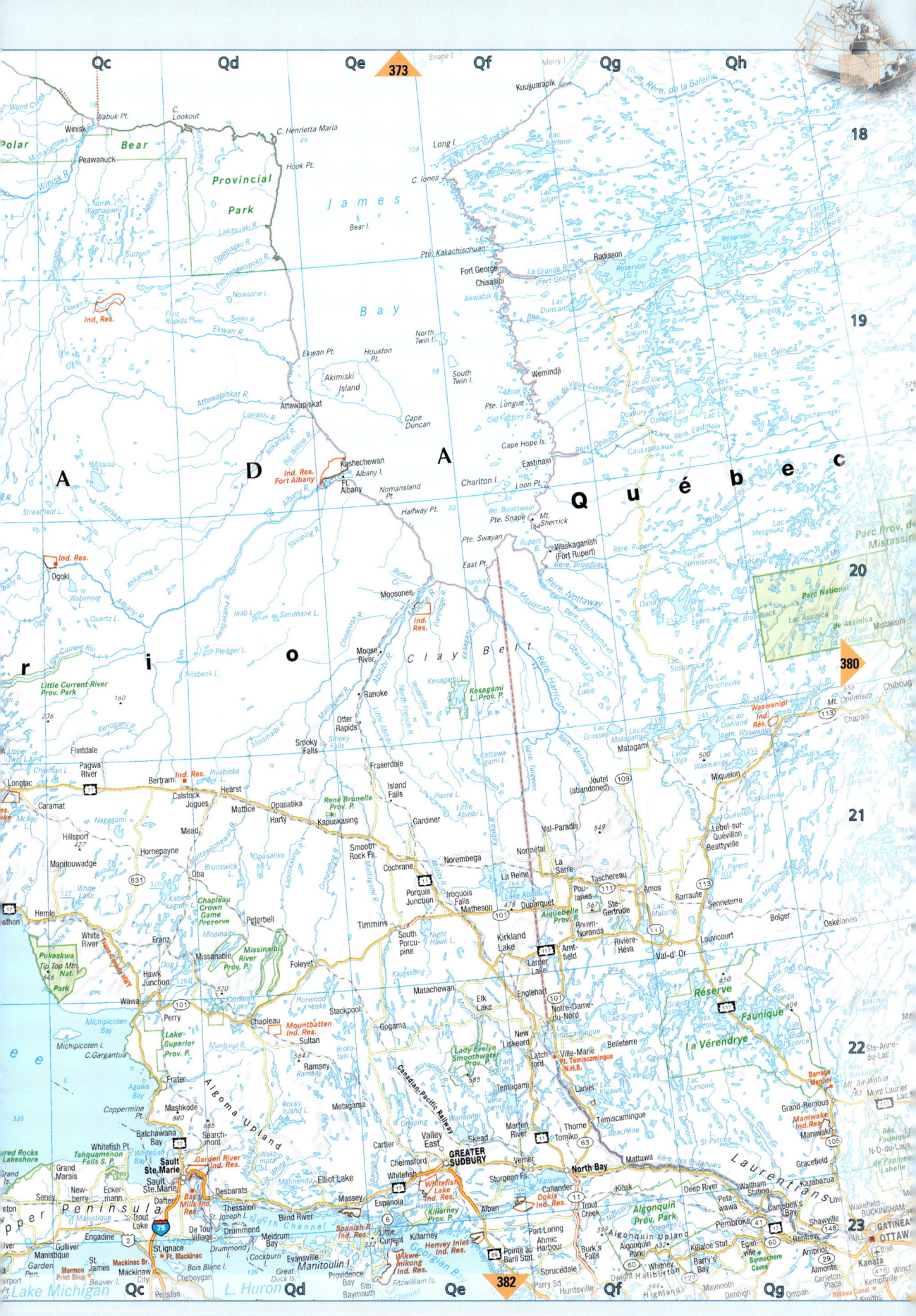

Québec - St. John's

Toronto - Montréal

Abbey

A

Abbey Pa20 377
Aberdeen Pb19 377
Abernethy Pd20 377
Actinolite Qg23 382
Adams Lake Of20 376
Ahmic Harbour Qf23 379
Ahousat Ob21 375
Aillik Rf18 374
Airdrie Oh20 376
Airways Ok19 376
Aishihik Ng15 -1
Akimiski Island Qe19 379
Aklavik Nh11 364
Alameda Pd21 377
Alban Qe22 382
Alberni Oc21 375
Alberni, Port Oc21 375
Alcurve Ok19 376
Alder Flats Oh19 376
Alert Rd4 363
Alert Bay Ob20 375
Alexandra Fiord Qh6 363
Alexandria Qh23 382
Alexis Creek Od19 375
Algonac Qd24 382
Algonquin Park Qf23 379
Alice, Port Ob20 375
Alice Arm Oa18 -1
Alingly Pc19 377
Allardville Rc22 380
Alliance Ok19 376
Alliford Bay Nk19 375
Alma Qk21 383
Alma Rc23 380
Almonte Qg23 382
Alsask Pa20 377
Alsike Oh19 376
Amaranth Pf20 377
Amberley Qe23 382
Amesdale Pj20 378
Amherst Rc23 380
Amherstburg Qd24 382
Amos Qf21 382
Amqui Rb21 383
Amsterdam Pd20 377
Anahim Lake Oc19 375
Anama Bay = Dauphin River Pf20 378
Andover, Perth- Rb22 380
Andrew Oj19 376
Angle Inlet Ph21 378
Annapolis Royal Rc23 383
Anola Pg21 378
Antelope Pa20 377
Anticosti, Île d' Rd21 380
Antigonish Rd23 381
Anzac Ok17 376
Apsley Qf23 382
Arborg Pg20 378
Archerwill Pd19 377
Arctic Bay Qc9 367
Arctic Red River = Tsiigehtchic Nj12 364
Argentia Rj22 381
Arichat Re23 381
Armit Pe19 377
Armley Pc19 377
Armstrong Of20 376
Armstrong Qa20 378
Arnprior Qg23 379
Arntfield Qf21 382
Aroland Qb20 378
Arras Oe18 370
Arthur Qe24 382
Arviat Ph15 372
Asbestos Qk23 380
Ashern Pf20 378
Ashmont Ok18 376
Ashville Pe20 377
Aspen Grove Oe21 376
Assiniboia Pc21 377
Assiniboine, Fort Oh18 376
Astray Rb18 380
Athabasca Oj18 376
Athapap Pe18 377
Atikameg Lake Pe18 377
Atikokan Pk21 378
Atlin Nj16 -1
Atmore Oj18 376
Attawapiskat Qd19 379
Auden Qb20 378
Aurora Qf23 382
Austin Pf21 377
Avola Of20 376

B

Babel, Mont de Ra20 380
Baddeck Re22 381
Badger Rg21 381
Baerskin Lake Pk19 378
Baie, La Qk21 383
Baie-à-la-Loutre Rd21 380
Baie-Comeau Ra21 380
Baie-des-Sables Rb21 383
Baie-du-Poste = Mistassini Qj20 380
Baie Johan-Beetz Rd20 381
Baie-Sainte-Claire Rc21 374
Baie-Saint-Paul Qk22 383
Bait Range Ob18 375
Baker Lake = Qamani'tuaq Pg13 366
Bala Qf23 382
Balcarres Pd20 377
Baldy Mountain Pe20 377
Balfour Qg21 376
Balgonie Pc20 377
Bamfield Oc21 375
Bancroft Qg23 382
Banff Oh20 376
Bannockburn Qg23 382
Baraute Qg21 382
Barrhead Oh18 376
Barrie Qf23 382
Barrière Oe19 376
Barrington Rc24 383
Barrows Pe19 377
Barry's Bay Qg23 379
Bashaw Oj19 376
Bassano Oj20 376
Batchawana Bay Qc22 379
Bathurst Rc22 380
Bathurst Inlet Pa12 365
Batoche National Historic Site Pb19 377
Batteau Rh19 381
Battleford Pa19 377
Bay Bulls Rj22 381
Bay Tree Of18 370
Bear Cove Ob20 375
Beardmore Qb21 378
Beatton River Oe17 370
Beatty Pc19 377
Beattyville Qg21 379
Beauséjour Pg20 378
Beauval Pb18 377
Beavermouth Og20 376
Beaverton Qf23 382
Bedford Qj23 380
Bednesti Od19 375
Beechy Pb20 377
Beiseker Oj20 376
Belanger Island Qg17 373
Belcher Islands Qe17 373
Belcher Islands Qf17 373
Bella Bella Oa19 375
Bella Coola Ob19 375
Bellburns Rg20 381
Belleoram Rh22 381
Belleterre Qf22 382
Belleville Qg23 382
Bengough Pc21 377
Benito Pe20 377
Bennett Nh16 -1
Bentley Oh19 376
Berens River Pg19 378
Bergland Ph21 378
Bertram Qc21 379
Bertrand Rc22 380
Bertwell Pd19 377
Berwick Rc23 380
Betsiamites Ra21 380
Bever Lake Indian Reserve Ok18 376
Beverley Pb20 377
Bienfait Pd21 377
Big Beaver Pc21 377
Biggar Pb19 377
Big Lake Ranch Oe19 375
Big Pond Re23 381
Big River Pb19 377
Big Trout Lake Qa19 378
Binscarth Pe20 377
Birch Bay Pf20 378
Birch Hills Pc19 377
Birch River Pe19 377
Birtle Pe20 377
Bishop's Falls Rh21 381
Bitumount Ok17 370
Black Diamond Oh20 376
Blackfoot Ok19 376
Blackfoot Indian Reserve Ok20 376
Blackie Oj20 376
Black Lake Qk22 380
Blacks Harbour Rb23 383
Blaine Lake Pb19 377
Blairmore Oh21 376
Blanc-Sablon Rg20 374
Blandfort, Port Rh21 381
Blenheim Qd24 382
Bleue, Rivière- Ra22 380
Blind Channel Oc20 375
Blind River Qd22 382
Bliss Landing Oc20 375
Blubber Bay Oc21 375
Blue River Of19 376
Boat Basin Ob21 375
Bochart Qj21 380
Bodmin Pb19 377
Boissevain Pe21 377
Bolger Qg21 382
Bonaventure Rc21 383
Bonavista Rj21 381
Bonnyville Ok18 376
Borden Rd22 380
Boston Bar Oe21 376
Botwood Rh21 381
Boundary Nk17 375
Bowmanville Qf24 382
Boyd Pg18 377
Boyle Oj18 376
Boylston Re23 381
Bradwell Pb20 377
Bragg Creek Oh20 376
Brainard Of18 370
Brampton Qf24 382
Branch Rj22 381
Brandon Pf21 377
Brantford Qe24 382
Brazeau, Mount Og19 376
Bresaylor Pa19 377
Breynat Oj18 376
Bridge Lake Oe20 376
Bridgetown Rc23 383
Bridgewater Rc23 383
Brig Bay Rg20 381
Bristol Rb22 383
Britannia Rj21 381
Broadview Pd20 377
Brochet Pe17 371
Brockville Qh23 382
Brooks Ok20 376
Brooksby Pc19 377
Brossard Qj23 380
Buchans Rg21 381
Buckingham Qh23 379
Buckingham Island Pk7 363
Buckley Bay Oc21 375
Buck Ridge Od19 375
Buctouche Rc22 383
Buffalo Ok20 376
Buffalo Narrows Pa18 371
Buick Oe17 375
Burgeo Rg22 381
Burin Rh22 381
Burk's Falls Qf23 379
Burlington Rg21 381
Burlington Qf24 382
Burnside Rj21 381
Burns Lake Oc18 375
Burnt Creek Rb18 374
Burwell, Port Qe24 382
Busby Oj19 376
Bushell Pa16 371
Butedale Oa19 375

C

Cabano = Témiscouata-sur-le-Lac Ra22 383
Cache Creek Oe20 376
Cadillac Pb21 377
Cadomin Og19 376
Caledonia Qf24 382
Calgary Oh20 376
Callander Qf22 379
Calling Lake Oj18 370
Calmar Oj19 376
Calstock Qc21 379
Cambellford Qg23 382
Cambridge Qe24 382
Cambridge Bay Pc11 366
Camperville Pe20 377
Camrose Oj19 376
Canadian Rocky Mountain Parks = Jasper National Park Of19 376
Canal Flats Oh20 376
Candle Lake Pc19 377
Cando Pa19 377
Canim Lake Oe20 376
Canmore Oh20 376
Canora Qj20 377
Canso Re23 381
Cap-aux-Meules Re22 383
Cape Anguille Rf22 381
Cape Breton Island Re22 383
Cape Dorset Qg13 373
Cape Parry Oc10 365
Cape Race Rj22 381
Cape Tormentine Rd22 380
Cape Young Of11 365
Cap-Seize Rb21 380
Caramat Qb21 379
Caraquet Rc22 380
Carberry Pf21 377
Carbonear Rj22 381
Carcross Nh15 -1
Cardinal Pf21 377
Cardston Oj21 376
Cariboo Mountains Oe19 376
Carievale Pe21 377
Carleton Rc23 383
Carleton, Mount Rb22 380
Carleton Place Qg23 382
Carlyle Pd21 377
Carmacks Ng14 -1
Carman Pf21 378
Carmangay Oj20 376
Carmanville Rh21 381
Carmi Of21 376
Carnarvon Qf23 382
Caroline Oh19 376
Carolside Ok20 376
Caron Brook Ra22 380
Carseland Oj20 376
Carstairs Oh20 376
Cartier Qe22 379
Cartier, Port- Rb20 380
Cartwright Pf21 377
Cartwright Rg19 374
Carvel Oh19 376
Carway Oj21 376
Casselman Qh23 382
Cassiar Oa16 -1
Castlegar Og21 376
Castor Ok19 376
Catalina Rj21 381
Cat Lake Pk20 378
Causapscal Rb21 383
Cedar Point Qe23 382
Cedoux Pd21 377
Central Butte Pb20 377
Central Patricia Pk20 378
Cereal Ok20 376
Ceylon Pc21 377
Chamberlain Pc20 377
Chambord Qj21 383
Champagne Landing Ng15 -1
Chandler Rc21 383
Channel-Port-aux-Basques Rf22 381
Chapais Qh21 380
Chapel Island Indian Reserve Re23 381
Chapleau Qd22 382
Chaplin Pb20 377
Charles Pe18 371
Charlesbourg Qk22 383
Charlottetown Rd22 383
Charlton Island Qe19 379
Châteauguay Qj23 382
Chatham Rc22 380
Chatham-Kent Qd24 382
Chatsworth Qe23 382
Cheakamus Indian Reserve Oc21 375
Chelan Pd19 377
Chelmsford Qe22 382
Chemong Pd19 377
Cherhill Oh19 376
Cherryville Of20 376
Chester Rc23 383
Chesterfield Inlet Pk14 372
Chéticamp Re22 383
Chetwynd Oe18 375
Chibougamau Qh21 380
Chic-Chocs, Monts Rb21 383
Chicotte, Rivière- Rd21 380
Chicoutimi Qk21 383
Chipman Oj19 376
Chipman Rc22 380
Chisasibi Qf19 379
Chitek Pb19 377
Choiseland Pc19 377
Choix, Port Rg20 381
Christina Lake Of21 376
Churchbridge Pe20 377
Churchill Ph16 372
Churchill Falls Rc19 380
Chute-des-Passes Qk21 380
Chutine Landing Nk17 -1
Clarenville Rh21 381
Claresholm Oj20 376
Clarke City Rb20 380
Clarkleigh Pf20 378
Claybank Pc20 377
Cleardale Of17 376
Clear Prairie Of17 376
Clearwater Oe20 376
Clements, Port Nj19 375
Climax Pa21 377
Clinton Oe20 376
Clinton Qe24 382
Clinton Point Oe11 365
Cloridorme Rc21 380
Cloyne Qg23 382
Clyde Oj18 376
Clyde River Ra10 367
Clyde River Rc24 383
Coaldale Oj20 376
Coal River Ob16 -1
Coalspur Og19 376
Coaticook Qk23 383
Coboconk Qf23 382
Cobourg Qf24 382
Cochagne Rc22 380
Cochenour Pj20 378
Cochrane Qe21 379
Cochrane Oh20 376
Coffee Creek Nf14 -1
Colborne, Port Qf24 382
Cole Bay Pa18 377
Coles Island Rc23 380
Colinet Rj22 381
Collingwood Qe23 382
Collins Qa20 378
Colombier Ra21 380
Colville Lake Ob12 364
Comfort Bight Rh19 374
Compeer Ok20 376
Conklin Ok18 371
Conmee Qa21 378
Consort Ok20 376
Cooking Lake Oj19 376
Cook's Harbour Rh20 374
Cookshire Qk23 383
Coppermine = Kugluktuk Oh12 365
Coquitlam Od21 375
Coral Harbour Qd13 372
Corey, La Ok18 376
Corinne Pc20 377
Cormorant Pe18 377
Corner Brook Rg21 381
Cornwall Qh23 382
Coronation Ok19 376

Cottonwood

Cottonwood Od19 376
Courtenay Oc21 375
Courtright Qd24 382
Coutts Ok21 376
Cowan Pe19 377
Cowansville Qj23 383
Cox's Cove Rf21 381
Craigend Ok18 376
Craigmore Re23 381
Craik Pc20 377
Cranberry Junction Oa18 -1
Cranberry Portage Pe18 377
Cranbrook Oh21 376
Craven Pc20 377
Cremona Oh20 376
Creston Og21 375
Cromer Pe21 377
Crooked River Pd19 377
Crosby Qg23 382
Crossfield Oh20 376
Cross Lake Pg18 371
Crow Lake Pj21 378
Crowsnest Pass Oh21 376
Crystal City Pf21 377
Crystal Springs Pc19 377
Cumberland House Pd19 377
Currie Indian Reserve, Mount Od20 375
Cypress Hills Ok21 376
Czar Ok19 376

D

Daaquam Qk22 380
Dafoe Pc20 377
Dalhousie Rb21 383
Dallas Pg20 377
Dalzell Pd20 377
Darlingford Pf21 378
Dartmouth Rd23 383
Dauphin Pe20 377
Dauphin River Pf20 378
Davidson Pc20 377
Dawson Nf13 -1
Dawson Creek Oe18 370
Daysland Oj19 376
Deadman's Creek Indian Reserve Oe20 376
Dease Lake Nk16 -1
Debden Pb19 377
Debolt Og18 376
Déception Qh14 373
Deep River Qg22 379
Deer Lake Ph19 378
Deer Lake Rg21 381
Dégelis Ra22 380
Delburne Oj19 376
Deleau Pe21 377
Délîne Od13 365
Delisle Pb20 377
Delisle Qk21 383
Deloraine Pe21 377
Delta Od21 375
Delta Pf20 378
Denbigh Qg23 382
Denholm Pb19 377
Derwent Ok19 376
Desbarats Qd22 382
Deschaillons Qj22 383
Destruction Bay Nf15 -1
Dezadeash Ng15 -1
Digby Rc23 383
Digges Ph16 372
Dinorwic Pj21 378
Dinsmore Pb20 377
Divide Pa21 377
Dixonville Og17 376
Doaktown Rb22 380
Dog Creek Od20 376
Dolbeau Qj21 383
Domremy Pc19 377
Donald Landing Oc18 375
Donnacona Qk22 383
Donnelly Og18 370
Doré Lake Pb18 377
Dorintosh Pa18 377
Dorothy Oj20 376
Dorreen Oa18 375
Dot Oe20 376
Douglas Lake Indian Reserve Oe20 376
Doukhobor Village Og21 376
Downton, Mount Oc19 375
Drayton Valley Oh19 376
Driftwood Ob18 375
Drinkwater Pc20 377
Drumheller Oj20 376
Drummondville Qj23 380
Drybrough Pe17 377
Dryden Pj21 378
Duck Lake Pb19 377
Duck Lake Post Pg16 371
Duncan Od21 375
Dundas Harbour Qd8 363
Dunmore Ok21 376
Dunnville Qf24 382
Dunvegan Of18 370
Dunvegan Historic Site Of18 370
Duparquet Qf21 382
Durham Qe23 382
Dwight Qf23 382

E

Eagle Plains Ng12 364
Ear Falls Pj20 378
Earls Cove Od21 375
East Angus Qk23 383
Eastend Pa21 377
Eastmain Qf19 379
East Poplar Pc21 377
Eatonia Pa20 377
Ebenezer Pd20 377
Eckville Oh19 376
Ecoole Oc21 375
Eddies Cove Rg20 374
Eddystone Pf20 377
Edenwold Pc20 377
Edgewater Og20 376
Edmonton Oj19 376
Edmundston Ra22 383
Edson Og19 376
Edward, Port Nk18 375
Edwin Pf21 377
Edzo Oh14 370
Eganville Qg23 379
Egmont Od21 375
Elbow Pb20 377
Elfros Pd20 377
Elgin Pe21 377
Elie Pg21 378
Elkford Oh20 376
Elkhorn Pe21 377
Elk Lake Qe22 379
Elko Oh21 376
Elk Point Ok19 376
Elliot Lake Qd22 379
Elma Ph21 378
Elm Creek Pg21 377
Elmira Rd22 381
Elphinstone Pe20 377
Elrose Pa20 377
Elstow Pb20 377
Emerson Pg21 377
Emo Pj21 378
Endako Oc18 375
Endeavor Pd19 377
Enderby Of20 376
Endiang Oj20 376
Enfield Rb23 383
Engineer Nh16 -1
Englee Rg20 381
Englehart Qf22 382
English Harbour East Rh22 381
English Harbour West Rh22 381
English River Pk21 378
Ennadai Pe15 371
Enterprise Og15 370
Entrance Og19 376
Entwistle Oh19 376
Eric Rc20 374
Erickson Pf20 377
Eriksdale Pf20 378
Escoumins, Les Ra21 383
Escuminac Rc22 380
Esker Rb19 374
Eskimo Point = Arviat Ph15 372
Espanola Qe22 379
Esterhazy Pd20 377
Estevan Pa21 377
Estlin Pc20 377
Eston Pa20 377
Ethelbert Pe20 377
Ettington Pb21 377
Eureka Qc5 363
Evandale Rb23 380
Evansville Qd23 379
Exeter Qe24 382
Exstew Oa18 375
Eyebrow Pb20 377

F

Faden Rb18 380
Fair Harbour Ob20 375
Fairhaven Rj22 381
Fairlight Pe21 377
Fairmont Hot Springs Oh20 376
Fairview Of17 370
Falkland Of20 376
False Bay Oc21 375
Fannystelle Pg21 378
Farnham Qj23 380
Farnham, Mount Og20 376
Faro Nj14 -1
Faserwood Pg20 377
Fauquier Of21 376
Fawcett Oh18 376
Ferland Qa20 378
Ferland Pb21 377
Fermeuse Rj22 381
Fernie Oh21 376
Field Og20 376
Fillmore Pd21 377
Finlay Forks Od18 370
Finmark Qa21 378
Fischell Rf21 381
Fisher River Indian Reserve Pg20 378
Flat River Rd22 380
Flaxcombe Pa20 377
Fleur de Lys Rg20 381
Flin Flon Pe18 377
Flintdale Qc20 379
Foam Lake Pd20 377
Fogo Rh21 381
Foleyet Qd21 382
Fond-du-Lac Pb16 371
Fontas Oe16 370
Foremost Oc21 376
Forestburg Oj19 376
Forestville Ra21 383
Forges du Saint-Maurice National Historic Site Qj22 383
Forillon, Parc National de Rc21 380
Fork Lake Ok18 376
Fort Albany Qe19 379
Fort Albany Indian Reserve Qd19 379
Fort Assiniboine Oh18 376
Fort Battleford National Historic Site Pa19 377
Fort Beauséjour National Historic Site Rc23 380
Fort Black Pb18 371
Fort-Chimo = Kuujjuaq Ra16 374
Fort Chipewyan Ok16 370
Fort Churchill Ph16 372
Fort Collinson Og10 365
Fort Edward National Historic Site Rc23 383
Fort Erie Qf24 382
Fort Frances Pj21 378
Fort Franklin = Déljne Od13 365
Fort Fraser Oc18 375
Fort George Qf19 379
Fort Good Hope Oa12 364
Fort Hall Pe16 371
Fort Hope Qb20 378
Fort Hope Indian Reserve Qa20 378
Fort Liard Od15 370
Fort MacKay Ok17 370
Fort Macleod Oj21 376
Fort McMurray Ok17 370
Fort McPherson Nh12 364
Fort Nelson Od16 370
Fort Providence Og15 370
Fort Qu'Appelle Pd20 377
Fort Resolution Oj15 370
Fortress of Louisbourg National Historic Site Re23 381
Fort Saint James Oc18 370
Fort Saint John Oe17 375
Fort Saskatchewan Oj19 376
Fort Severn Qb17 372
Fort Simpson Oe15 370
Fort Smith Ok15 370
Fort Steele Oh21 376
Fort Steele Heritage Town Oh21 376
Fortune Rh21 381
Fort Vermilion Oh16 370
Fort Victoria Historic Site Oj19 376
Fort Walsh National Historic Site Pa21 377
Fort William Historic Park Qa21 378
Fox Creek Og18 376
Fox Lake Oh16 370
Fox Valley Pa20 377
Francis Pd20 377
François Rg22 381
Francois Lake Oc18 375
Franz Qc21 379
Fraserdale Qe21 379
Fraser Plateau Ob19 375
Frater Qc22 379
Fredericton Rb23 383
French Cove Rh20 374
Fusilier Pa20 377

G

Gabarouse = Gabarus Of19 376
Gabarus Re23 381
Gagnon Ra20 380
Gainsborough Pe21 377
Galbraith Nj16 -1
Galena Bay Og20 376
Galiano Od21 375
Galilee Pc21 377
Gambo Rh21 381
Gananoque Qg23 382
Gander Rh21 381
Gander Bay Rh21 381
Gardiner Qe21 379
Garibaldi Od21 375
Garland Pe20 377
Gaspé Rc21 380
Gaspésie, Péninsule de la Rb21 383
Gatineau Qh23 382
Gaultois Rh22 381
George National Historic Park, Fort Qf24 382
Germansen Landing Oc18 375
Gibbons Oj19 376
Gibsons Od21 375
Gift Lake Oh18 370
Gillam Ph17 372
Gimli Pg20 378
Giscome Od18 375
Gjoa Haven Ph11 366
Glace, La Of18 370
Glace Bay Rf22 381
Gladstone Pf20 377
Glaslyn Pa19 377
Gleichen Oj20 376
Glenboro Pf21 377
Glenboyle Nf14 -1
Glenholme Rd23 380
Glen Kerr Pb20 377
Glidden Pa20 377
Glovertown Rh21 381
Godbout Rb21 380
Goderich Qe24 382
Gods Lake Indian Reserve Ph18 378
Gods Lake Narrows Ph18 378
Gogama Qe22 379
Gold Bar Od17 376
Gold Bridge Od20 375
Golden Og20 376
Gold River Ob21 375
Goobies Rj22 381
Goodeve Pd20 377
Goodsoil Pa18 377
Goodwin Of18 376
Goose Bay Ob20 375
Goose Bay, Happy Valley - Re19 374
Goose Bay = Happy Valley - Goose Bay Re19 374
Govenlock Pa21 377
Gracefield Qg23 382
Grady Harbour Rg19 381
Graham Pk21 378
Graines, Rivière-aux- Rc20 380
Granby Qj23 380
Grand Bend Qe24 382
Grand Bruit Rf22 381
Grand Centre Ok18 376
Grande Cache Of19 376
Grande-Entrée Re22 383
Grande Prairie Of18 376
Grande-Vallée Rc21 380
Grand Falls Rg21 381
Grand Forks Of21 376
Grand le Pierre Rh22 381
Grand-Mère Qj22 382
Grand-Pré National Historic Site Rc23 383
Grand Rapids Pf19 377
Grand-Remous Qh22 382
Grandview Pe20 377
Granisle Ob18 375
Granite Bay Oc20 375
Grassland Oj18 376
Grassy Lake Ok21 376
Grates Cove Rj21 381
Gravelbourg Pb21 377
Gravenhurst Qf23 382
Green Qa20 378
Green Lake Pb18 377
Greenwood Of21 376
Grenfell Pd20 377
Grey River Rg22 381
Griffin Pd20 377
Grimsby Qf24 382
Griquet Rh20 381
Grise Fiord Qd7 363
Griswold Pe21 377
Gronlid Pc19 377
Grouard Og18 370
Groundbirch Oe18 375
Guadeloupe, La Qk23 380
Guelph Qe24 382
Gull Lake Pa20 377
Gunn Oh19 376
Guy Og18 370
Guynemer Pf20 377
Gypsumville Pf20 378

H

Hadashville Ph21 378
Hafford Pb19 377
Haida Nj18 375
Haines Junction Ng15 -1
Halbrite Pd21 377
Halfmoon Bay Od21 375
Halifax Rd23 383
Halkirk Oj19 376
Hall Beach Qe11 367
Hamilton Qf24 382
Hamiota Pe20 377
Hampden Rg21 381
Hanceville Od20 375
Hanley Pb20 377
Hanna Ok20 376
Hanover Qe23 382
Happy Valley - Goose Bay Re19 374
Harbour Breton Rh22 381
Harbour Deep Rg20 381
Harcourt Rc22 383
Hardisty Ok19 376
Hardy, Port Ob20 375
Harrington Harbour Rf20 381
Harris Pb20 377
Harrogate Og20 376
Harty Qd21 379
Hastings, Port Re23 381
Hatfield Pc20 377
Hauterive Ra21 380
Havelock Qj23 382
Havre-Aubert Re22 383
Havre-Saint-Pierre Rd20 380
Hawke's Bay Rg20 381
Hawkesbury Qh23 382
Hawk Junction Qc21 379
Hay Lakes Oj19 376
Hay River Oh15 370
Hazelton Ob18 -1
Hazlet Pa20 377
Hearst Qd21 379
Heart's Content Rj22 381
Hébertville Qk21 383
Hebron Rd16 374
Hecla Pg20 378
Heffley Creek Oe20 376

Heinsburg

Heinsburg Ok19 376
Hemaruka Ok20 376
Heming Lake Pe18 377
Hemlo Qc21 379
Hendon Pd19 377
Hepburn Pb19 377
Herbert Pb20 377
Herchmer Ph17 372
Heriot Bay Oc20 375
Herschel Nf11 364
Hervey Junction Qj22 380
Héva, Rivière- Qf21 382
High Level Og16 370
High Prairie Og18 370
High River Oj20 376
Highrock Indian Reserve Pe18 371
Hillsport Qc21 379
Hines Creek Of17 376
Hinton Og19 376
Hixon Od19 375
Hockin Pg18 371
Hodgeville Pb20 377
Hodgson Pg20 377
Holden Oj19 376
Holland Pf21 377
Holman = Ulukhaktok Og10 365
Holton Rg18 381
Holyrood Rj22 381
Hone Pe17 377
Hope Oc21 376
Hope, Port Qf24 382
Hope Simpson, Port Rg19 381
Hopewell Cape Rc23 380
Horndean Pg21 378
Hornepayne Qc21 379
Horsefly Oe19 376
Horseshoe Bay Od21 375
Horsham Pa20 377
Hoselaw Ok18 376
Hotchkiss Og17 370
Houston Ob18 375
Hubbards Rc23 383
Hudson Bay Pd19 377
Hudson's Hope Oe17 375
Hughenden Ok19 376
Hull Qg23 379
Humboldt Pc19 377
Hunter River Rd22 380
Hunts Inlet Nk18 375
Huntsville Qf23 382
Hussar Oj20 376
Hythe Of18 370

I

Igloolik Qe11 367
Igluligaarjuk = Chesterfield Inlet Pk14 372
Iglulik = Igloolik Qe11 367
Ignace Pk21 378
Île d'Anticosti Rd21 380
Îles de la Madeleine Rd22 381
Ilford Ph17 372
Imperial Pc20 377
Imperial Mills Ok18 376
Indian Bay Rj21 381
Indian Cabins Og16 370
Indian Head Pd20 377
Indian Reserve Pf18 371
Indian Reserve Qc20 379
Indian Reserve Pe21 377
Indian Reserve Pf21 378
Indian Reserve Pa19 377
Indian Reserve Pg20 378
Indian Reserve Pe20 377
Indian Reserve Pe20 377
Indian Reserve Qc19 379
Indian Reserve 13 Pg19 378
Indian Reserve 159 Pa19 377
Indian Reserve 3 Pg20 378
Indian Reserve 33 Pf19 377
Indian Reserves Pd20 377
Indian Reserves 81-84 Pd20 377
Ingonish Beach Re22 381
Innisfail Oj19 376
Intersection Mount Of19 376
Inukjuak Qf16 373
Inuvik Nj11 364
Inverness Re22 383
Inwood Pg20 377
Iqaluktuuttiaq = Cambridge Bay Pc11 366
Irma Ok19 376
Iroquois Falls Qe21 379
Irvine Ok21 376
Isachsen Pd6 362
Island Falls Qe21 379
Island Lake Indian Reserve Ph19 378
Isle Historic Site, Fort de L' Ok19 376
Ituna Pd20 377
Ivujivik Qg14 373

J

Jackhead Harbour Pg20 377
Jackson Arm Rg21 381
Jacques-Cartier, Mont Rc21 380
Jan Lake Pd18 377
Jaquet River Rb22 380
Jasper Of19 376
Jasper National Park Of19 376
Jenner Ok20 376
Jesmond Oe20 375
Joffre, Mount Oh20 376
Joggins Fossil Cliffs Rc23 380
Jogues Qd21 379
John D'Or Prairie Oh16 370
Johnsons Crossing Nj15 -1
Joli, Mont- Ra21 383
Joliette Qj22 382
Jones Ph21 378
Jonquière Qk21 383
Jordan, River Oc21 375
Juniata Pb19 377

K

Kakabeka Falls Pk21 378
Kaladar Qg23 382
Kamarsuk Re17 374
Kamloops Oe20 376
Kamloops Indian Reserve Oe20 376
Kamsack Pc19 377
Kanata Qh23 382
Kangiqliniq = Rankin Inlet Pj14 372
Kangiqsualujjuaq Rc16 374
Kangiqsujuaq Qk15 373
Kantah Oe16 370
Kapuskasing Qd21 379
Kasabonika Qa19 378
Kashabowie Pk21 378
Kashechewan Qe19 379
Kaslo Og21 376
Kayville Pc21 377
Kazabazua Qg23 379
Kedgwick Rb22 383
Kegaska Re20 381
Kegworth Pd20 377
Kehiwin Indian Reserve Ok18 376
Kejimkujik National Park Rc23 383
Kelowna Of21 376
Kelsey Pg17 377
Kelvington Pd19 377
Kemano Ob19 375
Kemptville Qh23 382
Kenaston Pb20 377
Kennedy Pd20 377
Kenney Dam Oc19 375
Keno Hill Nh14 -1
Kenora Ph21 378
Kensington Rd22 380
Kent Junction Rc22 383
Kentville Rc23 383
Keremeos Of21 376
Kerrobert Pa20 377
Kersley Od19 376
Keyes Pf20 377
Key Like Mine Pc17 371
Kicking Horse Pass Og20 376
Kildonan Oc21 375
Killaloe Station Qg23 382
Killaly Pd20 377
Killam Ok19 376
Killarney Pf21 377
Killarney Qe23 379
Kimberley Oh21 376
Kimmirut Ra14 373
Kincaid Pb21 377
Kincardine Qe23 382
Kincolith Oa18 375
Kindersley Pa20 377
King Island Ob19 375
Kings Cove Rj21 381
Kings Landing Historical Settlement Rb23 380
Kingston Qg23 382
Kinngait = Cape Dorset Qg13 373
Kinoosao Pe17 371
Kinuso Oh18 370
Kiosk Qf22 379
Kipisa Rb13 368
Kirkella Pe20 377
Kirkland Lake Qf21 382
Kitchener Qe24 382
Kitimat Oa18 375
Kitwanga Oa18 -1
Kleena Kleene Oc20 375
Kokish Ob20 375
Kootenay Bay Og21 376
Kootenay Indian Reserve Oh21 376
Kouchibouguac Rc22 383
Kugaaruk Qa11 367
Kugluktuk Oh12 365
Kuroki Pd20 377
Kuujjuaq Ra16 374
Kuujjuarapik Whapmagoostui Qg18 373
Kyle Pb20 377
Kynquot Ob20 375

L

La Baie Qk21 383
Labelle Qh22 382
Labrador City Rb19 380
Labrieville Ra21 380
Lacadena Pa20 377
Lac-Bouchette Qj21 383
Lac Cardinal Pg20 378
Lac-des-Aigles Ra22 380
Lac du Bonnet Pg20 378
Lac-Édouard Qj22 383
Lac-Humqui Rb21 383
Lachute Qh23 382
Lac la Biche Oj18 376
Lac la Hache Oe20 376
Lac-Mégantic Qk23 380
Lacombe Oj19 376
La Corey Ok18 376
Lac-Saguay Qh22 382
Lac Seul Pj20 378
Ladysmith Od21 375
La Glace Of18 370
La Guadeloupe Qk23 380
Lajord Pc20 377
Lake Alma Pc21 377
Lake Cowichan Oc21 375
Lake Louise Og20 376
La Loche Pa17 377
Lamont Oj19 376
Lampman Pd21 377
Lamprey Ph16 372
Landis Pa19 377
Langenburg Pe20 377
Langford Od21 375
Langham Pb19 377
Langruth Pf20 377
Laniel Qf22 382
Lanigan Pc20 377
Lansdowne House Qb19 378
L'Anse-Pleureuse Rc21 380
La Pérade Qj22 380
La Plonge Indian Reserve Pb18 371
La Pocatière Ra22 383
La Poile Rf22 381
Larder Lake Qf21 382
La Reine Qf21 379
Lark Harbour Rf21 381
La Rochelle Pg21 378
La Romaine Re20 381
La Ronge Pc18 377
Larry's River Re23 381
La Sarre Qf21 379
La Scie Rh21 381
Lashburn Pa19 377
Latchford Qf22 382
La Tuque Qj22 383
Laurie River Pe17 377
Lauzon Qk22 383
Laval Qj23 380
Leader Pa20 377
Leading Tickles Rh21 381
Leamington Qd24 382
Lebel-sur-Quévillon Qg21 379
Le Bic Ra21 383
Leduc Oj19 376
Lemieux Nj16 -1
Lemsford Pa20 377
Lenswood Pe19 377
Leross Pc20 377
Les Escoumins Ra21 383
Les Méchins Rb21 380
Lethbridge Oj21 376
Lévis Qk22 383
Lewisporte Rh21 381
Libau Pg20 378
Liebenthal Pa20 377
Likely Oe20 376
L'Île-d'Entrée Re22 383
Lillestrom Pc20 377
Lillooet Oe20 376
Limerick Pb21 377
Linden Oj20 376
Lindsay Qf23 382
Lipton Pd20 377
Listowel Qe24 382
Little Chicago Nk12 364
Little Current Qe23 379
Little Fort Oe20 376
Little Grand Rapids Ph19 378
Little River Oc21 375
Liverpool Rc23 383
Lizotte Qj21 383
Lloydminster Pa19 376
Loche, La Pa17 377
Lockeport Rc24 383
Lomond Oj20 376
London Qe24 382
Lone Butte Oe20 376
Longbow Lake Ph21 378
Long Harbour Rj22 381
Longlac Qb21 379
Long Point Qe24 382
Long Range Mountains Rg21 381
Longs Creek Rb23 380
Longueuil Qj23 380
Longview Oh20 376
Loon Lake Pa18 377
Loring, Port Qf23 379
Lorlie Pd20 377
Lorneville Rb23 383
Louisbourg Re23 381
Louiseville Qj22 380
Loup, Rivière-du- Ra22 380
Louvicourt Qg21 382
Love Pc19 377
Loverna Po20 376
Low Qh23 379
Lower Post Oa16 -1
Lucan Qe24 382
Lucky Lake Pb20 377
Lumby Of20 376
Lumsden Pc20 377
Lund Oc21 375
Lunenburg Rc23 383
Lutselk'e Ok14 371
Lyddal Pf18 377
Lynn Lake Pe17 377
Lytton Oe20 376

M

Mabou Re22 383
Macdiarmid Qa21 378
Mackenzie Od18 370
Macklin Pa19 376
Macleod, Fort Oj21 376
Macpès Ra21 383
Macrorie Pb20 377
Madeleine, Îles de la Rd22 381
Magog Qj23 383
Magrath Oj21 376
Maguse River Ph15 372
Maidstone Pa19 377
Main à Dieu Rf23 381
Main Brook Rg20 374
Mainland Rf21 381
Maisonnette Rc22 383
Makkovik Rf18 374
Malakwa Of20 376
Malbaie, La Qk22 383
Ma-Me-O-Beach Oj19 376
Manicouagan Ra20 380
Manigotagan Pg20 378
Manitou Pf21 377
Manitouwadge Qc21 379
Maniwaki Qh22 382
Manning Park Oe21 376
Mannville Ok19 376
Manouane Qh22 382
Manson Creek Oc18 370
Mansons Landing Oc20 375
Manyberries Ok21 376
Maple Creek Pa21 377
Marathon Qb21 379
Marengo Pa20 377
Margaree Forks Re22 383
Margie Ok18 370
Marguerite Od19 375
Mariapolis Pf21 377
Markham Qf24 382
Marsoui Rb21 380
Marten River Qf22 382
Martens Falls Indian Reserve Qc20 379
Martin House Nj12 364
Marwayne Ok19 376
Marystown Rh22 381
Masefield Pb21 377
Mashkode Qc21 379
Massett Nj18 375
Massey Qd22 379
Matachewan Qe22 379
Matagami Qg21 379
Matane Rb21 383
Matapédia Rb22 380
Matheson Qe21 382
Mattawa Qf22 382
Mattice Qd21 379
Mayerthorpe Oh19 376
Mayfair Pb19 377
Maymont Pb19 377
Maynooth Qg23 382
McBride Oe19 376
McCallum Rg22 381
McCreary Pf20 377
McGee Pa20 377
McGivney Rb22 383
McLeod Lake Od18 375
M'Clintock Ph17 372
McMasterville Qj23 380
McNeill, Port Ob20 375
McTavish Pg21 378
Meacham Pc19 377
Mead Qd21 379
Meadow Creek Og20 376
Meadow Lake Pa18 377
Meander River Og16 370
Meath Park Pc19 377
Méchins, Les Rb21 380
Medicine Hat Ok20 376
Medley Ok18 376
Meldrum Bay Qd23 379
Melfort Pc19 377
Melita Pe21 377
Mellon Od21 375
Melrose Rd23 381
Melville Pd20 377
Menier, Port Rc21 380
Menneval Rb22 380
Meota Pa19 377

Merritt

Merritt Oe20 376
Metagama Qe22 382
Meteghan Rb23 383
Mica Creek Of19 376
Michel Pa17 377
Michel Peak Ob19 376
Midale Pd21 377
Mid Baffin Qk11 368
Middlebro Ph21 378
Middle Lake Pc19 377
Middle Sackville Rd23 383
Middleton Rc23 383
Midland Qf23 382
Milden Pb20 377
Milestone Pc20 377
Millertown Rg21 381
Milltown Rh22 381
Mill Village Rc23 383
Minaki Ph21 378
Minden Qf23 382
Mine Centre Pj21 378
Miniota Pe20 377
Ministikwan Indian Reserve Pa18 377
Minnedosa Pf20 377
Minto Ng14 -1
Minto Pf21 377
Minton Pc21 377
Miquelon Qg21 379
Miramichi Rc22 380
Miscou Centre Rc22 383
Missanabie Qc21 382
Missinipe Pc18 371
Mississauga Qf24 382
Mistassini Qj20 380
Mittimatalik = Pond Inlet Qg9 367
Moisie Rb20 374
Monarch Mountain Oc20 375
Monashee Mountains Of19 376
Monastery Re23 383
Monchy Pb21 377
Moncton Rc22 383
Monitor Ok20 376
Monroe Rj21 381
Montague Rd22 381
Mont de Babel Ra20 380
Montebello Qh23 382
Monte Creek Of20 376
Mont Jacques-Cartier Rc21 380
Mont-Laurier Qh22 382
Montmagny Qk22 380
Montmartre Pc20 377
Mont Opémisca Qh21 380
Montréal Qj23 382
Montreal Lake Pc18 377
Montrose Og21 376
Monts Chic-Chocs Rb21 383
Mont-Tremblant Qh22 382
Moose Jaw Pc20 377
Moose Lake Pe19 378
Moose River Qe20 379
Moosomin Pe22 377
Moosonee Qe20 379

Morden Pf21 378
Morecambe Ok19 376
Morell Rd22 383
Moricetown Ob18 -1
Morinville Oj19 376
Morley Oh20 376
Morrin Oj20 376
Morris Pg21 378
Morrisburg Qh23 382
Mosers River Rd23 383
Mossbank Pb21 377
Mould Bay Of7 362
Mount Batchawana Qc22 379
Mount Brazeau Og19 376
Mount Carleton Rb22 380
Mount Downton Oc19 375
Mount Farnham Og20 376
Mount Forbes Og20 376
Mount Forest Qe24 382
Mount Haig Oh21 376
Mount Joffre Oh20 376
Mount Logan Rb21 380
Mount Needham Nj19 375
Mount Robson Of19 376
Mount Sir Alexander Oe19 376
Mount Sir Sanford Og20 376
Mount Sir Wilfrid Laurier Of19 376
Mount Spranger Oe19 376
Mount Waddington Oc20 375
Moyie Oh21 376
Muncho Lake Oc16 -1
Mundare Oj19 376
Murdochville Rc21 380
Murray Harbour Rd22 381
Musket River Of19 376
Muskwa Od16 370
Musquodoboit Rd23 383
Mutton Bay Rf20 381
Myrtle Qf23 382

N

Nadina River Ob19 375
Nahanni Butte Od15 370
Nahlin Nk16 -1
Nahwitti Oa20 375
Naicam Pc19 377
Nain Re17 374
Nakina Qb20 379
Nakusp Og20 376
Namu Ob20 375
Namur Qh23 382
Nanaimo Od21 375
Nans Dins = SGang Gwaay Nk19 375

Nanton Oj20 376
Napadogan Rb22 383
Napanee Qg23 382
Nashwaak Bridge Rb22 383
Natashquan Re20 381
Naujaat Qb12 367
Nazko Od19 375
Needles Of21 376
Neepawa Pf20 377
Neguac Rc22 383
Neilburg Pa19 377
Nelson Og21 376
Nelson (abandoned), Port Pj17 372
Nelson House Pf18 371
Nemaiah Valley Od20 375
Neville Pb21 377
Neville, Port Ob20 375
New Aiyansh Oa18 -1
Newbrook Oj18 376
Newcastle Rc22 383
Newdale Pe20 377
New Denver Og21 376
New Germany Rc23 383
New Glasgow Rd23 381
New Hazelton Ob18 -1
New Liskeard Qf22 382
Newport Rc23 383
New Richmond Rc21 383
Newton Mills Rd23 383
New Waterford Re22 381
New Westminster Od21 375
Niagara Falls Qf24 382
Nicman Rb20 374
Nicola Mameet Indian Reserve Oe20 376
Nictau Rb22 383
Ninette Pf21 377
Ninstints = SGang Gwaay Nk19 375
Nipawin Pd19 377
Nipigon Qa21 378
Nitchequon Qk19 380
Nitinat Oc21 375
Noel Rd23 380
Nojack Oh19 376
Nokomis Pc20 377
Nootka Island Ob21 375
Nordegg Og19 376
Norembega Qe21 379
Normandin Qj21 380
Norman Wells Ob13 364
Normétal Qf21 379
Norquay Pd20 377
Norris Point Rg21 381
North Battleford Pa19 377
North Bay Qf22 382
Northgate Pd21 377
North Head Rb23 383
North River Ph16 372
North Star Og17 376
North Sydney Re22 381

North Twin Island Qe19 379
North Vancouver Od21 375
North West River Re19 381
Norway House Pg19 377
Notre-Dame-du-Laus Qh22 382
Notre-Dame-du-Nord Qf22 379
Notre Dame Junction Rh21 381
Nouvelle Rb21 383
Nunalla (abandoned) Ph16 372
Nutak Re17 374

O

Oak Bluff Pg21 378
Oakburn Pe20 377
Oak Lake Pe21 377
Oak Point Pg20 378
Oakview Pf20 378
Oba Oc21 379
Obed Og19 376
Oberon Pf20 377
Ocean Falls Ob19 375
Ogema Pc21 377
Ogoki Qc20 379
Okanagan Falls Of21 376
Okanagan Indian Reserve Of20 376
Okla Pd19 377
Okotoks Oj20 376
Old Crow Nf12 364
Oldest Christian Mission Site = Site chrétien Ra21 383
Old Fort Henry Qg23 382
Old Perlican Rj21 381
Olds Oh20 376
O'Leary Rc22 383
Ompah Qg23 382
One Hundred and Fifty Mile House Oe19 376
One Hundred Mile House Oe20 376
Onion Lake Pa19 377
Ootsa Lake Ob19 375
Opasatika Qd21 379
Opémisca, Mont Qh21 380
Optic Lake Pe18 377
Orangeville Qe24 382
Orillia Qf23 382
Oromocto Rb23 380
Oshawa Qf24 382
Oskélanéo Qj21 379
Osoyoos Of21 376
Osoyoos Indian Reserve Of21 376
Ottawa Qh23 382
Otter = Baie-à-la-Loutre Rd21 380
Otter Rapids Qe20 379
Outlook Pb20 377
Overflowing River Pe19 377
Owen Sound Qe23 382
Oxbow Pd21 377
Oxford Rd23 380
Oxford House

Ph18 372
Oyama Of20 376
Oyen Ok20 376

P

Pacific Ranges Ob20 375
Pacific Rim National Park Reserve Oc21 375
Padlei (abandoned) Pg15 371
Pagwa River Qc20 379
Pangnirtung Rc12 368
Parc National de Forillon Rc21 380
Parent Qh22 380
Parkbeg Pb20 377
Parkman Pe21 377
Parksville Oc21 375
Parrsboro Rc23 380
Parry Sound Qe23 382
Parson's Pond Rg20 381
Pas, The Pe19 377
Pasadena Rg21 381
Pasqua Pc20 377
Pass Island Rg22 381
Patricia Ok20 376
Patuanak Pb18 371
Paulatuk Oc11 365
Pavilion Oe20 376
Peace Point Oj16 370
Peace River Og17 376
Peawanuck Qc18 379
Peerless Pa18 377
Peers Oh19 376
Peggy's Cove Rd23 383
Peguis Indian Reserve Pf20 378
Peigan Indian Reserve Oh21 376
Pelican Narrows Pd18 377
Pelly Crossing Ng14 -1
Pemberton Od20 375
Pembroke Qg23 379
Pennant Pa20 377
Penny Oe19 376
Penticton Of21 376
Penticton Indian Reserve Oe21 376
Pérade, La Qj22 380
Percé Rc21 383
Perdue Pb19 377
Péribonka Qj21 383
Perow Ob18 375
Perry Qc22 382
Perth Qg23 382
Perth-Andover Rb22 380
Petawawa Qg23 379
Peterbell Qd21 382
Peterborough Qf23 382
Petite Forte Rh22 381
Petit Jardin Rf21 381
Petit-Rocher Rc22 383
Petit-Saguenay Qk21 383

Picton Qg23 382
Pictou Rd23 381
Pierceland Pa18 377
Pierre, Rivière-à- Qj22 383
Pierson Pe21 377
Pikangikum Pj20 378
Pike Lake Pb20 377
Pincher Oj21 376
Pincher Creek Oj21 376
Pine Dock Pg20 378
Pine Falls Pg20 378
Pinehouse Lake Pb18 371
Pine Point Oh15 370
Pine Portage Qa21 378
Piney Ph21 378
Pink Mountain Od17 370
Pinsent's Arm Rh19 374
Pinto Butte Pb21 377
Pipestone Pe21 377
Pitaga Rc19 380
Pivot Ok20 376
Placentia Rj22 381
Plaster Rock Rb22 383
Plenty Pa20 377
Plessisville Qk22 380
Plunkett Pc20 377
Pocahontas Og19 376
Pocatière, La Ra22 383
Pohénégamook Ra22 380
Poile, La Rf22 381
Pointe au Baril Station Qe23 379
Pointe Parent = Natashquan Re20 381
Point Renfrew Oc21 375
Pokemouche Rc22 380
Pond Inlet Qg9 367
Ponoka Oj19 376
Ponton Pf18 378
Pool's Cove Rh22 381
Poplarfield Pg20 378
Poplar Point Pg20 378
Poplar River Indian Reserve Pg19 377
Porcupine Hills Pd19 377
Porcupine Plain Pd19 377
Porquis Junction Qe21 379
Portage Rc22 383
Portage la Prairie Pf21 377
Port Alberni Oc21 375
Port Alice Ob20 375
Port au Choix Rg20 381
Port aux Choix National Historic Park Rg20 381
Port Blandford Rh21 381
Port Burwell Qe24 382
Port Clements Nj19 375
Port Colborne

Qf24 382
Port-Daniel Rc21 383
Port Edward Nk18 375
Port Hardy Ob20 375
Port Harrison = Inukjuak Qf16 373
Port Hope Qf24 382
Port Hope Simpson Rg19 381
Port Menier Rc21 380
Port Nelson (abandoned) Pj17 372
Port Neville Ob20 375
Port-Nouveau-Québec = Kangiqsualujjuaq Rc16 374
Port Radium Og12 365
Port Rowan Qe24 382
Port Royal National Historic Site Rc23 383
Port Simpson Nk18 375
Port Stanley Qe24 382
Poste-de-la-Baleine = Kuujjuarapik Whapmagoostui Qg18 373
Pouch Cove Rj22 381
Poularies Qf21 382
Powell River Oc21 375
Prairie River Pd19 377
Preeceville Pd20 377
Prehistoric Mounds Pe21 377
Premio Rc20 374
Priddis Oh20 376
Primate Pa19 377
Prince Albert Pc19 377
Prince Edward Peninsula Qg24 382
Prince George Od19 376
Prince Rupert Nk18 375
Princeton Oe21 376
Prospector Pe19 377
Providence Bay Qd23 382
Provost Ok19 376
Pubnico Rc24 383
Pugwash Rd23 380
Pukaskwa National Park Qb21 379
Pukatawagan Pe18 371
Punchaw Od19 375
Purcell Mountains Og20 376
Puvirnituq Qg15 373

Q

Qamani'tuaq = Baker Lake Pg13 366
Qikiqtarjuaq Rd12 368
Qu'Appelle Pd20 377
Quaqtaq Ra15 373
Québec Qk22 383
Queen Charlotte City Nj19 375
Quesnel Od19 376
Quibell Pj21 378

Quilchena Oe20 376
Quill Lake Pc19 377
Quimet Qa21 378
Quispamsis Rc23 380

R

Radisson Qg19 379
Radisson Pb19 377
Radium, Port Og12 365
Radium Hot Springs Og20 376
Radville Pc21 377
Rae Qe14 370
Rae-Edzo = Edzo Oh14 370
Ragueneau Ra21 380
Rainbow Lake Of16 370
Rainy River Ph21 378
Raleigh Rh20 374
Ramea Rg22 381
Ramsey Qd22 379
Ranfurly Ok19 376
Rankin Inlet Pj14 372
Ranoke Qe20 379
Rapide-Blanc-Station Qj22 382
Rattling Brook Rg21 381
Raymond Oj21 376
Raymore Pc20 377
Reco Og19 376
Red Bank Rc22 383
Red Bay Rg20 374
Red Deer Oj19 376
Redditt Ph21 378
Red Earth Pd19 377
Redfield Pb19 377
Red Lake Pj20 378
Red Pheasant Pa19 377
Redvers Pe21 377
Redwater Oj19 376
Regina Pc20 377
Regina Beach Pc20 377
Regway Pc21 377
Reindeer Depot Nh11 364
Reine, La Qf21 379
Reliance Pa14 371
Renard, Rivière-au- Rc21 380
Rencontre East Rh22 381
Renfrew Qg23 379
Rennie Ph21 378
Renous Rc22 380
Repentigny Qj23 380
Repulse Bay = Naujaat Qb12 367
Reserve Pd19 377
Resolute Ph8 362
Resolution Island Rc15 368
Revelstoke Of20 376
Reynaud Pc19 377
Richan Pj21 378
Richibucto Rc22 380
Richmond Od21 375
Richmond Qj23 383
Rigolet Rf18 381
Rimbey Oh19 376
Rimouski Ra21 383
Riske Creek Od20 376
Rivers Pe20 377
Riversdale Qe23 382
Riverton Pg20 378

Rivière-à-Pierre Qj22 383
Rivière-au-Renard Rc21 380
Rivière-aux-Graines Rc20 380
Rivière-aux-Saumons Rd21 381
Rivière-Bleue Ra22 380
Rivière-Chicotte Rd21 380
Rivière-du-Loup Ra22 380
Rivière-Héva Qf21 382
Rivière Pentecôte Rb21 380
Rivière Saint-Jean Rc20 374
Robert's Arm Rh21 381
Roberval Qj21 380
Roblin Pe20 377
Robsart Pa21 377
Robson, Mount Of19 376
Rocanville Pd20 377
Rochelle, La Pg21 378
Rocher River Oj15 370
Rock Creek Of21 376
Rockglen Pc21 377
Rock Island Qj23 383
Rockland Qf21 374
Rocky Mountain House Oh19 376
Rocky Mountain House National Historic Site Oh19 376
Roddickton Rg20 381
Rogers Pass Og20 376
Rogersville Rc22 383
Roland Pg21 378
Rolling Hills Ok20 376
Rolling River Indian Reserve Pe20 377
Romaine, La Re20 381
Ronge, La Pc18 377
Roosevelt Campobello International Park Rb23 383
Roosville Oh21 376
Rose-Blanche Rf22 381
Rose Harbour Nk19 375
Rose Lake Ob18 375
Rosenburg Pg20 377
Rose Prairie Oe17 370
Rosetown Pb20 377
Rose Valley Pd19 377
Rosiers, Cap-des- Rc21 380
Ross Bay Junction Rb19 374
Rossburn Pe20 377
Ross Island Pg18 371
Rossland Og21 376
Rossport Qb21 378
Ross River Nj15 -1
Rosswood Oa18 375
Rosthern Pb19 377
Round Hill Oj19 376
Rouyn-Noranda Qf21 382
Rowan, Port Qe24 382

Russel Pe20 377
Rycroft Of18 370
Rykerts Og21 376

S

Saanich Od21 375
Sachigo Lake Pj19 378
Sachs Harbour Oc10 365
Sackville Rc23 380
Sacree Indian Reserve Oh20 376
Saddle Lake Indian Reserve Ok19 376
Saguenay Qk21 383
Saint Adolphe Pg21 378
Saint Albans Rh22 381
Saint Albert Oj19 376
Saint-Alexandre Ra22 383
Saint Ambroise Pf20 378
Saint-Ambroise Qk21 383
Saint Andrew's Rf22 381
Saint Andrews Rb23 383
Saint Anthony Rh20 374
Saint-Augustin Rf20 374
Saint Barbe Rg20 374
Saint Bernard's Rh22 381
Saint Brendan's Rj21 381
Saint Bride's Rh22 381
Saint Brieux Pc19 377
Saint-Bruno Qk21 383
Saint Catharines Qf24 382
Saint-Charles-Garnier Ra21 383
Saint Croix Rb23 380
Sainte-Agathe-des-Monts Qh22 382
Sainte Anne Pg21 378
Sainte-Anne-de-Beaupré Qk22 380
Sainte-Anne-des-Monts Rb21 380
Sainte-Anne-du-Lac Qh22 382
Sainte-Croix Qk22 380
Sainte-Eulalie Qj22 380
Sainte-Gertrude Qf21 382
Sainte-Justine Qk22 383
Saint Eleanors Rd22 383
Sainte-Marie Qk22 383
Sainte-Marie Among the Hurons Qf23 382
Sainte-Monique Qk21 383
Sainte Rose du Lac Pf20 377
Sainte-Rose-du-Nord Qk21 383
Saint-Esprit Qj23 382

Saint-Félicien Qj21 382
Saint Francis Oh19 376
Saint-Gabriel Qj22 382
Saint George Rb23 380
Saint George's Rf21 381
Saint-Georges Qk22 380
Saint-Gérard Qk23 380
Saint-Hyacinthe Qj23 382
Saint-Jean, Rivière Rc20 374
Saint-Jean-de-Dieu Ra21 383
Saint-Jean-Port-Joli Qk22 380
Saint-Jean-sur-Richelieu Qj23 382
Saint-Jérome Qh23 382
Saint John Rb23 383
Saint John's Rj22 381
Saint Josephs Rj22 381
Saint Lazare Pe20 377
Saint Léonard Rb22 383
Saint Lewis Rh19 374
Saint Luis Pc19 377
Saint-Malachie Qk22 383
Saint Martins Rc23 380
Saint-Méthode Qj21 382
Saint-Michel-des-Saints Qj22 380
Saint-Pamphile Ra22 383
Saint-Pascal Qk22 383
Saint Paul Ok19 376
Saint Pauls Rf21 374
Saint Peters Re23 381
Saint Peters Bay Rd22 381
Saint-Philémon Qk22 383
Saint-Quentin Rb22 383
Saint-Raymond Qk22 383
Saint Shott's Rj22 381
Saint-Siméon Ra22 383
Saint Stephen Rb23 380
Saint Theresa Point Ph19 372
Saint Thomas Qe24 382
Saint-Tite Qj22 383
Saint Walburg Pa19 377
Saint-Zénon Qj22 380
Salaberry-de-Valleyfield Qh23 380
Salisbury Rc22 380
Salluit Qh14 373
Sally's Cove Rg21 381
Salmo Og21 376
Salmon Arm Of20 376
Saltcoats Pd20 377

Saltery Bay Oc21 375
Sambaa K'e Oe15 370
Samson Indian Reserve Oj19 376
Sanca Og21 376
San Clara Pe20 377
Sandspit Nk19 375
Sandy Bay Pd18 371
Sandy Bay Indian Reserve Pf20 378
Sandy Lake Oj18 370
Sandy Lake Pj19 378
Sanikiluaq Qf17 373
Sarnia Qd24 382
Sarre, La Qf21 379
Saskatchewan, Fort Oj19 376
Saskatchewan River Crossing Og20 376
Saskatoon Pb19 377
Sault Sainte-Marie Qc22 379
Saumons, Rivière-aux- Rd21 381
Savage Cove Rg20 374
Savant Lake Pk20 378
Savona Oe20 376
Sawbill Rb19 374
Sawmill Bay Of13 365
Sayabec Rb21 383
Sayward Oc20 375
Scandia Oj20 376
Schefferville Rb18 374
Schreiber Qb21 378
Scie, La Rh21 381
Sclater Pe20 377
Scotia Bay Nj16 -1
Scotstown Qk23 380
Seal Cove Rg21 381
Searchmont Qc22 382
Seebe Oh20 376
Seekaskootch Indian Reserve Pa19 377
Selkirk Pg20 378
Selkirk Mountains Og20 376
Senneterre Qg21 382
Sentinel Peak Oe18 375
Separation Point Rg19 381
Sept-Îles Rb20 374
Seven Persons Ok21 376
Seventy Mile House Qe21 379
Sexsmith Of18 370
Seymour Arm Of20 376
SGang Gwaay Nk19 375
Shabaqua Corners Pk21 378
Shaerer Dale Oe17 376
Shalalth Od20 375
Sharbot Lake Qf23 382
Shaunavon Pa21 377
Shawinigan Qj22 383
Shawville Qg23 379
Shediac Rc22 383
Sheet Harbour Rd23 383
Sheffield Rb23 380
Sheho Pd20 377
Shelburne Qe23 382

Shelburne Rc24 383
Shellbrook Pb19 377
Shell Lake Pb19 377
Shellmouth Pe20 377
Shelter Bay Og20 376
Sherbrooke Qk23 380
Sherridon Pe18 377
Sherwood Park Oj19 376
Shippegan Rc22 383
Shoal Lake Pe20 377
Shoreacres Og21 376
Sicamous Of20 376
Sidewood Pa20 377
Sidney Od21 375
Silver Dollar Pk21 378
Silver Islet Qa21 378
Silver Park Pc19 377
Silverthrone Mountain Ob20 375
Simcoe Qe24 382
Simmie Pa21 377
Simonhouse Pe18 377
Simoon Harbour Ob20 375
Simpson, Port Nk18 375
Sinclair Pe21 377
Sinclair Mills Oe18 376
Singhamton Qe23 382
Sioux Lookout Pk20 378
Sioux Narrows-Nestor Falls Ph21 378
Sipiwesk Pg18 371
Sir Alexander, Mount Oe19 376
Site chrétien Ra21 383
Skead Qe22 379
Skeena Oa18 375
Skidegate Nj19 375
Skownan Pf20 377
Slave Lake Oh18 376
Slocan Og21 376
Smeaton Pc19 377
Smiley Pa20 377
Smith Oj18 376
Smithers Ob18 375
Smiths Falls Qh23 382
Smoky Falls Qd20 379
Smoky Lake Oj18 376
Smooth Rock Falls Qe21 379
Snowdrift = Lutselk'e Ok14 371
Snow Lake Pe18 378
Soda Creek Od19 375
Somerset Pf21 378
Sorel Qj22 380
Sorrento Of20 376
Souris Pe21 377
Souris Rd22 381
Southampton Qe23 382
South Bay Pj20 378
South Baymouth Qd23 382
South Branch Rf22 381
South Brook Rg21 381
South East Bight Rh22 381
Southend Pd17 377
Southey Pc20 377

South Gut Saint Ann's Re22 381
South Harbour Re22 381
South Indian Lake Pf17 377
South Junction Ph21 378
South Milford Rc23 383
South Porcupine Qe21 382
Southport Rj21 381
South Twin Island Qf19 379
Spaniard's Bay Rj22 381
Sparwood Oh21 376
Spence Bay = Taloyoak Pj11 366
Spences Bridge Oe20 376
Spiritwood Pb19 377
Split Lake Pg17 372
Split Lake Indian Reserve Ph17 377
Spotted Island Rh19 374
Springhill Rc23 380
Springwater Pa20 377
Sprucedale Qf23 379
Spruce Grove Oj19 376
Spruce Home Pc19 377
Squamish Od21 375
Squilax Of20 376
Stackpool Qe22 382
Stanley, Port Qe24 382
Stanley Mission Pc18 371
Steele, Fort Oh21 376
Steep Rock Pf20 378
Steinbach Pg21 378
Stellarton Rd23 381
Stenen Pd20 377
Stephenville Rf21 381
Stettler Oj19 376
Stewart Oa18 -1
Stewart Crossing Ng14 -1
Stewart Valley Pb20 377
Stirling Qg23 382
Stockholm Pd20 377
Stonewall Pg20 378
Stoney Indian Reserve Oh20 376
Stony Creek Indian Reserve Oc19 375
Stony Point Pg19 378
Stony Rapids Pc16 371
Stornoway Qk23 380
Stoughton Pd21 377
Strasbourg Pc20 377
Stratford Qe24 382
Strathmore Oj20 376
Strathnaver Od19 376
Strathroy Qe24 382
Struan Pb19 377
Stuartburn Pg21 378
Stuie Ob19 375
Sturgeon Falls Qe22 379
Sturgeon Lake Indian Reserve Og18 376
Styal Oh19 376
Sudbury Qe22 379

Suffield Ok20 376
Sultan Qd22 382
Summerland Of21 376
Summerside Rd22 383
Summit Lake Od18 376
Summit Lake Oc16 370
Sundre Oh20 376
Sussex Rc23 380
Sutton Qf23 382
Swan Hills Oh18 376
Swan Plain Pd19 377
Swan River Pe19 377
Swartz Bay Od21 375
Swift Current Pb20 377
Sydney Re22 381
Sylvania Pd19 377
Sylvan Lake Oh19 376

T

Taber Oj21 376
Tabusintac Nine Indian Reserve Rc22 383
Tadoussac Ra21 383
Tahsis Ob21 375
Takla Landing Oc18 375
Taloyoak Pj11 366
Taschereau Qf21 382
Tashota Qb20 378
Ta Ta Creek Oh21 376
Tatamagouche Rd23 380
Tatla Lake Oc20 375
Taylor Oe17 376
Teepee Nh16 -1
Tees Oj19 376
Telegraph Creek Nk17 -1
Temagami Qf22 382
Témiscamingue Qf22 382
Témiscouata-sur-le-Lac Ra22 383
Terrace Oa18 375
Terrebonne Qj23 382
Terrenceville Rh22 381
Teslin Nj15 -1
Tesseralik Rc13 368
Tête Jaune Cache Of19 376
Teulon Pg20 377
Thamesville Qe24 382
Theodore Pd20 377
The Pas Pe19 377
Thessalon Qd22 382
Thetford-Mines Qk22 380
Thomaston Corner Rb23 380
Thom Bay Pj10 366
Thompson Pg18 371
Thorne Qf22 382
Thorsby Oh19 376
Three Hills Oj20 376
Thunder Bay Qa21 378
Tignish Rc22 380
Tika Rc20 374
Tikiraqjuaq = Whale Cove Pj14 372
Tilbury Qd24 382

Tillsonburg Qe24 382
Timmins Qe21 382
Tip Top Mountain Qb21 379
Tisdale Pc19 377
Tlell Nk19 375
Toba Oc20 375
Tobermory Qe23 382
Tobin Lake Pc19 377
Tobique 20 Indian Reserve Rb22 383
Tofield Oj19 376
Tofino Oc21 375
Togo Pe20 377
Tomiko Qf22 382
Tornado Mountain Oh21 376
Toronto Qf24 382
Torquay Pd21 377
Toutes Aides Pf20 377
Tracadie Rc22 380
Trail Og21 376
Tramping Lake Pa19 377
Treesbank Pf21 377
Treherne Pf21 378
Trenton Qg23 382
Trepassey Rj22 381
Trewdate Pb20 377
Triangle Og18 370
Trinity Rj21 381
Trochu Oj20 376
Trois-Pistoles Ra21 383
Trois-Rivières Qj22 382
Trout Creek Qf23 382
Trout Lake = Sambaa K'e Oe15 370
Trout River Rf21 381
Truro Rd23 380
Trutch Od17 370
Tsawwassen Od21 375
Tsiigehtchic Nj12 364
Tuchitua Oa15 -1
Tuktoyaktuk Nj11 364
Tulameen Oe21 376
Tulita Oc13 365
Tulsequah Nj16 -1
Tumbler Ridge Oe18 370
Tungsten Oa15 -1
Tununuk Nh11 364
Tupper Oe18 370
Tuque, La Qj22 383
Turin Oj21 376
Turtleford Pa19 377
Tuxford Pc20 377
Twillingate Rh21 381
Two Hills Ok19 376
Tyndall Pg20 378

U

Ucluelet Oc21 375
Ulukhaktok Og10 365
Unipouheos Indian Reserve Ok19 376
Unity Pa19 377
Upper Canada Village Qh23 382
Upper Musquodoboit Rd23 383
Upsala Pk21 378
Uqsuqtuuq = Gjoa Haven Ph11 366
Uranium City Pa16 371

Usk Oa18 375
Usualuk Rb12 368

V

Val-d'Or Qg21 382
Valemount Of19 376
Val-Jalbert Qj21 383
Vallée-Jonction Qk22 383
Valley East Qe22 379
Valley River Indian Reserve Pe20 377
Valleyview Og18 376
Val Marie Pb21 377
Val-Paradis Qf21 379
Vancouver Od21 375
Vanderhoof Od18 375
Vauxhall Oj20 376
Vegreville Oj19 376
Vermilion Ok19 376
Vermilion Bay Pj21 378
Verner Qe22 379
Vernon Of20 376
Victoria Od21 375
Victoria Beach Pg20 378
Victoriaville Qk22 380
Viking Ok19 376
Village Cove Rh21 381
Ville-Marie Qf22 379
Villeroy Qk22 383
Virden Pe21 377
Vivian Pg21 378
Vulcan Oj20 376

W

Wabowden Pf18 377
Waco Rc20 374
Waddington, Mount Oc20 375
Wadena Pd20 377
Wadhope Ph20 378
Wainwright Ok19 376
Wakaw Pc19 377
Wakefield Qh23 382
Walcott Ob18 375
Waldersee Pf20 377
Wallaceburg Qd24 382
Waltham Station Qg23 382
Walton Rc23 380
Wanham Of18 370
Wanless Pe18 377
Wapella Pe20 377
Warburg Oh19 376
Ware Oc17 375
Warman Pb19 377
Warner Oj21 376
Warren Pg20 377
Warrens Landing Pg19 377
Wasagaming Pf20 377
Washago Qf23 382
Waskesiu Lake Pb19 377
Waterhen Pf20 377
Waterloo Qe24 382
Waterton Park Oj21 376
Watino Og18 370
Watrous Pc20 377
Watson Pc19 377

Watson Lake Oa15 -1
Waubaushene Qf23 382
Wawa Qc22 379
Wawanesa Pf21 377
Wayerton Rc22 383
Weagamow Lake Pk19 378
Webequie Qb19 378
Weir River Ph17 372
Wekusko Pf18 378
Wellington Qg24 382
Welsford Rb23 380
Wembley Of18 376
Wemindji Qf19 379
Wentworth Centre Rd23 380
Werner Lake Ph20 378
Wesleyville Rj21 381
Westbank Of21 376
West Bend Pd20 377
Westbourne Pf20 377
Westlock Oj18 376
West Point Rc22 380
West Poplar Pb21 377
Westport Rg21 381
Westray Pe19 377
Wetaskiwin Oj19 376
Weyakwin Pc18 377
Weyburn Pd21 377
Weymouth Rc23 383
Whale Cove Pj14 372
Whati Og14 370
Wheatland Pe20 377
Whistler Od20 375
Whitbourne Rj22 381
Whitby Qf24 382
White City Pc20 377
Whitecourt Oh18 376
Whitedog Ph20 378
Whitefish Qe22 382
Whitefish Lake Indian Reserve Qe22 379
Whitehorse Nh15 -1
Whitelaw Of17 376
Whitemouth Ph21 378
White River Qc21 379
Whitewood Pd20 377
Whitney Qf23 379
Whitworth Ra22 383
Whycocomagh Re23 381
Whycocomagh Indian Reserve Re23 381
Wiarton Qe23 382
Wilbert Pa19 377
Wilde Pg18 371
Wild Horse Ok21 376
Wilkie Pa19 377
Willen Pe20 377
Williams Lake Od19 375
Willmar Pd21 377
Willowbrook Pd20 377
Willow Bunch Pc21 377
Willow Creek Pa21 377
Wiltondale Rg21 381
Wimborne Oj20 376
Winchester Qh23 382
Windsor Rc23 383
Windsor Qd24 382
Windsor Rh21 381
Windygates Pf21 378
Winfield Oh19 376

Wingham Qe24 382
Winisk Qc18 372
Winkler Pg21 378
Winnepegosis Pf20 377
Winnipeg Pg21 378
Winnipeg Beach Pg20 378
Winter Harbour Oa20 375
Wishart Pd20 377
Woburn Qk23 380
Wollaston Lake Pd16 371
Wolseley Pd20 377
Wood Islands Rd23 381
Wood Mountain Pb21 377
Woodridge Pg21 378
Woodstock Rb22 380
Woodstock Qe24 382
Woody Point Rg21 381
Wrentham Oj21 376
Wrigley Od14 370
Wroxton Pe20 377

Y

Yahk Og21 376
Yale Oe21 376
Yarmouth Rb24 383
Ycliff Pk20 378
Yellow Grass Pc21 377
Yellowhead Pass Of19 376
Yellowknife Oh14 370
Yorkton Pd20 377
Young Pc20 377
Youngs Cove Rc23 383
Youngstown Ok20 376

Z

Zeballos Ob21 375

Register

NP = National Park
PP = Provincial Park

Agawa Canyon 220
Akadier 303
Alaska Highway 82
Alberta 138ff.
Alberta's Rockies 148ff.
Algonquin PP 244
Amundsen, Roald 71
Annapolis Royal 326
Arctic Red River 346f.
Arktische Tundra 44
Atlin PP 80
Aulavik NP 40
Auyuittuq NP 66
Avalon Peninsula 294
Avonlea 316

Babb 348f.
Baffin Island 64
   Bergsteigen 65
   Bylot Island 65
   Iqaluit 64
   Pond Inlet 64
   Resolute 65
Banff 348f.
Banff NP 152
   Bow Lake 155
   Bow Range 155
   Bow River Valley 155
   Castle Mountain 154
   Ha Ling Peak 154
   Johnston Canyon 154
   Lake Louise 155
   Mount Rundle 154
   Peyto Lake 155
   Vermilion Lakes 154
Banks Island 38
Barkerville 96
   Quesnel Museum 96
Barrow 340f.
Batoche National Historic Site 175
Bear Glacier 82
Beechey Island 59
Bennett Lake 31
Big Muddy Badlands 183
Bisons 184
Bonaventure Island and Percé Rock NP 274
Bowron Lake PP 96
Brandon 203
Braunbären 93
British Columbia 76ff.

Bruce Peninsula NP 230
Bugaboo PP 125
Burns Lake 348f.
Butchart Gardens 101

Calgary 158, 348f., 350ff.
   Calgary Stampede 161
   Calgary Tower 161
   Calgary Zoo 161
   Glenbow Museum 161
   Heritage Park 161
Calgary Region 158ff.
Cambridge Bay 340f.
Cannington Manor 189
Cape Bonavista 293
Cape Breton Highlands NP 334
Cape Breton Island 333ff., 350ff.
Cape Enrage 307
Cape Spear 294
Cape St. Mary's 295
Carcross und Carcross Desert 26, 346f.
Cariboo Chilcotin Coast 92ff.
Cariboo Road 94
Carmacks 346f.
Cavendish Beach 315
Central Alberta 142ff.
Central East Region 236ff.
Central Region 206f.
Central West Region 228ff.
Charlottetown 320, 350ff.
Chasm PP 120
Chemainus 108
Chilkoot Pass 31
Churchill Falls 280
Churchill River 171
Clearwater Lake PP 201
Cold Bay 340f.
Confederation Bridge 315
Cowboyland 98
Cowichan Valley 102
Curling 209
Cypress Hills Interprovincial Park 163

Dalvay-by-the-Sea 315
Dawson City 23, 346f.
Dehcho Region 46ff.
Dempster Highway 16
Dickhornschafe 148
Digby 326
Dinosaur PP 162
Duck Mountain PP 203
Duffy Lake Road 116

Dundas Harbor 59, 340f.
Dungeon PP 293
Dunvegan Historic Site 142
Dutch Harbor 340f.

Eagle Plains 346f.
Eastman Region 208ff.
East Region 242ff.
Edmonton 146
   Capital Region 146f.
   West Edmonton Mall 146
Eisbären 198
Eishockey 243
Elche 17
Elk Falls PP 102
Elk Island NP 144
Ellesmere Island 58
Emerald Lake 26
Estrie-Region 260

First Nations 27
Five Finger Rapids 23
Forillon NP 272
Fort Battleford National Historic Park 175
Fort Langley 115
Fort La Reine and Pioneer Village 207
Fort McPherson 346f.
Fort Pitt Historic Park 175
Fort St. James 87
Fort Victoria Historic Site 142
Fort Walsh 176
Franklin Strait 71
Fraser River Valley 117
Fredericton 302, 350ff.
French River PP 225
Frühling in der Arktis 201
Fundy NP 306

Gambell 340f.
Garibaldi PP 118
Gaspé 356f.
Gaspésie 270
Gatineau 350ff.
Gemäßigter Regenwald 103
Georgian Bay 236
   Island NP 238
Gjoa Haven 71, 340f.
Glacier NP (USA) 128, 163
Golden 344f.
Goldrausch 24
Goldstream PP 102
Grand-Pré 328
Grand Banks 281
Grasslands NP 180

Grass River PP 200
Great Bear Rainforest 86
Great Lakes 222
Gros Morne NP 290
Gulf Islands NP 110
Gwaii Haanas NP 90

Haida Gwaii 88ff.
   Anthony Island 89
   Haida Gwaii Museum 89
   Johnstone Strait 89
   Naikoon PP 89
   Queen Charlotte Strait 89
Haida Nation 89
Haines Highway 27
Hakai Recreation Area 109
Halifax 332, 350ff., 356f.
Hamilton 350ff.
Hazelton 87
Head-Smashed-In Buffalo Jump 162
Hell's Gate 117
Herschel Island 16, 340f.
Holman Island 38, 340f.
Houston 348f.
Hudson Bay 194
Hudson's Bay Company 194
Hummerzucht 304

Icefields Parkway 150
Ikaluktutiak 72
Ilulissat 340f.
Indian Summer 248
Inside Passage 84
Inuit 39, 62
Inukshuk 53
Inuvik 38, 346f.
Inuvik Region 38ff.
Ivvavik NP 20

Jasper 344f., 348f.
Jasper NP 149
   Beauvert Lake 151
   Columbia Icefields 151
   Maligne Canyon 150
   Maligne Lake 150
   Medicine Lake 150
   Miette Hot Springs 151
   Patricia Lake 151
   Pyramid Lake 151
Joggins, Fossilienklippen 328
Juan de Fuca PP 108

Kamloops 120, 344f., 350ff.
Kanadische Rockies, Tierwelt 132

Kangerlussuaq 340f.
Karibus 28
Kejimkujik NP 327
Kelowna 121
Kermodebär 93
Kicking Horse Pass 124
Killarney PP 224
Killbear PP 226
Kings Landing 302
Kingston 356f.
Kitikmeot Region 70ff.
Kitwancool 'ksan Historical Village 83
Kivalliq Region 70ff.
Kleena Kleene 94
Klondike Highway 23
Klondike Valley 23
Kluane NP 32
Kootenay NP 130
Kootenay Rockies 124ff.
Kornkammer der Nation 210
Kouchibouguac NP 301
Kunst und Kultur 115
Kwadacha Wilderness PP 82

Labrador City 280
Labradore 282
Labrador Region 280ff.
Labrador Straits 280
Lac La Ronge PP 171
Lac Memphrémagog 260
Lac Saint-Jean 262
Lady Evelyn Fall Territorial Park 52
Lake Louise 344f., 348f.
Lake Manitoba 207
Lake Superior 221
Lake Winnipeg 207
La Mauricie NP 264
Lancaster Sound 59
Leuchttürme 308
Lillooet 116
Louisbourg 333
Lunenburg 326
L'Anse aux Meadows 286

Mackenzie River Delta 38
Mackenzie Trail 96
Macleod 348f.
MacMillan PP 102
Manitoba 190ff.
Maultierhirsche 94
McBride 348f.
Meadow Lake PP 171
Miguasha NP 270

Register

Mingan Archipelago NP 275
Minto 346f.
Moncton 350ff., 356f.
Montréal 254ff., 350ff, 356f.
   Biosphère 257
   Downtown 258
   Notre-Dame-de-Bon-Secours 257
   Notre-Dame Basilica 256
   Old Town 256
   St. Patrick's Basilica 256
   Untergrundstadt Réso 256
Moose Mountain PP 189
Mount Assiniboinc PP 131
Mount Edziza PP 80
Mount Revelstoke NP 127
Mount Robson PP 123
Mount Whistler 116
Muncho Lake PP 82

Naats'ihch'oh NP Reserve 49
Nachtleben zur Goldrauschzeit 23
Nahanni NP 46
   Cirque of the Unclimbables 47
   Virginia Falls 46
Nanaimo 108
Nanton 348f.
Nares Lake 31
Native Heritage Centre 108
Neufundländer 282
New Brunswick 296ff.
   Norden 300f.
   Süden 302ff.
Newfoundland and Labrador 276ff.
Newfoundland, Osten 292ff.
Newfoundland, Westen 286ff.
New Hazelton 348f
Niagara-on-the-Lake 228
Niagara Falls 229
Nome 340f.
Nordlicht 50
Nordwestpassage 68
Norman Region 194ff.
North Arm Territorial Park 52
North East Region 220ff.
Northern Alberta 142ff.
Northern British Columbia 80ff.
North Slave Region 52f.
North West Region 216ff.
Northwest Territories 34ff.
Nova Scotia 322ff.
   Weinbau 329

Westen 326f.
Zentrum 328ff.
Nunavut 54ff.

Okanagan Valley 120
Old Fort William 217
Ontario 212ff.
Orcas 109
Oshawa 350ff., 356f.
Ottawa 242, 350ff., 356f.
   National Gallery of Canada 243
   Notre Dame Cathedral Basilica 242
   Parlament 242
   Parlamentsbibliothek 242
   Rideau Canal 243
O'Keefe Historic Ranch 121

Pacific Rim NP 104
Paint Lake PP 200
Panmure Island PP 320
Papageitaucher 288
Parc de la Gatineau 246
Peggys Cove 330
Peterborough 240
Pincher 348f.
Pisew Falls PP 201
Point Hope 340f.
Point Pelee NP 231
Polar Bear Express 221
Pond Inlet 340f.
Port Hardy 344f.
Powwows 203
Prince Albert NP 172
Prince Edward Island 310ff.
   Fischfang 321
Prince Edward NP 318
Prince George 87, 344f., 348f.
Prince Rupert 87, 344f., 348f.
   Museum of Northern British Columbia 87
Pukaskwa NP 219
Purcell Wilderness Conservancy PP 134

Qikiqtaaluk Region 58ff.
Queen Charlotte Islands s. Haida Gwaii
Quinte's Isle 240
Quttinirpaaq NP 60
Québec 250ff., 350ff., 356f.
   Süden 260f.
   Südosten 262ff.

Québec City 266
   Altstadt 268
   Château Frontenac 269
   Musée de la Civilisation 269
   Zitadelle 269

Red Bay 281
Regina 186, 350ff.
   Parliament 186
   RCMP Training Academy & Museum 186
   Royal Saskatchewan Museum 187
   Wascana Centre 186
Reservate in Kanada 237
Resolute 340f.
Richmond Hill 350ff.
Riding Mountain NP 204
Rocky Mountain House Historic Site 148
Rocky Mountains, Skifahren 124
Rossburn 203
Ross Point 72
Rotluchse 176
Royal Canadian Mounted Police 178
Royal Tyrrell Museum of Paleontology 158
Réserve Faunique des Laurentides 262

Sable Island NP 335
Sainte-Anne-de-Baupré 262
Sainte-Marie-among-the-Hurons 236
Saint John 302
Salmon Glacier 82
Sambro Island Lighthouse 332
Sandilands Provincial Forest 208
Saskatchewan 166ff.
   River Crossing 348f.
   Südosten 182ff.
   Zentrum 170ff.
Saskatoon 175
Sault Ste. Marie 221, 350ff.
Schwarzbären 93
Seelöwen 89
Serpent Mounds Park 240
Shelburne 326
Shuswap Lake Area 120
Sidney 344f.
Sirmilik NP 67

Sisimiut 340f.
Skagway 346f.
Sleeping Giant PP 216
Smithers 87, 344f.
Southern Alberta 162ff.
South Slave Region 52f.
Spatsizi Plateau Wilderness PP 81
Spruce Woods PP 203
St.-Lorenz-Strom 247
St. Catharines 228, 350ff.
St. John's 293
St. Paul Island 340f.
St. Victor Petroglyphs PP 182
Steinschafe 83
Stewart-Cassiar Highway 82
Stewart Crossing 346f.
Stikine River PP 81
Stone Mountain PP 82
Strathcona PP 102
Swift Current 176

Tadoussac 356f.
Tatshenshini-Alsek PP 80
Terrace 348f.
Terra Nova NP 293
The Laurentides 260
Thompson Okanagan 120ff.
Thousand Islands NP 246
Thunder Bay 216, 350ff.
Tofino 103
Tombstone Territorial Park 18
Topley 348f.
Torngat Mountains NP 284
Toronto 232ff., 350ff., 356f.
   CN Tower 232
   Kensington Market 234
   Museen 235
   Ripley's Aquarium of Canada 235
   Royal Ontario Museum 235
   Zoo Toronto 235
Totempfähle 115
Trois-Rivières 260
Truro 356f.
Tuktut Noqait NP 43
Tweedsmuir PP 92
Twelve Foot Davis Historic Site 142
Twin Falls Gorge Territorial Park 53
Tête Jaune Cache 348f.

Ukkusiksalik NP 74
Ukrainian Cultural Historical Village 142

Upernavik 340f.
Upper Canada Village 247

Valhalla PP 136
Valley of the Ten Peaks 156
Vancouver 112ff., 344f., 350ff.
   Chinatown 114
   False Creek 112
   Gastown 114
   Granville Island 114
   Vancouver Island 100ff.
   Stanley Park 114
Vanderhoof 348f.
Victoria 100, 344f.
   Chinatown 101
   Inner Harbour 100
   Victoria Island 71
   Parliament 100
   Royal British Columbia Museum 101
   Thunderbird Park 101
Village Historique Acadien 300
Vuntut NP 21

Walrosse 59
Wapusk NP 196
Waterton Lakes NP 164
Weißkopfseeadler 81
Wells Gray PP 122
West Region 228ff.
Whale Watching 106
Whistler 116f.
Whitehorse 27, 346f.
White Pass and Yukon Route Railroute 31
Whiteshell PP 208
Williams Lake 94
Winnipeg 207, 350ff.
Wolfville 328
Wood Buffalo NP 143
Woodland Caribou PP 218
Wölfe 134

Yarmouth 356f.
Yellowhead Highway 87
Yellowknife 52
   Prince of Wales Heritage Centre 52
Yoho NP 126
Yorkton 189
Yukon 12ff.
   Norden 16ff.
   Yukon Quest 30
   Yukon River 23
   Süden 26ff.
   Zentrum 22ff.

Bildnachweis · Impressum

A = Alamy; C = Corbis; G = Getty; M = Mauritius Images

Cover: Vorderseite: kavram/Shutterstock.com; evaurban/Shutterstock; Buchrücken: EB Adventure Photography/Shutterstock; Rückseite: David Purchase Imagery/Shutterstock.com; PIX Stock/Shutterstock; viewfinder/Shutterstock.com;

S. 002-003 Jaromir Vanek/Shutterstock; S. 004-005 Pashu Ta Studio/Shutterstock.com; S. 006-007 Heidi Besen/Shutterstock; S. 010-011 i viewfinder/Shutterstock.com; S. 012-013 Steve Smith/Shutterstock.com; S. 014 C/Stefan Wackerhagen; S. 015 C/Vince Streano; S. 015 C/Jeff Schultz; S. 016-017 Pi-Lens/Shutterstock; S. 017 Jukka Jantunen/Shutterstock.com; S. 017 Tom Tietz/Shutterstock.com; S. 018-019 C/Robert Postma; S. 020 G/Art Wolfe; S. 021 C/Wayne Lynch; S. 022 C/Robert Postma; S. 022 M/Stefan Wackerhagen; S. 023 M/Egmont Strigl; S. 024-025 G/Hulton-Deutsch Collection; S. 026 C/Richard Wear; S. 026 C/Robert Postma; S. 027 Milan Sommer/Shutterstock; S. 027 Sergei Bachlakov/Shutterstock.com; S. 028-029 Menno Schaefer/Shutterstock.com; S. 030 M/Alamy; S. 030 emperorcosar/Shutterstock; S. 030-031 Pecold/Shutterstock.com; S. 032-033 C/John Hyde; S. 032-033 Look/Design Pics; S. 034-035 A. Michael Brown/Shutterstock; S. 036 Look/age fotostock; S. 037 Vadim Gouida/Shutterstock.com; S. 038-039 T.Schofield/Shutterstock.com; S. 039 James Gabbert/Shutterstock.com; S. 040-041 M/Wayne Lynch; S. 042-043 G/Galen Rowell; S. 044-045 FootageLab/Shutterstock; S. 045 Sophia Granchinho/Shutterstock; S. 045 Agami Photo Agency/Shutterstock.com; S. 045 Agami Photo Agency/Shutterstock.com; S. 046 C/Peter Mather; S. 047 Ondrej Kubicek/Shutterstock.com; S. 047 GeGiGoggle/Shutterstock.com; S. 048-049 C/Mark Bradley; S. 050-051 Parilov/Shutterstock.com; S. 052 1Roman Makedonsky/Shutterstock.com; S. 053 G/Otto Bathurst; S. 053 Robert Schoenherr/Shutterstock; S. 053 C/Ron Erwin; S. 054-055 C/Jim Brandenburg; S. 056 Look/age fotostock; S. 057 C/Paul Souders; S. 057 C/Christopher J. Morris; S. 058 outdoorsman/Shutterstock.com; S. 058 isabel kendzior/Shutterstock; S. 059 wildestanimal/Shutterstock.com; S. 059 Amelie Koch/Shutterstock.com; S. 060-061 M/Brad Steels; S. 062 sirtravelalot/Shutterstock; S. 063 Kedardome/Shutterstock; S. 064 GROGL/Shutterstock; S. 064-065 RUBEN M RAMOS/Shutterstock; S. 065 Ed Dods/Shutterstock.com; S. 066 Ed Dods/Shutterstock.com; S. 067 C/John E Marriott; S. 068-069 C/; S. 070 M/AB Forces News Collection; S. 070-071 RUBEN M RAMOS/Shutterstock; S. 071 C/Paul Souders; S. 072-073 Sophia Granchinho/Shutterstock.com; S. 073 Sophia Granchinho/Shutterstock.com; S. 074-075 M/Grambo Photography; S. 076-077 Lukas Uher/Shutterstock; S. 078-079 M/age; S. 079 C/Johannes Mann; S. 080 martymellway/Shutterstock.com; S. 081 Anne08/Shutterstock.com; S. 081 Danita Delimont/Shutterstock; S. 081 Russ Heinl/Shutterstock.com; S. 082 davidrh/Shutterstock.com; S. 082 Mariemily Photos/Shutterstock.com; S. 083 Galyna Andrushko/Shutterstock.com; S. 083 Jonathan Tichon/Shutterstock.com; S. 084-085 C/John Hyde; S. 086-087 PharmShot/Shutterstock.com; S. 087 Anne08/Shutterstock.com; S. 088 BGSmith/Shutterstock.com; S. 088 dorinser/Shutterstock.com; S. 089 Chase Clausen/Shutterstock; S. 089 Jean-Claude Caprara/Shutterstock.com; S. 090-091 C/Don Johnston; S. 092-093 M/Ferenc Cegledi; S. 092-093 M/Chris Harris; S. 093 Richard Seeley/Shutterstock; S. 093 NaturesMomentsuk/Shutterstock.com; S. 094 JustinPDM/Shutterstock; S. 094 Daniel Bruce Lacy/Shutterstock; S. 095 Amy K. Mitchell/Shutterstock.com; S. 096 JR Reyes/Shutterstock.com; S. 096-097 Stephenz/Shutterstock; S. 097 M/Hoffmann Photography; S. 098-099 G/Carson Ganci; S. 100 meunierd/Shutterstock.com; S. 100 Stan Jones/Shutterstock.com; S. 101 Bob C/Shutterstock.com; S. 101 Xuanlu Wang/Shutterstock.com; S. 102-103 Andrea C. Miller/Shutterstock.com; S. 103 EB Adventure Photography/Shutterstock; S. 103 Klara_Steffkova/Shutterstock; S. 103 iacomino FRiMAGES/Shutterstock; S. 104-0105 Alena Charykova/Shutterstock; S. 106-107 C/John Hyde; S. 108 Rod Ferris/Shutterstock.com; S. 108 meunierd/Shutterstock.com; S. 109 Lynda McFaul/Shutterstock; S. 109 Tory Kallman/Shutterstock.com; S. 110-111 G/Chris Cheadle; S. 112 C/Martin Child; S. 112 ARTYOORAN/Shutterstock.com; S. 112 paulclarke/Shutterstock; S. 114 poemnist/Shutterstock.com; S. 115 M/Alamy; S. 115 G/Christopher Morris; S. 115 Xuanlu Wang/Shutterstock.com; S. 116 David Buzzard/Shutterstock; S. 116-117 EB Adventure Photography/Shutterstock.com; S. 117 iployday/Shutterstock.com; S. 118-119 G/Daisy Gilardini; S. 120 Stan Jones/Shutterstock.com; S. 120 Harry Beugelink/Shutterstock; S. 121 Amy K. Mitchell/Shutterstock.com; S. 121 Nalidsa/Shutterstock.com; S. 122 C/Michael Wheatley; S. 123 C/Jim Brandenburg; S. 124 C/Seiji Shimizu; S. 124 M/James Gabbert; S. 125 G/David Nunuk; S. 126 G/Hans-Peter Merten; S. 127 C/; S. 128-129 Alisa Khliestkova/Shutterstock; S. 130 C/Ron Watts; S. 131 G/Yu Liu Photography; S. 132-133 Martina Birnbaum/Shutterstock; S. 134 BGSmith/Shutterstock.com; S. 134 Evan Dux/Shutterstock.com; S. 135 Shawna and Damien Richard/Shutterstock.com; S. 136 C/J.A. Kraulis; S. 136-137 Ferocious Soup/Shutterstock.com; S. 138-139 EB Adventure Photography/Shutterstock; S. 140 C/Mike Grandmaison; S. 141 C/Fortunato Gatto; S. 142 M/Gunter Marx ; S. 142 BGSmith/Shutterstock.com; S. 143 C/Darwin Wiggett; S. 144-145 C/Richard Wear; S. 145 C/Paul Horsley; S. 145 M/Dieter Hopf; S. 146-147 TetyanaT/Shutterstock; S. 147 Nick Fox/Shutterstock.com; S. 148 Dustin Lawtey/Shutterstock; S. 148 Alamy/Michael Wheatley; S. 149 i viewfinder/Shutterstock.com; S. 150 G/Jeff R Clow; S. 150 Jeff Stamer/Shutterstock.com; S. 150-151 Nick Fox/Shutterstock.com; S. 152-153 Haim Rosenfeld/Shutterstock.com; S. 154-155 Robert Haasmann/Shutterstock.com; S. 156-157 kavram/Shutterstock.com; S. 158 i viewfinder/Shutterstock.com; S. 158 S-F/Shutterstock.com; S. 160 LisaBourgeault/Shutterstock; S. 161 steve estvanik/Shutterstock.com; S. 161 Jeff Whyte/Shutterstock.com; S. 162 James Gabbert/Shutterstock; S. 163 CrackerClips Stock Media/Shutterstock.com; S. 163 Pictureguy/Shutterstock.com; S. 163 Jontmh/Shutterstock.com; S. 164-165 G/Panoramic Images; S. 166-167 James Gabbert/Shutterstock; S. 168 Look/Design Pics; S. 169 Harold Stiver/Shutterstock; S. 170 Pictureguy/Shutterstock; S. 170-171 Pictureguy/Shutterstock.com; S. 171 C/Dave Reede; S. 172-173 G/Mike Grandmaison; S. 174 Jeff Whyte/Shutterstock; S. 174-175 EB Adventure Photography/Shutterstock.com; S. 175 Jeff Whyte/Shutterstock; S. 176 M/Gerard Lacz; S. 176-177 James Gabbert/Shutterstock; S. 177 Nancy Anderson/Shutterstock; S. 178-179 M/Alamy; S. 180-181 James Gabbert/Shutterstock.com; S. 182 Alamy/All Canada Photos; S. 183 Pictureguy/Shutterstock.com; S. 184-185 Nancy Anderson/Shutterstock; S. 186 M/Finnbarr Webster; S. 186-187 Andrii Diaur/Shutterstock.com; S. 188-189 Pictureguy/Shutterstock.com; S. 189 M/John de Visser; S. 190-191 Keith Levit/Shutterstock.com; S. 192 anowa/Shutterstock.com; S. 193 G/Paul Souders; S. 194 Carrastock/Shutterstock.com; S. 194 C/Nik Wheeler; S. 195 M/Darwin Wiggett; S. 196-197 M/Suzi Eszterhas; S. 198-199 miroslav chytil/Shutterstock; S. 200 StephenJeanson/Shutterstock; S. 200 M/Danita Delimont; S. 201 wlkellar/Shutterstock.com; S. 201 C/Matthias Breiter; S. 202 danhusseyphoto/Shutterstock; S. 202-203 danhusseyphoto/Shutterstock.com; S. 203 Alina Reynbakh/Shutterstock.com; S. 203 Salvador Maniquiz/Shutterstock; S. 204 Toasted Pictures/Shutterstock.com; S. 204-205 Cindy Creighton/Shutterstock; S. 206 Creative bee Maja/Shutterstock; S. 206 Salvador Maniquiz/Shutterstock; S. 207 Angelito de Jesus/Shutterstock; S. 207 Pictureguy/Shutterstock.com; S. 208-209 Kelly Megarry/Shutterstock; S. 209 C/Andy Clark; S. 209 Tara Kenny/Shutterstock; S. 210-211 Lloyd Gwilliam/Shutterstock; S. 212-213 Jacob Boomsma/Shutterstock.com; S. 214 G/Yuzhi Pan; S. 215 G/Joseph Squillante; S. 215 C/Henry Georgi; S. 216 Birley Photography/Shutterstock.com; S. 216 lastdjedai/Shutterstock.com; S. 217 C/Layne Kennedy; S. 217 Gregor McDougall/Shutterstock; S. 218 C/Michael S. Lewis; S. 219 Tom Worsley/Shutterstock.com; S. 220 C/Russ Heinl; S. 220-221 JFunk/Shutterstock; S. 221 shahnoorhabib/Shutterstock.com; S. 222-223 KissCat/Shutterstock; S. 224 XtianFer/Shutterstock.com; S. 225 C/Ron Erwin; S. 226-227 C/Mike Grandmaison; S. 228 G/Niko Vujevic; S. 228 Nick Goetz/Shutterstock.com; S. 229 C/Joseph Sohm; S. 229 Javen/Shutterstock.com; S. 230 C/Darwin Wiggett; S. 231 KeatsPhotos/Shutterstock.com; S. 232 R. M. Nunes/Shutterstock; S. 232 Diego Grandi/Shutterstock.com; S. 234 Colin Woods/Shutterstock.com; S. 234 Marc Bruxelle/Shutterstock.com; S. 235 JHVEPhoto/Shutterstock.com; S. 235 Spiroview Inc/Shutterstock; S. 236-237 Gus Garcia/Shutterstock; S. 237 Bruce Raynor/Shutterstock.com; S. 237 C/Gunter Marx; S. 238-239 G/Orchidpoet; S. 240 Alastair Wallace/Shutterstock; S. 240 John Fader/Shutterstock; S. 240-241 Reimar/Shutterstock.com; S. 242 Michel Loiselle/Shutterstock.com; S. 243 Iryna Tolmachova/Shutterstock.com; S. 243 S-F/Shutterstock; S. 243 f11photo/Shutterstock; S. 244-245 vivid_pixel/Shutterstock; S. 246 anderm/Shutterstock.com; S. 246 FlorianKunde/Shutterstock.com; S. 247 izikMD/Shutterstock; S. 247 C/Mike Grandmaison; S. 248-249 C/Don Johnston; S. 250-251 Edwin Tseng/Shutterstock; S. 252-253 Look/Thomas Peter Widmann; S. 253 nicepix/Shutterstock; S. 254 Kiev.Victor/Shutterstock.com; S. 256 Shawn.ccf/Shutterstock.com; S. 256 G/Olivier Cirendini; S. 257 Kit Leong/Shutterstock.com; S. 257 Kalim Saliba/Shutterstock; S. 258-259 Mihai_Andritoiu/Shutterstock.com; S. 260-261 Isogood_patrick/Shutterstock.com; S. 261 Pierre Leclerc/Shutterstock.com; S. 262 C/Ron Watts; S. 262 Michel Guenette/Shutterstock.com; S. 263 Julen Arabaolaza/Shutterstock.com; S. 264-265 Pernelle Voyage/Shutterstock; S. 266 iPIX Stock/Shutterstock; S. 266-267 f11photo/Shutterstock; S. 268 Marc Bruxelle/Shutterstock; S. 268 TGP-shot/Shutterstock; S. 269 Kit Leong/Shutterstock.com; S. 269 Marc Bruxelle/Shutterstock; S. 270 Pernelle Voyage/Shutterstock.com; S. 270 Anne Richard/Shutterstock.com; S. 270-271 Pernelle Voyage/Shutterstock.com; S. 272-273 C/Mike Grandmaison; S. 274 C/Yves Marcoux; S. 275 C/Klaus Lang; S. 276-277 EyesTravelling/Shutterstock.com; S. 278-279 Look/Design Pics; S. 279 Jamo Images/Shutterstock.com; S. 280 M/Alamy; S. 280-281 Pi-Lens/Shutterstock.com; S. 281 C/Greg Locke; S. 281 Pi-Lens/Shutterstock.com; S. 282-283 G/Dagny Willis; S. 284-285 M/Alamy; S. 286-287 Nagel Photography/Shutterstock.com; S. 287 Nagel Photography/Shutterstock.com; S. 288 Will Hall/Shutterstock; S. 289 C/Jan Vermeer; S. 290-291 Bill Kennedy/Shutterstock; S. 291 C/Ron Erwin; S. 291 G/Altrendo Nature; S. 292 David Purchase Imagery/Shutterstock.com; S. 292 Art Babych/Shutterstock.com; S. 293 Wildnerdpix/Shutterstock.com; S. 293 Schyler Scholfield Sanks/Shutterstock; S. 294-295 Scott Heaney/Shutterstock; S. 294-295 David Purchase Imagery/Shutterstock.com; S. 296-297 Nicolas VINCENT/Shutterstock; S. 298 M/age; S. 299 Reimar/Shutterstock.com; S. 300 TGP-shot/Shutterstock; S. 300 TGP-shot/Shutterstock; S. 301 G/Ron Erwin; S. 302 Greenseas/Shutterstock; S. 303 C/Barrett & MacKay; S. 303 C/Barrett & MacKay; S. 303 C/Alan Marsh; S. 304-305 C/Jacques Laurent; S. 306-307 G/Ron Erwin; S. 307 Tom Clausen/Shutterstock.com; S. 307 G/Hannele Lahti; S. 308-309 C/Barrett & MacKay; S. 310-311 gvictoria/Shutterstock.com; S. 312 Look/Günther Schwermer; S. 313 G/Barrett & MacKay; S. 314 C/Barrett & MacKay; S. 314-315 Vadim.Petrov/Shutterstock.com; S. 315 M/Barrett & MacKay; S. 316-317 C/Barrett & MacKay; S. 318-319 M/Travel Collection; S. 320 Darryl Brooks/Shutterstock; S. 320-321 M/SuperStock; S. 321 G/Barrett & MacKay; S. 322-323 C/Henry Georgi; S. 324 C/Mike Grandmaison; S. 325 M/Rolf Hicker; S. 325 Look/age fotostock; S. 326 G/Nancy Rose; S. 327 G/Scott Leslie; S. 328 M/Kitchin and Hurst; S. 329 G/Nancy Rose; S. 329 C/Thomas Kitchin & Victoria Hurst; S. 329 Wangkun Jia/Shutterstock.com; S. 330-331 Geoff Pinkney/Shutterstock; S. 332 Marc Bruxelle/Shutterstock.com; S. 332 C/John Sylvester; S. 333 Vadim.Petrov/Shutterstock.com; S. 333 TGP-shot/Shutterstock; S. 334 G/Dale Wilson; S. 335 G/Justin Guariglia; S. 335 C/Ocean; S. 336-337 G/George Diebold; S. 339 Look/age fotostock; S. 340 M/Minden Pictures; S. 341 C/Paul Souders; S. 341 C/Michelle Valberg; S. 342 Jukka Jantunen/Shutterstock.com; S. 342 Nick Pecker/Shutterstock; S. 342 C/Jacob Maentz; S. 342 C/Andrew Peacock; S. 343 Ed Dods/Shutterstock.com; S. 343 C/John E Marriott; S. 343 C/Jenny E. Ross; S. 343 C/Jenny E. Ross; S. 344 Look/The Travel Library; S. 345 MORE-NO01/Shutterstock; S. 345 RUBEN M RAMOS/Shutterstock.com; S. 346 C/; S. 347 C/Richard Wear; S. 347 T.Schofield/Shutterstock.com; S. 347 M/Stefan Wackerhagen; S. 348 C/Douglas E. Walker; S. 349 sunsinger/Shutterstock.com; S. 349 C/Ron Watts; S. 349 G/Hans-Peter Merten; S. 349 Hans Debruyne/Shutterstock; S. 350 C/Johannes Mann; S. 351 VIK-VAD/Shutterstock.com; S. 352-353 C/Alan Copson; S. 353 C/Joseph Sohm; S. 354 C/Don Johnston; S. 354 Stan Jones/Shutterstock.com; S. 355 Vadim.Petrov/Shutterstock.com; S. 355 Colin D. Young/Shutterstock; S. 355 C/Walter Bibikow; S. 355 Michel Loiselle/Shutterstock.com; S. 356 C/Ocean; S. 357 Mihai_Andritoiu/Shutterstock.com; S. 357 Diego Grandi/Shutterstock.com; S. 357 Geoff Pinkney/Shutterstock; S. 358-359 Look/Design Pics.

© 2022 Kunth Verlag, München

MAIRDUMONT GmbH & Co. KG, Ostfildern
St.-Cajetan-Straße 41, 81669 München
Tel. +49.89.45 80 20-0
Fax +49.89.45 80 20-21
www.kunth-verlag.de
info@kunth-verlag.de

ISBN 978-3-96965-034-9
1. Auflage

MIX
Papier aus verantwortungsvollen Quellen
FSC® C015829
www.fsc.org

Printed in Italy

Verlagsleitung: Grit Müller
Redaktion: Annika Voigt
Gestaltung: Verena Ribbentrop
Text: Iris Ottinger, Dörte Saße, Andrea Lammert
Kartographie: © MAIRDUMONT GmbH & Co. KG, Marco-Polo-Straße 1, D-73751 Ostfildern

Alle Rechte vorbehalten. Reproduktionen, Speicherung in Datenverarbeitungsanlagen, Wiedergabe auf elektronischen, foto-mechanischen oder ähnlichen Wegen nur mit der ausdrücklichen Genehmigung des Copyrightinhabers. Alle Fakten wurden nach bestem Wissen und Gewissen mit der größtmöglichen Sorgfalt recherchiert. Redaktion und Verlag können jedoch für die absolute Richtigkeit und Vollständigkeit der -Angaben keine Gewähr leisten. Der Verlag ist für alle Hinweise und Verbesserungsvorschläge jederzeit dankbar.